普通高等院校"十三五"规划教材

国际贸易实务

GUOJI MAOYI

SHIWU

李画画　赵晓颖　文　华◎主　编
邓小华　揭　京　彭　曦　尚庆梅　陶　珠◎副主编
郭　丹◎参　编

清华大学出版社
北京

内 容 简 介

"国际贸易实务"是一门主要研究国际商品交换的基本知识、基本原则和具体操作技术的课程，也是一门具有涉外经济活动特点的实践性很强的综合性、应用性课程。本书通过理论介绍和案例分析，全面介绍了国际贸易实践操作的程序和流程，包括国际贸易法律规范、惯例及贸易术语，国际货物销售合同的商订，国际货物销售合同条款，国际货物销售合同履行，国际贸易方式等五大部分。本书引用了丰富的案例，每个案例都紧密结合章节内容，案例内容精彩，案例分析鞭辟入里。另外，每一章都有学习要点及目标、核心概念、引导案例、本章小结和自测题，最后设有相关附录，为读者学习提供便利。本书还提供课件，便于教学。

本书可作为高等院校国际经济与贸易专业相关课程的教材或辅导书，也可供国际贸易从业人员，以及参加国际商务师、外销员、单证员及其他相关资格考试的人员学习参考。

本书封面贴有清华大学出版社防伪标签，无标签者不得销售。
版权所有，侵权必究。举报：010-62782989，beiqinquan@tup.tsinghua.edu.cn。

图书在版编目(CIP)数据

国际贸易实务 / 李画画，赵晓颖，文华主编. —北京：清华大学出版社，2018 (2022.7 重印)
(普通高等院校"十三五"规划教材)
ISBN 978-7-302-49434-8

Ⅰ.①国… Ⅱ.①李… ②赵… ③文… Ⅲ.①国际贸易-贸易实务-高等学校-教材 Ⅳ.①F740.4

中国版本图书馆 CIP 数据核字(2018)第 014240 号

责任编辑：刘志彬
封面设计：汉风唐韵
责任校对：宋玉莲
责任印制：朱雨萌

出版发行：清华大学出版社
网　　址：http://www.tup.com.cn, http://www.wqbook.com
地　　址：北京清华大学学研大厦A座　　　　邮　编：100084
社 总 机：010-83470000　　　　　　　　　　邮　购：010-62786544
投稿与读者服务：010-62776969，c-service@tup.tsinghua.edu.cn
质量反馈：010-62772015，zhiliang@tup.tsinghua.edu.cn

印 装 者：三河市龙大印装有限公司
经　　销：全国新华书店
开　　本：185mm×260mm　　　印　张：17.5　　　字　数：439 千字
版　　次：2018 年 1 月第 1 版　　　　　　　　印　次：2022 年 7 月第 5 次印刷
定　　价：52.00 元

产品编号：077920-01

前　言

《国际贸易实务》是根据教育部关于高等院校应用型人才培养目标的指导思想编写的 21 世纪普通高等院校实用规划教材，是高等院校国际经济与贸易专业的核心课程，也是获得外经贸从业资格的必修课程。为了适应我国对外贸易发展的需要，培养既了解国际贸易的基本理论知识和法律法规，又熟悉国际贸易业务操作的专业人才，我们编写了这本实用性和理论性并重的教材。

本书在编写过程中，充分体现了"实务"的特点，着重国际贸易实际业务中的可操作性、实用性和指导性。在继承已有教材主体内容的基础上，吸收了从事多年进出口业务的业界人士的实践经验，使内容更加丰富充实。

本书的特色主要表现在四个方面：结构的新颖性、案例的时效性、内容的全面性和知识的实用性。结构的新颖性表现在依据国际贸易实践的流程安排内容，使本书内容更容易被理解和接受；案例的时效性表现在本书案例紧跟时代，紧跟形势，具有较强的现实性；内容的全面性表现在本书包括国际贸易法律规范、惯例及贸易术语，国际货物销售合同的商订，国际货物销售合同条款，国际货物销售合同履行，国际贸易方式等五大部分，内容丰富；知识的实用性表现在本书增补了国际商会最新修订的国际贸易惯例《2010 年国际贸易术语解释通则》的相关内容，避免了现有教材存在的内容滞后现象。同时，为了便于学习者查找相关国际贸易规则的内容，还在附录中特别列出了最新的《2010 年国际贸易术语解释通则》和《跟单信用证统一惯例》。

本书由山东科技大学李画画、赵晓颖，延边大学文华任主编，安徽大学邓小华、重庆交通大学揭京、湖南农业大学商学院彭曦、合肥学院尚庆梅、江苏科技大学苏州理工学院陶珠任副主编，湖南农业大学商学院郭丹参与编写。

本书在构思和编写过程中，得到了清华大学出版社的大力支持和热情帮助，在此表示衷心的感谢！本书在编写过程中，参考了大量的教材、案例和相关著作，选用了有关报刊和互联网中的资料。在此，谨向有关作者、译者，以及所有对本书编写工作给予支持和关心的人们表示衷心的感谢！

鉴于编者学识和写作水平有限，不足之处在所难免，敬请广大读者批评指正。

编　者

目　录

第一章　绪论 … 1
　第一节　国际贸易的特点 … 2
　第二节　国际贸易实务基本原则 … 3
　第三节　国际货物贸易的基本业务流程 … 4
　第四节　本课程的研究对象与学习方法 … 5
　本章小结 … 8
　自测题 … 8

第二章　贸易术语 … 9
　第一节　与贸易术语有关的国际贸易惯例 … 9
　第二节　《INCOTERMS® 2010》中的 6 种主要术语 … 13
　第三节　《INCOTERMS® 2010》中的其他术语 … 22
　第四节　贸易术语的选用 … 24
　本章小结 … 28
　自测题 … 29

第三章　国际货物销售合同的商订 … 31
　第一节　交易磋商前的准备 … 32
　第二节　交易磋商的基本程序 … 34
　第三节　国际货物销售合同的签订 … 40
　本章小结 … 46
　自测题 … 46

第四章　商品的名称、质量、数量和包装 … 49
　第一节　商品的名称 … 50
　第二节　商品的质量 … 53
　第三节　商品的数量 … 59
　第四节　商品的包装 … 65

本章小结 ········· 78
自测题 ········· 79

第五章 商品的价格 82

第一节 作价的原则和方法 ········· 83
第二节 计价货币的选择 ········· 86
第三节 佣金和折扣 ········· 87
第四节 出口商品价格核算 ········· 89
第五节 价格条款 ········· 91
本章小结 ········· 93
自测题 ········· 93

第六章 国际货物运输 95

第一节 国际货物运输方式 ········· 97
第二节 国际货物运输单据 ········· 108
第三节 装运条款 ········· 117
本章小结 ········· 122
自测题 ········· 123

第七章 国际货物运输保险 126

第一节 国际货物运输保险概述 ········· 127
第二节 海上运输货物保险承保的范围 ········· 128
第三节 中国海上运输保险的险别 ········· 132
第四节 伦敦保险协会海洋运输保险条款 ········· 137
第五节 合同中的货物运输保险条款 ········· 140
本章小结 ········· 143
自测题 ········· 144

第八章 国际货款的结算 147

第一节 国际结算的票据 ········· 148
第二节 汇付和托收 ········· 152
第三节 信用证结算方式 ········· 158
第四节 其他结算方式 ········· 169
第五节 结算方式的选择 ········· 173

　　　　本章小结 ··· 180
　　　　自测题 ·· 180

第九章　商品的检验、索赔、不可抗力和仲裁　　183

　　　　第一节　商品的检验 ··· 184
　　　　第二节　索赔 ·· 188
　　　　第三节　不可抗力 ··· 191
　　　　第四节　仲裁 ·· 193
　　　　本章小结 ··· 198
　　　　自测题 ·· 199

第十章　进出口合同的履行　　201

　　　　第一节　出口合同的履行 ··· 202
　　　　第二节　进口合同的履行 ··· 208
　　　　本章小结 ··· 214
　　　　自测题 ·· 214

第十一章　国际贸易方式　　216

　　　　第一节　经销与代理 ··· 217
　　　　第二节　寄售与展卖 ··· 220
　　　　第三节　招标、投标与拍卖 ··· 222
　　　　第四节　加工贸易 ··· 224
　　　　第五节　期货交易 ··· 226
　　　　本章小结 ··· 227
　　　　自测题 ·· 228

附　录　　230

　　　　附录A ··· 230
　　　　附录B ··· 257

参考文献　　271

第一章 绪 论

学习要点及目标

通过本章的学习,可以在深入掌握国际贸易实务之前,理解国际贸易的特点、原则,以及进出口贸易的基本程序等,为后续课程做好铺垫,有利于国际贸易实务知识和技巧的学习及掌握。

核心概念

国际贸易　国际贸易实务　原则　风险　业务流程

引导案例

大学应届毕业生王磊通过层层面试终于进入一家流通型外贸企业——湖北天和国际贸易股份有限公司从事进出口业务,成为一名外贸业务人员。上班之后,他面临的第一个问题是怎样像其他业务员一样找到订单,怎样很快进入角色。他每天都在网上苦苦寻找,甚至连休息时间也搭进去了,眼看一个月马上就要过去了,还是一无所获。看到其他老业务员的订单一个接着一个飞来,生意越做越红火,他感到了压力,心情也更加郁闷。问题到底出在哪里呢?怎样才能找到开启国际贸易之门的钥匙呢?

俗话说:"磨刀不误砍柴工"。王磊对如何接单缺乏足够的认识和操作技巧,以为仅凭上网就能接到订单,仅靠一台计算机就能打天下,他忘记了很重要的一点:外贸业务的展开有它自身的规律性,必须从最基本的工作做起。

我们知道,国际贸易业务有特殊性,要求每位业务人员必须具备一定的条件和素质,并掌握国际贸易实务的基本原则和操作技能,才能迅速开展业务。否则,业务员就算空有一身本领也无处发挥,甚至还会在激烈的市场竞争中被淘汰出局。

资料来源:席庆高. 国际贸易实务[M]. 青岛:中国海洋大学出版社,2011.

国际贸易(international trade)是指世界各国(地区)之间进行的商品和劳务的交换活

动,反映了世界各国(地区)间通过国际市场所发生的商品、资金、技术及服务等方面的联系。这里的"地区"是指拥有完全自主权的独立关税区,又称单独关税区,如中国的香港、台湾、澳门等。这些独立的关税区都有一套独立的关税制度、贸易措施和贸易利益,它们与其他国家或地区之间的贸易行为和一般意义上不同国家之间的贸易行为是相同的,所以,从经济学意义上讲,可以把国际贸易理解为具有独立关税制度的国家或地区之间的商品和劳务的交换活动。由于货物贸易仍然是当今国际贸易中最基本、最主要的部分,所以本书重点介绍的是国际货物贸易的基本理论、基本知识和基本技能。

第一节 国际贸易的特点

国际贸易与国内贸易相比,虽然都属于商品交换,但由于国际贸易是在国家(地区)与国家(地区)之间进行的,因此与国内贸易相比,国际贸易更具有复杂性和风险性。

一、复杂性

由于各国语言、法律和风俗习惯不同,国际贸易的复杂程度要比国内贸易大得多,主要表现在以下几个方面。

▶ 1. 国际贸易的障碍多

国际贸易涉及国家之间的重大经济利益。为争夺国际市场,保护本国产业和国内市场,各国往往运用各种关税和非关税壁垒,以扩大本国产品的出口,限制外国产品的进口。各种贸易壁垒的存在都或多或少地给国际贸易的顺利进行设置了障碍。

▶ 2. 语言环境复杂

国内贸易在一个法定语言环境下进行商品交易,基本上没有语言障碍。由于各国法定语言不同,国际贸易首先遇到的困难就是语言问题。由于历史的原因,为了给各国交易者提供沟通的便利,英语就成为国际贸易的通用语言。国际贸易工作者必须通晓英语。

▶ 3. 法律环境复杂

国内交易处在同一个法律框架之下,交易双方遵循共同的法律准则。由于各国(地区)有自己独立的立法权,各有自己的法律规范,交易各方均不得违背自己国家的法律,这给国际贸易带来了法律方面的障碍。为了解决这个问题,联合国等权威组织和国际商会等民间机构出台了有关的国际公约和国际惯例,如《联合国国际货物销售合同公约》、国际商会《跟单信用证统一惯例》等。因此,国际贸易所涉及的法律规范更多,更为广泛。

▶ 4. 度量衡制度不同

国际上常用的有四大度量衡制度,即公制、美制、英制和国际单位制,各国通常根据自身情况选择一种作为本国度量衡制度。而国际贸易的出口方所提供的货物不能仅仅按照自己的度量衡来加工,还要按照进口国的度量衡加工,以方便进口国用户使用。

▶ 5. 政策障碍多

各国政府常因保护国内产业和资源的原因,对进出口货物采取各种各样的限制或鼓励措施,如关税、配额、许可证、出口补贴、出口信贷、烦琐的进出口通关环节等,而国内贸易则不采取这些措施。

▶ 6. 资信调查困难

要想顺利进入国际市场，必须对国外市场进行深入的调查研究。然而由于国外市场调查资料的获得渠道较少，资料不易搜集完整，并且费用高昂，因此对国外市场的情报搜集是十分困难的。另外，为降低风险并避免日后恶意索赔的发生，贸易商必须对交易方进行资金和信用调查，但这种调查也相当困难。

二、风险性

在国际货物买卖中，自买卖双方接洽开始，要经过报价、还价、确认而后订约，直到履约的整个基本流程。在此期间有可能发生各种各样的风险，主要表现在以下几个方面。

▶ 1. 信用风险

信用风险是指由于交易对手不履行契约或履约不完全所产生的风险。在交易过程中，买卖双方的财务状况可能发生变化，有时甚至危及履约，出现信用危机。

▶ 2. 汇兑风险

汇兑风险是指在交易期限内，因合同计价货币汇率变动所产生的风险。交易期限越长，交易风险越大。广义的汇兑风险，除汇率变动风险外，还包括外汇转移风险，即因外汇不足或政府实施外汇管制，导致无法汇出外汇的风险。

▶ 3. 政治风险

政治风险即因国内政治情况发生变化或法令规章有所变动导致无法履行合约的风险。有些国家由于自身经济等方面的问题，贸易政策法令不断修改，再加上一些国家内部的政局变动，经常使国际贸易商承担许多国内贸易不需承担的政治风险。

▶ 4. 价格风险

对外贸易多是大宗交易，贸易双方签约后，货价可能上涨或下跌，对买卖双方而言存在价格风险。

▶ 5. 商业风险

国际贸易中由于买卖双方在订立合同前没有进行充分的磋商，导致进口商在履约时往往以货样不详、交货期晚、单证不符等各种理由拒绝收货，这对出口商而言就是商业风险。这些理由在货物被拒收前是无法确定的。

▶ 6. 其他外来风险

国际贸易中，货物要经过长途运输，在运输过程中可能会遇到各种自然灾害、意外事故和各种其他意想不到的外来风险。

第二节 国际贸易实务基本原则

根据《联合国国际货物销售合同公约》和许多国际国内法规定，在国际货物买卖中，交易双方在平等互利的基础上，本着诚实信用的原则，依法订立合同、履行合同和处理争议。根据我国《合同法》规定，当事人在订立合同、履行合同和处理合同纠纷时，应当遵循以下几项基本原则。

一、平等原则

订立、履行合同和承担违约责任时,当事人的法律地位都是平等的,都享有同等的法律保护,任何一方不得将自己的意志强加给另一方,也不允许在适用法律上有所区别。

二、自愿原则

订立合同应当遵循当事人自愿的原则,即当事人依法享有自愿订立合同的权利,违反当事人真实意思的合同无效,不具有法律效力。但是应强调指出,实行合同自愿的原则,并不意味着当事人可以随心所欲地订立合同而不受任何限制和约束,当事人必须在法律规定的范围内订立和履行合同。

三、公平原则

合同当事人应当遵循公平的原则确定各方的权利和义务,即在订立、履行和终止合同时遵循公平的原则,不得显失公平,要做到公正、公允和合情合理,不允许偏向任何一方。

四、诚信原则

当事人在订立、履行合同和行使权利、履行义务时,应当遵循诚实信用的原则。此项原则将道德规范与法律规范融合为一体,并兼有法律调节与道德调节的双重功能。需要强调指出,诚实信用原则是一项强制性规范,不允许当事人约定排除这项原则的适用,任何违反诚信适用原则的行为,都是法律不允许的。

五、合法原则

只有依法订立的合同,才对双方当事人具有法律约束力。当事人订立、履行合同是一种法律行为,有效的合同是一项法律文件。因此,当事人订立、履行合同,应当遵守法律,尊重社会公德,不得扰乱社会经济秩序,损害社会公共利益。否则,合同就失去法律效力,得不到法律的保护。

第三节 国际货物贸易的基本业务流程

在国际货物贸易中,不同的贸易方式具有不同的业务流程。就逐笔售定的国际货物贸易而言,不同的交易标的、不同的交易条件,业务流程也不尽相同。但不同的国际贸易方式的基本业务流程是相同的,大体可包括交易磋商前的准备、交易磋商、合同的签订、合同的履行四个环节。以下从出口贸易和进口贸易两个方面,分别介绍出口贸易和进口贸易的基本业务流程。

一、出口贸易的基本业务流程

▶ 1. 出口交易磋商前的准备

出口交易磋商前的准备工作主要包括企业和产品的宣传、市场调研、客户调研、制订出口计划等,目的是选择理想的市场与客户,并与客户建立业务关系。

▶ 2. 出口交易磋商

交易磋商是交易双方就交易条件进行洽商,以期达成一致协议的过程。交易磋商的内容主要包括品名、品质、数量、价格、包装、交货期、交货方式、支付方式等主要交易条件。交易磋商一般要经过询盘、发盘、还盘和接受四个环节,其中,发盘和接受是合同成立的两个法定环节。

▶ 3. 出口合同的签订

一般来讲,除非另有约定,一项发盘一经接受,合同关系即告成立。但是,在实际业务中,为了便于履行和解决纠纷,买卖双方通常签署一份有一定格式的书面合同。书面合同的形式主要有出口销售合同、销售确认书等。

▶ 4. 出口合同的履行

出口合同的履行是出口方按照出口合同的规定履行交货义务,并收回货款的整个过程。不同交易条件的合同,履行环节是不同的。例如,以 CIF 贸易术语、信用证方式支付达成的交易,出口合同的履行环节主要包括:①按时、按质、按量准备货物;②催证、审证与改证;③安排货物托运和投保;④报检、报关和装运;⑤制单结汇。

二、进口贸易的基本业务流程

▶ 1. 进口交易磋商前的准备

进口交易磋商前的准备工作主要包括市场调研、客户调研、制订进口计划等,目的是选择理想的市场和客户,并与客户建立业务关系。

▶ 2. 进口交易磋商

进口交易磋商与出口交易基本相同,但应做好比价工作,以便争取到对进口方最有利的条件。

▶ 3. 进口合同的签订

在通过发盘与接受达成交易后,还需签署一份有一定格式的书面合同,如购货合同或购货确认书。

▶ 4. 进口合同的履行

进口合同的履行是买卖合同签订后,进口方根据买卖合同有关约定履行收货并支付货款等义务。例如,以 FOB 贸易术语、信用证方式支付达成的交易,进口合同的履行环节主要包括:①申请开立信用证;②租船订舱和催装;③办理货运保险;④审单付款。

第四节 本课程的研究对象与学习方法

一、本课程的研究对象

国际贸易实务(international trade practice)的研究对象就是国家(地区)间商品交换的

具体操作过程，包括国家（地区）间货物买卖的程序、操作方法和技巧，以及应遵循的有关法律和国际惯例等。国际贸易实务是一门以国际货物贸易为主要研究对象，以交易条件和合同条款为重点，以国际贸易惯例和法律为依据，研究国际货物买卖过程的基本知识、基本规则、基本操作流程和技巧的课程，对学生国际贸易职业能力和职业素养的培养起着核心支撑作用。

二、学习本课程的方法

基于本课程的研究内容和特点，在本课程的学习过程中，应运用科学合理的学习方法，做到以下"三个注意"，才能够全面、熟练地掌握有关的基本知识、基础理论和基本技能，并学会如何在实际业务中灵活运用。

▶ 1. 注意理论联系实际

本课程是一门实践性很强的课程。因此，在学习中要以国际贸易基本原理为指导，将学到的基础理论和基本政策加以具体运用，并时刻关注现实国际贸易领域的新变化，不断提高理解、分析和解决国际贸易业务问题的能力。同时，本课程涉及不同的交易背景、法律法规及复杂的交易过程。因此，单凭抽象的理论学习很难完全领会其中的道理，重要的是要结合实际，才能在纷繁复杂的国际贸易中做到驾轻就熟。

▶ 2. 注意国际贸易惯例的研究和运用

在国际贸易业务操作中，国际贸易惯例起着十分重要的作用。为了适应国际贸易发展的需要，国际组织相继制定了有关国际贸易方面的各种规则，如《国际贸易术语解释通则》《托收统一规则》《跟单信用证统一惯例》等。这些规则已经成为国际贸易从业人员在实务中公认的一般操作准则。因此，在学习本课程时，要熟知这些通行的国际贸易惯例，并学会灵活运用，以便按国际规范办事。

▶ 3. 注意本课程与其他相关课程的联系

国际贸易实务是一门综合性的学科，与其他课程内容关联紧密。在学习过程中，为了更好地理解相关的内容，在学习时要阅读相关的教材和参考资料以丰富知识面，系统掌握相关的学科知识，并将相关的学科知识综合运用。例如，商品的品质、数量和包装等内容涉及商品学的相关内容，国际货物运输与保险则涉及运输学与保险学的内容，货款的支付又涉及国际结算的相关内容等。因此，在本课程的学习中还应了解相关课程的内容，以做到融会贯通。

拓展阅读

从事国际贸易需具备的条件

一、要有全球眼光和迅速准确的信息

国际贸易的从业者必须通晓经济理论和世界经济知识，了解政治、经济、文化、战事和自然灾害等世界形势。国际贸易的业务人员要有灵通的商业情报，掌握各国经济、政治等多方面的动向，以便据此及时做出正确的决策。

二、雄厚的资金和良好的信誉

国际贸易多是大宗交易，要想经营得好，必须拥有雄厚的资金和良好的商业信誉。直接从事国际交易的制造商，当然需要大量资金以购置原料、机器和配件进行生产。即使一般的专业贸易商，为掌握商业机会，也需要大量资金。至于一般代理商，虽不需大量资金，但如果资金过少，也难获得委托者的信赖。此外，像品质差异，不按时付款、交货等失信行为，也会给贸易双方造成极大的危害。

三、完备的贸易组织机构

国际贸易是一种涉及商品生产、商品交换及附属服务的复杂的商务活动，各种手续繁杂，牵涉面广，只有建立系统、严密、科学的营销组织，才能取得显著的经营效果，达到经营目的。

四、要具备一系列专门知识和相应人才

1. 市场营销

国际贸易就是做交易，故对交易中了解需求、确定需求和满足需求的思想、战略、方法、途径等要有深入的研究。

2. 外语

对外贸易具有跨国界、异国性和多国性的特点，相通的语言是贸易洽谈、商品宣传和贸易成交的必需媒介。业务人员不仅要掌握通用的语言，还需要掌握目标市场的语言。靠别人翻译会丧失很多贸易机会，且不懂贸易的人翻译出来的文件也难以使用。

3. 外贸业务及相关知识

外贸业务及相关知识包括：本国对外贸易规章；货运、报关、检验等手续；各国关税制度，以及非关税方面的规定；国际汇兑方面的知识；法律知识；保险知识；运输知识；财会、统计知识；WTO 的相关规定；EDI 方式。

4. 企业知识

要对本企业有一个概括了解，例如，企业的地位，战略、战术，定价策略，交货、付款方式等；企业是否具有增加生产的能力、应变的能力、控制质量的能力及维持信誉的能力；是否具备提供始终如一的质量和定时服务的能力；是否具有新产品设计能力。

5. 产品知识

产品知识实际是商品学的具体化。要掌握经营的产品尺寸、颜色是否被接受，零件是否便于在国外购买，每个单位包装是否有件数规定，怎样将货从仓库运到出口地，用铁路或公路哪个成本高，装运体积多大对国外批发商最有利等。还应知道竞争者的产品特点、用途、使用方法、维修及售后服务等方面的情况。

6. 客户知识

客户知识如本企业或产品有多少客户，客户的特点、需求偏好、购买动机与习惯，以及客户的资信、所处的地点等。

7. 法律知识

法律知识如合同法（我国《合同法》就是根据《联合国国际货物销售合同公约》制定的）、反不正当竞争法、反倾销法、知识产权法等。

8. 制度背景知识

需要了解产权安排、企业制度、商业习惯等制度背景知识，否则，可能导致高额的交易费用，也将增加内部制度与外部制度的运行成本。

资料来源：席庆高. 国际贸易实务[M]. 青岛：中国海洋大学出版社，2011.

本章小结

本章主要介绍了国际贸易的特点、进出口贸易的业务流程、国际贸易实务的原则和本课程的研究对象与学习方法。

国际贸易实务是一门以介绍国际货物贸易的相关理论与实际业务知识为主要内容的课程,也是一门实践性、操作性、实用性很强的课程。与国内贸易相比,国际贸易既具有复杂性又具有风险性,因此要做好交易前的准备工作,为交易磋商、合同订立及合同履行打下良好的基础。

自测题

一、简答题

1. 国际贸易有哪些特点?
2. 国际贸易实务应遵循的基本原则有哪些?

二、案例分析

我国某进出口公司对外成交一批食用柠檬酸。在交货时,误将工业用柠檬酸装运出口,轮船开航后数天才发现所装货物不符。此时,结汇单据已经由议付行寄出。为了避免造成严重事故,只能一方面到邮局将单据截回,另一方面急速通知外轮代理公司,请该公司转告中国香港代理,让香港代理在该船抵达中国香港时将货结汇截留。最终,虽避免了一次严重事故,但出口公司损失惨重。通过这个案例,你对国际贸易的履约有怎样的理解?

第二章 贸易术语

学习要点及目标

通过本章的学习，掌握《2010年国际贸易术语解释通则》6种主要贸易术语的含义、双方风险、费用的划分，以及适用的运输方式；能够在实际业务中合理选用贸易术语。

核心概念

贸易术语　象征性交货　装运合同　风险划分

引导案例

英国公司向印度某公司进口一批花生油，签订CIF合同，英方向保险公司投保一切险，货物从亚洲某港装运。运输期间，货运船只在海运途中遭遇海盗，连船带货均被截获。当卖方凭符合合同规定的单据要求付款时，买方以货物被海盗截获为由拒绝付款。买卖双方争执不下，遂递交仲裁。

贸易术语是一种专门的"对外贸易语言"，上述案例所使用的CIF属于贸易术语的英文简写。国际贸易买卖双方在规定了贸易术语后，既可节省磋商时间和费用，简化买卖合同的内容，又可以明确双方有关的责任、义务、风险和费用。上述案例中的当事人由于对贸易术语概念不清晰引发纠纷，严重影响了合同的履行。因此，掌握并正确运用国际贸易术语在实际业务中具有十分重要的意义。

第一节　与贸易术语有关的国际贸易惯例

在国际贸易中，确定一种商品的成交价格，不仅取决于商品本身的价值，还要考虑商品从工厂运至最终买方目的地的过程中,有关的手续由谁办理、费用由谁负担,以及风险如何划分等一系列问题。如果由卖方承担的风险大、责任广、费用多,价格自然要高一些;反之,如果由买方承担较多的风险、责任和费用,货价则要低一些买方才能接受。因此,在具体交易中,为了明确交易双方各自承担的责任、义务,必考虑以下问题。

(1)卖方在何地以什么方式交货?

(2)卖方承担的货损风险在何时何地转移给买方?

(3)买卖双方如何明确由谁办理货物的运输、保险及通关过境的手续,由谁承担上述事项费用?

(4)买卖双方需要交接哪些有关的单据?

贸易术语正是为了解决这些问题,在长期的国际贸易实践中逐渐产生和发展起来的。贸易术语,又称贸易条件、价格术语等,它使用一个简短的概念和英文缩写字母来表明商品的价格构成,可以用来确定交货条件。贸易术语具有两重性:一方面用来表示该商品的价格构成因素;另一方面用来确定交货条件,即说明买卖双方在交接货物时各自承担的风险、责任和费用。

现行有关贸易术语的国际贸易惯例主要有三种,分别为《1932年华沙—牛津规则》《美国对外贸易定义修订本》和《2010年国际贸易术语解释通则》。

一、《1932年华沙—牛津规则》

CIF贸易术语于19世纪60年代率先在英国使用,后逐渐被全世界广泛应用。然而使用这一术语时买卖双方各自应承担何种具体义务,并没有统一的规定和解释。《华沙—牛津规则》正是为解释CIF贸易术语制定的,宗旨是为采用CIF条件却又缺乏标准合同格式或共同交易条件的贸易人士提供一套可在CIF合同中使用的统一规则。该规则最初于1928年在波兰首都华沙制定,被称为《1928年华沙规则》,共包括22条,又于1932年的牛津会议上更名为《1932年华沙—牛津规则》(Warsaw-Oxford Rules, 1932),并修订为21条,沿用至今。这一规则对于CIF的性质、买卖双方所承担的风险、责任和费用的划分,以及货物所有权转移的方式等问题都做了比较详细的解释。

二、《美国对外贸易定义修订本》

《美国对外贸易定义》原称为《美国出口报价及其缩写条例》,是美国几个商业团体于1919年制定的。该条例以美国商人在贸易中习惯使用的FOB术语为基础,有FOB目的地、FOB装运港、FOB指定地点、FOB轮船等。1941年和1990年,美国对该条例分别做了修订,现行版本为《1990年美国对外贸易定义修订本》,主要解释了6种贸易术语(见表2-1),并根据交货地点的不同,又将FOB分为6种,实际上的贸易术语达到11种。

表2-1 《1990年美国对外贸易定义修订本》中的6种贸易术语

贸易术语	英文全称	中文全称
EXW	Ex Works	工厂交货
FOB	Free On Board	在运输工具上交货

续表

贸 易 术 语	英 文 全 称	中 文 全 称
FAS	Free Along Side	在运输工具旁边交货
CFR	Cost and Freight	成本加运费
CIF	Cost, Insurance and Freight	成本加保险费、运费
DEQ	Delivered Ex Quary(Duty Paid)	目的港码头交货(已付进口关税)

三、《国际贸易术语解释通则》

(一) 1990年之前的《国际贸易术语解释通则》

1953年,《国际贸易术语解释通则》(International Rules for the Interpretation of Trade Terms, INCOTERMS)只包括了9种贸易术语,为适应各种运输工具的发展,其中又陆续增加了一些新的贸易术语,例如,为适应航空货运业务的发展,增加了启运地机场交货术语(FOA);为适应集装箱多式联运业务发展的要求,增加了货交承运人(FRC)等术语;为了适应集装箱运输和多式联运的发展,引入了货交承运人(现为 FCA 术语)。直到1980年的版本,它所包含的贸易术语已增加到14种。1990年修订的《国际贸易术语解释通则》,将14种贸易术语改为13种,删除了仅适用于单一运输方式的铁路交货(FOR/FOT)和启运地机场交货,增加了未完税交货(DDU)。至此为止,《国际贸易术语解释通则》已经比较系统化、条理化和规范化。

(二)《2000年国际贸易术语解释通则》

《2000年国际贸易术语解释通则》(《INCOTERMS 2000》)将各种常用的专业词语做了明确的解释,如"发货人"(Shipper)、"交货"(Delivery)、"通常的"(Usual)等。在买卖双方承担的权利义务方面也做了适当的变更,使含义更加明确。内容上,《INCOTERMS 2000》保留了1990版的13种术语,将这13种术语按不同类别分为 E、F、C、D 四个组(见表2-2)。

表2-2 《INCOTERMS 2000》中的术语

组别	贸易术语	共 同 特 征
E组 启运术语	EXW (Ex Works):工厂交货	卖方责任最小,买方责任最大
F组 主要运费 未付	FCA(Free Carrier):货交承运人	买方订立运输合同和支付主运费
	FAS(Free Alongside Ship):装运港船边交货	
	FOB(Free On Board):装运港船上交货	
C组 主要运费 已付	CFR(Cost and Freight):成本加运费	卖方订立运输合同和支付主运费, 风险划分点与费用划分点分离
	CIF(Cost, Insurance and Freight):成本加保险费、运费	
	CPT(Carriage Paid To):运费付至	
	CIP(Carriage and Insurance Paid To):运费、保险费付至	

续表

组别	贸易术语	共同特征
D组 到达术语	DAF（Delivered At Frontier）：边境交货 DES（Delivered Ex Ship）：目的港船上交货 DEQ（Delivered Ex Quay）：目的港码头交货 DDU（Delivered Duty Unpaid）：未完税交货 DDP（Delivered Duty Paid）：完税后交货	买方将货物送到约定的目的地或地点，并承担货物运至该处的一切风险费用

（三）《2010 年国际贸易术语解释通则》

《2010 年国际贸易术语解释通则》（《INCOTERMS® 2010》）是为了适应新的国际贸易形势而制定的，如无关税区的不断扩大、商业交易中电子信息使用增加、货物运输中对安全问题的进一步关注，以及运输方式的变化等。与《INCOTERMS 2000》相比，术语总数由原来的 13 条减至 11 条，删去了 DAF、DES、DEQ 和 DDU，增加了 DAT 和 DAP，即用 DAP 取代了 DAF、DES 和 DDU 三个术语，用 DAT 取代了 DEQ，且扩展至适用于一切运输方式。术语分类（见表 2-3）由原来的 E、F、C、D 四组改为两组，一组适用于任何运输方式；另一组适用于水上运输方式。

表 2-3 《INCOTERMS® 2010》中的术语

适用的运输方式	贸易术语
适用于任何运输方式或多种运输方式	EXW（Ex Works）：工厂交货 FCA（Free Carrier）：货交承运人 CPT（Carriage Paid To）：运费付至目的地 CIP（Carriage and Insurance Paid To）：运费、保险费付至目的地 DAT（Delivered At Terminal）：目的地或目的港的集散站交货 DAP（Delivered At Place）：目的地交货 DDP（Delivered Duty Paid）：完税后交货
适用于水上运输方式	FAS（Free Alongside Ship）：装运港船边交货 FOB（Free On Board）：装运港船上交货 CFR（Cost and Freight）：成本加运费 CIF（Cost，Insurance and Freight）：成本、保险费加运费

另外，《INCOTERMS® 2010》卖方的义务共分 10 项，即 A1～A10；买方的义务共分 10 项，即 B1～B10，如表 2-4 所示。

表 2-4 《INCOTERMS® 2010》中的卖方义务和买方义务

A 代表卖方义务	B 代表买方义务
A1 卖方的一般义务	B1 买方的一般义务
A2 许可证、其他许可、安全清关和其他手续	B2 许可证、其他许可、安全清关和其他手续
A3 运输与保险合同	B3 运输与保险合同
A4 交货	B4 收货
A5 风险转移	B5 风险转移
A6 费用分摊	B6 费用分摊
A7 通知买方	B7 通知卖方
A8 交付单据	B8 交货证明
A9 核对—包装—标记	B9 货物检验
A10 信息协助和相关费用	B10 信息协助和相关费用

与《INCOTERMS 2000》相比，《INCOTERMS® 2010》有以下特点。

（1）A1 和 B1 条款明确规定在各方约定或符合惯例的情况下，赋予电子信息和纸质信息同等效力。

（2）A3 和 B3 条款中纳入了新修订的《伦敦保险协会货物险条款》有关保险的内容。

（3）在 A2/B2 和 A10/B10 条款中，明确了买卖双方完成或协助完成安检通关的义务。

（4）解释 FOB、CFR 和 CIF 术语时，取消了"船舷"的概念，风险转移的界限由"越过船舷"变为"置于船上"。

（5）在 CPT、CIP、CFR、CIF、DAT、DAP 和 DDP 术语中，运费已经包含在货物总价中。为防止重复收费，A6 和 B6 条款明确规定了码头作业费用的分摊。

（6）在 FAS、FOB、CFR 和 CIF 等术语中加入了货物在运输期间被多次买卖（连环贸易）的责任义务的划分。

（7）由于目前区域贸易、集团内部贸易日益增加，《INCOTERMS® 2010》规定各项条款不仅适用于国际销售合同，也适用于国内销售合同。

第二节 《INCOTERMS® 2010》中的 6 种主要术语

《INCOTERMS® 2010》共有 11 种贸易术语，分为两组，第一组适用于任何运输方式，分别为 EXW、FCA、CPT、CIP、DAT、DAP、DDP 七种；第二组适用于水上运输方式，分别为 FAS、FOB、CFR、CIF 四种。本节主要介绍贸易实践中使用最多的是 FOB、CFR、CIF、FCA、CPT 和 CIP 六种贸易术语。

一、FOB——装运港船上交货(……指定装运港)

(一) FOB贸易术语的含义

FOB是Free On Board(insert named port of shipment)的英文缩写,即装运港船上交货(……指定装运港),俗称"离岸价",是国际贸易中常用的贸易术语之一。在FOB项下,卖方要在合同中约定的日期或期限内,将货物运到合同规定的装运港口,并交到买方指派的船只上,即完成卖方的交货义务。

根据《INCOTERMS® 2010》,采用FOB术语时,关于买卖双方义务的规定可概括如下。

▶ 1. 风险转移问题

卖方在装运港将货物交到买方所派船只上,货物损坏或灭失的风险由卖方转移给买方。

【案例】欧洲某出口公司与非洲某进口公司签订一份FOB合同,货物在欧洲港口装船时,部分包装被吊钩钩破,导致货物损坏。买方要求卖方赔偿损失的货物,卖方拒绝,并认为该损失应由买方向港口装运部门索赔。卖方做法是否合理?

【分析】在FOB项下,卖方在装运港将货物交到买方所派船只上,货物损坏或灭失的风险由卖方转移给买方。而本案例中,货物损失发生在吊装过程中,货物并未装上船,卖方的风险也未转移。因此,卖方仍应承担货物损失的责任,向买方赔偿损失。

▶ 2. 通关手续问题

取得出口许可证或其他官方批准证件,并且办理货物出口所需的一切海关手续,由卖方负责。取得进口许可证或其他官方批准证件,并且办理货物进口和从第三国过境运输所需的一切海关手续,由买方负责。

▶ 3. 运输合同和保险合同签订

卖方对于买方无订立运输合同的义务,买方控制货物之后,到达目的地途中的运输费用和保险费用由买方负担。但由买方承担风险和费用的前提下,卖方有义务向买方提供办理保险所需的信息。

【案例】中国A公司以FOB条件出口一批水果,买方B公司在承担相关费用的前提下委托A公司租船。但A公司在规定的装运期内无法租到合适的船,与B公司协商要求更改装运港,遭到拒绝,因此到装运期满时,货仍未装船。B公司因销售即将结束,便来函以A公司未按期租船履行交货义务为由撤销合同。B公司有无撤销合同的权利?

【分析】在FOB项下,卖方对于买方无订立运输合同的义务。卖方也可以接受买方的委托,代为租船订舱,但前提条件是买方承担费用和风险。在本案例中,如果卖方无法租到船,买方应该积极配合卖方更改装运港或另外寻找其他承运人,以保证在装运期内租到船。因此,租不到船、延误装运的责任在买方,B公司不能因此撤销合同。

▶ 4. 主要费用的划分

卖方承担交货前所涉及的各项费用,包括办理货物出口所应缴纳的关税和其他费用。买方承担交货后所涉及的各项费用,包括从装运港到目的港的运费和保险费,以及办理进口手续时所应缴纳的关税和其他费用。

▶ 5. 适用的运输方式

FOB适用于水上运输方式。

（二）FOB 贸易术语中应注意的问题

▶ 1. 风险转移界限与交货的正确理解

《INCOTERMS® 2010》中的 FOB、CFR 和 CIF，省略了以往对风险转移以"越过船舷"为界限的描述，改为以"货物装上船"作为风险转移的界限。卖方必须将货物运到买方指定的船只上，或者送到买方指定的装运港或由中间商获取这样的货物，完成交货义务。如果由于买方的原因导致卖方无法按照约定的时间交货，只要该批货物为合同项下货物，则买方应承担自约定交货期限届满之日起货物灭失或损坏的风险。

▶ 2. 充分通知及船货衔接问题

卖方有充分通知买方的义务，如果由买方承担风险和费用，卖方应向买方说明货物已按照规定交货，或者船只未能在约定的时间内接收货物。买方也有通知卖方有关船名、装船地点，以及需要时在约定期限内选择交货时间的义务。如果双方未履行充分通知的义务，会造成船货的衔接不当，影响合同的顺利进行和风险的正常转移。如因买方没有给卖方有关船舶的充分通知，或者船舶未按时到达，或船舶不适合承载货物，虽然货物未按照约定的时间装船交货，但由此产生的货物损失和额外费用（如空舱费、滞期费及仓储费等）由买方承担；反之，由于卖方未充分通知造成的买方的损失，则由卖方负担。

▶ 3. 与《1990 年美国对外贸易定义修订本》中对 FOB 解释的区别

（1）交货地点不同。《1990 年美国对外贸易定义修订本》中 FOB 的适用范围广，解释为在某处某种运输工具上交货。交货地点共分为六种，前三种是内陆指定地点的内陆运输工具上，第四种是出口地点的内陆运输工具上，第五种是装运港，第六种是进口国指定地点。因此，在同美国、加拿大等国的商人按 FOB 订立合同时，除必须标明装运港名称外，还必须在 FOB 后加上"船舶"（vessel）字样，如 FOB Vessel New York。否则，卖方不负责将货物运到港口并交到船上。

（2）在费用负担上，《1990 年美国对外贸易定义修订本》规定买方要支付出口单证的费用，以及出口税和其他出口手续费用，《INCOTERMS® 2010》则规定由卖方负责。

二、CFR——成本加运费付至（……指定目的港）

（一）CFR 贸易术语的含义

CFR 是 Cost And Freight（insert named port of destination）的英文缩写，即成本加运费（……指定目的港）。在 CFR 项下，卖方要在合同中约定的日期或期限内将货物运到合同规定的装运港口，并交到自己安排的船只上，或者以取得货物已装船证明的方式完成卖方的交货义务。另外，卖方要提交商业发票及合同要求的其他单证。

采用 CFR 术语时，关于买卖双方义务的规定可概括如下。

▶ 1. 风险转移问题

卖方在装运港将货物交到自己安排的船只上时，货物损坏或灭失的风险由卖方转移给买方。

▶ 2. 通关手续问题

取得出口许可证或其他官方批准证件，并且办理货物出口所需的一切海关手续，由卖方负责。取得进口许可证或其他官方批准证件，并且办理货物进口和从第三国过境运输所需的一切海关手续，由买方负责。

▶ 3. 运输合同和保险合同

卖方有订立或取得运输合同的义务，经由惯常航线，运载货物的船舶应适航和适货。卖方无订立保险合同的义务，但在买方承担风险和费用，并要求卖方给予协助的情况下，卖方有向买方提供办理保险相关信息的义务。

▶ 4. 主要费用的划分

卖方除了承担装运港到目的港的运费及相关费用外，还有义务承担交货前所涉及的各项费用，包括需要办理出口手续时所应缴纳的关税和其他费用，以及从装运港到目的港的运费。买方承担交货后所涉及的各项费用，包括办理进口手续时所应缴纳的关税和其他费用，以及从装运港到目的港的保险费。货物在目的港发生的包括驳运费和码头费在内的卸货费，也应由买方负担，除非卖方签订的运输合同中规定该费用由卖方负责。

▶ 5. 适用的运输方式

CFR 适用于水上运输方式。

(二) CFR 贸易术语中应注意的问题

▶ 1. 装船通知的重要性

按照 CFR 术语成交，卖方要及时向买方发出装运通知，因为装运通知往往是买方投保的前提。如果未能及时发出装运通知，导致买方没有及时办妥运输保险，责任应由卖方承担。因此，卖方应根据约定的习惯做法及时采取如电传、传真或电子邮件等手段向买方发出装运通知。

【案例】中国某公司 A 按 CFR 术语与英国客户 B 签约成交，合同规定买方承担保险，并且在装船完成后 24 小时内通知买方。A 公司于 9 月 30 日晚 11 时装船完毕，受载货轮于 10 月 1 日下午起航。因 10 月 1 日是节假日，A 公司未及时向 B 公司发出装船通知。10 月 2 日下午 4 时货船遭遇风暴沉没，B 公司要求卖方赔偿全部损失。B 公司有无要求 A 公司赔偿的权利？

【分析】《INCOTERMS® 2010》规定，买卖双方均有充分通知的义务，如果因卖方未充分通知造成的买方的损失，责任费用由卖方负担。在 CFR 项下，由卖方负责租船订舱并支付运费，买方负责办理保险，如果装船通知不及时，买方办理保险也会受到影响。在本案例中，A 公司未按合同规定的 24 小时内发出装船通知，如果由此使 B 公司无法按时办理保险，责任应由 A 公司承担。因此 B 公司有权要求 A 公司赔偿损失。

▶ 2. 风险转移和费用转移的地点不同

使用 CFR 术语时，要注意风险转移和费用转移的地点不同。卖方将货物交至已选定运输工具上，完成交货义务，即风险转移的地点为装运港，但将货物运至双方约定目的港的交付地点的费用仍由卖方承担，因此费用转移的地点在目的港。因为风险转移地和运输成本的转移地是不同的，使用 CFR 术语时，却未必指定装运港，即风险转移给买方的地方，因此涉及双方利益，对于目的港的问题尽可能准确确认。另外，在目的港的卸货费由买方承担，如果卖方在目的地发生了卸货费用，则卖方无权要求买方给予支付。

三、CIF——成本，保险加运费付至(……指定目的港)

(一) CIF 贸易术语的含义

CIF 是 Cost Insurance and Freight(insert named port of destination)的英文缩写，即

成本、保险加运费(……指定目的港)，俗称"到岸价"。在 CIF 项下，卖方要在合同中约定的日期或期限内，将货物运到合同规定的装运港口，并交到自己安排的船只上，或者以取得货物已装船证明的方式完成卖方的交货义务。另外，卖方还要为买方办理海运货物保险。

采用 CIF 术语时，关于买卖双方义务的规定可概括如下。

▶ 1. 风险转移问题

卖方在装运港将货物交到自己安排的船只上时，货物损坏或灭失的风险由卖方转移给买方。

▶ 2. 通关手续问题

取得出口许可证或其他官方批准证件，并且办理货物出口所需的一切海关手续，由卖方负责。取得进口许可证或其他官方批准证件，并且办理货物进口和从第三国过境运输所需的一切海关手续，由买方负责。

▶ 3. 运输合同和保险合同

卖方有订立或取得运输合同的义务，将货物运到合同约定的目的港，也有订立保险合同的义务。运输合同规定货物由通常可供运输合同所指货物类型的船只、经由惯常航线运输。保险合同应与信誉良好的保险公司订立，使买方或其他对货物有可保利益者有权直接向保险人索赔。按照一般国际贸易惯例，卖方投保的保险金额应按 CIF 价加成 10%。如买卖双方未约定具体险别，则卖方只需投保最低底线的保险险别，如伦敦保险协会的 ICC(C) 条款或中国人民保险公司"平安险"。如果买方要求加保战争险等其他险别，在保险费由买方负担的前提下，卖方应予加保。卖方投保时，尽量以合同中使用的货币投保。

▶ 4. 主要费用的划分

卖方要支付从装运港到目的港的运费和相关费用，并且承担办理水上运输保险的费用。另外，还有义务承担交货前所涉及的各项费用，包括需要办理出口手续时所应缴纳的关税和其他费用。买方承担交货后所涉及的各项费用，包括办理进口手续时所应缴纳的关税和其他费用。货物在目的港发生的包括驳运费和码头费在内的卸货费，也应由买方负担，除非卖方签订的运输合同中规定该费用由卖方负责。

▶ 5. 适用的运输方式

CIF 适用于水上运输方式。

(二) CIF 贸易术语中应注意的问题

▶ 1. 属于"装运合同"的性质

在 CIF 术语下，卖方在装运港将货物装上船，即完成了交货义务。这种只保证货物按时装运，不保证货物按时到达的合同属于"装运合同"。由于 CIF 术语经常以 CIF 加目的港(如"CIF 伦敦")的形式出现，俗称"到岸价"。但卖方在装运地完成交货义务，因此 CIF 术语订立的合同仍属于"装运合同"的性质。

▶ 2. 卖方的保险责任

如买卖双方未约定具体险别，卖方应与信誉良好的保险人或保险公司订立保险合同，并按照至少符合《协会货物保险条款》ICC(C) 条款或中国海洋运输货物保险条款"平安险"等类似条款中规定的最低保险险别投保，并保证买方或其他对货物具有保险利益的人有权直接向保险人索赔。应买方要求，由买方负担费用且提供一切卖方需要的信息的前提下，则卖方应提供额外的保险，如《协会货物保险条款》中的 ICC(A) 条款、ICC(B) 条款或任何类似的条款，及《协会战争险条款》或《协会罢工险条款》或其他类似条款。最低保险金额为 CIF 价或在 CIP 价的基础上加 10%，并使用合同规定的货币。

▶ 3. 象征性交货

所谓象征性交货，即卖方只要按合同规定的时间将货物装上运输工具或交付承运人，并向买方提供包括物权证书在内的有关单证，凭承运人签发的运输单据及其他商业单据履行交货义务，无须保证到货。CIF 术语下，卖方只要在约定的装运港完成装运，向买方提交了符合合同规定的相关单证，即完成交货义务，因此属于象征性交货。

【案例】日本某公司以 CIF 条件向澳大利亚某公司出售 500 公吨大米。在日本港口装船时，公证行验明货物品质合格并出具了证明。但该批大米运抵澳大利亚时，已全部受潮变质，不适合人类食用，买方因此拒绝收货，并要求卖方退回已付清的货款。买方有无拒收货物和要求卖方退回货款的权利？

【分析】在 CIF 术语下，卖方只要在约定的装运港完成装运，向买方提交了符合合同规定的相关单证，即完成交货义务，属于象征性交货。在本案例中，卖方在装运港把品质良好的货物装上船，已完成交货义务，途中货物损失的风险由买方负担，因此买方无权利拒收货物，也无权要求卖方退回货款。

在实践中，贸易合同通常会指定相应的目的港，但可能不指名装运港，即风险向买方转移的地点。在象征性交货中，装运港的地点选择也与买方的利益息息相关，而卖方对这一交货地点的选取具有绝对选择权，因此买方通常要求在合同中尽可能精确地确定装运港。如果承运人有多个，且买卖双方并未对具体交货地点有所约定，则合同默认风险自货物由卖方交给第一承运人时转移。如果当事方希望风险转移推迟至稍后的地点发生（如某海港或机场），那么他们需要在买卖合同中明确约定。CIF 术语并不适用于货物在装上船以前就转交给承运人的情况，例如通常运到终点站交货的集装箱货物。在这样的情况下，应当适用 CIP 术语。

四、FCA——货交承运人（……指定地点）

（一）FCA 贸易术语的含义

FCA 是 Free Carrier (insert named place) 的英文缩写，即货交承运人（……指定地点）。在 FCA 项下，卖方是在合同中约定的日期或期限内，在卖方所在地或其他约定地点把货物交给买方指定的承运人，完成卖方的交货义务。

采用 FCA 术语时，双方承担的主要义务可概括如下。

▶ 1. 风险转移问题

卖方把货物交给承运人控制时，货物损坏或灭失的风险由卖方转移给买方。

▶ 2. 通关手续

取得出口许可证或其他官方批准证件，并且办理货物出口所需的一切海关手续，由卖方负责。取得进口许可证或其他官方批准证件，并且办理货物进口和从第三国过境运输所需的一切海关手续，由买方负责。

▶ 3. 运输合同和保险合同

卖方无须给买方订立运输合同，但如果应买方的要求，并在买方自担风险和费用的前提下，卖方可以按照通常条件订立运输合同。卖方也无须为买方订立保险合同，但如果应买方的要求，并在买方自担风险和费用的前提下，卖方有义务向买方提供买方办理保险所需的相关信息。

▶ 4. 主要费用的划分

卖方承担在指定交货地点货交承运人前所涉及的各项费用，包括办理货物出口所应缴纳的关税和其他费用。买方承担在交货地点交货后所涉及的各项费用，包括办理货物进口所涉及的关税和其他费用。此外，买方要负责签订从指定地点承运货物的合同，支付有关的运费和保险费。

▶ 5. 适用的运输方式

FCA适用于各种运输方式，包括公路、铁路、江河、海洋、航空运输，以及多式联运。

(二) FCA贸易术语中应注意的问题

▶ 1. 交货地点与卖方交货责任问题

若指定的交货地点是卖方所在地（工厂、工场或仓库），需要卖方将货物装到买方指定承运人的运输工具上，完成交货义务；若指定的交货地点是其他任何地点（铁路、货运站、集装箱堆场或起运机场），则当货物在卖方的运输工具上，处于买方指定的承运人或其他人的控制之下时，完成交货义务，无须负责卸货；若没有约定具体交货点，卖方有交货点的选择权。

▶ 2. FCA与FOB的区别

FCA与FOB的相同点在于它们的价格都是成本价。但FCA与FOB术语的不同之处有以下两点。

(1) 交货地点不同和风险划分界限不同。FOB项下，卖方在指定装运港交到买方船上，风险由卖方转移给买方；FCA项下，卖方在指定地点将货物交给承运人，风险由卖方转移给买方。

(2) 运输方式不同。FOB术语仅适用于水上运输，FCA术则适用于各种运输方式，包括公路、铁路、江河、海洋、航空运输，以及多式联运。

【案例】我国某公司出口手表到印度，按FCA术语与印商签约成交，合同规定交货期不得晚于8月31日。出口公司于8月30日将手表运到上海虹桥机场，航空公司收货后开具航空运单，我方即电传印度发出装运通知。9月2日手表抵达孟买，但印商以延迟交货为由拒绝收货付款。印商有无权利拒绝收货和付款？

【分析】FCA项下，卖方只要将货物在指定的地点交给买方指定的承运人，即完成交货。此案例中虽没有指明承运货物的航空公司是否是买方所指定的，但按照惯例，如果买方没有指定承运人，则卖方有指定承运人的权利（费用仍由买方承担）。只要卖方在8月31日前将货物交给承运人，即完成交货义务。因此延迟交货不成立，卖方应立即支付所有款项。

五、CPT——运费付至（……指定目的地）

(一) CPT贸易术语的含义

CPT是Carriage Paid To(insert named place of destination)的英文缩写，即运费付至（……指定目的地）。按CPT条件成交时，卖方要在合同中约定的日期或期限内，将合同中规定的货物交给卖方指定的承运人或第一承运人，完成卖方的交货义务。

采用CPT术语时，关于买卖双方义务的规定可概括如下。

1. 风险转移问题

卖方把货物交给自己指定的承运人或第一承运人时,风险由卖方转移给买方。

2. 通关手续问题

取得出口许可证或其他官方批准证件,并且办理货物出口所需的一切海关手续,由卖方负责。取得进口许可证或其他官方批准证件,并且办理货物进口及通过第三国过境所需的一切海关手续,由买方负责。

3. 运输合同和保险合同

卖方有订立或取得运输合同的义务,将货物运到合同约定的目的地。运输合同规定货物由通常可供运输合同所指货物类型的船只、经由惯常航线运输。卖方对买方无订立保险合同的义务,但应买方的要求,并在买方承担风险和费用的情况下,卖方必须向买方提供买方办理保险所需的信息。

4. 主要费用的划分

卖方要负责签订从指定地点承运货物的合同,并支付有关的运费以及从装运港到目的港的运费。另外,还有义务承担交货前所涉及的各项费用,包括需要办理出口手续时所应缴纳的关税和其他费用。买方承担交货后所涉及的各项费用,包括办理进口手续时所应缴纳的关税和其他费用。

5. 适用的运输方式

CPT适用于各种运输方式,包括公路、铁路、江河、海洋、航空运输,以及多式联运。

(二) CPT贸易术语中应注意的问题

1. 象征性交货问题

CPT与CFR、CIF一样,卖方将货物交付承运人或装上船完成交货义务,而非货物到达指定目的地时,因此风险和费用在不同的地方发生转移,属于象征性交货。

2. CPT和CFR的区别

CPT与CFR的相同点在于都是装运合同,卖方只需保证按时交货,无须保证按时到货。卖方都要订立运输合同并承担运费。但CPT和CFR的不同之处有以下两点。

(1) 交货地点和风险划分的界限不同。CFR术语下,卖方在装运港将货物交到自己安排的船只上,风险由卖方转移给买方;CPT术语下,卖方在双方约定的交货地点把货物交给自己指定的承运人控制时,风险由卖方转移给买方。

(2) 适用的运输方式不同。CFR术语仅适用于水上运输,CPT术则适用于各种运输方式,包括公路、铁路、江河、海洋、航空运输,以及多式联运。

【案例】我国某内陆出口公司A于2018年2月向日本出口30公吨甘草膏,FOB新港,共54 000美元,装运期为2月25日之前,货物必须使用集装箱。2月上旬,货物运到天津,由A公司天津办事处负责装箱、装船。但货物在天津存仓后第二天,仓库起火,货物完全灭失。办事处不得不立即通知公司总部补发货物,否则将无法按期装船。当初应该使用何种术语才能避免不必要的损失?

【分析】我国在实际业务中,习惯使用FOB、CIF和CFR报盘,但在集装箱运输下,应尽量改用FCA、CPT和CIP三种贸易术语。我国大型的货代公司都办理集装箱运输,可在铁路交通干线上接受拼箱托运和整箱托运。如果采用CPT成交,卖方将整箱货物交给中转站后,即完成交货义务,货物由货代公司(承运人)负责运往天津。这样卖方既可以提前结汇，也可以减少风险。

六、CIP——运费和保险费付至(……指定目的地)

(一) CIP贸易术语的含义

CIP是Carriage and Insurance paid to (insert named place of destination)的英文缩写，即运费和保险费付至(……指定目的地)。在CIP项下，卖方要在合同中约定的日期或期限内，将合同中规定的货物交给卖方自己指定的承运人或第一承运人，完成卖方的交货义务。除此之外，卖方还必须订立货物运输的保险合同。

采用CIP术语时，关于买卖双方义务的规定可概括如下。

▶ 1. 风险转移问题

卖方把货物交给自己指定的承运人或第一承运人时，风险由卖方转移给买方。

▶ 2. 通关手续问题

取得出口许可证或其他官方批准证件，并且办理货物出口所需的一切海关手续，由卖方负责。取得进口许可证或其他官方批准证件，并且办理货物进口及通过第三国过境所需的一切海关手续，由买方负责。

▶ 3. 运输合同和保险合同

卖方有订立或取得运输合同的义务，将货物运到合同约定的目的地，也有订立保险合同的义务。运输合同规定货物由运输合同所指类型的船只、经由惯常航线运输。保险合同应与信誉良好的保险公司订立，使买方或其他对货物有可保利益者有权直接向保险人索赔。按照一般国际贸易惯例，卖方投保的保险金额应按CIF价加成10%。如买卖双方未约定具体险别，则卖方只需投保最低底线的保险险别。如果买方要求加保战争险等其他险别，在保险费由买方负担的前提下，卖方应予加保。卖方投保时，如能办到，应以合同中使用的货币投保。

▶ 4. 主要费用的划分

卖方要负责签订从指定地点承运货物的合同，并支付有关的运费，并且承担办理运输保险的费用。另外，卖方还有义务承担交货前所涉及的各项费用，包括需要办理出口手续时所应缴纳的关税和其他费用。买方承担交货后所涉及的各项费用，包括办理进口手续时所应缴纳的关税和其他费用。

▶ 5. 适用的运输方式

CIP适用于各种运输方式，包括公路、铁路、江河、海洋、航空运输，以及多式联运。

(二) CIP贸易术语中应注意的问题

▶ 1. 应合理确定价格

CIP条件下，卖方对外报价时应考虑并核算有关运费及保险费等成本。在核算时，应考虑运输距离、保险险别、各种运输方式和各类保险的收费情况，并要预计运价和保险费的变动趋势等。

▶ 2. CIP与CIF的区别

CIP与CIF的相同点在于它们的价格中都包括了运费与保险费，并且按这两种术语成交的合同都属于装运合同。CIP和CIF术语的不同之处有以下两点。

(1) 交货地点和风险划分的界限不同。CIF 术语下，卖方在装运港将货物交到自己安排的船只上，风险由卖方转移给买方；CIP 术语下，卖方在双方约定的交货地点把货物交给承运人控制时，风险由卖方转移给买方。

(2) 适用的运输方式不同。CIF 仅适用于水上运输，CIP 则适用于各种运输方式，包括公路、铁路、江河、海洋、航空运输，以及多式联运。

【案例】 买方按 CIP 条件进口 10 公吨化肥，先经海上运输，抵达目的港后转为铁路运输。买方收到货物后，卖方要求买方支付货款和铁路运输费，卖方行为是否合理？

【分析】 按照 CIP 条件成交，卖方要承担保险费和运费。因为 CIP 条件适用于各种运输方式，风险是在承运人控制货物时转移，所以卖方要负责办理从交货地点到指定目的地的全程运输，而不仅仅是水上运输，因此卖方应支付全程运费。就本案例而言，卖方支付了海上运输的费用，但并没将货物送往指定目的地，因此还需支付铁路运输的费用。由此，买方应支付货款，但不需支付铁路运费，卖方行为不合理。

第三节 《INCOTERMS® 2010》中的其他术语

一、EXW——工厂交货(……指定地点)

EXW 是 Ex Works(insert named place)的英文缩写，即工厂交货(……指定地点)，当卖方在自身所在地或其他指定的地点(如工场、工厂或仓库等)将货物交给买方处置时，即完成交货。EXW 项下，风险转移的界限和费用划分的界线以买方在交货地点控制货物为准，卖方没有将货物装上运输工具的义务，也没有办理出口通关的义务。适用的运输方式包括公路、铁路、江河、海洋、航空运输，以及多式联运。

按照这一贸易术语达成的交易，可以是国内贸易，也可以是国际贸易，但更适于国内贸易。按 EXW 术语成交时，卖方承担的风险、责任及费用都是最小的。由于在 EXW 条件下，买方要承担过重的义务，所以对外成交时，买方不能仅仅考虑价格低廉，还应认真考虑可能遇到的各种风险，以及运输环节等问题，要权衡利弊，注意核算经济效益。另外，按照这一术语成交，买方要承担办理货物出口和进口的清关手续的义务，所以还应考虑在这方面有无困难。如果买方不能直接或间接地办理出口和进口手续，则不应采用这一术语成交。

二、FAS——船边交货(……指定装运港)

FAS 是 Free Alongside Ship(insert named port of shipment)的英文缩写，即装运港船边交货(……指定装运港)。卖方将货物运到合同规定的装运港口，并交到买方指派的船只的旁边，即完成卖方的交货义务。在 FAS 项下，风险转移的界限和费用划分的界线以卖方在装运港将货物交到买方所派船只的旁边为准，如果买方所派的船只不能靠岸，卖方要负责用驳船把货物运至船边，装船的责任和费用由买方负担。卖方需办理出口手续，获得出口许可证及缴纳出口关税和其他费用，买方需办理进口手续，获得进口许可证及缴纳进口关税和其他费用。卖方对买方无订立运输合同和保险合同的义务，适用于水上运输方式。

三、DAT——运输终端交货(……指定目的港或目的地)

DAT 是 Delivered at Terminal (insert named terminal at port or place of destination)的英文缩写,即运输终端交货(……指定目的港或目的地)。卖方在合同中约定的日期或期限内将货物运到合同规定的港口或目的地的约定运输终端,并将货物从抵达的载货运输工具上卸下,交给买方处置时即完成交货。在 DAT 项下,风险转移的界限以买方在约定的运输终端交货地点控制货物为准,卖方有义务将货物从抵达的载货运输工具上卸下。运输终端意味着任何地点,而不论该地点是否有遮盖,如码头、仓库、集装箱堆场或公路、铁路、货运站等。卖方负责订立运输合同,但无订立保险合同的义务。卖方需办理出口手续,获得出口许可证及缴纳出口关税和其他费用,买方需办理进口手续,获得进口许可证及缴纳进口关税和其他费用。适用的运输方式包括公路、铁路、江河、海洋、航空运输,以及多式联运。

使用 DAT 术语中,当事人尽量明确地指定运输终端,从而明确双方的责任。此外,若当事人希望卖方承担从运输终端到另一地点的运输及管理货物所产生的风险和费用,那么最好使用 DAP(目的地交货)或 DDP(完税后交货)术语。

四、DAP——目的地交货(……指定目的地)

DAP 是 Delivered at Place(insert named place of destination)的英文缩写,即目的地交货(……指定目的地)。指卖方在指定的交货地点,将仍处于交货的运输工具上尚未卸下的货物交给买方处置即完成交货。卖方须承担货物运至指定目的地的一切风险。在 DAP 项下,风险转移的界限以买方在指定的目的地控制货物为准,卖方无将货物从抵达的载货运输工具上卸下的义务。卖方负责订立运输合同,但无订立保险合同的义务。卖方需办理出口手续,获得出口许可证及缴纳出口关税和其他费用,买方需办理进口手续,获得进口许可证及缴纳进口关税和其他费用。适用的运输方式包括公路、铁路、江河、海洋、航空运输,以及多式联运。

五、DDP——完税后交货(……指定目的地)

DAP 是 Delivered Duty Paid(insert named place of destination)的英文缩写,即完税后交货(……指定目的地)。指卖方在指定的目的地,将货物交给买方处置,并办理进口清关手续,准备好将在交货运输工具上的货物卸下交于买方,完成交货。卖方承担将货物运至指定的目的地的一切风险和费用,并有义务办理出口清关手续与进口清关手续,对进出口活动负责,以及办理一切海关手续,任何增值税或其他进口时需要支付的税项由卖方承担,合同另有约定的除外。DDP 术语下卖方承担最大责任。如果卖方不能直接或间接地取得进口许可,不建议当事人使用 DDP 术语,如果当事人希望买方承担进口的所有风险和费用,应使用 DAP 术语。

在上述五种贸易术语中,DAP 和 DAT 属于《INCOTERMS® 2010》新添加的贸易术语。两种贸易术语的共同点在于交货地点都是在指定目的地。不同的是,使用 DAT 时,卖方承担在目的地的卸货费,与《INCOTERMS 2000》的 DEQ 术语相同,但比 DEQ 适用的交货地点和方式更加多样,适用多种运输方式。使用 DAP 贸易术语,买方承担在目的地的卸货费,这种交货方式与《INCOTERMS 2000》中的 DAF、DES、DDU 相同,是对这三种贸易术语的综合使用。

第四节 贸易术语的选用

一、结合每种贸易术语的特点灵活选用

在《INCOTERMS® 2010》的11种贸易术语中，EXW是卖方承担的义务最小的贸易术语，DDP是卖方承担的义务最大的贸易术语。如果两国关系较好，办理通关手续容易，则可选用这两种贸易术语。边境贸易可选用DAT和DAP的贸易术语。

属于装运合同的有8种，分别为EXW、FCA、FAS、FOB、CFR、CIF、CPT和CIP。其中，使用CFR、CIF、CPT和CIP术语时，要特别注意风险和费用的划分，因为卖方的风险在交货地点转移给买方，但卖方仍然要承担到达目的地的运输或保险费用。另外，要注意在这8种术语中，除EXW属于"实际交货"方式以外，其他7种术语都属于"象征性交货"的方式，卖方只要在约定的地点交货，向买方提交了符合合同规定的相关单证，无须保证到货。

属于到货合同的有DAT、DAP和DDP，都是在进口国目的地或目的港交货，都属于"实际交货"方式的范畴。在选用这几种贸易术语时，卖方的责任较大，要负责将货物安全及时地运达指定的地点，实际交给买方处置方可完成交货，并承担交货完成前的一切风险和费用。

实践中，使用量最大也最被人熟悉的贸易术语是FOB、CFR和CIF，因为海洋运输是目前最主要的国际贸易运输方式，并且这三种术语能比较全面地反映价格、双方的责任与义务等环节。虽然FOB、CFR和CIF被出口商广泛使用，但如果出口商交付货物的地点在内陆，或使用集装箱运输时卖方在集装箱码头交货，应选用FCA、CPT和CIP术语。

二、贸易术语应用的其他注意问题

（一）贸易术语与合同性质关系

通常，采用何种贸易术语，买卖合同的性质也相应可以确定，如采用CIF术语成交的合同被称为CIF合同，采用CFR术语的合同被称为CFR合同。但贸易术语不是决定合同性质的唯一因素，有些时候贸易术语的性质和合同的性质并不吻合。由此，不能单纯以采用何种贸易术语确定买卖合同的性质，还应参照合同中的其他条件。

【案例】我国某出口公司与新加坡公司签订一份CIF合同，但在合同中规定"卖方必须在目的港交货，并承担一切费用和货物灭失或损坏的风险直到目的港为止"。如果货物在海上运输途中遭遇风险而全部损失，货损应由谁负责？

【分析】合同中的规定显然违背了CIF是"装运合同"的性质，事实上延长了卖方在CIF下的责任期限。货物在装运港装运后抵达目的港之前因意外事故而延迟或损坏、灭失，卖方仍应承担责任，不能免责。

（二）风险正常转移的前提条件

《INCOTERMS® 2010》在每种贸易术语中都明确规定了在正常贸易条件下的风险转移界限，但如果合同订立和履行中出现特殊情况，就会影响风险的转移。

▶ 1. 货物是否已经划归本合同项下

货物是否已经划归本合同项下是风险正常转移的一个重要前提，也就是通常所说的货

物特定化问题。如果双方在交货前未清楚地划分或以其他方式确认所交货物为该合同项下货物,风险就不能正常转移,即使货物已经起运,仍由交货方承担货物运输途中损失或灭失的风险。

【案例】加拿大某出口商与一日本进口商签订了一份出口3 000公吨小麦的CPT合同,同一时间又与一韩国进口商签订一份出口2 000公吨小麦的CPT合同。由于两份合同交货时间相近,且又在同一地点分别交付指定的承运人,卖方将5 000公吨小麦使用同一运输工具一同运往指定的地点,并打算货到后再进行分拨。然而,由于特殊原因卖方需要连夜返回,遂将全部货物交付给两个承运人,请他们第二天自行划分。不料当天晚上突降暴雨,由于存放小麦的仓库进水,小麦损失了2 500公吨。对此,韩、日两进口商均以货物未特定化为由要求卖方赔偿,而卖方则认为将货物交付承运人处置,风险已转移,自己不应承担损失责任。本案应如何处理?

【分析】风险转移的一个重要前提是货物是否划归本合同项下,如果双方在交货前未清楚地划分或以其他方式确认所交货物为该合同项下货物,风险就不能正常转移。本案例中卖方交货时并未将两批货物完全划分,没有完成交货义务,除此之外,卖方还应履行保管义务,因此,卖方应该对货损负责。

▶ 2. 买卖双方中的任何一方没有按照合同规定履行其责任和义务

如FOB条件下买方没有按照约定受领货物或给予卖方有关装船时间或交货地点的通知,风险提前转移给买方;CFR条件下卖方未按照规定及时发出装船通知,使买方没有充分的时间办理保险,风险延迟转移给买方。

三、《INCOTERMS® 2010》中的11种贸易术语总结(见表2-5)

表2-5 《INCOTERMS® 2010》中的11种贸易术语

贸易术语	交货地点	风险转移界限	运输费用	保险费用	出口报关	进口报关	装货费用	卸货费用	运输方式
EXW	卖方所在地	货交买方	买方	买方	买方	买方	买方	买方	任何/多种
FCA	出口国内地/港口	货交承运人处置	买方	买方	卖方	买方	买方/卖方	买方	任何/多种
CPT	出口国内地/港口	货交承运人处置	卖方	买方	卖方	买方	卖方	买方	任何/多种
CIP	出口国内地/港口	货交承运人处置	卖方	卖方	卖方	买方	卖方	买方	任何/多种
DAT	运输终端	货交买方处置	卖方	卖方	卖方	买方	卖方	卖方	任何/多种
DAP	指定目的地	货交买方处置	卖方	卖方	卖方	买方	卖方	买方	任何/多种
DDP	指定目的地	货交买方处置	卖方	卖方	卖方	卖方	卖方	买方	任何/多种
FAS	装运港船边	货交船边	买方	买方	卖方	买方	买方	买方	水上运输
FOB	装运港船上	货交船上	买方	买方	卖方	买方	卖方	买方	水上运输
CFR	装运港船上	货交船上	卖方	买方	卖方	买方	卖方	买方	水上运输
CIF	装运港船上	货交船上	卖方	卖方	卖方	买方	卖方	买方	水上运输

注:此表仅针对国际贸易。其中,标注阴影的文字属于非必须义务。

资料来源:曲建忠.国际贸易实务[M].济南:山东人民出版社,2011.

拓展阅读

《INCOTERMS® 2010》：与国际海运公约相接轨的新游戏规则

巴黎国际商会（ICC）修订《2000年国际贸易术语解释通则》（以下简称《INCOTERMS 2000》）时，该通则已在世界各国推广使用了近10年，期间国际贸易发生了巨大的变化，令世人对此版本的评价莫衷一是。为敦促该通则日臻完美，在广泛吸收各方建议的基础上，历时3年的艰苦努力，从各成员国委员会征集了上百条意见，ICC终于完成了《INCOTERMS 2000》的修订工作，新版本《2010年贸易术语解释通则》（以下简称《INCOTERMS® 2010》）于2011年1月1日正式生效。不言而喻，国际货物买卖合同与国际运输合同分别隶属于国际法学的不同分支，而国际贸易术语则跨越了两大领域的风险与责任。租船订舱曾被视为买卖双方最重要的权利与义务之一，更有甚者，国际货物买卖合同与国际运输合同的成功对接意味着货物风险的转移。ICC早在《INCOTERMS 2000》修订本的引言中曾指出："对于进出口商人来说，考虑那些为完成国际货物买卖所需的各种合同之间的实际关系当然是非常必要的。完成一项国际贸易不仅需要买卖合同，而且需要运输合同、保险合同和财务合同，而《INCOTERMS 2000》只涉及其中的一项合同，即买卖合同。"寥寥数语，却道破了国际商会在加强买卖合同与运输合同、保险合同等合同之间的衔接等方面付出了很大的努力。《INCOTERMS® 2010》更加彰显了国际贸易与时俱进的发展需求，吸纳了许多国家国内法，如美国2004年《统一商法典》的成功理念，以及盛行于国际保险市场、由英国伦敦保险协会（ILU）最新修订的"协会货物条款"（LMA/IUA 2009）的精华，力求实现与《联合国国际货物销售合同公约》及《鹿特丹规则》的衔接。简而言之，《INCOTERMS® 2010》内容更加清晰简洁，极大地强化操作性和指导性的功能，引领国际贸易及国际运输的可持续发展方向，驱散国际金融危机的阴霾必将指日可待。诚如国际商会代理秘书长Jean Carrier所言，"《INCOTERMS® 2010》是ICC送给全球经贸界的礼物"。

一、取消了"船舷"的概念

《INCOTERMS® 2010》所界定的交货含义旨在表明货物的风险何时由卖方向买方转移。作为《INCOTERMS 2000》中使用最为普及的3个术语，FOB、CFR和CIF的共同特征在于风险转移界限均以装运港的船舷作为标志，卖方在指定的装运港越过了船舷即完成交货的义务。众所周知，在国际航运实践中，船舷的判断标准一向疑云叠生，如何确定货物的损失发生在船舷内还是船舷外，以及货物越过船舷是否就意味着真正完成了交货，是卖方与买方以及承运人长期纠缠不清的困惑，也是《INCOTERMS 2000》悬而未决的问题。诚如某些学者所言："随着滚装/滚卸船、集装箱货物及多式联运的发展，特别是FCA术语的大量使用，FOB等术语中关于货物'越过船舷'作为交付和风险转移的规定在很多情况下并不适宜，因此各国代表对是否保留这一规定争论非常激烈。但考虑到商人们已经熟悉和习惯使用该术语，并且如果改变该交货点，特别是在海运租船合同方式下大宗商品买卖的情况下，可能导致不必要的混乱，国际商会决定保留这一规定，给予商人们更大的选择余地。因此国际商会建议，如果当事人不打算将货物越过船舷作为完成交付，则应使用FCA术语。事实上，随着新式运输方式的发展，FOB等的适用范围会越来越小。"重新审视《联合国国际货物销售合同公约》第30条关于"卖方必须按照合同和本公约的规定，交付货物，移交一切与货物有关的单据并转移货物所有权"的规定，以及第67条关于"如果销售合同涉及货物的运输，但卖方没有义务在某一特定地点交付货物，自货物按照销售合同交付给第一承运人以转交给买方时起，风险就移转到买方承担"的规定，昭然若揭，《联合国国际货物销售合同公约》有关运输合同下货物的风险转移时间是以第一承运人签发运输单证为标志；而业已生效的系列海上运输合同公约，如《海牙规则》《汉堡规则》，甚至联合国大会新通过的《鹿特丹规则》，运输单证的功能诠释为承运人或履约方已按运输合同收到货物的证明亦是不争的事实。由此推论，有关《INCOTERMS 2000》中 FOB、CFR 和 CIF 等 3 个贸易术语与《联合国国际货物销售合同公约》以及《鹿特丹规则》关于风险的划分标准其实不相吻合。归咎于 FOB、CFR、CIF 下的卖方实际承担越过船舷至承运人签发清洁提单期间的风险这一事实，《INCOTERMS® 2010》取消了"船舷"的概念，改为卖方承担货物装上船为止的一切风险，以及买方承担货物自装运港装上船后的一切风险实为明智之举。ICC 在前言中对此变革的评价是"这更准确地反映了现代商业现实，避免了以往风险围绕船舷这条虚拟垂线来回摇摆"。

二、增加了运输途中买卖货物的责任

《INCOTERMS® 2010》在 FAS、FOB、CFR 和 CIF 等术语中加入了货物在运输期间被多次买卖（连环贸易）的责任义务的划分。连环贸易亦称为路货交易，是指在海上货物运输过程中，卖方将已装上船的货物再寻找适当的买方，以期出卖尚在运输途中的货物。路货买卖合同订立时货物已经脱离了卖方的实际控制，因此卖方摆脱了从此以后运输途中的货损责任。加之卖方将货物交付运输时通常对货物进行投保，有关在途货物的单据以及保险单在签订买卖合同之时一并转移至买方，因此多数国家立法及《联合国国际货物销售合同公约》倾向采取"在买卖合同订立时风险转移给买方"这一立场。《INCOTERMS® 2010》顺应潮流，及时做出相应的调整。

为便利买卖双方、保险人及其他当事人更加准确地使用新通则，《INCOTERMS® 2010》增加了大量的指导性解释及图示、电子交易程序的适用、在国内适用贸易术语的建议等内容。以 FOB 为例，国际商会在此术语的指导建议中明确指出：卖方负责将货物装运上船或根据买卖合同指定的地点交付货物，此处的购买合同适用多次出卖运输途中的货物（连环贸易）交易形式。《INCOTERMS® 2010》这一变化旨在保证货物控制方根据运输合同向承运人发出有关货物指示的权利，与《鹿特丹规则》第 10 章 "控制方的权利"的条款不谋而合。

三、承运人定义为契约承运人

《INCOTERMS 2000》曾在 CPT（运费付至）术语中对承运人赋予如下定义："'承运人'是指任何人，在运输合同中，承诺通过铁路、公路、空运、海运、内河运输或上述运输的联合方式履行运输或由他人履行运输。如果还使用接运的承运人将货物运至约定目的地，则风险自货物交给第一承运人时转移。"众目昭彰，此处的承运人包括了契约承运人与实际承运人两种身份。起源于《汉堡规则》的契约承运人与实际承运人概念已被国际航运界广泛接受，两者的区别在于前者指以其本人或以其名义与托运人订立海上货物运输合同的任何人，而后者是指受承运人委托从事货物运输或部分货物运输的任何人，包括受托从事此项工作的任何其他人。与《汉堡规则》相比，《鹿特丹规则》所创设的海运履约方的新概念更上一层楼，外延远远大于实际承运人，囊括了实际承运人无法归入的港口经营人、码头装卸公司等中间合同人，为援引"喜马拉雅条款"，从而享受承运人拥有的抗辩和赔偿责任限制打造了新的国际法后盾。尽管如此，《INCOTERMS® 2010》在前言中的态度十分审慎，回归狭义的契约承运人定义做法可能令人有些费解：承运人是指与托运人订立合同，并承担运输义务的一方。对此国际商会并未做出更多解释。不仅如此，《INCOTERMS® 2010》对

CPT 的表述亦步亦趋，删除了《INCOTERMS 2000》中"'承运人'是指任何人，在运输合同中，承诺通过铁路、公路、空运、海运、内河运输或上述运输的联合方式履行运输或由他人履行运输"的内容，仅保留了后半段表述："如果还使用接运的承运人将货物运至约定目的地，则风险自货物交给第一承运人时转移"，并补充规定："如果当事方希望风险自货物交给最后承运人（如海运承运人等）时转移，需要在买卖合同中另外约定。"

四、赋予电子单证与纸质单证相同的法律效力

尽管《INCOTERMS 2000》已经确定了如果买卖双方约定使用电子方式通信，则纸质单据可以由具有同等作用的电子数据交换通信替代，但这是远远不够的。自《INCOTERMS 2000》实施以来，国际社会加快制定统一的电子商务法的步伐，以应对日益增长的电子商务全球化的挑战。联合国在此方面躬体力行。联合国贸易法委员会于 1996 年和 2001 年分别通过了《电子商务示范法》与《电子签字示范法》；联合国大会第六十届会议再于 2005 年 11 月 23 日通过了《联合国国际合同使用电子通信公约》，明确了电子通信满足传统纸面形式书面、签字及原件要求的标准，在《电子商务示范法》的基础上重申了功能等同原则，即电子通信只要实现传统纸制形式下书面、签字及原件所需实现的功能，可以与相应的、履行相同功能的纸制文件享有同等的法律认可。在现行的系列海运国际公约——《海牙规则》《海牙—维斯比规则》《汉堡规则》，以及各国的国内立法普遍没有承认电子单证的效力的情形下，《鹿特丹规则》第 8 条"电子运输记录的使用和效力"取得了突破性成果，明确规定"电子运输记录的签发、排他性控制或转让，与运输单证的签发、占有或转让具有同等效力"。上述国际立法实践无疑为《INCOTERMS® 2010》的修订产生了深刻的启迪，最终在其 A1/B1 条款之中实现了电子通信方式和纸质通信相同的效力，只要缔约双方同意或存在国际惯例。至于何谓电子记录或者程序，《INCOTERMS® 2010》在前言中做出了解释：由一个或多个可适用的电子信号组成的一组信息库，功能上等同于相应的纸质文档。上述规定有利于促进《INCOTERMS® 2010》中新的电子程序的演进。

资料来源：王淑敏. INCOTERMS® 2010：自由穿梭于国际贸易与运输之间的新规则[J]. 中国海商法年刊，2011(3).

本章小结

贸易术语又称贸易条件、价格术语等，它使用一个简短的概念和英文缩写字母来表明商品的价格构成。贸易术语一方面表示该商品的价格构成因素；另一方面确定交货条件，即说明买卖双方在交接货物时各自承担的风险、责任和费用，是一门专门的"对外贸易语言"。

《INCOTERMS® 2010》共有 11 种贸易术语，其中，使用最多的是 FOB、CFR、CIF、FCA、CPT 和 CIP 六种贸易术语。掌握贸易术语的关键在于明确买卖双方的责任、费用的划分、风险的划分、交货地的规定及使用的运输方式。例如，适用于任何运输方式的贸易术语有 EXW、FCA、CPT、CIP、DAT、DAP 和 DDP；适用于水上运输方式的有 FAS、FOB、CFR 和 CIF；交货地点在装运港船上的有 FOB、CFR 和 CIF，卖方负责运输和保险的有 CIF、CIP、DAT、DAP 和 DDP 等。在贸易过程中，应结合每种贸易术语的特点灵活选用。

自测题

一、单项选择题

1. 在使用（　　）贸易术语进行交易时，卖方及时向买方发出"已装船通知"至关重要，因为它将直接影响买卖双方对运输途中的风险承担。
   A. CIP　　　　　B. DAT　　　　　C. FCA　　　　　D. CFR

2. 按照《INCOTERMS® 2010》的解释，采用 CIF 条件成交时，货物装船时从吊钩脱落掉入海里造成的损失由（　　）负担。
   A. 卖方　　　　　B. 买方　　　　　C. 承运人　　　　　D. 双方共同

3. 在实际业务中，FOB 条件下，买方常委托卖方代为租船、订舱，费用由买方负担。如到期订不到舱，租不到船，（　　）。
   A. 卖方不承担责任，风险由买方承担
   B. 卖方承担责任，风险也由卖方承担
   C. 买卖双方共同承担责任、风险
   D. 双方均不承担责任，合同停止履行

4. 按照《INCOTERMS® 2010》的规定，以下关于 CIF 的说法正确的是（　　）。
   A. 卖方必须将货物实际交付给买方，才算完成了交货义务
   B. 卖方在投保时应投保一切险
   C. 卖方除承担成本加运费的义务外，还要负责办理运输保险并支付保险费
   D. 货物的风险在货物实际交付时由卖方转移给买方

5. 根据《INCOTERMS® 2010》的解释，进口方负责办理出口通关手续的贸易术语是（　　）
   A. FAS　　　　　B. EXW　　　　　C. FCA　　　　　D. DDP

6. 在以下条件成交的合同中，不属于装运合同的是（　　）。
   A. FOB 上海　　　B. FAS 天津　　　C. CIF 上海　　　D. DAP 厦门

7. 代表运输终端交货的贸易术语是（　　）。
   A. FAS　　　　　B. DDP　　　　　C. DAT　　　　　D. DAP

8. 根据《INCOTERMS® 2010》的规定，不能适用于"门到门"或"站到站"运输方式的贸易术语是（　　）。
   A. FOB　　　　　B. FCA　　　　　C. CIP　　　　　D. CPT

二、多项选择题

1. 贸易术语在国际贸易中的主要作用有（　　）。
   A. 简化交易手续　　　　　　　B. 明确交易双方责任
   C. 缩短磋商时间　　　　　　　D. 节省费用开支

2. 按照《INCOTERMS® 2010》的解释，FOB、CFR 与 CIF 的共同之处表现在（　　）。
   A. 均适用水上运输方式　　　　B. 风险转移均为装运港船上
   C. 买卖双方责任划分基本相同　D. 交货地点均为装运港

3. 根据《INCOTERMS® 2010》的规定，以下术语中需要卖方办理出口通关手续的有（　　）。
   A. EXW　　　　　B. CIF　　　　　C. CPT　　　　　D. DDP

三、简答题

1. 什么是象征性交货？《INCOTERMS® 2010》中的 11 种贸易术语中有哪几种属于象征性交货？

2. 简述 FOB、CFR 及 CIF 的联系与区别。

3. 简述 FOB、CFR、CIF 与 FCA、CPT、CIP 的区别。

四、案例分析题

1. 我国某进出口公司向新加坡某贸易公司出口香料 15 公吨，对外报价为每公吨 2 500 美元 FOB 湛江，装运期为 10 月份，集装箱装运。我方 10 月 16 日收到买方的装运通知，为及时装船，公司业务员于 10 月 17 日将货物存于湛江码头仓库，不料货物因仓库发生火灾而全部灭失，以致货物损失由我方承担。问：该笔业务中，我方选用的贸易术语是否妥当？若不妥，应选用哪一种贸易术语？

2. 美国出口商与韩国进口商签订了一份 CFR 合同，合同规定由卖方出售 2 000 公吨小麦给买方。小麦在装运港装船时是混装的，共装运了 5 000 公吨，准备在目的地由船公司负责分拨 2 000 公吨给买方。但载货船只在途中遇高温天气发生变质，共损失 2 500 公吨。卖方声称自己出售给买方的 2 000 公吨小麦在运输途中全部损失，并认为根据 CFR 合同，风险在装运港装上船时已经转移给买方，故卖方对损失不负责任。买方则要求卖方履行合同。双方发生争议，后将争议提交仲裁解决。问：仲裁机构将如何裁决？

3. 我国某出口公司按 CIF 条件向欧洲某国进口商出口一批草编制品，向中国人民保险公司投保了一切险，并规定了用信用证方式支付。出口公司在规定的期限内在我国某港口装船完毕，船公司签发了提单，然后去中国银行议付款项。第二天，出口公司接到客户来电，称装货的海轮在海上失火，草编制品全部烧毁，客户要求我公司出面向中国人民保险公司提出索赔，否则要求我公司退回全部货款。问：对客户的要求我公司该如何处理？为什么？

4. 某口岸出口公司按 CIF London 向英商出售一批核桃仁，由于该商品季节性较强，双方在合同中规定：买方须于 9 月底前将信用证开到，卖方保证运货船只不得迟于 12 月 2 日驶抵目的港。如货轮迟于 12 月 2 日抵达目的港，买方有权取消合同。如货款已收，卖方须将货款退还买方。问：这一合同的性质是否属于 CIF 合同？若对方一定要我方保证到货时间，则应选用什么术语？

第三章 国际货物销售合同的商订

学习要点及目标

通过本章的学习，能够在交易开始之前，根据商品与市场的情况做好国际货物买卖各方面的准备工作，包括信息的准备、谈判目标的确定及谈判方案的制定等；了解交易磋商的四个环节，掌握发盘与接受环节应注意的问题及其在交易磋商中的作用；了解不同法律文本对发盘、接受的主要分歧；掌握合同成立的时间及条件；了解合同的签订原则和进出口贸易合同的审核要点；能够判断一份国际货物买卖合同是否生效。

核心概念

发盘　接受　发盘的撤销　合同生效　对价　约因

引导案例

忽视资信调查导致损失的蘑菇罐头案

2016年8月，某食品自营出口企业（以下称A公司）与我国香港某贸易公司（以下称B公司）签订了一份总金额为10万美元的蘑菇罐头出口合同，价格条款为CIF香港，付款方式为不可撤销、可转让、可分割的即期信用证。合同的检验条款规定：对本合同项下货物的品质和质量，以中国和北京出口商品检验局出具的商品检验书为准；如果货物未能通过商品最终抵达地阿联酋的卫生检验，进口方可以凭阿联酋卫生检验局所出具的拒绝入境的证明文件在信用证付款期内提出拒付。合同索赔条款则规定为：如有任何质量、数量、重量与合同不符，除船东和保险人责任外，进口方应在45天内提出索赔。合同订立后，A公司收到了B公司按月开来的信用证，前三次发货均顺利结汇，只有第四次发货由于B公司提出单据可能无法满足信用证的规定，建议改为 D/P AT SIGHT 方式，A公司同意了B公司的要求。2016年12月中旬，货物运抵香港，但单据尚未到香港，为了赶上前往欧洲的班轮，B公司请求先放行货物，保证收到单据后立即付款。A公司此时有些疑虑，也有人提出是否应该对 B 公司进行适当的资信调查，但由于此前成功的交易记录，进行资信调查的建议被否决了。A 公司出于对 B 公司的信任和帮助对方一起解决难题的诚意，通知货物代理放货，并同意了 B 公司不付款就提货转运的要求。

但是 B 公司一直没有付款赎单，直到 2017 年 1 月，进口方才来传真通知，称该批货物被阿联酋卫生检验局拒绝入境。A 公司要求 B 公司提供正式的检验书并快寄到岸货物的样品，以便弄清原因，但 B 公司却从此杳无音讯。经过多次催促，直到 2017 年 5 月，B 公司才书面答复：货物的包装罐体出现锈斑，在当地市场无法按照原价销售，要求减价 50%。A 公司接此件后，立即回复，提出要么立即付款，要么提供拒绝入境证书退货。而 B 公司没有给予正面回复，只是称公司已经停止经营，准备关闭。为了尽早解决此案，A 公司立即将此案委托给一家资信调查专业机构进行处理。该机构对进口方进行的调查显示，进口方是一家注册资金仅为 3 000 元港币的小公司，该公司原来的办公室已经转租给一家澳大利亚公司。同时也获知进口方开办的另两家公司状况良好，因此仍有追回账款的可能。在香港追讨代理对进口方负责人实施强烈追讨的同时，阿联酋追账机构也与最终收货人取得了联系，结果证明所谓的"拒绝入境"纯属谎言。经过专业机构与 B 公司的再三磋商，B 公司最终同意支付货款的 85% 了结此案。

纵观本案，发生拖欠的根本原因是出口方对客户的过分信任。出口方前期对进口方缺乏必要的资信调查，在取消用信用证方式进行付款时，虽然产生了疑窦但仍未进行必要的调查，否则就可以及时发现问题，做到防患于未然。那么签订国际贸易销售合同之前，要做好哪些准备，合同签订的基本程序又是什么呢？

第一节 交易磋商前的准备

企业欲从事国际贸易首先要针对欲进入的领域的国际市场进行调研，选择合适的销售市场及交易对象；其次对未来的客户进行资信调查，以降低贸易风险，作为日后正式签订买卖合同的依据。

一、国际市场调研

国际市场调研是指运用科学的调研方法与手段，系统地搜集、记录、整理、分析有关国际市场的各种基本状况及影响因素，以帮助企业制定有效的市场营销决策，实现企业经营目标。就出口商的立场而言，是以科学的方法和有效的措施对商品自生产者转移到消费者全过程中的所有相关信息进行调研，主要包括国际市场环境调研、国际市场商品信息调研、国际市场营销情况调研等。

（一）国际市场环境调研

企业进行国际贸易，出口商品，首先需要了解国际贸易市场环境，做到知己知彼，百战不殆。企业对国际市场环境调研的主要内容为：①国外经济环境，包括一国的经济结构、经济发展水平、经济发展前景、就业、收入分配等；②国外政治和法律环境，包括政府结构的重要经济政策，政府对贸易实行的鼓励、限制措施，特别有关外贸方面的法律法规，如关税、配额、国内税收、外汇限制、卫生检疫、安全条例等；③国外文化环境，包括使用的语言、教育水平、宗教、风俗习惯、价值观念等；④国外人口、交通、地理等情况。

（二）国际市场商品信息调研

商品信息是指与出口商拟在进口国销售的商品直接相关的各种因素，一般包括：①拟销商品在当地的生产量、消费量，以及厂商数量等；②拟销商品在当地的进出口状况，如进出口量、贸易商、贸易渠道与方式等；③当地潜在竞争对手的状况，如商品质量、规格、价格；④厂商数量、规模、两者的差异等；⑤当地企业的组织结构及与外资企业合资、合作的可能性；⑥当地常用的付款方式及资信程度；⑦当地习惯使用的广告媒体及效果。

（三）国际市场营销情况调研

国际市场营销情况调研是对国际市场营销组合情况的调研，除上述已经提到的商品及价格外，一般还应包括：①商品销售渠道，包括销售网络设立，批零商的经营能力、经营利润、消费者对它们的印象、售后服务等；②广告宣传，包括消费者购买动机，广告内容，广告时间、方式、效果等；③竞争分析，包括竞争者产品质量、价格、政策、广告、分配路线、占有率等。

出口商进行市场调研，获取资讯，一方面可以通过自己亲自观察、询问、登记取得；另一方面，出口商可以利用他人已获得的第一手资料，经过整理分析后做出决策。这种方式获得的资讯成本低、效率高，是大多数出口商所选用的。出口商要获取他人资料的渠道，除了被调查国家或国际组织发布的信息外，在中国国内的专业性机构也经常发布各种调查报告、评估报告及进出口贸易信息。因此，出口商可从这些信息中获得相关资讯。[①]

二、选择合适的交易对象

由于交易对象关系到贸易合同能否顺利履行，所以在具体进行交易磋商之前，一定要合理选择交易对象。

出口商在条件允许时，首先可以派专人出访目标市场的客户，寻找贸易伙伴。这种途径的好处是可以与客户直接沟通，推销商品。但这种方式的成本较大，通常只有在事前对客户有充分的了解和充分准备的情况下才可使用。其次，出口商可以选择国内外知名的专业杂志、网站或报刊刊登广告，宣传商品，寻找潜在的进口商。再次，企业可以通过世界各地经常举办的国际性展览会、展销会、博览会和我国每年举办的广交会、上交会等机会推销产品，寻找潜在客户。除此之外，企业还可以通过网络、第三方推介、设置网站、在国外设置分支机构等方法，主动与合适的国外客户接洽联系。

三、资信调查

诚实可靠是交易成功的基础，加强资信调查是确定交易伙伴的重要方法。在调查中要重点了解对方的企业性质，贸易对象的道德、贸易经验等，特别是贸易伙伴的资金及负债情况、经济作风及履约信用等。在国际贸易中，我们的交易对象五花八门，交易前对客户的资信进行调查特别重要，尤其是第一次与国外客户进行交易时，若对交易伙伴缺乏了解，很有可能导致货、款两空的结果，所以在与客户达成交易前，必须做好对象的资信调

---

① 姚新超. 国际贸易实务[M]. 北京：对外经济贸易大学出版社，2008：94.

查工作。不仅如此，资信调查工作应该贯穿整个交易过程，对客户做动态的跟踪调查，以防不测。

国际贸易中对客户进行资信调查通常包括以下五个方面，习惯称之为5C，即资本(capital)、品性(character)、能力(capacity)、状况(condition)和担保(collateral)。资本是指交易伙伴的财务能力，财力雄厚的进口商可以大量进口，付款有保证，否则进口商无法保证及时足额地支付货款；品性是指交易伙伴的商业道德，品性良好的贸易伙伴一般都比较讲究诚信，在商品的质量、交货时间、收货时间、付款等方面，都会遵守合同约定，较少发生违约现象；能力是指交易伙伴的经营能力，能力较弱的交易伙伴容易受到国际市场波动的影响，在国际市场不景气的情况下，发生违约的概率较高；状况是指交易伙伴所属行业的发展情况及未来趋势；担保是指交易伙伴所常使用的担保方法，如担保物品、担保人等。

除以上调查内容外，企业还可以根据交易具体情况，在资信调查时加以补充，如交易对象所在国家的贸易政策、外汇管理制度、政局是否稳定等内容。企业可以委托相关的专业调查机构、银行、驻外机构等部门协助调查交易伙伴的资信情况。

第二节 交易磋商的基本程序

企业完成国际市场调研、选择合适的交易对象，以及资信调查环节后，认为交易伙伴资信尚可，下一步应与交易伙伴开始实际交易，实际交易的第一步是交易磋商与订约。对出口商来说，出口交易磋商是与进口商就买卖合同的有关内容进行讨价还价，一旦双方达成一致，买卖合同关系即告成立。

进出口交易的一般程序应包括询盘、发盘、还盘、接受四个环节，其中，发盘和接受是交易成立的基本环节，也是合同成立的必要条件。

一、询盘

询盘(inquiry)又称询价、邀请发盘，是指出口商为推销自己的产品主动向进口商提出交易的咨询，或进口商为购买商品主动向出口商提出交易的咨询。在国际贸易业务中，多数询盘由买方发出，一般被称为"邀请发盘"(invitation to make an offer)；由卖方发出的询盘，习惯上称为"邀请递盘"(invitation to make a bid)。

询盘的内容可以涉及某种商品的品质、规格、数量、包装、价格和装运等成交条件，也可以索取样品，其中多数是询问成交价格，因此在实际业务中也有人把询盘称作询价。由于询盘中所包含的交易信息往往不够明确和全面，因此，询盘对交易双方均无法律上的约束力。询盘不是每笔交易必经的程序，如交易双方彼此都了解情况，不需要向对方探询成交条件或交易的可能性，则不必使用询盘，可直接向对方做出发盘。

二、发盘

发盘(offer)又称报盘、发价、报价，法律上称为"要约"，是指出口商或进口商向对方提出交易的主要条件，并希望对方依此达成协议，订立买卖合同的意思表示。发出发盘的一方称为发盘人(offerer),收到发盘的一方称为受盘人(offeree)或被发盘人。

发盘可以采取口头形式,也可以采取书面或行为等其他形式,但特定国家的特定合同除外,如中国的融资租赁合同应采取书面形式。

(一) 构成发盘的条件

《联合国国际货物销售合同公约》(CISG,以下简称《公约》)第14条第1款对发盘的解释为:"向一个或一个以上特定的人提出的订立合同的建议,如果十分确定并且表明发盘人在得到接受时承受约束的意思,即构成发盘。一个建议如果写明货物并且明示或暗示地规定数量和价格或规定如何确定数量和价格,即为十分确定。"从这个定义可以看出一项发盘的构成必须具备以下条件。

▶ 1. 发盘必须向一个或一个以上特定的人发出

向特定的人发出,可以是特定的自然人,也可以是法人,但必须特定化,而不能泛指广大的公众。提出此项要求的目的在于,把发盘同普通商业广告及向广大公众散发的商品价目单等相区别。许多国家的法律认为,普通的商业广告、商品目录、商品价目表等原则上不是一项发盘,而是发盘的邀请,如大陆法系国家的规定;有些国家如英美法系的判例则认为,商业广告只要内容确定,在某些场合下也可视为发盘。

在个别情况下,发盘也可以向不特定的人发出。例如,悬赏广告的刊登、自动售货机的设置、公交汽车的运营等,虽然接受发盘的一方并非特定的人,但仍视为发盘。

拓展阅读

雷恩·马谢尔公司诉普罗拉托过滤器分公司

1977年,原告雷恩·马谢尔公司收到一份由被告普罗拉托过滤器公司寄出的广告性通函,其中,附有若干种可供选择的购买普罗拉托牌商品的订单。通函中写道:"购买每一种商品,买方均可得到回扣。"其中一项规定:"购买10万磅重的公司品牌产品,将赠送一辆1978年产全新的布伊克·厄勒克拉牌汽车和一架柯达一次成像相机。买主只需再付500美元。"汽车和相机的零售报价为17 450美元。原告遂将一张认购10万磅以上普罗拉托牌石油过滤器的订单寄给被告,要求得到上述回扣。被告拒绝接受此订单。原告提起诉讼,要求被告履行合同义务。

法院判决:被告寄出的广告性通函不是一个发盘,原告的订单才是发盘,此发盘没有被接受。

资料来源:国际经济法网.

▶ 2. 发盘人做出订立合同的意思表示

出口商在向特定的受盘人发盘时,必须在发盘中表明当受盘人接受发盘时,出口商必须与受盘人订立合同。这种表明的方式可以是明示的,如在发盘中写明"发盘"(offer)、"发实盘"(offer firm)或明确规定发盘的有效期等;也可以是暗示的,这需要根据双方磋商的情况、惯例等判断是否暗示了受约束。如果发盘人在提出的订约建议中加注诸如"仅供参考""需以货物尚未售出为准"或其他保留条件,则这样的订约不是发盘,而是邀请对方发盘。

▶ 3. 发盘的内容必须十分确定

按照《公约》的上述规定,若发盘中明确表明了货物的数量和价格,或规定了确定数量和价格的方法,则该发盘的内容是十分确定的,即该发盘是有效的。发盘中的内容不能使用"参考价格""估计数量"等含糊不清的语句,特别是货物品名、数量、价格等应十分确定。尽管《公约》仅要求表明货物、数量和价格或对此的确定方法,但在实际业务中,一般发盘内容应包括货物品名、品质、数量、价格、包装、交付与付款方式等主要内容。其他内容在合同成立后,可以按照双方当事人采用的惯例予以补充,或者按《公约》予中关于货物销售部分的有关规定予以补充。

▶ 4. 发盘必须送达受盘人才能生效

《公约》和包括中国《合同法》在内的绝大多数国家的法律都规定,发盘无论是口头的还是书面的,只有送达到受盘人才能生效。若发盘在传递途中遗失,受盘人没有收到,则该发盘无效。

(二)发盘的有效期

通常情况下,发盘均有一个有效期,即可供受盘人做出接受的期限,超过发盘规定的时效,发盘人即不受约束。发盘人在发盘中没有明确规定有效期的,通常理解为合理时间内有效,所谓"合理时间",需根据具体情况而定。根据《公约》的规定,采用口头发盘时,除非另有约定,否则受盘人必须当场表示接受,此发盘才能有效。

▶ 1. 规定最迟接受的期限

例如,本发盘限12月10日复到,以我方时间为准。由于国际贸易是在不同国家的商人之间进行的,两国间往往有时差,因此,发盘中应明确以何方的时间为准。我国外贸企业在对外发盘时,一般都采用这种方法规定发盘有效期,发盘送达受盘人时生效,至规定的有效期满为止。

▶ 2. 规定一段接受的时间

例如,本发盘有效期为7天。这种方法既没有规定有效期从哪天起算,也没有规定有效期的截止时间以哪天为准。对此,《公约》第20条规定:①发盘人在电报或信件内规定的接受期间,从电报交发时刻或信上载明的发信日期起算,如信上未载明发信日期,则从信封上所载日期起算。发盘人以电话、电传或其他快捷通信方法规定的接受期间,从发盘送达被发盘人时起算。②在计算接受期间时,接受期间内的正式假日或非营业日应计算在内。但是,如果接受通知在接受期间的最后一天未能送到发盘人地址,是由于该日在发盘人营业地是正式假日或非营业日,则接受期间应顺延至下一个营业日。

由于发盘对发盘人有法律约束力,发盘人在有效期内不能任意撤销或修改发盘内容,因此,发盘有效期的长度要合理,发盘人可以根据商品种类、市场行情或交易金额等因素决定。通常情况下,国际市场价格波动较小的商品,如小商品、工艺品、轻工产品等,有效期可稍长些,如10~20天,最长不宜超过2个月;国际市场价格波动较大的商品,如大宗商品、原材料性的商品、初级产品等,有效期应较短,一般为1天,较长的也不超过3天,甚至可规定当天或当天几点复到。

(三)发盘的撤回与撤销

发盘的撤回是指发盘人采取某种方式,在发盘送达受盘人之前,即发盘尚未生效时,予以取消,阻止该发盘生效的行为。《公约》第15条对发盘生效时间做了明确规定:"发盘于送达被发盘人时生效。"那么,发盘在未被送达受盘人之前,如发盘人改变主意,或发现发盘有错误,或因其他原因想改变主意,可以用更迅速的通信方法,将发盘撤回或修改的通知在发盘人收到该发盘之前或同时送达受盘人,发盘即可撤回或修改。

发盘的撤销是指发盘人在发盘生效后,通知受盘人取消发盘的效力。不同的国家对发盘能否撤销有不同的规定。英美法认为，发盘在原则上对发盘人没有约束力，在受盘人表示接受之前，即使发盘中规定了有效期，发盘人也可以随时予以撤销。大陆法系国家认为发盘人原则上应受发盘的约束，不得随意撤销发盘。

由于两大法系在发盘的撤销问题上存在较大的争议，《公约》采取了折中的方法，规定发盘人撤销发盘的通知在受盘人发出接受通知之前送达受盘人，则发盘可以撤销。但是，在下列情况下，发盘不能撤销：

（1）发盘中注明了有效期，或以其他方式表示发盘是不可撤销的；

（2）受盘人有理由信任该发盘是不可撤销的，并且已本着对该发盘的信任行事。

【案例】甲公司于2017年12月9日以平信向乙公司发出发盘，于12月15日抵达乙公司。在此期间，由于国际市场发生变化，甲公司于12月12日以加急电报撤销该发盘，电报于12月13日抵达乙公司。这时，甲公司的发盘撤回有效吗？

【分析】根据《公约》的规定，发盘人可以用更迅速的通信方法，将发盘撤回或修改的通知在受盘人收到该发盘之前或同时送达受盘人，发盘即可撤回或修改。本例中，发盘12月15日到达受盘人，而撤回发盘的通知于12月13日到达受盘人乙公司，早于发盘到达，因此发盘撤回有效。

(四) 发盘的失效

发盘的失效是指发盘由于某些原因而失去法律效力。发盘效力终止的原因一般有以下几个方面。

（1）在发盘规定的有效期内未被接受，或虽未规定有效期，但在合理时间内未被接受，则发盘的效力即告消失。

（2）发盘人依法撤销发盘。

（3）受盘人对发盘表示拒绝或还盘，发盘失效。

（4）发盘人发盘后，发生人力不可抗拒的意外事故造成发盘的失效，如政府禁令或限制措施。

（5）在发盘被接受前，发盘人或受盘人丧失行为能力、死亡或破产等，发盘的效力即告消失。

三、还盘

还盘(counter-offer)又称还价，法律上称为"反要约"，是指受盘人对发盘中的条件不能完全同意而对原发盘提出相应的修改或变更的意见。受盘人的答复如果在实质上变更了发盘条件，就构成对发盘的拒绝，形成还盘。

根据《公约》规定，受盘人对货物的价格、付款、品质、数量、交货时间与地点、赔偿责任范围、解决争端办法等条件提出添加或更改，均为实质性变更发盘条件。还盘是对发盘的拒绝，否定了原发盘，导致原发盘失效，原发盘人不再受约束。还盘是一项新的发盘，还盘人称为新发盘的发盘人，原发盘人称为新发盘的受盘人，有权对新发盘做出拒绝、接受或再还盘的权利。

四、接受

接受(acceptance)在法律上称为承诺，是指受盘人在发盘规定的时限内，以声明或行为的方式表示同意发盘提出的各项条件，并愿意按这些条件与发盘人达成交易、订立合同的一种肯定的意思表示。发盘一经接受，合同即告成立。按照《公约》的规定，接受的表示方式可以是口头、书面或行为。

（一）构成有效接受的条件

▶ 1. 接受必须由特定的受盘人做出

由于发盘是向特定人提出的，因此，接受也只能由特定的受盘人做出。任何第三方做出的所谓接受，不能视为有效接受，对原发盘人没有约束力，只能视为其他人向发盘人做出的一项新的发盘。

【案例】我国香港某中间商甲，就某商品以电传方式邀请我国卖方发盘。卖方于11月8日向甲发盘，并限11月15日复到有效。18日，卖方收到德国商人A按卖方发盘规定的各项交易条件开来的信用证，同时收到中间商甲的来电，称已将卖方发盘转德国商人A。经查该商品的国际市场价格猛涨，于是卖方将信用证退回开证行，再按新价格直接向德国商人A发盘，而德国商人以信用证于发盘有效期内到达为由，主张合同成立，拒绝接受新价格，并要求卖方按原价发货，否则将追究卖方的责任。问：德国商人A的要求是否合理，为什么？

【分析】本案例中，德国商人A的要求不合理，因为卖方与德国该商人之间没有合同关系。卖方11月8日的发盘是向香港中间商甲发出的，德国商人A不是发盘的当事人，即不是受盘人，A所做出的行为（开立信用证）不能视为对卖方发盘的接受，因此双方之间没有达成合同，卖方没有发货责任。

▶ 2. 接受必须明确表示出来

接受必须采用一定的方式表现出来，一般来说，对口头发盘要立即做出口头接受，对书面形式的发盘也要采用书面形式表示接受。另外，双方如已形成某种习惯做法，受盘人也可以直接采取某些行动对发盘表示接受，如买方主动开来信用证等。《公约》规定，缄默或不行动本身不等于接受。

▶ 3. 接受的内容必须与发盘相一致

受盘人必须无条件地同意发盘的全部内容才能与发盘人达成交易，对发盘的内容做了增加、限制或修改，都只能认为拒绝了原发盘，从而构成还盘。

在实际业务中，受盘人往往会对发盘的内容做些变动。《公约》第18条第2款规定：若受盘人在表示接受时，对发盘内容提出某些非实质性的添加、限制或变更（如要求提供重量单、增加单据的份数等），只要发盘人不以口头或书面形式反对，则仍构成接受。此时，合同条件以发盘条件和接受中提出的更改为准。

因此，在对外磋商时，应认真对待对方在接受中所提出的增加、限制或修改的条件，如发现我方不能接受的条件，应迅速向对方提出异议，以免以后造成争议。

【案例】法国公司甲给中国公司乙下订单："供应50台拖拉机，100匹马力，每台价4 000美元，合同订立后3个月装船，不可撤销即期信用证付款。请电复。"乙电报回复为："接受你方条件，在订立合同后即装船。"问：双方的合同是否成立，为什么？

【分析】法国公司甲给中国公司乙下订单已构成发盘，但是乙方接受是对该发盘做出了修改，即改变了装船的日期，构成还盘。因此，合同不成立。

▶ 4. 接受必须在发盘有效期内送达发盘人

当发盘规定了有效期时，受盘人必须在发盘有效期内做出接受，才有法律效力。没有规定有效期的，受盘人须在合理时间内做出接受。关于接受生效的时间，两大法系的规定不同。英美法系采取"投邮主义"原则,即接受通知一经投邮或交电报公司发出,立即生效,合同即告成立。按此理论,如果接受在传递的过程中丢失,发盘人并未能收到接受,合同仍然成立。大陆法系国家采取"到达主义"原则,即接受通知送达发盘人时才能生效。《公约》在这个问题上采纳了大陆法系的做法,第 18 条第 2 款明确规定,接受送达发盘人时生效。

若接受的通知超过发盘规定的有效期或合理时间才到达发盘人,这种接受通常称为"逾期接受"或"迟到接受"(late acceptance),多数国家法律认为这种接受不是一项有效的接受,发盘人不受其约束,即无法律效力。

《公约》对逾期接受的问题做了灵活处理。《公约》第 21 条第 1 款规定:"逾期接受仍有接受的效力,如果发盘人毫不延迟地用口头或书面将此种意见通知被发盘人。"若发盘人对逾期接受表示拒绝或缄默,则该逾期接受无效,合同不能成立。若由于邮递延误而造成"逾期接受",《公约》第 21 条第 2 款规定:"如果载有逾期接受的信件或其他书面文件表明,它是在传递正常、能及时送达发盘人的情况下寄发的,则这项逾期接受仍具有接受的效力,除非发盘人毫不迟延地用口头或书面方式通知被发盘人:他认为他的发盘已经失效。"

【案例】发盘人 A 在发盘中明确表示,3 月 31 日为承诺发盘的最后期限。受盘人 B 的承诺于 4 月 3 日送达 A。发盘人 A 仍然对该合同有兴趣,愿意接受 B 的逾期承诺,并且立即通知了 B,A 的通知于 4 月 4 日送达 B。问:该合同是否成立,合同的成立时间是何时?

【分析】迟到的接受不是有效的接受,而是一项新的发盘,只有得到原发盘人的立即接受后才能成立合同,所以该合同成立;而且如果发盘人接受逾期接受,则在一项逾期的接受送达发盘人时,而不是在发盘人通知受盘人其认为该逾期接受有效时,合同视为成立,合同成立的时间为 4 月 3 日。

另外,由于发盘必须送达受盘人方能生效,因此,在发盘生效之前所做出的接受,不能视为接受,而应当视为一项新发盘,合同并不成立。

【案例】广州市某粮油贸易中心与长沙市某粮油食品公司往年曾订过购销合同,已履行完毕。2017 年 4 月 10 日,广州市某粮油贸易中心致函长沙市某粮油食品公司,要求订购稻谷 10 000 公吨。恰好在同一天,长沙市某粮油食品公司也给广州市某粮油贸易中心致函,表示愿意提供 10 000 公吨稻谷,品种、等级、价款等均与广州市某粮油贸易中心的要求完全相同。但是,双方收信以后均未给对方复信。3 个月后,长沙市某粮油食品公司即将 10 000 公吨稻谷发往广州市某粮油贸易中心,而广州市某粮油贸易中心在这之前已从他处购进了稻谷。这时正好赶上夏收季节,如广州市某粮油贸易中心再接收这批货,势必造成积压。因此提出:按标的价款降低 20% 以作保管费,方予接收,否则拒绝收货付款。双方协商无效,长沙市某粮油食品公司起诉到广州市中级人民法院,要求广州市某粮油贸易中心赔偿他们的经济损失,保护合法权益。问:长沙市某粮油食品公司的诉求是否有法律依据?法院应如何判决?

【分析】合同的成立必须经过发盘和接受两个基本环节,缺一不可,否则就不能依法成立,对当事人就没有约束力。本案例中,虽然广州市某粮油贸易中心和长沙市某粮油食品公司都有向对方提出订立合同的建议即发盘,但双方在收到对方的发盘后均未给对方做出答复,即均未给对方发出接受的通知。因此,尽管双方在发盘中所提出的建议是一致的,但这都是发盘,而不是接受,合同根本没有依法成立,所以,长沙方由此所产生的经济损失与广州方无关，只能由自己承担。

（二）接受的撤回

接受的撤回是指在接受生效之前将接受予以撤回，以阻止接受生效。《公约》第22条规定："如果撤回通知先于接受生效之前或同时送达发盘人，接受可以撤回。"由于接受在送达发盘人时才产生效力，故撤回的通知只要先于接受生效之前或同时到达受盘人，接受就可以撤回，否则接受一旦生效，合同就告成立，此时撤回接受就相当于撤销合同。

由于英美法系的国家对于接受生效的时间采用的是"投邮主义"原则，即接受一经发出合同即告成立，因此，不存在接受撤回的问题。

需要指出的是，在当前通信设施非常发达和各国普遍采用现代化通信的条件下，当发现接受中存在问题而想撤回或修改时，往往已来不及了。为了防止出现差错和避免发生不必要的损失，在实际业务中，应当审慎行事。

第三节 国际货物销售合同的签订

一、国际货物销售合同成立的时间及成立要件

（一）国际货物销售合同成立的时间

在国际贸易中，合同成立的时间是一个十分重要的问题。根据《公约》的规定，合同成立的时间为接受生效的时间。在实际业务中，合同成立的时间以订约时合同上写明的日期或以收到对方确认的日期为准，即在签订书面合同时买卖双方的合同关系确立。

在现实经济生活中，有些合同成立的时间有特殊规定，如我国《合同法》规定，当事人采用合同书形式订立合同的，自双方当事人签字或者盖章时合同成立，签字或盖章不在同一时间的，最后签字或盖章时合同成立。

（二）国际货物销售合同的生效要件

合同成立与合同生效是两个不同的概念，合同成立的判断依据是接受是否生效，而合同生效是指合同是否具有法律上的效力。买卖双方就各项交易条件达成协议后，并不意味着此项合同一定有效。根据各国合同法规定，一项合同，除买卖双方就交易条件通过发盘和接受达成协议后，还需具备以下要件，才是一项有效的合同，才能得到法律上的保护。

▶ 1. 合同当事人必须具有签约能力

签订买卖合同的当事人主要为自然人或法人。按各国法律的一般规定，自然人签订合同的行为能力，是指精神正常的成年人才能订立合同，未成年人、精神病人、禁治产人等订立合同必须受到限制。关于法人签订合同的行为能力，各国法律一般认为，法人必须通过其代理人，在法人的经营范围内签订合同，越权的合同无效。

▶ 2. 合同必须有对价或约因

英美法认为，对价（consideration）是指当事人为了取得合同利益所付出的代价。法国法认为，约因（cause）是指当事人签订合同所追求的直接目的。按照英美法和法国法的规定，合同只有在有对价或约因时，才是法律上有效的合同。

▶ 3. 合同的内容必须合法

内容合法是合同产生法律效力的前提。各国法律都明确规定，当事人所订立的合同必须合法，凡是违反法律、违反善良风俗和公共秩序的合同一律无效，有关当事人还要承担相应的法律责任。

我国《合同法》第7条规定："当事人订立、履行合同，应当遵守法律、行政法规，尊重社会公德，不得扰乱社会经济秩序、损害社会公共利益。"

▶ 4. 合同的形式必须合法

世界上大多数国家，只对少数合同才要求必须按法律规定的特定形式订立，对大多数合同，一般不从法律上规定应当采取的形式。我国《合同法》第10条规定："当事人订立合同，有书面形式、口头形式和其他形式。"

▶ 5. 合同当事人的意思表示必须真实

合同是当事人意思表示一致的结果，各国法律都要求这种意思表示的一致必须是在自愿和真实的基础上达成的，如果当事人意思表示不真实，可依法申请撤销合同或主张合同无效。

根据我国《合同法》第52条规定："有下列情形之一的，合同无效：①一方以欺诈、胁迫的手段订立合同，损害国家利益；②恶意串通，损害国家、集体或者第三人利益；③以合法形式掩盖非法目的；④损害社会公共利益；⑤违反法律、行政法规的强制性规定。"

二、国际货物销售合同的形式

订立合同的形式一般有三种：书面形式、口头形式和以行为表示。各国法律曾一直把合同订立的形式视为合同有效成立的要件之一。西方各国的法律把合同区分为要式合同和不要式合同，要式合同指合同要按照法律规定的形式和手续订立，否则无法律上的效力，或者不能被强制执行；不要式合同是指合同无须按特定的形式和手续订立，只要双方当事人的意思表示一致，合同就具有法律上的效力。

《公约》遵循大多数国家的做法，规定国际货物销售合同无须以书面形式订立或以书面形式来证明，在形式方面不受任何其他条件的限制。也就是说，在《公约》看来，合同可以采用书面方式，也可以采用口头方式，还可以采用某种行为来订立。但是，《公约》允许缔约国对于《公约》中关于合同以书面方式以外的任何形式做出的规定提出保留。根据《公约》的规定，书面方式包括双方往来的信函、电报和电传，不限于书面合同和协议文件。

国际贸易业务中，国际货物买卖具有经过的环节多、过程复杂等特点，因此买卖双方签订一份书面合同还是十分必要的，我国的法律也认为国际货物销售合同应当采用书面的形式。从事进出口贸易的买卖双方可采用正式的合同和确认书，也可以采用备忘录等形式，法律上没有特定的限制。我国所签订的货物进出口合同，主要采用正式合同和确认书两种形式。

正式的进出口合同的特点是内容比较全面，对各项交易条件、买卖双方的权利与义务，以及发生争议后的处理办法等都要在合同中做出明确的规定，特别适用于大宗、复杂、贵重或成交金额较大的货物的交易。

确认书亦称销售确认书，是指为证明通过书信、电报和电传达成的协议，根据一方当事人的要求而签订的一种简单的书面合同，它与正式合同只有形式繁简和内容组成的不同，没有实质效力的差异。确认书的优点是灵活简便，只要达成协议，马上可以用确认书确认，特别适用于日常大量的、金额较小的、批次较多的轻工业日用品、土特产品的国际交易。确认书一般有简式和繁式两种。简式确认书只有商务条款，而没有任何关于法律方面问题的条款；繁式确认书除商务条款外，还有一定或者相当多的法律条款。无论签订哪种确认书以成立合同，都必须具备以下两个条件：一是合同双方当事人通过信件、数据电文等形式达成协议；二是一方当事人要求签订确认书。

三、国际货物销售合同的作用

国际货物销售合同是各国经营进出口业务的企业开展货物交易最基本的手段。这种合同不仅关系到合同当事人的利益，也关系到国家的利益，以及国与国之间的关系，因此国际货物销售合同具有重要的作用。国际货物销售合同明确规定了当事人各方的权利和义务，是联系双方的纽带，对双方具有相同的法律约束力。在合同的履行过程中，合同双方当事人都必须严格执行合同条款，否则就是违反合同，即违约。当违约造成损失或损害时，受损害方可依据相关适用法律提出索赔要求，违约方必须承担造成的损失。如果一方因客观原因需要修改合同的某些条款或终止合同时，必须提请对方确认。如果对方不同意修改或终止合同，除非提请方证明出现了不可抗力等特殊情况，否则，原合同仍对双方有约束力。

签订书面合同不是合同有效成立的必要条件，但是交易达成之后，签订书面合同具有重要的意义。

▶ 1. 合同成立的依据

按照法律的要求，凡是合同必须提供成立的证据，以说明合同关系的存在，这对口头磋商的合同尤为重要。双方当事人一旦发生争议，提交仲裁或诉讼，如果不能提供充足证据，则很难得到法律的保护。

▶ 2. 履行合同的依据

国际货物销售合同的履行涉及面广，环节复杂，若仅有口头协议，合同履行过程会遇到很多困难和问题。因此，在实际业务中，双方一般都要求将各自的权利与义务用文字规定下来，作为履行合同的依据。

▶ 3. 合同生效的条件

在国际贸易实务中，有时合同的生效是以书面形式签订合同作为条件的，因此双方达成协议所交换的信件、电报、电传虽然也常常构成书面合同的内容，但只有签订确认书后，合同才告成立，才算法律意义上的有效合同。

四、国际货物销售合同的内容

正式的书面合同无论具体结构如何，一般都由约首、正文和约尾三部分组成。

（一）约首

约首是合同的序言部分，一般包括合同的名称、编号、签订日期、地点、缔约双方当事人的名称（要求写明全称）和地址、电报挂号、电话、传真等内容，除此之外，在合同序言部分常常写明双方订立合同的意愿和执行合同的保证，对双方当时人都有约束力。

（二）正文

正文部分是合同的主体，是一份合同最核心的内容，具体规定了买卖双方的权利和义务,一般统称为合同条款,具体包括商品名称、品质规格、数量、包装、单价、装运期限、保险、付款条件、商品检验、不可抗力、索赔、仲裁等条款。上述条款必须相互衔接,不能相互矛盾,以免陷于被动。

(三)约尾

约尾部分是一份书面合同的结尾,一般包括合同的份数、合同所使用的文字及其效力、订约的时间和地点、合同生效的时间、双方当事人签字盖章等内容。合同的缔约地点涉及合同法、票据法的适用问题,因此要慎重对待。我国的出口合同的缔约地点一般都写在我国。

国际货物销售合同范例如表3-1所示。

表 3-1 国际货物销售合同范例

销售合同 SALES CONTRACT				
卖方 SELLER:	明星化工进出口公司 Super Star Chemical Industry Im. & Ex. Co.	编号 NO.:	SC17102	
		日期 DATE:	2017-3-10	
		地点 SIGNED IN:	中国大连开发区辽河西路10号 No. 10 Liaohe Road West, Dalian E&T Development Zone, China	
		通信方式:	86-0411-87652300	
买方 BUYER:	Smith & Sons Co. Ltd.	地点:	美国纽约30大街106号 No. 106 30 Street New York USA	
		通信方式:	1-76328701	
买卖双方同意以下条款并达成协议 This contract is made by and agreed between the BUYER and SELLER, in accordance with the terms and conditions stipulated below				
1. 品名及规格 Commodity & Specification	2. 数量 Quantity	3. 单价及价格条款 Unit Price & Trade Terms		4. 金额 Amount
锌钡白(Lithophone) 硫化锌含量最低28% (ZnS content 28% min.)	500公吨 (500M/T)	CIF 纽约每公吨110美元含佣3% (USD110 Per M/T CIFC 3% N.Y.)		55 000 美元 (US$55000)
Total:	500公吨 (500M/T)			55 000 美元 (US$55000)
允许 With	5%	溢短装:卖方可多装或少装百分之五,价格按合同单价计算 More or less of shipment: 5% More or less, each difference shall be settled at the contract price		

续表

5. 总值 Total Value	伍万伍仟美元整 US Dollar Fifty Five thousands only.	
6. 包装 Packing	玻璃纤维(Glass-fibre)袋装，每50千克/袋 Packing in Glass-fibre bag, 50kg each	
7. 唛头 Shipping Marks	☐ NEW YORK NO. 1—up	
8. 装运期及运输方式 Time of Shipment & means of Transportation	2017年5月装运，允许分批和转船 Shipment in May/2017, allowing partial shipment and transshipment.	
9. 装运港及目的地 Port of Loading & Destination	大连港装船运往纽约 From Dalian to New York	
10. 保险 Insurance	由卖方按中国人民保险公司海洋货物运输保险条款，按发票总值110%投保一切险 To be covered by the Seller for 110% of total invoice value against A. R. and subject to the relevant ocean marine cargo clauses of the People's Insurance Company of China	
11. 付款方式 Terms of Payment	买方应由卖方可接受的银行于装运月份前30天开立并送达卖方不可撤销即期信用证，至装运月份后第15天在中国议付有效 The Buyers shall open through a bank acceptable to the Sellers an Irrevocable Sight Letter of Credit to reach the Sellers 30 days before the month of shipment, valid for negotiation in China 15th day after shipment	
12. 品质与数量异议 Quality/Quantity Discrepance	货到港后7天内提出数量异议，30天内提出品质异议 Any discrepancy about quantity should be presented within 7 days after the arrival of the goods at the port of destination, any discrepancy about quality should be presented within 30 days after the arrival of the goods at the port of destination	
13. 不可抗力 Force Majeure	如发生洪水等人力不可抗力事故，当事人需于15天内通知对方，当事人可免责 If the shipment of the contracted goods is prevented or delayed in whole or in part by reason of flood or other cause of Force Majeure, the Seller shall not be liable for non-shipment or late shipment of the goods of this contract. However, the Seller shall notify the Buyer within 15 days	

续表

14. 仲裁 Arbitration	如发生争议，双方应友好协商解决。如不能协商解决，应将争议提交中国国际经济贸易仲裁委员会，根据该会的仲裁规则进行仲裁。该仲裁裁决属于最终裁决，对双方均有约束力 All disputes arising out of the performance of, or relating to this contract, shall be settled through friendly negotiation. In case no settlement can be reached through negotiation the case shall be then submitted to the China International Economic and Trade Arbitration Commission for arbitration in accordance with its Rules of Arbitration. The arbitral award is final and binding upon both parties
15. 备注 Remarks	
The Buyer	The Seller
Smith	张建华
(signature)	(signature)

拓展阅读

分析国际贸易合同风险——合同成立的争议

国际货物买卖合同是指卖方为了取得货款而把货物所有权移交给买方的一种双务合同。合同要成立，贸易双方必须经历发盘和接受这两个环节。在构成接受生效的几个要件当中，要特别注意两点：接受的内容要跟发盘的内容一致；接受必须在发盘给出的有效期内做出。

我国某出口公司于2月1日向美商电报出口某家产品，在发盘中除列明必要条件外，还表示：packing in sound-bags。在发盘有效期内，美商复电称：refer to your telex first accepted, packing in new bags。我方收到上述复电后，即着手备货。数日后，该家产品国际市场价格猛跌，美商来电称：我方对包装条件做了变更，你方未确认，合同并未成立。而我出口公司则坚持合同已经成立，于是双方对此发生争执。

本案争议的焦点在于，美商在我国出口公司发盘后做出附条件承诺，且中方在收到美商的附条件承诺后未做出明确答复，此时合同是否成立。

本案例中，美商对货物包装条件做出变更后，中方并没有明确回复，而是立即着手备货，然而美商在国际市场发生较大变动之后，以我方没有明确回复为由拒绝承认合同成立，实质是为了逃避自身对价格变动而承担多付货款的责任。根据规定，包装条件的变更属于非实质性变更，因此可以对照《联合国国际货物销售合同公约》的第2条款，我方在美商做出承诺后并没有对美方的变更表示反对，而是以实际行动表示接受，也就说明我方接受生效，合同成立。

本案表明成立的要件：接受的内容必须与发盘内容一致，接收方存在实质性变更则视为拒绝或者是新的发盘，就算是原发盘人没有提出异议，合同也不成立。如果存在非实质性变更，只要在合理时间内没有提出异议，合同成立。对此类附条件承诺，我们要注意是否是实质性变更，进而根据我方实际需要采取相对应的措施，防范此类风险的发生。

由于合同具有法律效力，因此在对外贸易上，我方一定要持谨慎、认真的态度，充分考虑自身的实际情况和国际市场的变动，同时在交易前要做对方的资信调查工作，尽可能规避风险。

资料来源：戴琪，江小林，傅蕾．透过案例分析国际贸易合同风险[J]．现代物业，2010(05)．

本章小结

国际贸易中，交易磋商是指贸易双方为买卖某种商品，通过洽谈或信函、传真、电子数据交换等方式，就交易的各项条件进行的国际商务谈判。在进行交易磋商之前，企业需要进行国际市场的调查、寻找贸易伙伴，并对贸易伙伴的资信情况进行调查后，方可与贸易伙伴进行交易。交易磋商的一般程序有四个环节：询盘、发盘、还盘、接受。其中，发盘与接受是构成进出口有效合同的基本环节。

经过交易磋商，一项发盘一经接受，合同即告成立。合同成立不等于合同生效，合同生效还需具备五个要件，才能得到法律上的保护。合同签订后，企业要对合同要点进行审核，防止磋商内容有所遗漏。

自测题

一、选择题

1. 下列各项中，构成实质性变更发盘条件的是（　　）。
   A. 质量、数量、交货期、包装、贸易术语
   B. 质量、数量、支付条件
   C. 价格
   D. 交货的时间和地点
   E. 赔偿的责任范围和争端的解决方法

2. 一项还盘，它的法律效力（　　）。
   A. 是对发盘的拒绝和否定
   B. 构成一项新的发盘
   C. 原发盘因还盘而失效
   D. 有条件地接受构成一项还盘
   E. 对发盘实质性的变更即构成一项还盘

3. 对于一项迟到的接受，合同可以成立的条件是（　　）。
   A. 发盘人毫不延迟地用口头或书面表示接受"迟到的接受"
   B. 传递延误迟到的接受，仍然是一项有效的接受
   C. 迟到的接受是一项无效的接受，合同不成立
   D. 只要发盘人不表示反对，合同仍然成立
   E. 迟到的接受是一项有效的接受，合同仍然成立

4. 下列关于发盘的撤销的表述中，正确的有（　　）。

A.《公约》认为在发盘人表示接受前,随时可以撤销
B. 大陆法认为发盘在有效期内,不可以撤销
C. 英美法认为发盘对发盘人没有约束力,随时可以撤销
D.《公约》实质上是站在大陆法的立场,一项发盘规定了有效期,则不能撤销
E. 英美法认为发盘对发盘人有约束力

5.(　　)不是构成一项具有法律效力的接受的必备条件。
A. 必须由知道发盘的人做出
B. 必须表示出来
C. 必须与发盘内容相符
D. 必须在发盘有效期内送达发盘人
E. 必须用发盘传递的方式发出

6. 一般情况下,如果接到发盘的一方不在规定的期限内答复,应视为对发盘的(　　)。
A. 接受　　　　　B. 拒绝　　　　　C. 违约　　　　　D. 同意

7. A 公司 5 月 18 日向 B 公司发盘,限 5 月 22 日复到有效。A 公司向 B 公司发盘的第二天,收到 B 公司 5 月 17 日发出的、内容与 A 公司发盘内容完全相同的交叉发盘,此时(　　)。
A. 合同即告成立
B. 合同无效
C. A 公司向 B 公司或 B 公司向 A 公司表示接受,当接受通知送达对方时,合同成立
D. 必须 A 公司向 B 公司表示接受,合同成立

二、判断题
1. 对一项非实质性发盘的接受,合同成立的条件是:只要发盘人不表示反对。(　　)
2. 关于接受生效时间的规定,《公约》采纳了英美法"投邮生效"的原则。(　　)
3. 一项发盘与询盘的区别,在于对发盘人有无约束力,而不在于是否规定有效。(　　)
4. 根据《公约》规定,接受可以撤回,但不可以撤销。(　　)
5. 根据《公约》的规定,一项迟到的接受,只要发盘人不表示反对,仍构成一项有效的接受。(　　)
6.《公约》把构成一项"发盘"的有效条件规定为三条:品名、价格或规定价格的方法、数量或规定数量的方法。(　　)
7. 根据《公约》的规定,受盘人可以在发盘有效期内用开立信用证这一行为表示接受。(　　)
8. 发盘一经发出,即不可撤回。(　　)

三、简答题
1. 什么是发盘?构成有效发盘的主要条件是什么?
2. 关于发盘的生效、撤回、撤销,《公约》有何规定?
3. 什么是接受?构成有效接受应具备哪些条件?
4. 构成合同有效成立的基本条件是什么?
5. 对于实质性和非实质性变更的接受,法律效力有何不同?合同如何成立?

四、案例分析

1. 一位瑞典商人于某日上午走访我国外贸企业洽购某商品,我方口头发盘后,对方未置可否。当日下午,该瑞典商人再次来访,表示完全接受我方上午的发盘。此时,我方已获悉该项商品的国际市场价格上涨。对此,我方应如何处理?为什么?

2. 我国某外贸公司与美国一家客户洽谈一笔交易。我方在2017年5月6日以电报发盘,规定在5月10日前复到有效。对方在5月8日以电报表示接受。我方在11日才收到该项复电,我方业务员认为美方客户为逾期接受,实属无效,未予以理睬,后将该货又售于另一个客户。日后对方坚持合同已成立,要求我方发货。我方应如何处理,有何法律依据?

3. 2017年3月2日,中国浙江某进出口公司向马来西亚某公司预售一批木材,电文称:"兹发价:5万吨一级木材,每吨单价为2 000美元CIF吉隆坡,装运期4/5月,即期信用证支付;需以货物尚未售出为准。"3月8日接到马来西亚回电,"你3月2日电接受"。此时,因国际市场涨价,原价明显对出口公司不利,因此,出口公司与日本某公司签订木材买卖合同,按国际市场价售出木材。请问:浙江某出口公司是否违约,为什么?

4. 北京某公司希望向一家美国公司出口工艺品,于星期一上午10点以自动电传向美国纽约的一家贸易公司发盘。公司原定价为每单位500美元CIF纽约,但是误报为每单位500人民币CIF纽约。那么,在下列三种情况下应当如何处理?

(1)如果当天下午发现问题;

(2)如果第二天上午9点发现问题,客户还没有接受;

(3)如果第二天上午9点发现问题客户,已经接受了。

5. 2017年8月20日,我方A公司向老客户B公司发盘:"可供一级大枣100公吨,每公吨500美元CIF安特卫普,适合海运包装。订约后即装船,不可撤销即期信用证付款,请速复电。"B立即回复:"你20日电,我方接受,用麻袋装,内加一层塑料袋。"由于A公司一时没有麻袋,故立即回电:"布包装内加一层塑料袋。"回电后,B未予答复,A便着手备货。之后,A公司去电催请B公司开立信用证时,B以合同根本没有成立为由拒绝,双方发生争议。请问:合同是否成立?为什么?

第四章
商品的名称、质量、数量和包装

学习要点及目标

通过本章的学习,掌握商品品质的表示方法、商品数量的计量方法、商品包装的种类、包装标志;了解国际货物销售合同中品名品质条款、数量条款和包装条款的基本内容及注意事项;能够运用所学知识分析相关案例。

核心概念

品名　品质　数量　包装　样品　品质公差　以毛作净　运输标志　中性包装

引导案例

【案例1】韩国某商人按凭样品交易的方式,从美国购进一批作为饲料用的谷物,由于美国商人的交货品质高于合同规定的品质,韩国海关误认为是供人食用的粮食而课以重税,使韩国进口商增加了税收负担,因此,韩国进口商诉诸法院要求美国商人赔偿因交货品质与样品不同所造成的关税差额损失。最终,法院判美国商人赔偿损失。

【案例2】中国某粮油食品进出口公司出口一批牛肉到日本。合同规定,该批货物共25公吨,装1 500箱,每箱净重16.6千克。如按规定装货,则总重量应为24.9公吨,余下100千克可以不再补交。当货物运抵日本港口后,日本海关人员在抽查该批货物时,发现每箱净重不是16.6千克而是20千克,即每箱多装了3.4千克。因此,该批货物实际装了30公吨。但在所有单据上都注明了24.9公吨,议付货款时也按24.9公吨计算,白送5.1公吨牛肉给客户。此外,由于货物单据上的净重与实际重量不符,日本海关还认为我方少报重量有帮助客户逃税的嫌疑,向我方提出意见。经我方解释,才未予深究。但多装5.1公吨牛肉,不再退还,也不补付货款。

【案例3】某公司外售某中国特产2公吨,合同规定纸箱装,每箱10千克(内装20小盒,每小盒0.5千克)。交货时,由于此种包装的货物短缺,于是便将小包装(每箱仍为10千克,但内装10小盒,每小盒1千克)货物发出。到货后买方以包装不符为由拒绝收货。最后经反复协商,卖方承担了由于更换包装造成的损失。

以上三个案例分别从国际货物销售合同的品质、数量和包装三个方面表明,商品的品质、数量和包装都是合同的主要条款,是买卖双方重要的条件,是双方磋商的重点内容,是双方合同履行的重要依据,交易双方必须严格遵守,不得擅自变更,否则将会引起贸易纠纷。因此,交易双方必须正确把握商品的品名品质、数量和包装条款的基本内容,合理地订立合同条款,严格履行合同规定的各项义务。

第一节 商品的名称

在国际货物买卖中,作为满足人类不同需要的商品由不同种类、不同规格和不同花色的物品组成。为了区别起见,各种商品都具有特定的名称。它在买卖合同中是有关商品描述的重要组成部分。

一、商品名称的含义及命名方法

(一)商品名称的含义

商品的名称(name of commodity)也称为品名,是指能使某种商品区别于其他商品的一种称呼或概念。商品的名称在一定程度上体现了商品的自然属性、基本用途及性能特征。商品的名称与商标实际上既有联系,又有区别,不能混为一谈。因此,恰当地选择和运用命名方法是非常重要的。

(二)商品名称的命名方法

通常,商品的命名方法主要有以下几种类型。

▶ 1. 按商品所使用的主要原材料命名

按商品所使用的主要原材料命名是通过突出所使用的主要原材料来体现商品的质量,如羊绒衫、皮大衣、羽绒服、鸭绒被、羊毛毯、布鞋、玻璃杯等。

▶ 2. 按商品的主要用途命名

按商品的主要用途命名重在突出商品的用途,以便消费者根据自身的需要进行选购,如运动衣、自行车、跑步机、洗发水、杀虫剂、洗衣粉、改正液等。

▶ 3. 按商品所含的主要成分或配料命名

按商品所含的主要成分或配料命名主要为了有利于消费者了解商品的有效内涵,如高钙高铁奶粉、金银花蜂蜜、人参蜂王浆、芦荟沐浴露、钙片等。

▶ 4. 以制作工艺命名

以制作工艺命名的目的在于提高商品的身价,增强消费者的信任,如手工编织毛衣、熏烤火腿肠、精制油等。

▶ 5. 按商品的外观及造型命名

按商品的外观及造型命名容易让消费者了解商品的外观特征,如连衣裙、凉鞋、喇叭裤、黄豆、黑芝麻、青苹果等。

▶ 6. 使用褒义词命名

使用褒义词命名可以突出商品的使用功效，有利于激发消费者的购买欲望，如黄金搭档、脑白金、健力宝、大宝等。

▶ 7. 用人物的名字命名

使用著名的历史人物或在某个领域做出过杰出贡献的人物的名字命名，目的在于引起消费者的注意和兴趣，如李宁牌运动服、波音飞机、丰田汽车等。

恰当的命名，不仅能高度概括商品的特性，而且还能促进消费者的购买欲望。为了使生产或销售同类商品的厂商或销售商能够区别开来，商品的名称又常常与品牌相融合，作为描述和说明商品的重要部分。

二、品名条款的内容

对于不同的交易合同，规定品名的方法也不尽相同，主要由交易双方共同规定。

合同中的品名条款，通常都是在"商品名称"或"品名"(NAME OF COMMODITY)的标题下，列明交易双方成交商品的名称。例如，品名：山东花生仁，NAME OF COMMODITY, SHANG DONG PEANUT。

也有的合同中不加标题，只是列明交易双方同意买卖某种商品的文句。例如，买卖双方订立本合同，买卖双方同意按下述条件买卖以下商品："This contract is made by and between the Buyers and the Sellers, whereby the Buyers agree to buy and the Sellers agree to sell the undermentioned commodity according to the terms and conditions stated below."

在许多交易中，同一名称的商品往往有各种不同的规格、等级、型号等。为了表述方便，不少合同将品名和品质规格结合在同一条款中，做进一步的限定。在此种情况下，它就不单是品名条款，而是品名与品质条款的合并。

三、规定品名条款的注意事项

品名条款是国际货物买卖合同中的主要条件。因此，在拟订该条款时，应注意下列事项。

（一）商品名称要明确具体

由于法律上要求交易的每种商品应具有合法性和不可争议性，同时，商品的命名方法往往又多种多样，所以，在合同中商品的名称一定要明确、具体，不能有任何含糊笼统的表述，且要符合商品的特点和消费者的习惯。在采用外文名称时，要做到译名准确，与原意保持一致，避免模糊或空洞。

（二）内容要实事求是

合同条款中规定的品名，必须是卖方能够生产或供应，且为买方所需要的商品，凡做不到或不必要的描述或说明，都不应列入其中，以避免给履行合同带来障碍。

【案例】2017年年初，我国某公司对外签订一份合同，合同规定：商品品名为"手工制造书写纸"(HANDMADE WRITING PAPER)。买方收到货物后，经检验发现货物部分制造工序为机械操作，而我方提供的所有单据均表示为手工制造，对方要求我方赔偿，而我方拒赔。主要理由是,一则该商品的生产工序基本是机械操作,而且关键工序完全采用手工;二则该交易是经买方当面先看样品成立的,并且实际货物品质又与样品一致。因此,我方认为所交货物与商定品质一致。

【分析】责任在我方。因为双方出口合同规定的商品品名为"手工制造书写纸",而我方实际所交的货物部分制造工序为机械操作,我方显然违反了合同中的规定。虽然交易是经买方当面先看样品成交的,但此交易并非凭样品买卖,只能算参考样品,因此,卖方必须按合同交货。对于该案例,首先,我方应认识到自己确已违反了合同,不应在是否违反合同上与对方纠缠;其次,我方应主动承认错误,晓之以理,以求得买方的谅解,并赔偿由此给买方造成的损失。

(三)品名的规定要采用国际通用名称

有些商品的名称,各地叫法不一,为了避免误解,应尽可能地使用国际上通行的称呼。若使用地方性的名称,交易双方应事先就名称的含义达成共识。对于某些新商品的定名或译名,也应力求符合国际上的习惯称呼。如果必须使用地方性的名称,交易双方应事先就商品名称已达成共识。对于一些新商品的定名及译名,应力求准确、易懂,并符合国际上的习惯。

【案例】我国某公司出口一批苹果酒,进口方信用证规定品名为"APPLE WINE",于是,我方为了单证一致,所有单据上均采用"APPLE WINE",不料货到目的港后遭海关扣留罚款,因为该批酒的内外包装上均写的"CIDER"字样。结果外商要求我方赔偿外方的罚款损失。

【分析】我方应对此承担一定的责任。按照有关的法律和惯例,对成交商品的描述,是构成商品说明的一个主要组成部分,是买卖双方交接货物的一项基本依据,它关系到买卖双方的权利和义务。若卖方交付的货物不符合约定的品名或说明,买方有权提出损害赔偿要求,直至拒收货物或撤销合同。本案例中的"CIDER"一词,既有苹果酒也有苹果汁的意思,因此,货到目的港后海关以货物与品名不符,对该批货物扣留罚款,我方应对此承担一定的责任。

在贸易实践中,如果出现此种情况,我方应在收到信用证后要求改证,即对信用证中的品名进行修改,这样既可以做到单证一致,收款有保障,同时又避免了实际货物与单据上的商品品名不符,从而遭受海关扣留罚款的不利损失。

资料来源:百度文库.

(四)要选择合适的商品名称

有时为了需要,在商品可以有不同名称时,应选择有利于降低关税、方便进出口的名称。如某些商品在既可以采用药品名称,也可以采用食品名称时,就应尽量采用食品名称,因为食品的贸易限制要少。

同时,运保费的收费标准是与商品的等级规定密切相关的,同一种商品因名称不同、等级规定不同而收取的运保费的费率是有差别的。选择合适的名称,可以节省运保费开支、降低贸易成本。

总之,交易磋商、备货、运输保险等各个环节,与商品的名称都有着密切的关系。因此,品名在任何情况下都必须准确、具体,同时符合国际习惯,这是具有重要的法律和实践意义的。

第二节 商品的质量

商品都有一定的质量,在国际货物买卖中,品质问题是头等重要的大问题,必须认真对待。

一、商品品质的含义及重要性

(一) 商品品质的含义

从狭义角度来讲,商品品质(quality of goods)就是商品的内在质量和外表形态的统一。内在质量表现为物理的、化学的、生物的构造、成分和性能等,而外观形态是指外形、色泽、款式和透明度等。例如,纺织品的断裂强度、伸长率、回潮率、缩水率、防雨防火性能,化工商品的凝固点、熔点、沸点等,机械类产品的精密度、光洁度、强度,肉禽类商品的各种菌类含量等。

从广义角度来讲,需要从生产过程、市场营销等方面理解品质。例如国际贸易商品的生产过程中加工方法是否符合有关规定,生产过程是否违反环境保护的要求,是否产生有害物质等。如果从国际市场营销的整体产品概念角度来讲,国际贸易商品的品质还应该包括商品的包装和售后服务等方面的内容。随着国际贸易的进一步深入,不仅要加深对国际贸易商品品质的狭义含义的理解,更要从广义的角度,完善国际贸易商品品质的含义。

(二) 商品品质的重要性

商品的品质是决定商品使用效能和实用价值的重要因素,对商品价格高低也起着重要作用。在磋商交易中,买卖双方都要针对一定的商品,按质论价。值得注意的是,商品的品质与销路有着直接的关系,目前,世界各国都意识到要用提高商品品质作为提高商品竞争能力的一种手段。随着市场竞争的加剧,品质问题在国际贸易中的地位也日趋重要。

在国际货物买卖中,商品品质是引起法律纠纷的最重要的因素之一。这是因为品质的优劣直接影响商品的价格与销售,从而关系到买卖双方的切身经济利益。各国法律大多对卖方应承担的交货品质的义务和责任做出了具体规定。英国的《货物买卖法》把品质条件作为合同的要件(condition)。根据《公约》的规定,卖方交货必须符合约定的质量,如卖方交货不符合约定的品质条件,买方有权要求损害赔偿,也可要求修理或交付替代货物,甚至拒收货物和撤销合同。

【案例】2017 年 3 月,我国某出口 A 公司对外成交一批食用柠檬酸。在交货时误将工业用柠檬酸装运出口。轮船开航后数天才发现所装货物不符。为了避免造成严重事故,A 公司急速通知外轮代理公司,请该公司转告该公司的香港代理,于该船抵达香港时,将货截留。虽然避免了一次严重事故,但出口公司损失惨重。

【分析】本案例中,我出口公司误将工业柠檬酸当作食用柠檬酸装运出口,是严重违反了合同中有关品质的约定,根据《公约》规定,"卖方交货必须符合约定的质量,如卖方交货不符约定的品质条件,买方有权要求损害赔偿,甚至拒收货物和撤销合同"。虽然 A 公司较早发现误装,但损失仍然很大,如一旦没有及时发现,将工业柠檬酸运抵目的港后误作食用,将会造成更为严重的后果。给我们的启示是,一则必须健全工作管理制度,二则业务员应加强风险责任感。

资料来源:百度文库.

二、商品品质的要求

(一) 对出口商品品质的要求

▶ 1. 不断创新,坚持"质量第一"的观念

严格把好出口商品质量关,对于质量不稳定或不合格的商品,不宜轻易出口。只有等商品品质稳定后,才能向国外推销。同时,由于国外市场的需求不断变化,所以对已经外销的出口商品的品质、规格、花色、式样等,要勇于创新,不断加以改进和提高商品质量,加速更新换代。只有这样,才能不断增强出口商品的竞争力,有效地巩固和扩大国外市场。

▶ 2. 发展适销对路的商品出口

不同的销售市场由于经济发展水平、风俗习惯、消费习惯、市场竞争等情况的不同,对商品的需求也会有所差别。我们要适应国外市场的特点,从国外市场的实际情况出发,以销定产,选择适销对路的商品。

▶ 3. 适应国外自然条件和季节变化的销售方式

由于各国自然条件不同,季节变化不一,因此对商品品质、规格的要求各异。同时,有些出口商品在运输、装卸和储存过程中,也往往会由于气候和各种自然条件的作用,从而使商品品质发生某种变化。因此,应当了解各个不同国家与地区的自然条件和季节变化情况,以及这些因素对商品品质的影响,切实掌握商品品质在流通过程中的变化规律,并采取相应的预防措施以保证我国出口商品的到货质量。

▶ 4. 适应进口国的有关法令规定和要求

许多国家对进口商品的质量都有严格的相关法律法规要求,不符合规定的商品一律不准进口,有的甚至要求就地销毁,并由卖方承担由此引起的各种费用。因此要使我国商品能顺利地进入外国市场,必须充分了解和熟悉各国对进口商品质量的法律法规。

【案例】北京K公司向伊拉克出口北京冻鸭一批,合同规定所有鸭子必须按伊斯兰教方法屠宰。但K公司并不清楚伊斯兰教的宰法,在加工时改用科学的"钳杀法"。货到国外后,对方拒收货物,并通知K公司,或当地销毁,或立即退货。请问造成损失的原因是什么?该如何处理?

【分析】此案例中,合同规定所有鸭子必须按伊斯兰教方法屠宰。但K公司在加工时改用科学的"钳杀法",不符合伊斯兰教的宰法。显然,K公司是因为没有严格按照合同规定备货而遭退货,究其原因,是不了解国外市场的情况,不熟悉有关国家或地区的规章法令、民情习俗。具体到本案例冻鸭一事,我方应抓紧办理退货,并设法转售其他市场,这样可减少一些损失。

参考资料:伊斯兰教的"屠宰"法规.

(二) 对进口商品品质的要求

在进口贸易中,必须严格把好质量关。进口商品的质量应顺应国内经济建设、科学研究、国防建设、人民生活、安全卫生,以及环境保护等方面的要求,不进口质量低劣的商品。因为进口商品质量的优劣,直接关系到国内用户或消费者的切身利益。凡品质不符合要求的商品,不应进口。对于确需进口的商品,也要保证商品的品质、规格不低于国内的实际需要,以免影响国内的生产、消费与使用。但也不应超出国内的实际需要,任意提高对进口商品品质的要求,以免造成不应有的浪费。同时,对于主要项目指标的规定,应力

求具体详细，必要时订明商品的用途与制造所使用的原料。在签订合同时，应注意对商品品质要求的严密性。在货物到达时，要进行严格的质量检验。

三、商品品质的表示方法

买卖双方为了保证交易商品符合一定的质量要求，要在协商一致的基础上，在合同中订立品质条款，做出具体规定，作为买卖双方交接货物的依据。由于国际贸易不是一手交钱一手交货，在洽谈交易时往往没有机会看到商品，因此，需要用某种说明品质的方法作为洽谈和履行合同的依据。当前，进入国际贸易的商品种类繁多、特点各异，用以说明品质的方法也就不可能一致。概括起来，常用来表示商品品质的方法基本上有两大类。

（一）凭实物表示商品品质的方法

凭实物表示商品品质的方法，是指以成交商品或以代表商品品质的样品来表示商品的品质。该方法又可分为看货买卖和凭样品买卖两种。

▶ 1. 看货买卖

看货买卖即由卖方在货物存放地点向买方展示准备出售的货物，经买方或买方代理人现场检视满意后，根据现有货物的实际品质达成交易。以这种方式达成的交易，一般卖方应立即将货物置于买方控制之下或在近期内发运货物，货物的品质以检视时的状态为准。卖方只要交付经检视的货物，买方就不得对货物品质提出任何异议。

一般而言，看货成交的方式，对于远隔两地的交易双方有诸多不便，所以使用有限。此方式通常用于一些有独特性质的商品，它们既没有相同的样品，也无法用文字说明来表示品质，如古玩、工艺品、珠宝首饰、书画甚至布置园林用的天然钟乳石等。另外在卖方掌握现货，并且货物数量不太大，买方能够亲临现场的条件下，也可以看货成交。

这种表示商品品质的方法，多用于拍卖、寄售、展卖等业务中。

▶ 2. 凭样品买卖

样品（sample）通常是指从一批商品中抽取出来的或由生产、使用部门加工、设计出来的足以反映该批商品平均质量的少量实物。凭样品买卖（sales by sample）是指买卖双方约定凭样品作为交货的品质依据的交易。

（1）凭卖方样品买卖。由卖方提供的样品称为卖方样品。凡凭卖方样品作为交货的品质依据者，称为凭卖方样品买卖。

凭卖方样品买卖，应注意如下问题：

① 提供的商品要有代表性。应在大批货物中选择中等的实物作为样品，避免由于样品与日后所交货物品质不一致，引起纠纷，造成经济损失。

② 应留存一份或数份同样的样品，作为复样（duplicate sample），以备日后交货或处理争议时核对之用。

③ 寄发样品和留存复样，要注意编号和注明日期，以便日后查找。

④ 要留有一定余地，在合同中加列"品质与样品大致相同"条款，以利于卖方日后交货。

⑤ 卖方向买方寄出样品时，要保留复样或留样（keep sample）。

（2）凭买方样品买卖。买卖合同中应订明：品质以买方样品为准，卖方所交整批货的品质，必须与买方样品相符。

凭买方样品买卖，应注意如下问题：

① 在实际业务中,为避免日后履约困难,卖方可以根据买方的来样仿制或选择质量相近的自产品作为样品提交买方,即提交回样(return sample)或称对等样品(counter sample),请买方确认,而并不直接按买方样品成交。

② 在出口业务中,凡以买方样品作为交接货物的品质依据时,为防止发生意外纠纷,一般还应在合同中明确规定,如果发生由买方来样引起的工业产权等第三者权利问题时,与卖方无关,概由买方负责等内容。

样品无论是由买方提供,还是由卖方提供,一经双方确认便成为履行合同时交接货物的品质依据。因此,一些质量稳定、容易掌握的产品可以采用凭样品销售,而一些质量不易稳定的产品以及某些交货质量无法与样品绝对相同的产品,如木材、煤炭、矿产品等天然品则不宜使用凭样品销售。对于那些必须采用凭样品销售,而在某些制造、加工技术上确实有困难,难以做到货样一致或无法保证批量生产时质量稳定的产品,则应在订立合同时特别规定一些弹性条款。例如,"质量与样品大致相同"(quality to be about equal to the sample),或"质量与样品近似"(quality to be similar to the sample)。为了避免买卖双方在履约过程中产生质量争议,必要时还可使用封样(sealed sample),即由第三方或商检部门或公证机构在一批产品中抽取同样质量的样品若干份,每份样品采用铅丸、钢卡、封条、封识章、不干胶印纸及火漆等各种方式加封识别,由第三方或公证机构留存一份备案,其余供当事人使用。有时,封样也可以由出样人自封或买卖双方会同加封。在当前的国际贸易中,有一些样品往往只是被用于反映某种产品的一个或几个方面的质量指标而不作为全部质量的反映。例如,只表示商品色彩的色彩样品(color sample),表示纺织品质地、花样款式的花样款式样品(pattern sample)等,该商品其他的质量内容则通过文字说明来补充。卖方将根据样品及文字说明的品质内容,提交买方确认,凭以成交,并作为日后制作成品、履行交货义务的品质依据。

凭样品销售适用于工艺品、服装、土特产品和部分轻工业品等商品的买卖。

(二) 凭文字说明表示商品品质的方法

在国际货物买卖中,大多数情况下采用文字说明的方法表示商品的品质,这种方法称为凭文字说明买卖(sale by description),具体有以下几种方式。

▶ **1. 凭规格、等级或标准销售**

(1) 规格(specification)。商品的规格是用来反映商品品质的主要指标,如成分、含量、纯度、大小、长短、粗细、容量、性能等。由于各种商品都有自身特定的结构和用途,所以规格也各不相同。用规格确定商品的品质而进行的交易,称为凭规格销售,这种方法简明、方便、准确、具体,在国际贸易中广泛使用。

凭规格销售的技巧:卖方只需在合同中列入主要指标,而对商品品质不起重大影响的次要指标不要过多罗列。例如,我国出口大豆的规格:水分(max)15%,含油量(min)17%,杂质(max)1%,不完善粒(max)7%。

【案例】A出口公司与国外买方订立一份CIF合同,合同规定:"番茄酱罐头200箱,每箱24罐×100克",即每箱装24罐,每罐100克。但卖方在出货时,却装运了200箱,每箱24罐,每罐200克。国外买方见货物的重量比合同多了一倍,拒绝收货,并要求撤销合同。问:买方是否有权这样做?为什么?

【分析】本案中合同规定的商品规格为每罐100克,而卖方交付的却是每罐200克,与合同规定的规格条件明显不符,违反合同中的品质规定。尽管卖方交付给买方的罐头重量高出一倍，对于买方来说也并非好事，因为极有可能使其原来的商业目标全部落空。如果此规格的罐头不适销，还会给买方带来损失。另外，假设进口国是实行进口贸易管制比较严格的国家，如重量比进口许可证的重量多一倍，就可能遭到行政当局质询，甚至被怀疑有逃避进口管制、偷漏关税等行为而追究责任，后果相当严重。

资料来源：百度文库．

（2）等级（grade）。商品的等级是指同一类商品，按规格上的差异，用文字、数码或符号将品质分为优劣不同的若干等级，如大、中、小，重、轻，甲、乙、丙，一级、二级、三级等。凭等级买卖时，如果对方已熟悉每个级别的具体规格，就可以只列明等级，毋需赘述不同等级的具体内容。但是对于并不是很统一明确的等级划分，在列明等级的同时，最好一并规定每一等级的具体规格，以使买卖双方明确具体内容，便于履行合同，减少争议。

【案例】某出口公司与国外成交一批红枣，合同与信用证上均列明是二级品，但到发货装船时才发现二级红枣库存告罄。于是改以一级品交货，并在发票上加注："一级红枣仍按二级计价。"请问这种以好充次、原价不变的做法妥当吗？

【分析】该公司这种以好充次的做法很不妥当。在国际贸易中，卖方所交商品必须与合同规定完全一致，否则买方有权提出拒收或索赔要求。此时我方应采取主动措施，将情况电告买方，与买方协商寻找解决的办法，或者将合同规定交货的二级品改为一级品，争取按一级品计价，在必要的时候可以给予买方一定的经济补偿或价格折让，尽量减少我方的经济损失。需要加以注意的是，无论采取哪种解决措施，发货前都要征得买方的同意和确认，以免日后发生合同纠纷。

资料来源：百度文库．

（3）标准（standard）。标准是规格和等级的标准化。它一般由标准化组织、政府机关、行业团体、工商组织及商品交易所等制定、公布，并在一定范围内实施。世界各国都有自己的标准，如英国为 BS、美国为 ANSI、法国为 NF、德国为 DIN、日本为 JIS 等。另外，还有国际标准，如国际标准化组织的 ISO 标准，国际电工委员会（IE）制定的标准等。我国有国家标准、专业标准、地方标准和企业标准。在国际贸易中，人们常常使用某种标准作为说明和评价商品品质的依据。例如，买卖德国工业品时，常常使用《德国工业品标准》；买卖美国小麦时，往往使用美国农业部制定的小麦标准。

需要指出的是，在国际贸易中，有些农副土特产品及水产品的品质变化较大，难以确定统一的标准，一般采用"良好平均品质"和"上好可销品质"来表示。

所谓良好平均品质（fair average quality，FAQ），一是指以装船时在装船地同季节装运货物的平均品质为准。它一般是从各批出运的货物中抽样，然后混合、调配，取其中者作为良好平均品质的标准。二是指生产国收获农副产品之后，对产品进行广泛的抽样，从中制定出该年度的"良好平均品质"的标准。凡不够标准要求的，均按产品的差异程度决定产品减价多少。两种抽样均可由买卖双方联合进行，也可以委托检验人员进行。为了在执行合同时不致发生争执，双方应在合同中订明是何年或何季度的 FAQ，或者同时规定具体的要求，如 2017 年新产马西大豆良好平均品质或中国花生仁 FAQ，水分不超过 13%，不完善粒最高 5%，含油量最低 44%。

所谓上好可销品质（good merchantable quality，GMQ），是指卖方必须保证交付的货物品质良好，符合销售条件，在成交时无须以其他方式证明产品的品质。但是，这种方法有些抽象笼统，在执行中容易引起争议，因此应尽量少用。

我国许多产品都有国家标准或部颁标准，如我国出口的生丝规定有 6A、5A、4A、3A、2A、A、B、C、D、E、F、G 12 个品级。在进出口业务中，我们应根据具体情况，并权衡利弊，采用国际上通行的标准或我国自己规定的标准。

▶ 2. 凭牌名或商标销售

牌名是指厂商或销售商所生产或销售产品的牌号，简称品牌；商标则是牌号的图案化，是特定商品的标志。

在国际贸易中，市场上行销已久、质量稳定、信誉良好，并为买方或消费者所熟悉喜爱的产品，可以凭牌号或商标来规定商品的品质，这种方法称为凭牌号或商标销售。如红双喜牌乒乓球、中华牌香烟、欧米加牌手表等。凭牌名或商标销售，通常是凭卖方的牌名或商标，但有时候买方在熟知卖方所提供的产品品质的情况下，常常要求在卖方的产品或包装上使用买方指定的牌名或商标，即定牌。使用定牌，卖方可以利用买方的经营渠道和声誉，提高售价并扩大销售量。

▶ 3. 凭说明书和图样销售

在国际货物买卖中，有些机器、电器、仪表、大型设备、交通工具等技术密集型产品，由于结构复杂，制作工艺不同，无法用样品或简单的几项指标来反映产品品质。对于这类产品，买卖双方除了要规定产品的名称、商标、牌号、型号等之外，通常还必须采用说明书来介绍该产品的构造、原材料、产品形状、性能、使用方法等，有时还需附上图样、图片、设计图纸、性能分析表等用来完整说明产品具有的品质特征。

▶ 4. 凭产地名称销售

有些国家或地区的产品，尤其是一些传统农副产品，具有独特的加工工艺，在国际上享有盛誉，对于这类产品的销售，可以采用产地名称来表示产品独特的品质和信誉。例如，以一个国家为名称的有"法国香水""德国啤酒""中国梅酒""泰国香米"等；以某个国家的某一地区为名称的有"中国东北大米"等；以某个国家某一地区的某一地方为名称的"四川榨菜""绍兴花雕酒""庐山云雾茶"等。这些名称不仅标注了特定产品的产地，更重要的是无形中对这些产品的特殊质量和品位提供了一定的保障。

在实际交易中，用文字说明规定商品品质的方法，既可以单独使用，也可以与凭样品表示商品品质的方法结合使用。但一般情况下，签订合同时，卖方在凭实物表示和凭文字说明表示这两种方法中最好只选择一种，否则就可能要承担交货品质既符合文字说明又符合样品的责任。

四、合同中的品质条款

在合同的品质条款中，一般需要写明商品的名称和具体的品质。但由于商品的品种不同，表示商品品质的方法也就不同，合同中商品条款的内容也不尽相同。

（一）合同中品质条款的基本内容

在国际贸易中，商品种类繁多，品质千差万别，因此，合同中的品质条款也有繁有简，须根据具体商品的特性和不同用途而定，不可能千篇一律，一成不变。在凭样品销售时，要在合同中列明样品的编号，必要时还要列明寄送的日期。在凭文字说明销售时，应明确规定商品的规格、等级、标准、商标、产地名称等内容。例如，样品号 201801 玩具熊，Sample 201801 Toy Bear。

品质条款是合同中的重要条款,是买卖双方交接货物时的品质依据。卖方所交货物的品质如果与合同规定不符,卖方要承担违约的法律责任,买方有权对因此而遭受的损失向卖方提出索赔或解除合同。因此品质条款应认真对待,明确规定。

(二)品质机动幅度的约定

在国际贸易中,卖方交货品质必须严格与买卖合同规定的品质条款相符。但是,某些产品由于生产过程中存在自然损耗,以及受生产工艺、产品本身的特性等诸多因素的影响,难以保证交货品质与合同规定的内容完全一致。为此,订立合同时可在品质条款中规定一些灵活条件。常见的规定方法有以下两种。

▶ 1. 约定交货品质的机动幅度

品质机动幅度是指允许卖方所交货物的品质指标可有一定幅度范围内的差异,只要卖方所交货物的品质没有超出机动幅度的范围,买方就无权拒收货物,这一方法主要适用于初级产品。

品质机动幅度的规定方法主要有以下三种。

(1)规定范围,对某项货物的品质指标规定允许有一定的差异范围。例如,锦缎,幅阔 35/36 英寸,即布的幅阔在 35 英寸到 36 英寸的范围内均合格。

(2)规定极限,对有些货物的品质规格,规定上下限。常用的表示方法有最大、最高、最多、最小、最低、最小、最少等。例如,东北大豆,水分<15%,含油量>17%,不完善粒<7%,杂质<1%。

(3)规定上下差异,指对商品规定某一具体品质指标及该指标上下变动的幅度。例如,灰鸭绒,含绒量为 90%,允许上下波动 1%。

▶ 2. 约定一定幅度的品质公差

品质公差(quality tolerance)是指允许交付货物的特定质量指标有在公认的一定范围内的差异。在工业品生产过程中,对产品的质量指标产生一定的误差有时是难以避免的,如手表走时每天误差若干秒,某一圆形物体的直径误差若干毫米。这种误差若为某一国际同行业所公认,即成为"品质公差"。

对于国际同行业公认的品质公差,可以不在合同中明确规定。但如果国际同行业对特定指标并无公认的品质公差,或者买卖双方对品质公差理解不一致,或者由于生产原因,需要扩大公差范围时,也可在合同中具体规定品质公差的内容,即买卖双方共同认可的误差。

卖方交货质量在品质机动幅度或品质公差允许的范围内,即可以认为交货质量与合同相符,买方无权拒收,并且一般均按合同单价计价,不再另做调整。但有些产品,也可按交货时的质量状况调整价格,这时就必须在合同中规定质量增减价条款。

第三节 商品的数量

在进出口业务中,商品的数量是国际货物买卖合同中的主要条件之一。商品的数量不仅决定着交易的总金额,还能在一定程度上影响商品的单价。此外,某些商品的数量可能会受到进口国政府的某些限制(如配额),因此,交易双方都应正确把握成交数量,制定合理的数量条款。

一、约定商品数量的意义

商品的数量是指以一定的度量衡单位表示的商品的重量、数量、长度、面积、体积、容积等。

商品的数量是国际货物买卖合同中不可缺少的一项主要交易条件，是买卖双方交接货物的一项基本依据。按照《公约》规定：卖方交货数量必须与合同规定相符，如果卖方交付的货物数量大于合同规定的数量，买方可以收取也可以拒绝收取多交部分的货物。如果买方收取多交部分货物的全部或一部分，它必须按合同价格付款。如果卖方交货数量少于约定的数量，卖方应在规定的交货期届满前补交，但不得使买方遭受不合理的不便或承担不合理的开支，即使如此，买方有保留要求损害赔偿的权利。可见合同中约定交易数量对于双方交接货物十分重要，特别对于卖方，一旦出现交货数量与合同不符，就会处于被动地位。因此，正确确定进出口商品的数量，合理订立合同中的数量条件，对于合同的履行、避免发生纠纷和造成损失，都具有十分重要的意义。

【案例】中国某公司从国外进口小麦，合同规定：数量200万公吨，每公吨100美元。而外商装船时共装运了230万公吨，对多装的30万公吨，我方应如何处理？如果外商只装运了180万公吨，我方是否有权拒收全部小麦？

【分析】根据《公约》规定，如果卖方交付的货物数量大于合同规定的数量，买方可以收取也可以拒绝收取多交部分的货物。如果买方收取多交部分货物的全部或一部分，就必须按合同价格付款。本案例中，我方对外商多交30万公吨，可以拒收也可以全部收下，还可以只收下其中的一部分。如果我方收取多交小麦的全部或一部分，要按每公吨100美元付款。

如果外商只装运了180万公吨，我方无权拒收全部小麦。《公约》规定，"如果卖方交货数量少于约定的数量，卖方应在规定的交货期届满前补交，但不得使卖方遭受不合理的不便或承担不合理的开支，即使如此，买方也有保留要求损害赔偿的权利"。在本案例中，外商只比合同规定少交20万公吨，尚未构成根本性违约，我方只有权要求外商在交货期内补交，没有权拒收全部小麦。如在补交期间，外商给我方带来不合理的开支，我方有保留要求损害赔偿的权利。

资料来源：八方商务网.

二、商品数量的计量单位

在进出口合同中，商品的数量一定离不开计量单位。由于商品的性质及各国采用的度量衡制不同，采用的度量单位也往往不同。

（一）国际贸易中常用的度量衡制度

▶ 1. 米制

米制(The Metric System)又称为公制，由法国在18世纪最早使用，它以十进位制为基础。由于"度量"和"衡"之间有内在的联系，相互之间的换算比较方便，因此米制的使用范围不断扩大。

▶ 2. 英制

英制(The British System)曾在世界上有较大的影响，特别是在纺织品等交易中。但由于英制不是采用十进制，换算很不方便，"度量"和"衡"之间缺乏内在联系，因此英制的使用范围逐渐减小。

▶ 3. 美制

美制(The U.S. System)以英制为基础，多数计量单位的名称与英制相同，但含义有差别，主要体现在重量单位和容量单位中。

▶ 4. 国际单位制

国际单位制(The International System of Units，SI)由1960年国际标准计量组织大会通过，是在米制的基础上发展起来，已为越来越多的国家所采用。它有利于计量单位的统一，标志着计量制度的日趋国际化和标准化，从而对国际贸易的进一步发展起到了一定的推动作用。

我国采用的是以国际单位制为基础的法定计量单位。《中华人民共和国计量法》第3条中明确规定："我国采用国际单位制。国际单位制计量单位和国家选定的其他计量单位为国家法定计量单位。"在对外贸易中，签订进出口合同时，企业要注意计量单位的选择。特别是在进口仪器设备时，要使用我国的法定计量单位，否则一般不允许进口。即使有特殊需要，也必须经有关标准计量管理部门批准。

(二) 计量单位

在实际业务中，常用的计量单位可分为以下六种。

▶ 1. 重量单位

表示重量的常用单位有克(gram，g)、千克(kilogram，kg)、公吨(metric ton，m/t)、长吨(long Ton，l/t)、短吨(short Ton，s/t)、盎司(ounce，oz)、磅(pound，ld)等。使用重量单位计量的货物较多，一般适用于天然产品及部分工业制成品的交易，如黄金、谷物、药品等均使用重量单位。

▶ 2. 长度单位

表示长度的常用单位有米(meter，m)、厘米(centimeter，cm)、码(yard，yd)、英尺(foot，ft)等。这种单位多用于纺织品、绳索、电线电缆等商品的交易。

▶ 3. 个数单位

表示个数的常用单位有只(piece，pc)、件(package，pkg)、双(pair)、打(dozen，doz)、罗(gross，gr)、令(ream，rm)、卷(roll)、箱(case)、桶(barrel，drum)等。个数单位适用于大多数工业制成品及杂货类商品，如活牲畜、鞋、玩具等商品的交易。

▶ 4. 面积单位

表示面积的常用单位有平方米(square meter，m^2)、平方码(square yard，yd^2)、平方英尺(square foot，ft^2)等。这种单位一般适用于木板、玻璃板、地毯、皮革等商品的交易。

▶ 5. 体积单位

表示体积的常用单位有立方米(cubic meter，m^3)、立方码(cubic yard，yd^3)、立方英尺(cubic foot，ft^3)等。这种单位一般适用于木材、化学气体等商品的交易。

▶ 6. 容积单位

表示容积的常用单位有公升(liter，l)、加仑(gallon，gal)、蒲式耳(bushel，bu)等。这种单位主要适用于小麦、玉米，以及流体、气体商品，如煤油、汽油、酒精等商品的交易。

三、计量方法

在国际贸易中，使用的计量方法通常有六种：按重量（weight）计量、按容积（capacity）计量、按个数（numbers）计量、按长度（length）计量、按面积（area）计量、按体积（volume）计量。具体交易时究竟采用何种计量方法，要视商品的性质、包装、种类、运输方法及市场习惯等情况而定。由于很多商品是采用按重量计量的方法，所以下面就重点介绍计算重量的方法。

（一）毛重

毛重（gross weight，GW）指商品本身的重量加皮重（tare），即包括包装材料重量的重量。在国际贸易中，有些低值产品常常以毛重作为计算价格的基础，称为以毛作净（Gross For Net）。例如，大米50千克麻袋装"以毛作净"，即 Rice in Gunny Bags of 50 kg gross for net。

（二）净重

净重（net weight，NW）指毛重减去皮重后的重量，即商品的实际重量。

国际上计算皮重的方法有多种，实际业务中，应根据产品的性质、使用包装的特点、合同数量的多少和交易习惯等，由当事双方事先约定。通常计算皮重的方法有以下四种。

▶ 1. 按实际皮重计算

按实际皮重（real tare 或 actual tare）计算，即取出该批商品的所有包装材料后所称得的重量。

▶ 2. 按平均皮重计算

按平均皮重（average tare）计算，即在一批产品所使用的包装比较一致的情况下，抽出其中的若干件称出重量，然后取重量的平均值乘以全部商品的件数即得出全部皮重。20世纪80年代以来，国际贸易中的产品包装用料和规格日益标准化，用平均皮重计算重量的做法已日益普遍。

▶ 3. 按推定皮重计算

按推定皮重（computed tare）计算，指按买卖双方事先约定的外皮重量计算全部商品的皮重。

▶ 4. 按习惯皮重计算

按习惯皮重（customary tare）计算，指有些产品包装的用料和规格比较标准化，所以这些产品的包装皮重已为市场所公认，无须一件一件地称量，只要按习惯的皮重乘以总件数即可。

（三）法定重量

法定重量（legal weight）指商品和销售包装加在一起的重量。有些国家的海关征收进口税时采用从量征收的方法，规定商品的重量必须包括直接接触产品的包装（如小瓶、小金属盒、纸盒等）材料在内。

（四）公量

公量（conditioned weight）指先用科学的方法从产品中抽出所含的实际水分，然后加入标准水分而求得的重量。这种计算方法较为复杂，主要用于羊毛、生丝、棉纱、棉花等少数容易吸潮、重量不太稳定而经济价值又较高的产品。

公量的计算公式有两种：

$$公量 = 商品干净重 \times (1 + 标准回潮率)$$

$$公量 = 实际重量 \times \frac{1 + 标准回潮率}{1 + 实际回潮率}$$

回潮率是指水分与干净重之比。标准回潮率是交易双方商定的商品中的水分与干净重的百分比，实际回潮率是指商品中的实际水分与干净重的百分比。

（五）理论重量

理论重量（theoretical weight）指对某些有固定规格、固定尺寸、重量大致相等的商品，以商品的单个重量乘以商品的件数（或张数）而推算出来的重量，如马口铁、钢板等。

在买卖合同中，如果商品是按重量计量或计价，但又未明确规定采用何种方法计算重量和价格时，根据惯例，应按净重计量。

四、数量条款的基本内容

合同中的数量条款，主要包括成交商品的数量和计量单位。按重量成交的商品，还需要订明计量重量的方法、重量的机动幅度等内容。按照《公约》的规定，合同一经签订，卖方即应按合同规定的数量交货。合同中的数量条款应当完整准确，对计量单位的实际含义双方应理解一致。采用对方习惯的计量单位时，要注意换算的准确性。因此，在交易磋商和订立合同时，要特别注意所采用的度量衡制度。

【案例】我国某出口公司在某次交易会上与外商当面谈妥出口大米2 000公吨，每公吨300美元FOB青岛。但我方公司在签约时，合同上只笼统地写2 000吨（ton）。我方当事人主观上认为合同上的"吨"就是公吨（metric ton）。后来，外商来证要求按长吨（long ton）供货。于是，双方发生争议。

【分析】从以上案例可以看出，由于双方对数量条款中所使用的计量单位"吨"的理解不一致而发生争议。由此可见，数量条款中涉及的每一项内容都是十分重要的，是交易双方交接货物的依据。因此，在订立合同时，必须准确订明数量条款的各项内容。

资料来源：豆丁网.

五、合理规定数量机动幅度

在国际贸易中，有些商品是可以精确计量的，如金银、药品、生丝等。但在实际业务中，有许多商品受本身特性、货源变化、船舱容量、包装等条件，以及计量工具的限制，在交货时不易精确计算。例如，化肥、油类、食糖、水果、粮食、矿砂、钢材及一般的工业制成品等，交货数量往往难以完全符合合同约定的某一具体数量。为了便于合同的顺利履行，减少争议，买卖双方通常都要在合同中规定数量的机动幅度条款，允许卖方交货数量可以在一定范围内灵活掌握。具体而言，在合同中规定机动幅度有两种方法：使用溢短装条款和约量条款。

（一）溢短装条款的规定

溢短装条款（more or less clause）是指在买卖合同中规定具体数量的同时，还规定允许增减的百分比。卖方交货数量只要在允许增减的范围内，即符合合同的数量条款。例如，10 000公吨，卖方可溢装或短装5%（10000m/t 5% more or less at seller's option）。按此规定,卖方实际交货数量只要在9 500公吨和10 500公吨之间即可,为买卖双方提供了便利。溢短装条款也可在增减幅度前加上"增加或减少"(Plus or Minus)或"±"符号。另外,溢短装条款一般由卖方决定(at Seller's Option),有时可由买方决定(at Buyer's Option),甚至可能由船方来决定(at Carrier's option 或 at Ship's Option),双方最好能在合同中规定好。

(二)约量条款的规定

在合同数量条款中规定"约量"(about or approximate or circa),即在合同规定的数量前加上"约"字,意思是卖方交货的数量可以有一定范围的灵活性。例如,约5 000公吨(about 5000 m/t)。约量条款虽然增加了交货数量的灵活性,但国际上对"约"字的含义解释不一,有的国家解释为5%,有的国家解释为10%,很容易引起纠纷。《跟单信用证统一惯例》(国际商会第600号出版物)第30条a款对约数进行了如下规定:"'约'或'大约'用于信用证金额或信用证规定的数量或单价时,应解释为允许有关金额或数量或单价有不超过10%的增减幅度。"而第30条b款规定:"在信用证未以包装单位件数或货物自身件数的方式规定货物数量时,货物数量允许有5%的增减幅度,只要总支取金额不超过信用证金额。"因此,约量条款在进出口合同中不宜采用,买卖双方可用溢短装条款来代替约量条款。如果一定要使用该条款,双方也应该在合同中列明约量的具体值。

【案例】我国出口风扇1 000台,国外来证规定不许分批装运。装船时发现有40台包装破裂,风罩变形或开关脱落。为保证质量,发货认为《跟单信用证统一惯例》有规定,即使不许分批装运,货物数量允许有5%的增减幅度。于是,发货少装40台,但却遭到议付行的拒付。问:议付行的拒付是否有理,为什么?

【分析】议付行拒付是有理由的。因为《跟单信用证统一惯例》规定,"在信用证未以包装单位件数或货物自身件数的方式规定货物数量时,货物数量允许有5%的增减幅度,只要总支取金额不超过信用证金额"。也就是说,增减幅度不适用于单个包装单位或以个体计数的商品,而本案例中风扇是以个体计数的商品,所以不适用5%的增减幅度。

资料来源:豆丁网.

六、合同中数量条款的注意事项

规定数量条款时,具体还需要注意下列事项。

(一)数量条款要明确、具体

为了便于履行合同和避免引起争议,进出口合同中的数量条款应当明确、具体。在数量条款中,对计量单位的规定,以"吨"计量时,要订明是长吨、短吨还是公吨;以罗为单位时,要注明每罗的打数,力求避免使用含糊不清和笼统的字句,以免引起争议。对于溢短装和约量,则必须在合同中订明增减或伸缩幅度的具体百分比。

(二)机动幅度选择权的规定要合理

在合同规定有机动幅度的条件下,应酌情确定由谁来行使这种机动幅度的选择权。一般来说,由履行交货的一方,也就是由卖方选择。如果采用海运,交货数量的多少与承载货物的船只船舱容量的关系非常密切,在租船时要和船方商定。在这种情况下,机动幅度应由负责安排船舶运输的一方选择,也可规定由船长根据舱容和装载情况做出选择。总之,机动幅度的选择权可以根据不同情况,既可由买方行使,也可以由卖方行使,或由船方行使。因此,为了明确起见,最好在合同中做出明确合理的规定。

(三)计价方法要公平合理

在数量机动幅度范围内,卖方多装或少装的货物,一般都按合同价格结算货款,多交多收,少交少收。但是在合同数量大、商品价格波动剧烈的情况下,有时双方为了自身的经济利益,故意利用溢短装条款多交或少交货物,从而给交易对方带来经济损失。就卖方而言,在市场价格下跌时,大都按照最高约定数量交货,相反在市场价格上涨时,则往往尽量少交货物,由此造成对买方的不利。为了防止卖方或买方在市场价格变动时,利用溢短装条款故意多装或少装,因此,有的合同在规定溢短装条款时,还规定溢短装的货物按交货时的市场价结算。若在合同中没有规定溢短装部分的计价办法时,通常按合同价格计算。

【案例】合同数量条款中规定"10000 M/T 5% MORE OR LESS AT SELLER'S OPTION",卖方正待交货时,该商品的国际市场价格大幅度上涨,问:①如果你是卖方,拟实际交货多少数量?为什么?②如果站在买方的立场上,磋商合同条款时,应注意什么?

【分析】①作为卖方,此时尽可能在合同允许的范围内少装货物,因为该货物国际市场价格大幅度上涨,使订约时的合同价格对卖方不利,多交意味着多损失。根据提示条件,卖方可以只交付 9 500 公吨的货物。②作为买方,为了避免卖方利用市场行情的变动获得额外的利润,在磋商合同条款时,可以在合同中规定,溢短装部分的货物价格按装运时市场价格部分计算。

第四节 商品的包装

包装是保护商品在流通过程中品质完好和数量完整的重要措施。由于国际贸易商品一般需要经过长距离辗转运输,因此,国际贸易商品的包装比国内销售商品的包装更为重要。在国际贸易中,经过适当包装的商品,有利于储存、运输、装卸、计数、销售和防止盗窃等工作的进行,有利于消费者的挑选和携带。包装良好的商品,还有利于吸引顾客,扩大销路,增加售价。在当前市场竞争空前激烈的情况下,各国出口商更是千方百计地变换包装方式,不断翻新包装花样,以利保持和扩大商品的销路。因此,包装的作用不仅限于保护商品的品质和数量,而且已发展成为增强商品竞争能力的重要手段之一。

一、包装的概念

包装是商品的盛载物、保护物和宣传物,是商品流通过程中的有机组成部分。它是保护商品在流通过程中品质完好和数量完整的重要条件,是实现商品价值和使用价值的重要手段之一。需要注意的是,这里的包装具有双重含义:一是盛载物;二是买卖合同的一项交易条件,卖方交货未按合同规定包装,则构成违约。另外,包装不良,船方将在大副收据上有所批注,从而产生不清洁提单,也会影响安全收汇。

为了适应我国对外贸易发展和国际市场的需要,必须积极创造条件,加速实现出口商品包装机械化和标准化,这是一项具有重要经济意义的工作。

【案例】我国江苏一家服装企业(以下简称出口商)向澳大利亚一家服装公司(以下简称

进口商)出口服装，价值 10 万澳元。由于双方已合作多次，且出口商在澳大利亚有办事处，所以双方合同定为送货到对方仓库，交货后付款，并按双方交易的常规在合同中规定：交货延误一天罚款 1 000 澳元。让出口商没有料到的是，该项交易在进行到最后交货时出了问题。当出口商按质、按量地完成订单，将商品装入纸箱，按合同规定交货时，遭进口商仓库工人的拒收。拒收原因是每个纸箱的重量超过了 25kg，不适宜徒手搬运。据了解，澳大利亚工会规定工人有权拒绝徒手搬运超过 25kg 的货物，保险公司对于搬运超重物品引起的工伤不予赔偿，所以很多企业都指定了低于 25kg 的重量标准。因此，澳大利亚的这家服装公司也将该重量定为 25kg。由于进口商不但要卸货，还要以同样包装送往各地的销售点，因此虽再三交涉，出口商仍无法说服对方接受货物。最后出口商不得不将货物拉回办事处，买来纸箱，并请临时工将货物重新装成低于 25kg 一箱，导致交货晚了三天。进口商收货后，付款时不顾出口商的解释仍按合同扣除罚款 3 000 澳元。尽管交易完成，但出口商却遭受了一定的损失。

【分析】本案例的焦点是包装重量不符合要求，给进出口商都带来不便和损失。我们应该从上述案例中吸取教训，避免在国际贸易交易中遭遇同样的损失。这一案例可以给我们如下启示：国际贸易商品的包装不仅是保护商品在流通过程中质量完好和数量完整的重要措施，同时还是说明货物的重要组成部分。在国际贸易出口商品的包装方面，首先要注意按合同规定操作，另外还要考虑有关国家的法律法规，以适应不同的运输方式。

资料来源：王跃华. 一起装箱不当的贸易案例及其启示[J]. 黑龙江对外经贸，2005.

二、商品包装的种类

(一) 按商品是否需要包装来分类

国际货物贸易按商品是否需要包装来划分，可以分为三类。

▶ 1. 裸装货

裸装货(nude cargo)是指将商品用铁丝、绳索等加以捆扎或以商品自身捆扎成捆、堆或束，不加任何包装物料。裸装货适用于一些品质比较稳定、自成件数、难于包装或不需要包装的商品，如钢材、铝锭、木材、橡胶等。裸装货一般没有任何包装，但有时也略加包扎，如钢材有时也用铁丝捆扎成堆。

▶ 2. 散装货

散装货(bulk cargo)是指直接将货物置于仓体、车体或船体的一定部位，不加任何其他包装，散装货适用于一些数量较大、颗粒成堆或液态商品。这些商品多属于不易碰坏的货物，如矿砂、煤、粮食、石油等。

许多散装的商品也可以包装。散装货需要具备一定的装卸条件和运输设备。近年来，随着码头装卸、仓储和散装运输设备的发展，各国商人大量地采用散装方式进行交易，因为散装运输可以加快装卸速度，节省包装费用、仓容和运费。不过，在采用散装运输时要考虑码头装卸设备和仓库条件，否则，会造成装卸、运输、储存上的困难和品质、数量方面的损失。

▶ 3. 包装货

除裸装货和散装货以外，绝大多数的商品均需要包装，称为包装货(packed cargo)。

(二) 按商品在流通过程中的作用来分类

按国际贸易中的商品包装在流通过程中作用的不同，可以分为以下两类。

▶ 1. 运输包装

运输包装又称大包装或外包装（outer packing），它的作用主要在于保护商品的品质和数量，便于运输、储存、检验、计数、分拨，有利于节省运输成本。运输包装的方式主要有两种：单件运输包装和集合运输包装。

(1) 单件运输包装。单件运输包装是根据商品的形态或特性将一件或数件商品装入一个较小容器内的包装方式。单件运输包装应坚固结实，具备保护商品品质安全和数量完整的良好性能，如能防潮、防震、防漏、防锈蚀、防碰撞、防盗和通风等。

单件运输包装还应适于运输装卸、储存并符合节省运输费用的要求。单件运输包装所用的材料有木制品、金属制品、纺织纤维制品、陶土制品、纸制品和塑料制品等。制作单件运输包装时，要注意选用适当的材料，并要求结构造型科学合理，同时还应考虑不同国家和地区的气温、湿度、港口设施和不同商品的性能、特点和形状等因素。

单件运输包装的种类如下。

① 按照包装外形来分，习惯上常用的有包、箱、桶、袋等。

② 按照包装的质地来分，有软性包装、半硬性包装和硬性包装。软性包装较易变形，有利于节约仓容；半硬性包装不易变形，同时经堆储后可略有压缩；硬性包装不能压缩，包装本身硬实。

③ 按照制作包装所采用的材料来分，一般常用的有纸制包装、金属包装、木制包装、塑料包装、棉麻制品包装、玻璃制品包装、陶瓷包装，还有竹、柳、草制品包装等。

(2) 集合运输包装。随着科学技术的发展，运输包装方面使用集合包装的方式日益增多。集合运输包装是将一定数量的单件商品组合成一件大的包装或装入一个大的包装容器内。集合运输包装可以提高港口装卸速度，便利货运，减轻装卸搬运的劳动强度，降低运输成本和节省运杂费用，更好地保护商品的质量和数量，并促进包装的标准化。

① 集装箱（container）。集装箱一般由钢板、铝板等金属制成，多为长方形，可以反复使用周转，它既是货物的运输包装，又是运输工具的组成部分。根据不同商品的要求，有的箱内还设有空气调节设备、冷藏设备，并备有装入漏出的孔道或管道。

使用集装箱运输，需要有专用的船舶、码头，并配备一定的机械和设施。目前，国际上最常用的海运集装箱规格为 8 英尺×8 英尺×20 英尺和 8 英尺×8 英尺×40 英尺两种。

② 集装包、袋（flexible container）。集装包是用合成纤维或复合材料编织成抽口式的包，适合装载已经包装好的桶装和袋装的多件商品。集装袋是用合成纤维或复合材料编织成圆形的大口袋，适合集合包装商品，每袋一般可容纳 1~4 公吨重的货物，最多可达 13 公吨。

③ 托盘（pallet）。托盘是在一件或一组货物下面附加一块垫板，板下有三条"脚"，形成两个"口"字形扁孔，统称为插口，供铲车的两条铲叉伸入，将托盘连同所载的货物一起铲起，进行堆放、装卸和运送。为防止货物散落，需要用厚箱板纸、收缩薄膜、拉伸薄膜等将货物牢固包扎在托盘上，组合成一件"托盘包装"。每一托盘的装载量一般为 1~1.5 公吨。此外，还有一种两面插入式托盘。这种托盘不管怎样堆放，铲车都可操作，从而有利于加速装卸速度。

现在，有些国家为了提高货物装卸速度和码头使用效率，常常在信用证上规定进口货物必须使用集合运输包装，有的港口甚至规定进口货物如果不使用集合运输包装，则不能卸货。

2. 销售包装

销售包装(selling packing)又称内包装(inner packing)、小包装(small packing)、直接包装(immediate packing)或陈列包装(packing for display)，是直接接触商品、随着商品进入零售市场并与消费者见面的一种包装。除了保护商品外，销售包装还具有便于消费者识别、选购、携带和使用的功能，更具有美化宣传和无声推销的作用。由于销售包装具有促销的功能，所以随着国际市场竞争的加剧，销售包装越来越成为各国商人重视的促销手段。

（1）销售包装的装潢和文字说明。很多商品的销售包装上都有装潢和文字说明，它们也是商品包装的一部分，因此在设计包装时要注意装潢和文字说明。销售包装的装潢包括图案和色彩，应美观大方，富于艺术吸引力，并突出商品的特征。同时，还要适应进口国的民族习惯和爱好，以免与习俗冲突，影响销售。文字说明通常包括商品名称、商标、品牌、数量、规格、成分构成与使用说明等内容。卖方在设计、生产或购买销售包装时，要注意使用的文字说明一定要符合进口国的相关规定。为了适应国际市场的需要，保护商品安全，降低商品流通费用和促进出口商品的销售，销售包装应做到以下几点。

① 便于陈列展销。绝大多数商品在零售前，一般都陈列在超级市场或百货商店的货架上。成千上万种的商品，通过堆叠、悬挂、堆放等方式，构成一个琳琅满目、浩瀚的"商品海洋"。因此，销售包装的造型结构要便于陈列展销，便于消费者识别和选购，如采用透明包装和"开窗"包装等。

② 便于消费者使用。为了方便顾客和满足消费者的不同需要，销售包装的内容和形式应当多种多样。如包装的大小要适当，以便顾客携带和使用。又如有些商品在保证包装封口严密的前提下，要求容易打开。为适应消费者的不同需要，可以采用单件包装、多件包装和配套（系列）包装。所谓配套包装即指把商品搭配成套出售的包装，可以将同类商品搭配成套，也可以用有密切联系的不同类型商品进行搭配。配套（系列）包装多采用透明包装，它一般与单件包装配合销售。在销售包装中还有一部分是礼品包装，即专门作为送礼用的包装。可以采用礼品包装的商品很多，如日用品、食品、纺织品、工艺品、玩具、土特产品等。礼品包装要求外形新颖、大方、美观并具有较强的艺术性，以增强商品的名贵感。此外，有些销售包装除了用作商品的包装以外，还可供消费者作为其他用途，例如，可以作为日用品和玩具等，这种具有再使用价值的销售包装，称为复用包装。

③ 具有艺术吸引力。销售包装的造型和装潢，还应对顾客具有艺术的吸引力。销售包装画面的色彩，应通过图案、彩色照片、透明包装和"开窗"窗口所显示的商品实物，以绘画和文字说明等形式表现出来。造型考究和装潢美观的销售包装，可以更有效地吸引顾客，提高售价和扩大销路，特别是某些精巧美观的复用包装，不仅能提高商品的身价，具有宣传商品的作用，而且包装本身也可作为装饰品，供室内陈设和观赏之用。因此，应当尽可能根据不同商品的属性及档次，采用既实用又美观的销售包装，以扩大商品的对外推销，并充分反映我国文化艺术和包装科技的新成就。

④ 文字说明清晰明确。销售包装的文字说明，是一项严肃而细致的工作，应参照国际市场销售习惯及有关国家政策法令的具体规定，根据不同商品，正确撰写中外文字说明，以切实有效地向消费者介绍和宣传商品。销售包装上通常要有关于商品名称、数量、规格、成分、产地、用途、使用方法等文字说明。在撰写文字说明时，要求做到准确、统一、清晰和协调，文字布局应适合展销的要求。文字说明的内容，既要严谨，又要简明扼

要，同时还应根据各种商品的特性和销售习惯有所侧重。

【案例】国内某公司 A 与国外某客户 B 签订了 1 个产品（货号为 828-12）订单。客户在电子邮件中要求所有包装上不能显示货号"828"，由于此次进口国海关对于"828"等几种产品征收很高的反倾销税，所以客户有此要求。而公司 A 在给供应商下订单上仅仅注明了在货物的外箱上不能注明"828"，其他具体要求跟此客户以前的出货一致（以前订单的彩卡包装上都有"828"），所以造成彩卡包装生产下来都有"828"字样。客户在收到公司 A 寄来的货样照片时，发现彩卡上仍有"828"字样，随即提出去掉"828"。由于货物已全部完成，若换彩卡会造成 5 万元的经济损失，同时交货期将推迟 20 天。A 公司告诉客户货物已全部生产完毕，若返工将造成 5 万元的损失，并希望客户接受有"828"的彩卡。最后客户答应愿意接受我方货物，但是客户疏通海关需要 USD2 000 的费用，我方只好同意接受。

【分析】根据《公约》的规定，一方当事人重大违约时，另一方当事人可以取消合同并要求赔偿损失。本案例中，由于卖方的疏忽，在货物包装上出现了对方要求禁用的字样，给国外公司造成了额外的损失，已经构成了重大违约，所以买方提出要求我方承担相关损失的要求是合理的。

资料来源：阿里巴巴社区．

（2）销售包装的条形码标志。条形码（product code）是由一组带有数字的黑白色粗细间隔不等的竖直平行条纹组成的（见图 4-1）。具体来说，就是在商品包装上打印上一组平行线条，下面配有数字的标记，一般是由一组黑白、粗细间隔不等的条纹所组成。这些线条与间隔空间表示一定的信息，通过光电扫描阅读装置输入相应的计算机网络系统，就可以准确地判断出该商品的产地、厂家、售价及商品的一些属性等一系列有关商品的信息。可见，条形码的使用能大大提高货款结算和销售统计的效率和准确性，条形码也因此被广泛应用于各种生产和流通领域。

图 4-1　条形码示意

目前，国际上通用的条码种类主要有两种：一种是美国统一代码委员会编制的 UPC 条码（Universal Product Code）；另一种是由欧洲 12 国成立的欧洲物品编码协会，后改名为国际物品编码协会编制的 EAN 条码（European Article Number）。EAN 码由 12 位数字的产品代码和 1 位校验码组成。前 3 位为国别码，中间 4 位数字为厂商号，后 5 位数字为产品代码。目前使用 EAN 物品标识系统的国家（地区）众多，EAN 系统已成为国际公认的物品编码标识系统。

物品条码在零售商业中，对于结算打单、缩短顾客等待时间、加快服务，以及盘点存货和提高管理效益等方面，都有着良好的功能。采用这种技术，有利于发展国际贸易和实现现代化经营管理。因此，条码已成为商品能够流通于国际市场的一种通用的国际语言和统一编号，也是商品进入超级市场和大型百货商店的先决条件。

为了适应国际市场的需要和实现现代化管理，我国国务院于 1988 年批准成立了中国物品编码中心，该中心代表中国已于 1991 年 4 月正式加入国际物品编码协会，并成为正式会员，统一组织、协调、管理我国的条码工作。该协会分配给我国的国别号为 690～

695。凡销售包装上的条形码前三位有 690～695 国别代码的商品，即属于我国出口的商品。

为了加强我国商品条码工作的管理，并使之标准化、规范化、法制化，国家质量技术监督局于 1998 年 9 月颁布了《商品条码管理办法》(以下简称《办法》)，于同年 12 月 1 日正式施行。《办法》规定，凡依法取得营业执照的生产者、销售者均可以申请注册厂商识别代码。获准注册厂商识别代码的申请者，由中国物品编码中心发给《中国商品条码系统成员证书》，取得中国商品条码系统成员资格。系统成员对自己注册的厂商识别代码和相应的商品条码享有专用权，不得擅自转让他人使用。任何单位或个人不得冒用他人注册的厂商识别代码。系统成员应按规定的时间要求及时办理变更、续展等手续。逾期未办理续展手续的，厂商识别代码及系统成员资格将被注销，不得继续使用。已被注销厂商识别代码的生产者、销售者，需要使用商品条码的，应当重新申请注册厂商识别代码。

三、包装标志

在国际贸易中，为了便于在装卸、运输过程中，以及收货人收货时识别和操作，在商品的外包装上通常都刷写或压制用文字、图形和数字制作的特定记号和说明事项，称为包装标志。包装标志按作用不同，主要可分为运输标志、指示性标志和警告性标志。

(一) 运输标志

运输标志(shipping mark)俗称"唛头"，作用是供有关人员在装卸、运输、存储过程中识别货物。运输标志通常由简单的几何图形和一些字母、数字及简单的文字组成，多刷在运输包装的显著部位。运输标志可分为正唛(shipping mark/front mark)和侧唛(side mark)。

▶ 1. 正唛

正唛刷在运输包装的正面，主要包括以下几项内容：
(1) 图形和收货人或发货人的代号；
(2) 目的港或目的地的名称，如需经由某港口或某地转运的，还需标明转运地名称；
(3) 件号、批号、进口许可证号码等。

▶ 2. 侧唛

侧唛刷在运输包装的侧面，包括合同号、货号、颜色、毛重、净重、尺码等内容。

唛头的内容繁简不一，具体内容是由买卖双方来决定的。但唛头的差异过大会妨碍多式联运的开展，也不利于计算机在运输和单证转运方面的应用。为此，联合国单证简化委员会、欧洲经济委员会简化国际贸易程序工作组在国际标准化组织和国际货物装卸协调协会的支持下，制定了一项运输标志的倡议，向各国推荐使用。该标准化运输标志包括下列项目。

(1) 收货人(或买方)英文名称字首或简称，但使用国际铁路或公路运输时，必须使用全称。
(2) 参考号码，此号码必须是具有实际参考价值的重要号码，如发票号码、订单号码等。
(3) 货物的最终目的港或目的地名称，如需转运要标明转运港或转运地名称，并在此前加注"VIA"字样，但使用多式联合运输的货物不必标明转运地点。

（4）件数号码，必须标明包装货物的总件数和每件货物的顺序号。

同时，联合国单证简化委员会倡议所拟订运输标志要不超过 10 行、每行不超过 17 个字母、使用标准字、不宜加上任何广告性文字、刷制部位要适当、字高不低于 5 厘米、清晰、牢固等。

在实际业务中，虽然运输标志的内容可由买卖双方自行决定，但在可能的情况下，应尽量采用上述标准化运输标志。运输标志的实例如图 4-2 所示。

```
SMCO·················收货人代号
LC20534··············参考号
Chicago···············目的地
No.1～20············件号
```

图 4-2　标准化运输标志示意

在制作运输标志时，应当注意：一是要简明清晰，易于辨认，选用的颜料要牢固，防止褪色、脱落；二是刷制部位要得当；三是不要加上任何广告性的宣传文字及图案。

【案例】我国国内某出口公司与韩国某公司达成一项出口交易，合同指定由我方出唛头。因此，我方在备货时就将唛头刷好。但在货物即将装运时，国外开来的信用证上又指定了唛头。请问：在此情况下，我方应如何处理？

【分析】我方可以通知买方，要求买方修改信用证，使信用证内容与合同相符，如买方同意改证，卖方应坚持在收到银行修改通知书后再对外发货；或者我方在收到信用证以后，按信用证规定的唛头重新更换包装，但所花费的额外费用应由买方负担。我方切记，在收到信用证与合同不符后，不要做出既不通知买方要求买方改证，也不重新更换包装而自行按原唛头出口的错误行为。

资料来源：百度文库．

（二）指示性标志

指示性标志（indicative mark）又称安全标志、保护性标志。它是根据商品的特性，特别标出商品在运输、装卸、搬运、保管过程中应注意的事项。

2000 年 7 月 17 日，国家质量监督检验检疫总局批准发布了《包装储运图示标志》强制性国家标准，并于 2000 年 12 月 1 日起开始实施。根据《包装储运图示标志》的规定，表 4-1 列举了目前在我国常用的指示性标志。

表 4-1　包装储运指示性标志

序号	标志名称	标志图形	含义
1	易碎物品	 （高脚杯图形）	运输包装件内装易碎品，搬运时应小心轻放
2	禁用手钩	 （禁用手钩图形）	搬运运输包装件时禁用手钩

续表

序号	标志名称	标志图形	含义
3	此端向上		表明运输包装件的正确位置是竖直向上
4	怕晒		表明运箱包装件不能直接照晒
5	怕辐射		包装物品一旦受辐射便会完全变质或损坏
6	怕雨		包装件怕雨淋
7	重心		表明一个单元货物的重心
8	禁止翻滚		不能翻滚运输包装
9	此面禁用手推车		搬运货物时此面禁放手推车
10	禁用叉车		不能用升降叉车搬运的包装件
11	由此夹起		表明装运货物时夹嵌放置的位置
12	此处不能卡夹		表明装卸货物时此处不能用夹嵌夹持
13	堆码重量极限		表明该运输包装件所能承受的最大重量极限
14	堆码层数极限		相同包装的最大堆码层数，n 表示层数极限
15	禁止堆码		该包装件不能堆码并且其上也不能放置其他负载
16	由此吊起		起吊货物时挂链条的位置
17	温度极限		表明运输包装件应该保持的温度极限

(三) 警告性标志

警告性标志(warning mark)又称危险品标志(dangerous cargo mark),是指在爆炸品、易燃物品、腐蚀性物品及方式性物品等危险货物包装上刷制的,表明危险性文字说明和图形以提醒有关人员在货物运输、保管和装卸过程中,根据货物的特性采取相应的防护措施,以保护人身安全和运输物资的安全(见图4-3)。联合国政府间海事组织也规定了一套《国际海运危险品标志》,目前这套规定已被许多国家采用,有的国家规定进口危险品时,运输包装上必须刷制该组织规定的危险品标志。因此,我国出口危险品的企业,一定要掌握进口国在警告性标志方面的相关规定,再设计运输包装。

图4-3 警告性标志

四、中性包装和定牌

在出口商品的包装上,通常标有生产国别、生产商及出口方使用的商标和牌号。但为了把生意做活,有时应进口方的要求,也可以采用中性包装和定牌等国际贸易中的习惯做法。

(一) 中性包装

▶ 1. 中性包装的概念

中性包装(neutral packing)是指在商品上和内外包装上不注明生产国别、地名和生产厂名,也不注明原有商标和牌号,甚至没有任何文字的包装。

2. 中性包装的分类

国际上常见的中性包装有两种：定牌中性包装和无牌中性包装。

(1) 定牌中性包装是指在商品或包装上标有买方指定的商标或牌号，但不注明生产国别。对于国外某些长期的稳定客户，可以接受此种方法。

(2) 无牌中性包装是指在商品或包装上既无生产国别、厂名、地名，也无原商标或牌号，俗称"白牌"。国际市场对某些低值商品或半制成品采用这种做法，主要是为了节省费用，降低生产和销售成本。

3. 中性包装的目的

在国际贸易中，使用中性包装的目的主要是打破进口国家和地区实行的各种限制和政治歧视，是扩大商品出口的一种竞争手段。目前，某些出口商品使用中性包装已成为国际贸易中的一种习惯做法。采用中性包装有利于打破某些国家和地区对我国商品实行关税和不合理的配额限制，使我国商品能进入这些国家和地区市场。

中性包装的做法是国际贸易中常见的方式，在买方的要求下，可酌情采用。对于我国和其他国家订有出口配额协定的商品，则应从严掌握。因为万一发生进口商将商品转口至有关税配额国，将对我国产生不利影响。出口商千万不能因图一己之利而损害国家的声誉和利益。

(二) 定牌

1. 定牌的概念

定牌是指买方要求卖方在商品及包装上采用买方指定的商标或牌名，但均注明生产国别。在国际贸易中，有时为了利用买方的销售渠道和名牌的声誉，可以采用这种方法。

世界市场上，有一些经营者拥有自己的商标品牌，但不一定拥有相应的生产能力，这类经营者往往向国外生产厂商订购指定规格的商品，使用自己的商标和品牌，或者直接选用国外厂商的某种产品，以自己的商标品牌在国内外销售。也有些大百货商店、超级市场和专业商店，在经营的商品中有一部分商品使用该店专用的商标和牌名，这部分商品即是由商店要求有关厂商定牌生产的。

2. 具体做法

随着全球经济化的发展，发达国家的经营者从比较成本出发，把相当一部分技术密集型和资本密集型的传统产业，向发展中国家转移。这些行业的产品在国内外仍然拥有相当广泛的市场。原经营者往往采用定牌生产的方式购买这些产品，在世界市场，特别是它们的国内市场上销售，因此定牌生产在我国出口产品中占有相当大的比重。

(1) 对某些国外大量、长期、稳定的订货，为了扩大销售，可以接受买方指定的商标，不加注生产国别的标志，即定牌中性包装。

(2) 接受国外买方指定的商标或牌名，但在商标或牌名下标明"中华人民共和国制造"或"中国制造"。

(3) 接受国外买方指定的商标或牌名，同时在商标或牌名下注明由买方所在国家工厂制造，即定牌定产地。

【案例】某外商欲购我国"长城"牌电扇，但要求改用"钻石"牌商标，并在包装上不得注明"Made in China"字样。试问：我方是否可以接受？应注意什么问题？

【分析】外商这一要求实质上是定牌中性包装，一般来说可以接受，但是在处理该业务时应注意：①要注意其牌名或商标在国内外是否已有第三者进行注册。在无法判断的情况下,为安全起见应在合同中列明"如发生工业产权争议应由买方负责"的条款,以防不测;②要考虑我方品牌产品在对方市场销售情况,若我方商品已在对方市场树立良好声誉,则不宜接受,否则会影响我方产品在对方市场中的地位,甚至可能造成市场混乱。

资料来源:豆丁网.

五、合同中的包装条款

(一) 包装条款

包装条款是合同的主要交易条件之一。按照各国法律规定,货物的包装通常是构成货物说明的组成部分。如果货物的包装与合同的规定或行业惯例不符,买方可以索赔甚至拒收货物。买卖双方签订合同时,对商品的包装材料、包装方式、包装标志和包装费用等,一般都要做出具体规定。

▶ 1. 包装材料和包装方式的规定

买卖合同中就包装材料和包装方式通常有两种规定方法:一种是做具体规定,例如,桶装,每桶净重175千克(packing: iron drums of 175 kgs net each);纸箱装,每箱装20打(packing: in cartons containing 20 doz. each)。另一种使用含义笼统的术语,如"适合海运包装"(seaworthy packing)、"习惯包装"(customary packing)等,但这种方式在国际贸易中不宜使用。

▶ 2. 包装标志的规定

商品包装上的标志包括指示性标志、危险品标志以及条形码标志等,一般在买卖合同中无须规定,而由卖方在对货物进行包装时,根据商品特性、行业惯例及包装实际情况自行刷制。

运输标志,按国际贸易习惯,唛头一般由卖方决定,通常不在合同中具体规定。如果买方要求在合同订立后由买方另行规定,则应在合同中规定指定的最后时限,以免影响卖方的交货工作。

▶ 3. 包装费用的规定

包装物料和费用一般包括在货价之内,通常在合同中不另计价。但在买方对于包装材料和包装方式提出特殊要求的情况下,卖方也可要求另收包装费。如由买方提供包装或包装材料,则应在合同中具体规定,并订明买方包装送交卖方的时间,以及由于包装不能及时运到而影响货物出运时对方所应负担的责任。如包装费用由买方负担,在合同中也应明确加以规定。

例如,纸箱装,每箱60听,每听1 000片(In cartons containing 60 tins of 1000 tab. each);布包,每包20匹,每匹42码(In cloth bales each containing 20 pcs. of 42 yds)。

(二) 订立包装条款应注意的事项

在订立包装条款时,要注意以下事项。

▶ 1. 对包装的要求应明确具体

在国际贸易中,尽量避免对包装条款只做笼统的规定,如使用海运包装(seaworthy packing)和习惯包装(customary packing)的术语。此种术语,由于内容不明确,各国理解不同,容易引起争议。因此,在合同中一般应慎重使用,如需使用,应具体订明使用何种包装材料,以免引起纠纷。

如果合同中对货物的包装没有特殊规定,卖方一般应使用本国用于出口货物的包装发货,这种包装应适合货物在运输过程中进行正常装卸和搬运的要求,并应考虑可能的转船和较长的运输时间及所采用的运输方式等因素。

例如,如果买方订购的是1磅或2磅的瓶装果酱,那么卖方供应5磅或10磅装的果酱就算违约,买方就有权拒收货物。如合同要求货物按规定的方式包装,但实际却与其他货物混杂在一起,买方可以拒收整批货物,也可以只拒收违反规定包装的那一部分。

【案例】某公司外售杏脯1.5公吨,合同规定用纸箱包装,每箱15千克(内装15小盒,每小盒1千克)。交货时因为没有这样包装的货物,该公司改为小包装交货(每箱15千克,内装30小盒,每小盒0.5千克)。结果外商以货物包装不符合规格为由提起索赔,问:我方是否理赔?

【分析】我方理亏,应该进行赔偿。在此案例中,货物数量没有改变,都是1.5公吨,每箱的重量也没有改变,都是15千克。然而每箱的盒数以及每盒的重量改变了,也就是说改变了计件单位的包装,这也可能会给进口商的销售带来影响。当然这也是违反合同的做法,所以会遭到索赔。包装条款也是合同的一部分,改变了包装方式当然就违背了合同,必然会遭到索赔。

▶ 2. 订明包装不良的责任归属

保险公司通常对因包装不良而造成的损失不进行赔偿。因此,买卖双方应在合同中就因包装不良造成的损失赔偿问题做出规定,尤其对于仪器、机器设备的包装,更要做出详细的规定。

【案例】我国香港某公司从法国某化工公司进口一批液体化工原料,到货时小部分货物因包装不善有轻微渗漏。香港公司发现后未采取任何措施,结果渗漏日益加重,最后导致火灾。事后,香港公司以火灾是由包装不善引起为由,向法国公司索取全部损失的赔偿,但遭法国公司拒绝。为什么?

【分析】本案的事故是由法国公司包装不善引起的,但香港公司收到货物时已经发现渗漏,理应采取适当措施防止损失扩大。《公约》第86条第1款规定:"如果买方已收到货物,但打算行使合同或本公约规定的任何权利,把货物退回,则买方必须按情况采取合理措施以保全货物。"因此,法国公司仅应对到货时少数渗漏负责,而香港公司未采取合理措施保全货物,造成损失扩大,应负主要责任。法国公司拒绝香港公司的全部赔偿要求是合理的。

▶ 3. 要适合有关国家的法律法规

有些地方禁止或限制使用某种包装物料;有些国家对包装运输标志和标记做了严格的规定;有些国家对不同商品的每件包装重量,订有不同的税率,或规定装卸时采用不同的操作办法。

【案例】某公司出口自行车800辆,合同规定用木箱装,来证为PACKED IN WOODEN CASE。但买方在CASE之后加有CKD三个缩写字母,卖方未把所有单据按来证照打,结果货到目的港被海关罚款,并多上税,因此买方向卖方索赔。

【分析】根据来证的意思,应将自行车拆散后装入木箱,CKD是英文COMPLETE KNOCK DOWN的缩写,意思是将整件商品全部拆开包装,俗称"全拆卸"。由于我方业务人员未弄清原意，即未要求对方改证，也未按来证的要求办理，即行装船，从而造成证货不符。当然进口国的海关要课以罚款和征收较高的关税，因为整件和散件的税率不一样，前者税率较高，后者税率较低。

拓展阅读

外贸出口谨防商标侵权

某外贸企业外销员与一中东客户洽谈运动衫出口事宜。洽谈过程中，客户拿出一套针织运动衫样品，要求我方打样报价。此运动衫为大路品种，款式、面料的要求都一般。外销员找厂家按照原样打样的样品达到客户要求，报价也适中，客户爽快地答应签约，并一再口头申明所有的生产细节都必须完全按照原样，包括商标、针织绣花图案等。双方签署合同后，客户很快开来了信用证，外贸企业根据合同与信用证进行投产。货物生产完毕，外贸企业出口报关时，海关进行例行的开箱查验。随机抽样发现，该产品的商标、绣花图案与某国外名牌运动服装较为相似，有仿冒商标的嫌疑，货物予以暂扣，等候调查处理。此后，海关又通知被涉嫌仿冒商标的国外服装企业，要求该企业在国内的业务代表处帮助调查。一周后，海关致函外贸企业，通知该批出口服装由于针织绣花图案与某名牌运动服商标较为相似，属于仿冒他人商标的侵权行为，该批货物将被没收，并将处以相应的罚金。海关在通知函中给外贸企业7天的上诉时间，逾期则处罚自动生效。为了能够减少损失，并消除商标侵权的不良影响，外贸企业多次致函要求客户提供该商标的注册证明和要求外贸企业在出口产品中使用该商标的授权书，但客户此时噤若寒蝉，音讯皆无。由于在上诉期内外贸企业无法提供任何能够免责的证明，海关处理自动生效，该批货物被全部没收，外贸企业还被处以巨额罚金。不料，海关处罚刚刚完毕，外贸企业又收到国外名牌服装企业的索赔函，称"贵公司生产并出口仿冒我公司商标的产品，事实明确并已经由海关确认，此侵权活动给我公司造成了较大的经济损失"，要求外贸企业给予该公司赔偿，赔偿金额为出口总货值的2倍，高达100多万元。

通过外贸企业与该公司的多次接洽、谈判与协商，该公司同意减少赔偿总值。但最后的赔偿金额仍有50多万元。外贸企业的处境可谓雪上加霜。由于个别外销员在工作中的疏忽，使外贸企业的损失惨重，可谓"赔了夫人又折兵"，教训十分深刻。

【分析】上述案例中，外销员急于成交，疏于防范，酿成重大损失。在事情发生后，又没有及时采取有效的措施，一步走错，步步被动。

1. 商标保护意识不强，合同条款不严密

外贸业务中，如果商标由客户指定，并且有书面的证据，外贸企业可以据此来免责。《公约》中第42条第1款明确规定："卖方所交付的货物，必须是第三方不能根据工业产权或其他知识产权主张任何权利或要求的货物，但以卖方在订立合同时已知道或不可能不知道的权利或要求为限……"第2款又规定：卖方在上一款中的义务不适用以下情况的b条，"此项权利或要求的发生，是由于卖方要遵照买方所提供的技术图样、图案、程式或其他规格"。在此案例中，就是因为缺乏这一条款，使外贸企业蒙受了重大损失。

2. 业务资料不全，无法举证免除责任和损失

海关调查过程中，要求外贸企业和当事外销员提供与该合同相关的所有来往函电、客户原样、合同原件等材料，但所有的相关材料中都无法提供书面证明，证实是由客户提供

原样并且要求外贸企业按此投产。外销员提供的客户原样上也没有任何标记。虽然实际生产的产品完全按照客户的原样，但在合同中却只字未提，业务资料中也没有反映。一旦出现商标侵权，由于无法举证，外贸企业只能自己承担所有的责任与损失。

资料来源：周群. 外贸出口谨防商标侵权[J]. 对外经贸实务，2004.

本章小结

在国际贸易中，买卖双方在洽商交易、订立合同时，通常难以见到具体的商品，一般只凭借对商品的描述来确定交易的标的。这说明在合同中列明商品的品名有着重要的意义。商品的品名是指能使某种商品区别于其他商品的一种称呼或概念。它在一定程度上体现了商品的自然属性、用途，以及主要的性能特征。合同中的品名条款并无统一的规定格式，由交易双方酌情洽定。品名条款的内容繁简不一，有的只列明成交商品的名称，有的将品名与该商品的款式、型号等品质条件一并标出。品名条款的内容必须明确具体，同时应尽可能地使用国际上通用的名称。选用合适的商品名称，有利于方便进出口和降低有关费用。

国际贸易中商品质量的优劣会影响商品的使用价值和价格，以及竞销能力和扩大销路，还可以反映一个国家的科技和经济发展水平。在进口贸易中严把商品质量关具有重要意义。品质条件属于合同的要件，交货品质必须符合约定的品质条件。否则，卖方应承担违约的法律责任。国际贸易中表示商品品质的方法，包括以实物表示和用文字约定两类。前者主要为样品交易，后者的表示形式则多种多样。如凭规格、等级、标准、商标或牌号、产地名称、说明书等。这些表示品质的方法，可以单独使用，也可以结合使用。

商品的数量是买卖合同中不可缺少的主要条件之一，因此，正确掌握成交数量和合理规定数量条件，有着重要的意义。在国际贸易中，交易的商品品种繁多，且各国的度量衡制度不同，因此商品的计量单位和计量重量的方法各异。国际货物交易中一般使用的计量单位有重量、数量、长度、面积、体积和容积。计量重量的方法有按毛重、净重、公量、理论重量、法定重量与实物净重。在国际贸易交易合同中，数量条款的内容主要包括商品的数量和计量单位。规定合同中的数量条款，应注意合理确定成交数量、数量条款应明确具体、适当规定数量的机动幅度。

商品包装是商品生产的继续，需要包装的商品，只有进行了包装，才算完成生产过程，商品才能进入流通和消费领域，才能实现商品的使用价值和价值。商品的包装是合同中的主要条件之一。有的国家法律规定，卖方如未按约定的条件包装，买方有权拒收货物。在国际贸易中依据货物是否需要加包装，可以分为散装货、裸装货和包装货三类。商品的包装在商品流通过程中根据货物包装作用的不同，可以分为运输包装和销售包装两大类。在国际货物买卖中，为了适应国际市场的特点和要求，以及为了尽量满足进口商的需要，还经常采用中性包装和定牌。包装是商品说明的组成部分，如果卖方未按合同规定对货物进行包装则是违约行为，另一方有权拒收货物或要求损害赔偿，因此买卖双方在签订合同时必须订明包装条款。

第四章 商品的名称、质量、数量和包装

> 自测题

一、单项选择题

1. 在出口合同的品质条款中，（　　）。
   A. 为了明确责任，应使用两种以上的方法表示品质
   B. 为了准确起见，应使用两种方法表示品质
   C. 为了防止被动，一般不宜同时使用两种或两种以上的方法表示品质
   D. 为了避免风险，一般不宜使用多种方法表示品质

2. 在国际贸易中，表示品质的方法有多种，但（　　）。
   A. 只能单独使用一种　　　　　　　　B. 不能单独使用
   C. 可视具体情况结合使用　　　　　　D. 不能结合使用

3. 凭样品销售时，样品（　　）。
   A. 只能由买方提供　　　　　　　　　B. 只能由卖方提供
   C. 既可由买方提供，也可由卖方提供　D. 由第三方提供

4. 凡凭样品销售，如合同中无其他规定，则卖方所交货物（　　）。
   A. 可以与样品大致相同　　　　　　　B. 允许有合理公差
   C. 必须与样品一致　　　　　　　　　D. 可以与样品的主要特征相同

5. （　　）是指国际上行业公认的允许产品品质出现的误差。
   A. 品质极限　　　B. 品质公差　　　C. 品质范围　　　D. 品质差异

6. 进口羊毛计算重量的方法，一般采用（　　）。
   A. 理论重量　　　　　　　　　　　　B. 公量
   C. 法定重量　　　　　　　　　　　　D. 由买卖双方事后商定

7. 根据国际商会《跟单信用证统一惯例》600号出版物的规定，对于约量允许数量的增减幅度不超过（　　）。
   A. 3%　　　　　　B. 5%　　　　　　C. 10%　　　　　D. 15%

8. 如果合同中未明确规定用何种方法计算重量和价格的，按惯例应以（　　）计算。
   A. 毛重　　　　　　　　　　　　　　B. 净重
   C. 公量　　　　　　　　　　　　　　D. 理论重量

9. 买卖合同中规定溢短装条款，是允许卖方（　　）。
   A. 在交货质量上有一定幅度的差异　　B. 在交货数量上有一定幅度的差异
   C. 在包装规格上有一定幅度的差异　　D. 在计价方法上有一定的灵活性

10. 我方公司向国外出口某种货物80公吨，每公吨290美元，合同规定数量可增减10%。国外开来信用证金额为23 200美元，数量约80公吨。卖方交货时，市场价格呈下跌趋势，我方应交货（　　）公吨。
    A. 72　　　　　　B. 80　　　　　　C. 88　　　　　　D. 90

11. 在国际贸易中，（　　）一定不是销售包装。
    A. 挂式包装　　　　　　　　　　　　B. 喷雾包装
    C. 运输包装　　　　　　　　　　　　D. 礼品包装

12. 下面各项中，（　　）是国际物品编码协会分配给我国的国别号。
    A. 544　　　　　　B. 690　　　　　C. 269　　　　　D. 712

二、多项选择题

1. 目前，国际贸易中通常使用的度量衡制度有（　　）。
   A. 公制　　　　　　　B. 英制　　　　　　　C. 美制　　　　　　　D. 国际单位制
2. 国际贸易计算重量时，通常的计算方法有（　　）。
   A. 毛重　　　　　　　B. 净重　　　　　　　C. 公量　　　　　　　D. 理论重量
3. 在货物买卖合同中，数量机动幅度的选择权可由（　　）。
   A. 船方行使　　　　　　　　　　　　　　　　B. 买方行使
   C. 卖方行使　　　　　　　　　　　　　　　　D. 保险公司行使
4. 国际标准化组织推荐的标准运输标志，应包括的内容有（　　）。
   A. 收货人名称的缩写或简称　　　　　　　　　B. 参考号（订单号、发票号）
   C. 目的地　　　　　　　　　　　　　　　　　D. 件号或箱号
5. 在买卖合同的包装条款及有关运输的单据中，涉及的运输包装上的标志有（　　）。
   A. 警告性标志　　　　　　　　　　　　　　　B. 指示性标志
   C. 运输标志　　　　　　　　　　　　　　　　D. 品质标志
6. 表示商品品质的方法有（　　）。
   A. 凭样品表示商品的品质　　　　　　　　　　B. 凭实物表示商品的品质
   C. 凭文字说明表示商品的品质　　　　　　　　D. 凭商标表示商品的品质
7. 在国际贸易中，溢短装条款包括的内容有（　　）。
   A. 溢短装的百分比　　　　　　　　　　　　　B. 溢短装的选择权
   C. 溢短装部分的作价　　　　　　　　　　　　D. 买方必须收取溢短装的货物

三、判断题

1. 在出口合同中规定："中国籼米：水分 14%，杂质 1%，不完善粒 7%。"这种规定准确、合理，因此被广泛使用。（　　）
2. 在约定的品质机动幅度或品质公差范围内的品质差异，除非另有规定，一般不另行规定增减价格。（　　）
3. 在出口贸易中，表示货物品质的方法很多，为了明确责任，最好采用既凭样品又凭规格销售的方法。（　　）
4. 在任何情况下，卖方所交货物的数量都必须与合同规定的数量相符，否则，买方有权拒收货物并提出索赔。（　　）
5. 合同中数量条款为"100M/T With 10% more or less at Seller's Option"，则卖方交货数量为 90M/T～110M/T 之间的任意数量时，都不违反合同。（　　）
6. 以毛作净的计量标准是净重。（　　）
7. 运输包装上的标志就是运输标志，也就是通常所说的唛头。（　　）
8. 我国的出口商品，除非买卖双方另有规定，定牌和无牌商品在货物本身及包装上均需标明"中国制造"字样。（　　）
9. 包装费用一般都包括在售价之内，不需要在合同中另外列明。（　　）
10. 定牌中性与无牌中性在商品及内外包装上都不注明生产国别。（　　）

四、简答题

1. 国际货物买卖中，表示品质的方法有哪些？
2. 订立品质机动幅度的方法有哪几种？

3. 什么是中性包装？它和定牌有什么区别？

五、案例分析题

1. 韩国 A 公司向我国 B 公司订购大蒜 650 公吨，双方当事人几经磋商最终达成了交易。但在缮制合同时，由于山东胶东半岛地区是大蒜的主要产区，通常我国公司都以此为大蒜货源基地，所以 B 公司就按惯例在合同品名条款打上了"山东大蒜"。可是在临近履行合同时，大蒜产地由于自然灾害导致歉收，货源紧张。B 公司紧急从其他省份征购，最终按时交货。但 A 公司来电称，所交货物与合同规定不符，要求 B 公司做出选择，要么提供山东大蒜，要么降价，否则将撤销合同并提出贸易赔偿。问：A 公司的要求是否合理？并评述此案。

2. 广西某粮油进出口 A 公司向南非出口食糖。合同规定：食糖，数量 500 公吨，每公吨 120 美元，可有 3% 增减，由卖方选择；增减部分按合同价格计算。

如果在交货前食糖市场价格上涨，在不违反合同的情况下，卖方要想获利，可装多少公吨？如果市场价格下降呢？

3. 我国某出口公司以 CIF 条件与意大利客商签订了一份出口 500 公吨大豆的合同，合同规定：双线新麻袋包装，每袋 50 千克，外销价为每公吨 200 美元 CIF 悉尼，即期信用证支付方式付款。我公司凭证出口并办妥了结汇手续。货到后买方来电称：我公司所交货物扣除皮重后不足 500 公吨，要求我方退回因短量而多收的货款。问：对方的要求是否合理，为什么？

第五章 商品的价格

学习要点及目标

通过本章的学习，正确掌握进出口商品的价格，合理采用各种作价方法，选用有利的计价货币；掌握进出口报价中佣金和折扣的合理运用；掌握出口商品经济效益的核算；熟悉国际货物销售合同中价格条款的具体运用。

核心概念

作价原则　计价货币　佣金　折扣　出口商品换汇成本　出口商品盈亏率

引导案例

佣金支付方式不明导致损失

我国某出口公司希望扩大产品在国外的市场份额，这时，某中间商主动与该公司联系，表示愿意为该公司推销产品提供服务，并要求以每笔交易的成交额给予5％的佣金。不久，该公司经该中间商介绍与当地的某用户达成了CIFC5％、总金额为50 000美元的交易，装运期为订约后2个月内从中国港口装运，并签订了销售合同。合同签订后，该中间商即来电要求该公司立即支付佣金。我出口公司认为应在收到全部货款后才能支付佣金，于是双方发生了争议。在这个案例中，我方有何失误？应接受什么教训？

资料来源：仲鑫．国际贸易实务案例精选[M]．北京：北京机械工业出版社，2008．

在国际贸易中，常见的佣金支付方式有两种：一种是由中间商直接从货款中扣除；另一种是在委托人收清货款后，再按事先约定的期限和佣金比率，另行付给中间代理商。

在上述案例中，我方的失误是没有事先约定好佣金的支付方式，导致发生了纠纷。一般来说，卖方会规定只有在收到全部货款后才能支付中间商费用，否则就可能会面临既支付了佣金又没有收到货款的双重损失。因此应适当运用有关的佣金，并订好合同中的价格条款。

在国际货物买卖中，如何确定进出口商品价格和规定合同中的价格条款，是交易双方最为关心的一个重要问题。在实际业务中，正确掌握进出口商品作价的原则，合理采用各种作价办法，选用有利的计价货币适当运用与价格有关的佣金和折扣，并订好合同中的价格条款，对体现对外政策、完成进出口任务和提高外贸经济效益，都具有十分重要的意义。

第一节 作价的原则和方法

一、正确贯彻商品作价原则

（一）按照国际市场价格水平作价

国际市场价格通常是指商品世界集散中心的市场价格或输往国（地区）当地市场的国际贸易价格。国际市场价格是以商品的国际价值为基础，在国际市场竞争中形成的。它是交易双方都能接受的价格，是确定进出口商品价格的客观依据。

（二）结合国别（地区）政策作价

为了使外贸配合外交，在参照国际市场价格水平的同时，也可适当考虑国别、地区政策。根据我国的国别（地区）政策，为了对某些友好的发展中国家给予适当照顾，在对这些国家的贸易中，我国的出口商品价格有时就低于国际市场价格，而进口商品价格有时就高于国际市场价格。20世纪50年代初期，为了配合对外斗争，粉碎帝国主义对我国的禁运封锁，我国曾以低于国际市场的价格卖给斯里兰卡大米，又以高于国际市场的价格购买它的橡胶，在政治上和外交上产生了对我国有利的影响。20世纪70年代中期，为了配合外交斗争，我国曾以远低于国际市场的价格向泰国、菲律宾等发展中国家出售柴油和原油，推动和改善了我国同这些国家的外交关系。

（三）适应我国的购售意图

进出口商品价格在国际市场价格水平的基础上，可根据购销意图来确定成交价格的大致水平，可略高或略低于国际市场价格。

二、商品价格的影响因素

（一）商品成交的质量和档次

在国际贸易中，质量是吸引客户的首要因素，出口企业可以提供什么产品，所提供的产品在国际市场竞争中处于什么样的档次，是在国际贸易竞争中最直接的竞争力，也是报价的首要考虑的问题。质量是最为直观的比对，一般都贯彻质优价高的原则，品质的优劣、档次的高低、包装的好坏及商标品牌的知名度都会影响商品的价格。

（二）成交数量的大小

对于供应商来说，数量的多少意味着成本的高低，因为无论从原材料的采购还是从流水线工作的角度来看，数量都非常重要。所以特别对于初次接触的客户，一定要求他们报出每款每个配色最低的数量，以利于工厂进行最基本的成本核算。习惯做法是成交量大应给予一定的数量折扣,成交量较小应提高售价。

(三)运输距离的远近

从不同的起运地到不同的目的地的运费有很大的差异,假设一个 40 英尺集装箱,从上海到土耳其的伊斯坦布尔只需 1 500 美元,而到美国洛杉矶就高达 2 345 美元,这在成本上有很大的差异。另外,当前国际石油的价格不稳定使得运费成本不太稳定,从而也影响了相应的报价水平。

(四)季节性需求的变化

有些产品有淡旺季之分,旺季时工厂的工人彻夜通宵,有的工厂甚至将一些订单外包,所以此时的报价可以报高些,但到淡季时,可能工厂的许多生产线都会出现停工的现象,无论是外贸公司还是工厂甚至愿意在保本的情况下接单,所以此时的订单报价可以适当降低。

(五)交货地点和交货条件

如果客户要求的交货地点是一些偏港或内陆地区,或要求做"门到门"的多式联运,或使用较难执行的贸易术语如 DDP,此时就要认真考虑我方需要付出的相应成本和操作的难易程度,相应地也应在报价中表现出来。

(六)支付条件和汇率变动的风险

货款安全的收取对于供应商来说是至关重要的一步,无论看起来是多大的、利润多丰厚的订单,如果没有安全收汇,一切都是镜中花水中月。所以供应商对于收款,特别是对于初次接触的客人,付款条件都要求是安全的,主要采用的是即期信用证或预付一部分货款。另外,汇率是否稳定也是很重要的因素,特别是在当前人民币日益升值、供应商面临较大汇率风险的情况下,供应商常常需要采用一些保值措施,例如,与银行签订远期外汇合约,以实现一些远期的外汇收入或支出,从而避免因汇率的变动而造成巨大的损失。

(七)其他因素

交货期长短和市场销售习惯、消费者的爱好等因素对确定价格都有一定程度的影响,因此也必须予以考虑。

三、进出口商品的作价方法

在国际货物买卖中,作价的方法多种多样。国际贸易实务中,可以根据不同情况,分别采取下列作价办法。

(一)固定价格

买卖双方明确约定成交价格,履约时按此价格结算货款,这是我国进出口贸易最常见的作价方法,也是国际上常用的方法。按照各国法律的规定,合同价格一经确定,就必须严格执行,任何一方都不得擅自更改,在合同中规定固定价格是一种常规做法。

固定作价方法的优点是明确、具体、肯定、便于核算;缺点是交易者要承担从订约到交货付款以至转售时价格变动的风险,当行市变动剧烈时,信用不好的商人可能寻找借口撕毁合同从而影响合同的履行。

因此,在国际货物买卖合同中规定固定价格,就意味着买卖双方要承担从订约到交货付款以至转售时价格变动的风险。况且,如果行市变动过于剧烈,这种做法还可能影响合同的顺利执行。为了减少价格风险,在采用固定价格时,首先,必须对影响商品供需的各种因素进行仔细研究,并在此基础上对价格的前景做出判断,以此作为决定合同价格的依据；其次，要对客户的资信进行了解和研究，慎重选择订约的对象。

但是，国际商品市场的变化往往受各种临时性因素的影响，变化莫测，由于各种货币汇价波动不定，商品市场变动频繁，剧涨暴跌的现象时有发生。在此情况下，固定价格给买卖双方带来的风险比过去更大，尤其是在价格前景捉摸不定的情况下，更容易使客户裹足不前。因此，为了减少风险，促成交易，提高合同的履约率，在合同价格的规定方面也日益采取一些变通做法。

（二）非固定价格

从我国进出口合同的实际做法来看，非固定价格，即一般业务上所说的"活价"，大体上可分为以下几种。

▶ 1. 待定价格

待定价格即只规定作价方式而具体价格留待以后确定。这种订价方法又可分为以下两种。

（1）在价格条款中明确规定定价时间和定价方法。例如，在装船月份前45天，参照当地及国际市场价格水平，协商议定正式价格。

（2）只规定作价时间而不规定作价方法。例如，由双方在某年某月某日协商确定价格，但这种作价方式未做出规定，执行时易产生争执，一般只适用于双方有长期交往并已形成比较固定的交易习惯的合同。

▶ 2. 暂定价格

暂定价格即在合同中先订立一个初步价格，作为开立信用证和初步付款的依据，待双方确定最后价格后再进行最后清算，多退少补。在我国的出口业务中，有时在与信用可靠、业务关系密切的客商洽谈大宗货物的远期交易时，偶尔也采用此种做法。例如，单价暂定 CIF 纽约，每公吨 1 000 美元，作价方法：按装船月的 20 天前由买卖双方另行协商确定价格，买方按本合同规定的暂定价开立信用证。

▶ 3. 部分固定，部分非固定

有时为了照顾双方的利益，解决双方在采用固定价格或非固定价格方面的分歧，也可采用部分固定价格、部分非固定价格的做法，或是分批作价的办法，交货期近的价格在订约时固定下来，余者在交货前一定期限内作价。

非固定作价法的优点是可暂时解决交易双方在价格方面的分歧，可解除客户对价格问题的顾虑，可使交易双方排除价格风险；缺点是先订约后定价的做法易导致合同的不稳定性。如双方在作价时无法达成一致意见，合同就会面临无法履行或失去法律效力的风险。

在采用非固定价格的场合，由于双方当事人并未就合同的主要条件——价格取得一致，因此，就存在按这种方式签订的合同是否有效的问题。目前，大多数国家的法律都认为，合同只要规定作价办法，即是有效的，有的国家法律甚至认为合同价格可留待以后由双方确立的惯常交易方式决定。《公约》允许合同只规定"如何确定价格"，但对"如何确定价格"却没有具体规定或做进一步的解释。为了避免争议和保证合同的顺利履行，在采用非固定价格时，应尽可能将作价办法做出明确具体的规定。

第二节 计价货币的选择

一、计价货币

计价货币（money of account）是指合同中规定用来计算价格的货币。

根据国际贸易的特点，用来计价的货币可以是出口国家货币，也可以是进口国家货币或双方同意的第三国货币，由买卖双方协商确定。如合同中的价格是用一种双方当事人约定的货币（如美元）来表示的，没有规定用其他货币支付，则合同中规定的货币既是计价货币，又是支付货币（money of payment）。例如，在计价货币之外，还规定了其他货币（如英镑）支付，则英镑就是支付货币。

二、计价货币的选择

通常，买卖双方愿意选择汇率稳定的货币作为计价货币。但在汇率不稳定的情况下，出口方倾向于选用"硬币"（hard currency），即币值坚挺、汇率看涨的货币，而进口方则倾向于选用"软币"（soft currency），即币值疲软、汇率看跌的货币。如果计价货币和支付货币的汇率在订约时已经固定，那么，在计价货币是硬币，支付货币是软币的条件下，卖方在结算时所收入的软币所代表的货值往往要少于按订约日的汇率应收入的软币所代表的货值，也就是说对买方有利，对卖方不利；反之，如果计价货币是软币，支付货币是硬币，则对卖方有利，对买方不利。

三、计价货币的风险防范

合同中采用何种货币要由双方自愿协商决定。若采用的计价货币对其中一方不利，这一方应采取合适的保值措施。

（一）调整对外报价

如果双方协商选择了硬币作为计价货币，进口商为了弥补由硬币带来的损失，可以在交易磋商过程中，适当压低进口商品的价格；而如果选择了软币作为计价货币，出口商也可以适当抬高出口商品的价格。

（二）订立保值条款

▶ 1. 黄金保值条款

黄金保值条款即在合同中明确订约时该种货币的法定含金量或黄金平价，并约定在交货付款时，该法定含金量或黄金平价如有变化，合同价格也必须按比例相应调整。但在美元与黄金脱钩后，主要国家的货币相应实行浮动汇率制，因此黄金保值条款也就失去了实际的意义。

▶ 2. 外汇保值条款

在合同中规定外汇保值条款的办法主要有以下三种。

（1）计价货币和支付货币均为同一软币。确定订约时这一货币与另一硬币的汇率，支付时按当日汇率折算成原货币支付。

（2）软币计价，硬币支付。即将商品单价或总金额按照计价货币与支付货币当时的汇率，折合成另一种硬币，按另一种硬币支付。

(3) 软币计价，软币支付。确定这一货币与另几种货币的算术平均汇率，或用其他计算方式的回来，按支付当日与另几种货币算术平均汇率或其他汇率的变化做相应的调整，折算成原货币支付，这种保值可称为"一揽子汇率保值"。几种货币的综合汇率可有不同的计算方法，如简单平均法、加权平均法等，所用方法由双方协商确定。

第三节　佣金和折扣

在价格条款中，有时会涉及佣金和折扣。在外贸实务中，正确使用佣金和折扣可以调动中间商和进口商订货的积极性，从而达到扩大销售、增加经济效益的目的。

一、佣金

（一）佣金的含义

佣金是中间商因介绍交易或代为买卖商品而取得的报酬。在国际贸易中，有的交易是通过中间代理商进行的，这就需要向中间商支付一定的酬金。

（二）佣金的表示方法

佣金可以分为明佣和暗佣。凡在合同价格条款中，明确规定佣金的百分比，称为明佣。不标明佣金的百分比，甚至连佣金字样也不标示出来，有关佣金的问题由双方当事人另行约定，这种暗中约定佣金的做法称为暗佣。佣金一般是由卖方收到货款后再另行付给中间商。

凡价格中含有佣金的叫含佣价。含佣价的表示方法主要有以下三种。

（1）以文字来说明。例如，每公吨 3 000 美元 CIF 上海包括佣金 2%（USD 3000 per metric ton CIF Shanghai including 2% commission）。

（2）用百分比来表示，即在贸易术语上加注佣金的缩写英文字母"C"和佣金的百分比来表示。例如，每公吨 3 000 美元 CIFC2% 上海（USD 3000 per metric ton CIFC2% Shanghai）。

（3）用绝对数表示。例如，每箱付佣金 50 欧元（Commission EUR 50 per case）。

在实务中，规定佣金率的做法比较常见。给予中间商佣金会提高中间商与我方成交的积极性，但也意味着出口方费用的增加，因此佣金率的高低影响着商品的成交价格，应该合理规定，一般应为 1%~5%。

（三）佣金的计算方法

在国际贸易中，佣金的计算方法是各不一致的。主要体现在以佣金率的方法规定佣金时，计算佣金的基数怎样确定。常用的方法是将成交金额（发票金额）作为计算佣金的基数，例如按 CIFC2% 成交，发票金额为 10 000 美元，则应付佣金为 10 000×2%＝200（美元）。也有人认为价格中的运费、保险费不属于出口商本身收益，不应该作为计佣的基数，应按 FOB 价值计算佣金。如果按这种方法计算佣金，在以 CIF、CFR 等术语成交时，要将其中的运费、保险费扣除，求得 FOB 价之后计算佣金。使用较多的是按照成交金额作为计算佣金的基数。

佣金的计算公式如下：

$$佣金额 = 含佣价 \times 佣金率$$

$$净价 = 含佣价 - 佣金额 = 含佣价 \times (1 - 佣金率)$$

$$含佣价 = \frac{净价}{1 - 佣金率}$$

【案例】我国某出口商品报价为 GBP 300 Per Set CIFC2％LONDON。试计算 CIF 净价和佣金额各为多少？

【分析】净价＝含佣价×(1－佣金率)＝300×(1－2％)＝294(英镑)

佣金额＝含佣价×佣金率＝300×2％＝6(英镑)

(四) 佣金的支付

▶1. 出口企业收到全部货款后将佣金另行支付给中间商或代理商

这种做法有利于合同的顺利履行。因为中间商为了取得佣金，不仅会尽力促成交易，还会负责联系、督促实际买主履约，协助解决履约过程中可能发生的问题，使合同得以顺利履行。但为了避免中间商的误解，应在与中间商确立业务关系时就明确这种做法，并最好达成书面协议。

▶2. 中间商在付款时直接从货价中扣除佣金

采用这种做法，应注意防止重复付佣。

▶3. 有的中间商要求出口企业在交易达成后就支付佣金

这种做法不能保证交易的顺利履行，因此一般不能接受。

实际业务中，常用的是第一种方法，可以在合同履行后逐笔支付，也可按协议按月、季、半年甚至一年汇总支付。为了发挥佣金的作用，充分调动外商的积极性，应按约支付佣金，防止错付、漏付。

二、折扣

(一) 折扣的含义

折扣是指卖方按原价给予买方一定百分比的减让，即在价格上给予适当的优惠。折扣如同佣金一样，都是市场经济的必然产物，正确运用折扣，有利于调动采购商的积极性和扩大销路。在国际贸易中，折扣是加强对外竞销的一种手段。

国际贸易中使用的折扣名目很多，除一般折扣外，还有为扩大销售而使用的数量折扣，为实现某种特殊目的而给予的特别折扣，以及年终回扣等。

(二) 折扣的表示方法

凡在价格条款中明确规定折扣率的，叫作"明扣"；凡交易双方就折扣问题已达成协议，而在价格条款中都不明示折扣率的，叫作"暗扣"。折扣的表示方法主要有以下两种。

(1) 用文字明确表示。例如，每公吨 3 000 美元 CIF 上海减 2％的折扣(USD 3000 per metric ton CIF Shanghai less 2％ discount)。

(2) 用绝对数表示。例如，每箱折扣 5 欧元(Per case less GBP 5 discount)。

在实际业务中，也可以用 CIFD 或 CIFR 来表示 CIF 价格中包含折扣。这里的 D 和 R 分别是 discount 和 rebate 的缩写。鉴于贸易术语中加注的 D 或 R 含义不清，可能引起误解，故最好不使用此缩写语。

(三) 折扣的计算

折扣通常是以成交额或发票金额为基础计算出来的。计算方法如下：

单位货物折扣额＝原价(或含折扣价)×折扣率

卖方实际净收入＝原价－单位货物折扣额

【案例】我方某进出口公司出口某商品，若当时对外的报价为 2 500 港元，买方要求 2％的折扣，而我方不想受损，应如何报价？

【分析】原价＝卖方实际收入÷(1－折扣率)＝2 500÷(1－2％)≈2 551(港元)

第四节 出口商品价格核算

在价格掌握上，要注意加强成本核算，以提高经济效益，防止出现不计成本、不计盈亏和单纯追求成交量的偏向。尤其在出口方面，强调加强成本核算，掌握出口总成本、出口销售外汇净收入和人民币净收入的数据，并计算和比较各种商品出口的盈亏情况，更有现实意义。

一、出口商品的价格构成

在出口商品的价格构成中，通常包括三方面内容，即成本、费用和利润。

（一）成本

成本(cost)是整个价格的核心，它不同于出口总成本，只是出口企业为出口产品进行生产或加工或采购所产生的生产成本或加工成本或采购成本。为阐述方便，一般以采购成本表示，它是贸易商向供货商采购商品的价格，也称进货成本。

（二）费用

费用(expenses/charges)的核算比较复杂，包括国内费用和国外费用。

国内费用主要有加工整理费用、包装费用、保管费用(包括仓租、火险等)、国内运输费用(仓至码头)、证件费用(包括商检费、公证费、领事签证费、产地证费、许可证费、报关单费等)、装船费(装船、起吊费和驳船费等)、银行费用(贴现利息、手续费等)、预计损耗(耗损、短损、漏损、破损、变质等)、邮电费(电报、电传、邮件等费用)等。

国外费用主要有国外运费(自装运港至目的港的海上运输费用)和国外保险费(海上货物运输保险)，如果有中间商，还包括支付给中间商的佣金。

（三）利润

利润(expected profit)是指外贸企业将出口商品所得的收入，减去销售总成本所发生的进销差价，一般以成交额为基数计算。对于贸易商来说，利润是最重要的部分，应根据具体情况灵活掌握。

二、出口商品的价格核算

（一）成本核算

出口总成本即外贸企业为出口商品支付的国内总成本，由进货成本和国内费用构成，包括需要缴纳的国内税和出口税。我国实行出口退税制度，采取对出口商品中的增值税全额退还或按一定比例退还的做法，即将含税成本中的税收部分按照出口退税比例予以扣除，得出实际成本。

【案例】我国某公司出口A商品5 000件,每件进货成本人民币100元(包括17%的增值税),退税率为9%。该批货物国内运杂费共计2 500元,出口商检费300元,报关费100元,银行手续费为1 000元,其他各种费用共计5 000元,求A商品的出口总成本。

【分析】退税金额 = $\dfrac{进货成本}{1+增值税税率} \times 退率 = \dfrac{100}{1+17\%} \times 9\% \times 5\,000 \approx 38\,461.54$(元)

出口总成本 = 进货成本 + 国内各项费用 − 退税金额
= $100 \times 5\,000 + 2\,500 + 300 + 100 + 1\,000 + 5\,000 - 38\,461.54 = 470\,438.46$(元)

A商品的出口总成本为470 438.46元。

(二)盈亏核算

▶ 1. 出口商品换汇成本

出口商品换汇成本是以某种商品的出口总成本与出口销售外汇净收入之比,得出用多少人民币换回一美元。其中,出口销售外汇净收入,即出口外汇总收入扣除劳务费用等非贸易外汇后的外汇收入。如采用FOB(FCA)价格成交,成交价格即为外汇净收入;如采用CIF(CIP)价格成交,则应扣除国外运费和保险费等支出。计算公式为:

$$出口商品换汇成本 = \dfrac{出口总成本(人民币)}{出口销售外汇净收入(外币)}$$

【案例】我国某公司出口A商品5 000件,对外报价为每件16美元FOB上海,每件进货成本人民币100元(包括17%的增值税),退税率为9%。该批货物国内运杂费共计2 500元,出口商检费300元,报关费100元,银行手续费为1 000元,其他各种费用共计5 000元,试计算出口商品换汇成本。

【分析】退税金额 = $\dfrac{进货成本}{1+增值税税率} \times 退税率 = \dfrac{100}{1+17\%} \times 9\% \times 5\,000 \approx 38\,461.54$(元)

出口总成本 = $100 \times 5\,000 + 2\,500 + 300 + 100 + 1\,000 + 5\,000 - 38\,461.54 = 470\,438.46$(元)

出口销售外汇净收入 = $16 \times 5\,000 = 80\,000$(美元)

出口商品换汇成本 = $\dfrac{出口总成本(人民币)}{出口销售外汇净收入(外币)} = \dfrac{470\,438.46}{80\,000} \approx 5.88$(元/美元)

▶ 2. 出口商品盈亏率

出口商品盈亏率是出口商品盈亏额与出口总成本的比率。出口盈亏额是出口销售人民币净收入与出口总成本的差额,前者大于后者为盈利,反之为亏损。计算公式为:

$$出口商品盈亏率 = \dfrac{出口销售人民币净收入 - 出口总成本}{出口总成本} \times 100\%$$

【案例】我国某公司出口A商品5 000件,对外报价为每件16美元FOB上海,每件进货成本人民币100元(包括17%的增值税),退税率为9%。该批货物国内运杂费共计2 500元,出口商检费300元,报关费100元,银行手续费为1 000元,其他各种费用共计5 000元,试计算出口商品盈亏率(假设当时的银行外汇买入价为1美元=6.32元人民币)。

【分析】退税金额 = $\dfrac{进货成本}{1+增值税税率} \times 退税率 = \dfrac{100}{1+17\%} \times 9\% \times 5\,000 \approx 38\,461.54$(元)

出口总成本 = $100 \times 5\,000 + 2\,500 + 300 + 100 + 1\,000 + 5\,000 - 38\,461.54 = 470\,438.46$(元)

出口销售外汇净收入 = $16 \times 5\,000 = 80\,000$(美元)

出口销售人民币净收入＝80 000×6.32＝505 600(元)

出口商品盈亏率＝$\frac{出口销售人民币净收入－出口总成本}{出口总成本}$×100%

＝$\frac{505\ 600－470\ 438.46}{470\ 438.46}$≈7.47%

▶ **3. 出口创汇率**

出口创汇率又称外汇增值率，是指加工后成品出口的外汇增值额与原料外汇支出的比率。外汇增值额是成品出口外汇净收入(FOB 或 FCA 价)与原料外汇支出(CIF 或 CIP 价)之间的差额。出口创汇率反映进料加工复出口的创汇效果。计算公式为：

出口创汇率＝$\frac{外汇增值额}{原料外汇支出}$＝$\frac{成品出口外汇净收入－原料外汇支出}{原料外汇支出}$

【案例】某公司进口原材料为每公吨 FOB1 000 美元，经过加工后出口每公吨 CIF1 800 美元。假设进口和出口的运费均为 60 美元，进口保险费为 10 美元，出口保险费 20 美元，试求出口创汇率。

【分析】原料外汇支出(CIF)＝FOB＋F＋I＝1 000＋60＋10＝1 070(美元)

外汇净收入(FOB)＝CIF－F－I＝1 800－60－20＝1 720(美元)

出口创汇率＝$\frac{出口外汇净收入－进口原料外汇支出}{进口原料外汇支出}$×100%

＝$\frac{1\ 720－1\ 070}{1\ 070}$×100%≈60.75%

第五节　价格条款

一、价格条款的主要内容

在国际货物销售合同中，进出口商一般采用固定作价方法，因此，价格条款一般包括两项内容：一是货物单价(unit price)；二是货物总值(total amount)。货物的单价通常由四个部分组成，即计量单位、单位价格金额、计价货币和贸易术语。货物的总值是指单价与成交商品数量的乘积，即一笔交易的货款总金额。另外，在价格条款的内容中还包括确定单价的作价方法以及与单价有关的佣金与折扣的运用。

例如，单价：每包 20 美元 FOB 天津包括 2% 的佣金

总值：15 000 美元(一万五千美元整)

Unit Price：USD 20 per box FOBC2% Tianjin

Total Value：USD 15000(Say US Dollars Fifteen Thousand Only)

二、规定价格条款的注意事项

进出口业务多数通过电子邮件或函电进行磋商，如果报价不规范，容易造成误解或差错，导致日后电讯查询浪费钱财，有损企业形象。因此，必须正确掌握表示货物价格的方法。为了使价格条款的规定明确合理，必须注意下列事项。

(1) 合理确定商品的单价,防止作价偏高或偏低。

(2) 根据经营意图和实际情况,在权衡利弊的基础上选用适当的贸易术语。

(3) 争取选择有利的计价货币,以免遭受市值变动带来的风险,如采用不利的计价货币时,应当加订保值条款。

(4) 灵活运用各种不同的作价方法,以避免价格变动的风险。

(5) 参照国际贸易的习惯做法,注意佣金和折扣的合理运用。

(6) 如交货品质和数量约定有一定的机动幅度,则对机动部分的作价也应一并规定。

(7) 如包装材料和包装费另行计价,对计价方法也应一并规定。

(8) 单价中涉及的计量单位、计价货币和装卸地名称,必须书写正确、清楚,以利合同的履行。

拓展阅读

报价核算纠纷案

某出口公司与加拿大商人成交一批货物。合同价格条款签订为每吨 650 CIF 温哥华 At 650 per ton CIF Vancouver。加拿大商人开来信用证,价格条款规定:"Price:Can. $ 650 per long ton, CIF Vancouver, U. S. A."经与合同对照审核信用证,发现价格条款存在以下问题。

(1) 单价每吨 650 元,在洽谈时是以美元磋商的,而且货物价格 650 元就是美元价。合同上的币别符号"$",该出口公司一直认为是美元符号,而且出口公司历年交易一律美元成交,信用证却以加拿大元计价。如果按加拿大元出售,将遭受严重损失。

(2) 每吨应该理解为每公吨,因为一般公吨经常简称为吨。信用证却以长吨计算,每吨少收入 16 千克货款。

(3) 合同规定 CIF Vancouver,当时签订合同时,因与加拿大商人洽商,所谓温哥华,当然认为是加拿大的温哥华港,信用证却规定美国温哥华港。经与有关轮船公司联系,每月都有到加拿大温哥华的船,美国的温哥华无船,必须先运到我国香港再转船,要多负担转船费。

经核算,上述差异将损失几万美元,该出口公司即向加拿大买方交涉,要求修改信用证。买方解释如下:该货系转售给美国,在签订合同时原意就是到美国温哥华港,当时洽谈时口头曾经说明过。币别问题,我们历年来与各国交易都使用本国货币——加拿大元。对于"吨"的问题,签约时也在洽谈中定以长吨计价。所以不能修改信用证。

几经多次反复函电协商,最后双方互相让步,每吨按国际上通常理解,改为公吨。目的港仍运至美国温哥华港,但转船费由买方负担。650 元按加拿大元计算。同时修改信用证。

【分析】虽然对方做了让步,出口公司仍损失不少,所以在签订合同时,对价格条款要特别注意明确,如本案例的"元"(Dollar-$),世界上"元"太多了,如美元、港元、加拿大元、新加坡元、澳大利亚元、新西兰元和牙买加元等。合同只笼统规定"$"不合要求。按现在国际标准化机构公布的货币符号的正确表示方法,如美元应为 USD,加拿大元应为 CAD。另外,世界同名的港口很多,所以对不同的国家同名港口名称一定要加注国名,以免将来发生纠纷。

资料来源:林泽拯,林毅. 出口业务程序案例和国际惯例[M]. 北京:中国商务出版社,2005.

本章小结

商品的价格，始终是交易磋商的核心条款。在国际贸易中，正确掌握作价原则，选择有利的计价货币，做好成本核算，是对外报价必须做好的工作。

在确定进出口商品价格时，国际市场行情和购销意图是商品定价的最主要的依据。市场行情既反映了当前的价格水平，又反映了未来价格变动的趋势。正确把握市场行情，才能以有利的价格条件成交。

我们在出口商品报价时，尤其应重视国际市场的价格。有些出口商采用低价作为竞争手段，导致被进口国有关企业指控"倾销"。对此，一方面应积极应诉；另一方面在报价时应充分重视市场价格水平。

国际贸易中，对于现汇贸易，应采用可兑换货币。我国的人民币已实行经常项目下可兑换，所以也是我国对外贸易中使用的货币之一。可兑换货币的价值，因汇率的变动而变动，因此买卖双方均应密切注意货币汇率的升降趋势，选择合适的货币，以减少由于汇率波动而带来的风险。

通常，买卖双方愿意选择汇率稳定的货币作为计价货币。但在汇率不稳定的情况下，出口方倾向于选用"硬币"，即币值坚挺、汇率看涨的货币，而进口方则倾向于选用"软币"，即币值疲软、汇率看跌的货币。合同中采用何种货币要由双方自愿协商决定。若采用的计价货币对其中一方不利，另一方应采取合适的保值措施，例如，远期外汇买卖应把所承担的汇率风险考虑到货价中去。

自测题

一、单项选择题

1. 价格条款的正确写法是（　）。
   A. 每件3.50元 CIF 香港　　　　　　B. 每件3.50美元 CIFD 上海
   C. 每件3.50元 CIFC 伦敦　　　　　　D. 每件3.50美元 CIFC2% 青岛

2. 在国际货物买卖中，即不包含佣金，也不包含折扣的价格被称为（　）。
   A. 实价　　　　B. 一般价格　　　　C. 净价　　　　D. 正常价格

3. 某公司对外报价为每公吨500美元 CIF 纽约，外商要求改报 CIFC5% 纽约，我方报价应为（　）美元。
   A. 526.3　　　　B. 25　　　　C. 526.5　　　　D. 526.9

4. 如果我方报价中包含有折扣，则折扣率越高，折实价就（　）。
   A. 越高　　　　B. 越低　　　　C. 不变　　　　D. 不确定

5. 每公吨1 000美元，折扣2%，则卖方支付给买方的折扣是（　）。
   A. 20美元　　　　B. 22美元　　　　C. 21美元　　　　D. 23美元

6. 下列国际贸易商品的单价表示方式中，最规范的是（　）。
   A. CIF ROTTERDAM US$ 1 010/MT
   B. CIF ROTTERDAM USD 1 010.00/MT
   C. CIF ROTTERDAM USD 1 010/MT

D. CIF ROTTERDAM USD 1 010.00/TON

7. 卖方按照原价给予买方一定百分比的减让,即在价格上给予适当的优惠,称为(　　)。
　A. 佣金　　　　　B. 折扣　　　　　C. 预付款　　　　　D. 定金

8. 在国际贸易中,通常由(　　)来收取佣金。
　A. 卖方　　　　　B. 买方　　　　　C. 船方　　　　　D. 中间商

9. 国际贸易业务中,如果出口销售人民币净收入大于出口总成本,则说明该笔贸易为(　　)。
　A. 盈　　　　　　　　　　　　　　B. 平
　C. 亏　　　　　　　　　　　　　　D. 以上皆有可能

10. 在对外贸易业务中,选择货币种类时,应遵循(　　)的原则。
　A. 收硬付硬　　　B. 收硬付软　　　C. 收软付硬　　　D. 收软付软

11. 国际货物贸易的作价方法很多,其中最常见常用的是(　　)。
　A. 暂定价格
　B. 固定价格
　C. 待定价格
　D. 先确定初步价格,然后按原材料价格指数和工资指数最后调整

二、判断题

1. 买卖双方在合同中规定:"按提单日期的国际市场价格计算"。这是固定作价的一种规定方法。(　　)
2. 不论在何种情况下,非固定作价都比固定作价有利。(　　)
3. 使用固定价格,在合同中明确规定之后,均按合同确定的价格结算货款,任何一方不得擅自变更原价格。(　　)
4. 在规定单价时,若明确规定佣金的百分比,则规定总值时也应做出相应的规定。(　　)
5. 含佣价＝净价/(1－佣金率),其中的净价必须是FOB价。(　　)
6. 出口合同中规定的价格应与出口总成本相一致。(　　)
7. 出口销售外汇净收入是指出口商品的FOB价按当时外汇牌价折成人民币的数额。(　　)
8. 价格条款包括计量单位、单位价格金额、计价货币和价格术语。(　　)
9. 佣金和折扣都是在收到全部货款之后再支付的。(　　)
10. 计价货币和支付货币可以采用进口国或出口国的货币,也可以采用第三国货币。(　　)

三、计算题

1. 我国向西欧某客商推销某商品,发盘价格为每公吨1 150英镑CFR西欧某港口,对方复电要求改按FOB中国口岸订价,并给予2%佣金。查自中国口岸至西欧某港口的运费为每公吨170英镑,我方如果要保持外汇收入不变,改按买方要求条件报价,应为何价?

2. 我某外贸公司出售一批货物至伦敦,出口总价为5万美元CIFC5%伦敦,从中国口岸到伦敦的运费和保险费占10%。这批货物的国内购进价为人民币351 000元(含增值税17%),该外贸公司的费用定额率为5%,退税率为9%,结汇时银行外汇买入价为1美元折合人民币6.21元。试计算这笔出口交易的换汇成本和盈亏率。

第六章 国际货物运输

学习要点及目标

本章主要介绍国际贸易的各种运输方式及其特点，国际贸易中涉及的各种运输单据，国际货物买卖合同中的装运条款等。通过本章的学习，掌握各种运输方式的特征；掌握海上运输中班轮运输的特点、运费的计收，滞期费和速遣费的含义；掌握海上货物运输单据即提单的性质、作用、种类，了解提单背面条款的内容，掌握提单正面条款的填写方法；掌握其他运输方式单据的性质，以及了解其他运输方式单据的内容；掌握国际贸易运输条款的订立方法与注意事项。

核心概念

海上货物运输　租船运输　班轮运输　国际多式联运　提单　海运单　分批装运　转船　滞期费　速遣费

引导案例

误解装运条款引起争端

某粮油进出口公司于2017年4月以CIF条件与英国乔治贸易有限公司成交一笔出售棉籽油贸易。总数量为840公吨，允许分批装运。对方开来信用证中有关装运条款规定："840 M/Tons of cotton seed oil. Loading port: Guangzhou. Partial shipments are allowed in tow lots, 460 M/Tons to London not later than September 15 2017. 380 M/Tons to Liverpool not later than October 15 2017"（840公吨棉籽油，装运港：广州，允许分两批装运，460公吨于2017年9月15日前至伦敦，380公吨于2017年10月15日前至利物浦）。粮油进出口公司于8月3日在黄埔港装305公吨至伦敦，计划在月末再继续装155公吨至伦敦的余数，9月末再装至利物浦的380公吨，第一批305公吨装完后即备单办理议付，但单据寄到国外，于8月15日开证行提出单证有如下不符：

1. 我方信用证只允许分两批(in two lots)装运，即460公吨至伦敦，380公吨至利物浦。你方于8月3日只装305公吨至伦敦，意即至伦敦余155公吨准备继续再装，这样违背了我方信用证规定。

2. 我方信用证规定装运港为广州港（Loading port：Guangzhou），根据你方提单上记载，装运港为黄埔（Huangpu），不符合我方信用证要求。

以上两项不符点，请速告你方处理的意见。

粮油进出口公司对开证行上述的单据异议认为是故意挑剔，于8月19日对开证行做出如下答复。

关于第×××号单据，你行所谓不符点，我们认为完全单证相符：

1. 关于分批装运问题，你方信用证是这样规定的："Partial shipments are allowed in two lots, 460M/Tons to London not later than sept. 15 22017. 380 M/Tons to Liverpool not later than October 15 2017."上述"Partial shipments are allowed in two lots"即在两批之中又允许分批装运，意思就是在460公吨至伦敦和380公吨至利物浦的两批之中又允许再分批装运，"in two lots"是指在两批之中，故我方在至伦敦460公吨之中分305公吨和155公吨两批装运，完全符合信用证要求。

2. 信用证规定装运港：广州，我们就是从广州的黄埔（Huangpu）港装运的，黄埔港是广州的一个具体港口，我们的黄埔港装运，并未超出你方信用证规定的广州范围内，故仍然符合信用证要求。

以上两项我们认为单证相符，请你行按时付款。

粮油进出口公司发出上述反驳意见后，于8月26日又接到开证行的答复。

你方8月19日电悉，并征求申请人的意见，兹答复如下：

1. 对于分批装运问题，我方信用证条款原文是这样规定的："Partial shipments are allowed in two lots, 460M/Tons to London not later than September 15 2017. 380M/Tons to Liverpool not later than October 15 2017."该条款意思很明确：只允许分两批装运，即分460公吨至伦敦，380公吨至利物浦，每批之中不能再分批，你方认为每批之中又可以再分批，完全是错误的，是对原条款错误理解，按你方解释则变成多批装运，如果是这样多批装运，而信用证又何必规定分两批？

2. 装运港问题，据我们了解，从港口名称来说，广州与黄埔同样是两个港口名称。我方信用证规定"Loading port：Guangzhou"意即装运港是在"Guangzhou port"。我方信用证所指的广州是港口名称——广州港，而你方8月19日电中解释为广州市，显然是错误的，根据UCP600规定，单据表面上与信用证条款不符，就是单证不符，我方信用证为"Guangzhou"，你方提单为"Huangpu"，两者表面上相差甚远，就是单证不符。

根据以上所述，不符点是明显存在的，确实无法接受你方单据，请速告单据处理的意见。

纵观本案，双方争议的主要问题有两个，一个是有关分批装运的；另一个是关于港口名称的。由于我方业务员理解错误，导致分批装运违反信用证的规定；港口名称注明是广州，自然指的是广州港，但业务员在审查信用证时对条款掌握不严，理解模糊，致使装运港变成黄埔港，造成单证不符，无法结汇。因此，切实制定合同中的各项装运条款，准确理解条款内容，有着重要的实践与经济意义。

第一节　国际货物运输方式

国际货物运输是国际贸易中必不可少的一个环节。国际货物运输具有线长面宽、环节多、时间性强、情况复杂、风险较大等特点。为了按时、按质、按量完成国际货物的运输任务，买卖双方在订立国际货物销售合同时，都需要合理选定运输方式，订好各项装运条款。

国际贸易货物运输有很多种方式，包括海洋运输、铁路运输、航空运输、邮包运输及多式联运等。在实际业务中，应根据进出口货物的特点、货运量大小、距离远近、运费高低、风险程度、自然条件和装卸港口的具体情况等因素的变化，选择合理的运输方式。

一、海洋运输

海洋运输是指利用商船在国内外港口之间，通过一定的航区和航线进行货物运输的一种方式。它是国际贸易中最重要的运输方式，目前国际货物总量的80%以上都是通过海上运输完成的。

（一）海洋运输的特点

与其他运输方式相比，海洋运输的特点主要表现在以下几个方面。

▶ 1. 通过能力强

海洋运输可以利用四通八达的天然航道，它不像火车、汽车受轨道和道路的限制，故通过能力很强。

▶ 2. 运量大

海洋运输船舶的运载能力远远大于铁路运输车辆和公路运输车辆。一艘万吨船舶的载重量一般相当于250~300节车皮的载重量。随着科学技术的进步和造船业的发展，海上运输船舶逐渐向着专业化、高速化和大型化的方向发展，目前超巨型油轮的运载量已达69万吨以上，巨型集装箱船的载箱能力已达10 000标准箱以上。

▶ 3. 运输成本低

海洋运输主要利用天然水域和航道，除了在港口建设和船舶的购置方面需要花费一定的投资外，在水域和航道建设上几乎不需要花费投资。按照规模经济的观点，由于运量大，航程远，分摊于每货运吨的运输成本就少，使得海洋运输成为各种运输方式中运输成本最低的一种。

▶ 4. 对货物的适应能力强

海洋运输的船舶可以根据货物需要专门设计，以满足固体、液体和气体等多种货物的需求。同时，海船货舱容积大，可装载体积大、重量重的货物，对于超长、超大、超重货物的运输也有很强的适应性。

▶ 5. 运输连续性差，风险较大

海洋运输受自然条件尤其是季节、气候条件的影响很大，如港口封冻、枯水期水位变低等都会影响船舶的正常航行。同时，在国际海洋运输中，运输周期相对较长，海洋环境复杂，随时都有可能遭遇狂风巨浪、海啸、浮冰等自然灾害的袭击，遇险的可能性较大。与其他运输方式相比，海洋运输的准确性、连续性和安全性相对较差。

▶ 6. 运输速度慢

船舶体积大，受水流的阻力大，行驶速度较慢，加之运输中换装、交接等中间环节多，所以运输的速度慢，时间长。

(二) 海洋运输方式

根据海洋运输船舶的经营方式不同，可分为班轮运输和租船运输两大类。

▶ 1. 班轮运输

班轮运输(liner transport, liner shipping)又称作定期船或邮船运输，是指船舶按照固定的船期表、沿着固定的航线和港口并按相对固定的运费率收取运费的运输方式。

(1) 班轮运输的特点。

① 船舶按照固定的船期表沿着固定的航线和港口来往运输，并按相对固定的运费率收取运费。因此，它具有"四固定"的基本特点。

② 由船方负责配载装卸，装卸费包括在运费中，货方不再另付装卸费，船货双方也不计算滞期费和速遣费。

③ 船货双方的权利、义务与责任豁免，以船方签发的提单条款为依据。

④ 班轮承运货物的品种、数量比较灵活，货运质量较有保证，且一般采取在码头仓库交接货物，故为货主提供了更便利的条件。

(2) 班轮公会。班轮公会(freight conference)又称航运公会、航运同盟，俗称"水脚公会"，是指两个或两个以上经营班轮运输的船公司，在某一特定航线或某一特定区域各航线上，为减少或避免竞争，维护彼此利益，通过在运价及其他经营活动方面达成协议而建立的具有某种垄断经营性质的国际航运企业组织。

班轮公会分为开放式公会和关闭式公会两种。开放式公会多见于与美国港口有关的航线，并为美国政府有关当局所调节。入会条件是同意公会规定的运价，遵守公会协议。关闭式公会的入会条件是要求入会者经全体会员通过。大多数班轮公会为关闭式公会。

(3) 班轮运费。班轮运费(liner freight)是指班轮公司为运输货物而向货主收取的费用。班轮运费由基本运费和附加运费两部分组成。基本运费是指货物从装运港到目的港所应收取的费用，其中包括货物在港口的装卸费用，它是构成全程运费的主要组成部分。附加运费是指对一些需要特殊处理的货物，由于突然事件的发生或客观情况变化等原因而需另外加收的费用。

班轮基本运费的计算标准主要有以下八种：

① 按货物的毛重计收，又称重量吨(weight ton)计收运费，在班轮运价表中商品名称后面注有"W"字样。

② 按货物体积计收，又称尺码吨(measurement ton)，在班轮运价表中商品名称后面注有"M"字样。

③ 按货物的价格计收，又称为从价运费，即以有关货物的FOB总价值按一定的百分比收取。在班轮运价表中商品名称后面注有"A.V."或"Ad.Val"字样。

④ 按收费较高者计收。即以重量吨、尺码吨(W/M)两者或以重量吨、尺码吨、货物的价格(W/M或A.V.)三者中，选择较高者收费。此外，还有以重量吨、尺码吨两者中，选择较高者收费后，另加收一定百分比的从价运费。

⑤ 按货物的件数计收。

⑥ 大宗商品交易下，由船、货双方议定。

⑦ 按每件货物作为一个计量单位计收运费。如活牲畜按"每头",车辆按"每辆"收费。

⑧ 由货主与船公司临时议定价格。通常适用于承运粮食、豆类、矿石、煤炭等运量较大、货值较低、装卸容易、装卸速度快的农、副产品和矿产品。议价货物的运费率一般较低。

在实际业务中,基本运费的计算标准,以按货物的毛重(W)和按货物的体积(M)或按毛重且体积选择(W/M)的方式为多。贵重物品则多按货物的 FOB 总值(A.V.)计收。

上述计算运费的重量吨和尺码吨,统称为运费吨(freight ton),又称计费吨。现在国际上一般都采用公制(米制),重量单位为公吨,尺码单位为立方米。计算运费时,1 立方米作为 1 尺码吨。

附加费的计算办法有若干种,有的是在基本运费的基础上加收一定百分比,有的是按每运费吨加收一个绝对数计算。附加费名目繁多,而且会随着航运情况的变化而变动。在班轮运输中,常见的附加费有下列几种。

① 超重附加费(heavy lift additional)是指每件商品的毛重超过规定重量时所征收的附加运费。如需转船,每次转船加收一次。

② 超长附加费(surcharge for over length, over length additional)是指每单件货物的长度超过一定限度时,所加收的附加费用。如需转船,均加收一次。

③ 选卸港附加费(optional surcharge)。托运人托运货物时不能确定具体卸货港,要求在预先提出的两个或两个以上港口中选择其中一个港口卸货。选卸货物需要在积载方面给予特殊的安排,这就会增加一定的手续和费用,甚至有时会发生翻舱。由于上述原因而追加的费用,称为选卸港附加费。

④ 直航附加费(direct additional)是指托运人要求将一批货物直接抵达非基本港口卸货,船公司为此加收的费用。

⑤ 转船附加费(transshipment surcharge)是指运往非基本港的货物,需要转船运往目的港,船公司必须在转船港口办理换装和转船手续,由于上述作业所增加的费用。

⑥ 港口拥挤附加费(port congestion surcharge)是指由于港口拥挤,船舶抵港后要长期等泊位,造成船期延长、成本增加而向货方增收的费用。

⑦ 变更卸货港附加费(alternation surcharge)是指货主要求改变货物原来规定的目的港,在得到有关当局(如海关)准许,船方又同意的情况下所加收的附加费。

⑧ 燃油附加费(bunker surcharge)是指在燃油价格上涨时所加收的费用。

⑨ 货币贬值附加费(devaluation surcharge)是指在货币贬值时,船方为使实际收入不减少,按基本运费的百分比所加收的附加费。

⑩ 绕航附加费(deviation surcharge)是指由于正常航道受阻不能通行,船舶必须绕道才能将货物运至目的港时,船方所加收的附加费。

在计算班轮运费时,首先根据货物的英文名称,从运费表的货物分类中按字母顺序查出有关货物属的等级和计收运费的标准;然后,根据货物的等级和计收标准,从航线划分的等级费率表中查出有关货物的基本运费率;最后,加上各项必须支付的附加费,所得总和即为某种货物运往指定目的港的单位运费。

【案例】广东 A 公司与美国 B 公司签订某商品出口合同。出口商品数量为 400 箱,每箱毛重 25 千克,体积 20 厘米×30 厘米×40 厘米,价格 CFR NEWYORK 每箱 55 美元。查表得知该商品为 8 级货,计费标准为 W/M,基本运费吨为 80 美元,另征收转船附加费

20%，燃油附加费 10%。试计算应收总运费。

【分析】该商品每箱的重量吨为 25 千克＝0.025 公吨，尺码吨为 0.2×0.3×0.4＝0.024（立方米），小于 0.025 立方米，因此按照重量计算运费。

应收总运费＝80×(1＋20%＋10%)×0.025×400＝104(美元)

▶ 2. 租船运输

租船运输(shipping by chartering)又称不定期船运输。它与班轮运输的营运方式不同，既没有预定的船期表，船舶经由的航线和停靠的港口也不固定，须按船租双方签订的租船合同来安排。有关船舶的航线和停靠的港口、运输货物的种类及航行时间等，都按承租人的要求，由船舶所有人确认而定，运费或租金也由双方根据租船市场行市在租船合同中加以约定。

(1) 租船运输的特点如下。

① 租船运输一般是整船洽租，并以运输价值较低的大宗散装货物为主，单位运输成本较低。

② 租船运输没有固定的航线、固定的装卸港口和固定的船期，而是根据租船人的需要和船东的可能，由双方洽商运输条件，以租船合同的形式加以规定。

③ 租船运输没有固定的运价，租船运价受租船市场供求关系的制约，是一种竞争价格。

④ 租船运输中承租人和船舶所有人之间的权利和义务通过双方签订的租船合同来确定。

⑤ 租船运输中，船舶港口使费、货物装卸费、船舶延期费用等的承担和支付按租船合同的规定由船舶所有人或承租人负担，而班轮运输中船舶一切正常运营支出均由船方负担。

(2) 租船方式。目前国际上采用的租船方式主要有三种，即定程租船(voyage charter)、定期租船(time charter)和光船租船(bare boat charter)。

① 定程租船也称航次租船，简称程租，是以航程为基础的租船方式，即由船舶所有人向承租人提供船舶或船舶部分舱位，在指定的港口之间进行单向或往返的一个或几个航次用以运输指定货物的租船运输方式。定程租船的特点是：船舶的经营管理由船方负责；规定运输的航线和装运货物的种类、名称、数量以及装卸港口；船租双方的权利和义务以定程租船合同为依据；在租船合同中对装卸货物的时间加以规定，船租双方计算滞期费和速遣费。

在定程租船方式下，船方必须按租船合同规定的航程完成货物运输任务，并负责船舶的经营管理以及在航行中的一切费用开支，租船人则按约定支付运费。在租船合同中，还应明确规定装运货物的条件，尤其是要规定装卸费用由谁负担。实际业务中，装卸费用一般有四种不同的规定方法：

• Gross Terms or Liner Terms，即班轮条件，指船方负担装卸费；

• F.I.O. (Free In and Out)，即船方不负担装卸费或 F.I.O.S.T. (Free In and Out Stowed and Trimmed)即船方不负担装卸费、理舱和平舱费，这是比较普遍的一种做法；

• F.O. (Free Out)，即船方只负担装货费，不负担卸货费；

• F.I. (Free In)，即船方只负担卸货费，不负担装货费。

② 定期租船。定期租船又称期租船，是指由船舶所有人将特定的船舶，按照租船合

同的约定，在约定的期间内租给承租人使用的一种租船方式。在规定的期间内，船舶由租船人自行调度和经营管理，租船人向船舶出租人支付租金。定期租船的租期根据租船人的实际需要由双方约定，少则几个月，多则几年或更长时间。

定期租船的特点是：租赁期间船舶的经营管理由租船人负责；船方负责船舶的维护、修理和机器的正常运转；不规定船舶的航线和装卸港口，只规定船舶的航行区域，除特别规定外，可以装运各种合法货物；船租双方的权利与义务以期租合同为准；在合同中不规定装卸期限或装卸率，船租双方不计算滞期费和速遣费。

③光船租船。光船租船也称船壳租船，也是期租船的一种，不过这种租船方式下船舶所有人不具有承担运输的责任，它实际上是一种财产租赁的方式。在租期内，船舶所有人只提供一股空船给租船人使用，船舶配备船员、运营管理、供应以及一切固定或变动的运营费用都由租船人负责。船舶所有人在租期内除了收取租金外，对船舶和船舶的经营不再承担任何责任和费用。由于这种租船方式比较复杂，在当前国际贸易中很少使用。

二、铁路运输

铁路运输是现代运输业的主要运输方式之一，在国际货运总量中，铁路运输是一种仅次于海洋运输的主要运输方式。海洋运输的进出口货物，也大多是靠铁路运输进行货物的集中和分散的，可见铁路运输在对外贸易运输中起着重要的作用。与其他运输方式相比，铁路运输具有运输速度快、载运量大、安全可靠、运输成本低、运输准确性和连续性强等方面的特点。

我国对外贸易铁路运输包括国际铁路货物联运和港澳地区的国内铁路运输两大部分。

（一）国际铁路货物联运

国际铁路货物联运简称国际联运，是指使用一份统一的国际铁路联运票据，由铁路负责经过两国或两国以上的全程运输，并由一国铁路向另一国铁路移交货物。移交货物时，不需发货人和收货人参加。

采用国际铁路货物联运，有关当事国事先必须有书面的约定。目前国际铁路货物联运主要根据《国际货约》和《国际货协》进行。1890年欧洲各国外交代表在瑞士首都伯尔尼举行会议，制定了《国际铁路货物运送规则》，即《伯尔尼公约》。该公约自1893年1月1日起实行，并经过多次修订，在1934年伯尔尼会议上经过修改后改称为《国际铁路货物运送公约》（以下简称《国际货约》），并于1938年10月1日起开始实行。目前参加该公约的有包括欧洲、亚洲和北非的30多个国家。

1951年11月，出于发展国际铁路联运的需要，当时的苏联、阿尔巴尼亚和已经参加《国际货约》的保加利亚、匈牙利、罗马尼亚、波兰、捷克斯洛伐克和民主德国等八国签订了《国际铁路货物联运协定》（以下简称《国际货协》），开始办理国与国之间的货物联运。1954年1月，中国、朝鲜和蒙古参加了《国际货协》，越南于1956年6月也参加了这一协定，至此共有12个国家参加了《国际货协》。1990年10月3日，由于德国的统一，民主德国退出了《国际货协》。后来随着东欧形势的变化，匈牙利、捷克等国也于1991年1月1日起退出了《国际货协》。

目前，我国对朝鲜、蒙古和俄罗斯等有铁路相通连的国家的许多进出口货物，都是依据双边签署的《国境铁路协定》采用国际铁路联运的方式运送的。

（二）国内铁路运输

国内铁路运输是指仅在本国范围内按《国内铁路货物运输规程》的规定办理的货物运

输。我国出口货物经铁路运至港口装船及进口货物卸船后经铁路运往各地,均属国内铁路运输的范畴。

供应我国港、澳地区的物资经铁路运往我国香港、九龙,也属于国内铁路运输的范围。但是这种运输既不同于国际铁路货物联运,也不同于一般的国内铁路货物运输,而是一种特殊的运输方式。运输全过程由两部分组成,一部分是内地铁路运输;另一部分是港段铁路运输,发货人凭各地外运分公司签发的"承运货物收据"(cargo receipt)向银行办理结汇。

具体做法是:发货人按国内货物运输方式向铁路办理货物托运至深圳北站,收货人为深圳外运公司。货物运到深圳北站后,深圳外运分公司作为各外贸发货单位的代理与铁路办理租车手续,支付租车费,办理货车过轨去中国香港。货车过轨后,由中国香港中旅货运有限公司作为深圳外运分公司在港段的代理在港段重新起票,办理货物托运至九龙。

由此可见,我国香港地区铁路运输的特点是"租车方式,两票运输"。国际铁路联运是以联运运单作为运输合同,铁路作为承运人负责全程运输,发货人以运单副本作为结汇凭证。但在对我国香港地区的铁路运输中,由于国内铁路部门与香港九龙铁路当局没有货运直接通车运输协议,各地铁路发往香港的货物不能一票直达香港,银行不同意以国内的铁路运单作为对外结汇的凭证。为了解决各外贸公司结汇的问题,由各地外运公司以运输承运人的身份向外贸单位提供经深圳中转香港的"承运货物收据",发货人以此作为向银行办理结汇的凭证。

三、航空运输

航空运输是一种现代化的运输方式,与海洋运输、铁路运输相比,航空运输具有运输速度快,货运质量高,运输环节少,空间跨度大,运输安全、准确,可节省包装、保险、银行利息等费用的突出优点。但航空运输也有一定的局限性,主要表现为运输费用高于其他的运输方式;运载工具的舱容有限,无法适应大件货物或大批量货物运输的需要;飞机的飞行安全容易受到恶劣气候的影响等。因此,它最适合运送急需物资、鲜活商品、精密仪器和贵重物品。近年来,随着国际贸易的迅速发展及国际货物运输技术的进步,采用空运方式也日趋普遍。

(一)国际航空货物运输的运输方式

▶ 1. 班机运输

班机运输是指在固定的航线上定期航行的航班。这种运输方式有固定的始发站、途经站和到达站。班机运输按照业务的对象不同,分为客运航班和货运航班两种运输方式。客运班机大多使用客货混合型飞机,以运送旅客为主,剩余舱位运送货物。货运班机大多使用全货机进行货物运输。

班机运输具有固定的航线、固定的停靠港、固定的班期、相对固定的收费标准等特点,因此特别适合抢行就市的商品、紧急物资、鲜活易腐货物及贵重货物的运送。班机运输大多使用客货混合型飞机,内于货物舱位有限,不能满足大批量货物的及时出运,只能分期分批运输,使得班机运输在大批量货物运输方面有一定的局限性。

▶ 2. 包机运输

当运输货物批量较大,而班机运输又不能满足需要的情况下,可采用包机运输方式。包机运输分为整架包机和部分包机两种形式。整架包机又称整包机,适合运输大批量货物；部分包机适合运送货量在一公吨以上但不够装一整架飞机的货物。

包机运输虽然能满足大批量的进出口货物运输的需求。但与班机运输相比，包机运输运送时间长。另外，包机运输虽然运费比班机便宜，但其运费是按往返路程计收的，如果回程没有货运，运费可能比班机还贵，因此，包机运输必须考虑回程货的问题。

▶ 3. 集中托运

集中托运是指航空货运代理公司将若干批单独发运的货物组成一整批，向航空公司办理托运，使用一份航空总运单集中发运到同一目的站，由航空货运代理公司在目的站指定的代理收货，再根据航空货代公司签发的航空分运单分拨给各实际收货人的航空货物运输方式。集中托运方式可争取到较低的运价，是航空货物运输中最普遍采用的一种运输方式，也是航空货运代理的主要业务之一。

▶ 4. 航空快递

航空快递又称为航空快件、快运和航空速递，是由专门经营该项业务的航空货运公司与航空公司合作，派专人以最快的速度，在货主、机场、用户之间传递急件的运输服务业务，是目前国际航空运输中速度最快的运输方式。运送对象多为急需的药品和医疗器械、贵重物品、图纸资料、货样、单证和书报杂志等小件物品。

(二) 航空运输的承运人

▶ 1. 航空运输公司

航空运输公司是航空货物运输中的实际承运人，负责办理从起运机场至到达机场的运输，并对全程运输负责。

▶ 2. 航空货运代理公司

航空货运代理是货主的代理，负责办理航空货物运输的订舱、在起运机场和到达机场的交接货与进出口报关等事项。航空货运代理公司也可以是航空公司的代理，办理接货并以航空承运人的身份签发航空运单，对运输过程负责。

(三) 航空运价

航空运价是承运人对所运输的每一单位重量（或体积）的货物所收取的自始发地机场至目的地机场的航空运输费用。航空运费是航空公司将一票货物自始发地机场运至目的地机场所应收取的航空运输费用，该费用由每票货物所适用的运价和货物的计费重量计算而得。

四、集装箱运输和国际多式联运

(一) 集装箱运输

集装箱(container)又称货柜或货箱，是具有一定的强度和刚度，专供周转使用并便于机械操作和运输的大型货物容器。集装箱按用途不同，可分为杂货集装箱、散货集装箱、冷藏集装箱、敞顶集装箱、框架集装箱、牲畜集装箱、罐式集装箱、汽车集装箱、挂衣集装箱等。为了便于计算集装箱数量，国际标准化组织(ISO)推荐了三个系列13种规格的集装箱，而在国际航运上使用的主要是20英尺和40英尺两种，以20英尺集装箱作为换算标准箱，用 TEU(Twenty-Foot Equivalent Unit)表示，以此作为集装箱船载箱量、港口集装箱吞吐量、集装箱保有量等的计量单位。

集装箱运输是以集装箱作为运输单位进行货物运输的一种现代化运输方式，它可用于海洋运输、铁路运输及国际多式联运等。

拓展阅读

国际集装箱运输的产生与发展

集装箱运输是运输现代化的重要标志，它的出现被认为是运输领域的一场革命。集装箱运输最早用于铁路运输。早在19世纪中期，在英国和美国铁路上即开始用载货的容器装载煤和杂货。到了19世纪末期，为运输棉纱和棉布，英国的兰开夏使用了一种带有活动框架的载货设备，被称为"兰开夏托盘"（Lancashire Flat），这大约是集装箱的雏形。

20世纪初期，一些资本主义国家由于货物运量的增加，铁路运输得到了较快的发展。在英国的铁路上出现了较简单的集装箱运输，随后，集装箱运输在德国、法国、意大利和美国也相继出现。

1956年4月，前身为大西洋轮船公司的美国海陆运输公司（Sealand Shipping Co.），将一艘油轮改装后进行集装箱试营运，在纽约—休斯敦航线上进行首次航行。试航三个月，获得了巨大的经济效益。随后，该公司又陆续开辟了纽约—洛杉矶—旧金山航线和纽约—阿拉斯加航线。1966年4月，美国海陆运输公司又用改装的全集装箱船，开辟了纽约—欧洲的集装箱国际航线，揭开了国际集装箱运输的序幕。继美国海陆运输公司之后，美国的马托松公司也做了美国太平洋沿岸—夏威夷航线的试运行，并于1967年9月开始了北美—日本太平洋航线的集装箱运输。由于高效率与高效益，集装箱运输深受货主和船公司的青睐，并得到迅速发展，很快由北美、欧洲扩展到世界各主要航线。目前，发达国家的杂货运输大多实现了集装箱化。

20世纪90年代以后，电子计算机技术被广泛应用于运输领域。运输部门通过计算机联网，实行集装箱动态跟踪管理，提高了集装箱货运管理的效率。集装箱运输管理的科学化和现代化，推动了集装箱多式联合运输的发展。

资料来源：许明月. 国际货物运输[M]. 北京：中国人民大学出版社，2011.

▶ 1. 集装箱货物的装箱方式

集装箱货物的装箱方式根据装箱数量和方式可以分为整箱和拼箱两种。

（1）整箱（full container load，FCL），是指当货主的货物可以装满一个或几个集装箱时，自行装箱计数，填写装箱单，以箱为单位托运的货物装箱方式。这种装箱方式，除了有些大的货主自己置备有集装箱外，一般都是向承运人或集装箱租赁公司租用。

（2）拼箱（less than container load，LCL），是指承运人或代理人接受货主托运的数量不足整箱的小票货物后，根据货类性质和目的地进行分类整理，将不同货主运往同一目的地的货物拼装成箱的装箱方式。

▶ 2. 集装箱运输货物的交接

（1）集装箱货物的交接方式。集装箱货物的两种装箱方式，产生了四种交接方式。

① 整箱交、整箱接（FCL/FCL）。货主在工厂或仓库将装满货的整箱交给承运人，收货人在目的地以同样的整箱接货，承运人以整箱为单位负责交接，货物的装箱和拆箱工作均由货方负责。

② 整箱交、拆箱接（FCL/LCL）。货主在工厂或仓库将装满货的整箱交给承运人，承运人将集装箱货物运到目的地集装箱货运站拆箱之后，交给收货人。

③ 拼箱交、整箱接（LCL/FCL）。货主将不足整箱的小票托运货物在集装箱货运站交

给承运人，承运人拼箱后运到目的地，以整箱方式交给收货人。

④ 拼箱交、拆箱接(LCL/LCL)。货主将不足整箱的小票托运货物在集装箱货运站交给承运人，承运人拼箱后运到目的地集装箱货运站，拆箱后交给收货人。货物的装箱和拆箱工作均由承运人负责。

(2) 集装箱货物的交接地点。集装箱货物的交接地点主要有发货人或收货人的工厂、仓库、集装箱堆场和集装箱货运站等。集装箱堆场(container yard，CY)，是交接和保管空箱的场所，也是集装箱换装运输工具的场所。集装箱货运站(container freight station，CFS)也是拼箱货装箱和拆箱的场所。集装箱运输中货物交接地点的组合形式有以下几种。

① 门到门(Door to Door)交接。集装箱运输经营人由发货人的工厂或仓库接收货物，负责将货物运至收货人的工厂或仓库交付。

② 门到场(Door to CY)交接。集装箱运输经营人在发货人的工厂或仓库接收货物，将货物运至目的地集装箱堆场，向收货人交付。

③ 门到站(Door to CFS)交接。集装箱运输经营人在发货人的工厂或仓库接收货物，将货物运至目的地集装箱货运站，经拆箱后向各收货人交货。

④ 场到门(CY to Door)交接。集装箱运输经营人将集装箱货物从起运地或装箱港的集装箱堆场运至收货人的工厂或仓库交货。

⑤ 场到场(CY to CY)交接。集装箱运输经营人将集装箱货物从起运地或装箱港的集装箱堆场运至目的地或卸货港的集装箱堆场向收货人交货。

⑥ 场到站(CY to CFS)交接。集装箱运输经营人将集装箱货物从起运地或装箱港的集装箱堆场运至目的地集装箱货运站，经拆箱后向各收货人交货。

⑦ 站到门(CFS to Door)交接。集装箱运输经营人在装货港码头的集装箱货运站经拼箱后，将货物运至收货人的工厂或仓库交货。

⑧ 站到场(CFS to CY)交接。集装箱运输经营人在装货港码头的集装箱货运站经拼箱后，将货物运至目的地集装箱堆场向收货人交货。

⑨ 站到站(CFS to CFS)交接。集装箱运输经营人在装货港码头的集装箱货运站经拼箱后，将货物运至目的地集装箱货运站，经拆箱后向各收货人交货。

▶ 3. 集装箱运输的费用

集装箱班轮运费的计算原则与杂货班轮运费的计算原则基本相似，但也有自身的特点。在集装箱费率表中规定了基本运费和附加运费，并给出了费率和计算方法。集装箱班轮基本运费的计费方法有两种。

(1) 采用与计算普通杂货班轮基本运费相同的方法。按件杂货基本费率加附加费，以每运费吨为计算单位，再加收一定的附加费。

(2) 实行包箱费率。这是以每个集装箱为计费单位，包箱费率视船公司和航线的不同而有所不同。

(二) 国际多式联运

国际多式联运(international multinational transport 或 international combined transport)是在集装箱运输的基础上产生和发展起来的一种综合性的连贯运输方式。它一般是以集装箱为媒介，把海、陆、空各种传统的单一运输方式有机地结合起来，组成一种国际间的连贯运输。

《联合国国际货物多式联运公约》对国际多式联运所下的定义是："国际多式联运是指

按照多式联运合同，以至少两种不同的运输方式，由多式联运经营人把货物从一国境内接运货物的地点运至另一国境内指定交付货物的地点。"国际多式联运应具备下列条件。

（1）有一个多式联运合同，合同中明确规定多式联运经营人和托运人之间的权利、义务、责任和豁免。

（2）必须是国际间两种或两种以上不同运输方式的连贯运输。

（3）使用一份包括全程的多式联运单据，全程单一运费费率，其中包括全程各段运费的总和、经营管理费用和合理利润。

（4）由一个多式联运经营人对货物运输的全程负责。

（5）必须是国际间的货物运输。

办理国际多式联运离不开多式联运经营人，多式联运经营人不是发货人的代理人或代表，也不是参加联运的承运人的代理人或代表，而是多式联运的当事人，是一个独立的法律实体。对于货主来说，它是货物的承运人，但对于分承运人来说，它又是货物的托运人。多式联运经营人一方面与货主签订多式联运合同，另一方面又与分承运人以托运人身份签订各段运输合同，所以具有双重身份。在多式联运方式下，根据合同规定多式联运经营人始终是货物运输的总承运人，对货物负有全程运输的责任。

（三）大陆桥运输

大陆桥运输（land bridge transport）是指以横贯大陆的铁路或公路运输系统作为中间桥梁，把大陆两端的海洋连接起来的集装箱连贯运输。人们从地理概念上将海—陆—海的陆地部分，形象地比喻为连接两边海洋的一座桥梁，大陆桥的称号由此而来。大陆桥运输一般都是以集装箱为媒介，将海运和陆运结合起来，因此大陆桥运输将多种运输方式的优点融为一体，具有缩短运输里程、节省运输时间，加快运输速度、降低运输成本、简化货运手续、加快资金周转等优势。

大陆桥运输在发展过程中，从地域上逐渐形成了北美陆桥运输和欧亚陆桥运输两大板块；从运输结构上，则形成了大陆桥运输、小陆桥运输与微陆桥运输等不同分类。

▶ 1. 北美大陆桥运输

（1）美国大陆桥。美国大陆桥建于20世纪60年代，是世界上最早出现的大陆桥。美国有两条大陆桥运输线，一条从西部太平洋口岸的西雅图、旧金山、洛杉矶等港口至东部大西洋口岸的纽约；另一条从西部太平洋口岸的上述港口至南部墨西哥湾口岸的休斯敦、新奥尔良等港口。

由于东部港口拥挤等原因，美国的大陆桥运输基本陷于停顿状态，但在大陆桥运输的过程中，派生并形成了小陆桥和微型陆桥运输方式。小陆桥运输比大陆桥的海—陆—海运输缩短了一段海上运输距离，成为海—陆或陆—海形式。例如，远东至美国东部大西洋口岸或美国南部墨西哥湾口岸的货运，由原来全程海运，改为由运东装船运至美国西部太平洋口岸，转装铁路（公路）专用车运至东部大西洋口岸或南部墨西哥湾口岸，以公路或铁路为桥梁，把美国西海岸同东海岸或墨西哥湾连接起来。

微型陆桥运输里程，比小陆桥更短，由于只利用了部分陆桥而没有通过整条陆桥，微型陆桥运输又称半陆桥运输（semi land bridge transport），是指海运加一段从海港到内陆城乡的陆上运输或相反方向的运输形式。

（2）加拿大大陆桥。加拿大大陆桥运输线起自加拿大太平洋沿岸的温哥华，终结于接近大西洋沿岸的蒙特利尔，开通于1979年。日本至欧洲的货物，可用集装箱船运至温哥华,然后换装到铁路列车上运至蒙特利尔,最后再装船运至欧洲各港口。由于种种原因,同美国大陆桥一样,加拿大大陆桥也处于停顿状态。

▶ 2. 欧亚大陆桥

(1) 西伯利亚大陆桥。西伯利亚大陆桥是利用俄罗斯西伯利亚铁路作为陆地桥梁,把太平洋远东地区与波罗的海和黑海沿岸,以及西欧大西洋口岸连起来。此条大陆桥运输线东自俄罗斯的纳霍特卡港口起,横贯欧亚大陆,至莫斯科,然后分三路,一路自莫斯科至波罗的海沿岸的圣彼得堡港,转船往西欧、北欧港口;一路从莫斯科至俄罗斯西部国境站,转欧洲其他国家铁路(公路)直运欧洲各国;另一路从莫斯科至黑海沿岸,转船至中东、地中海沿岸。所以,从远东地区至欧洲,通过西伯利亚大陆桥有海—铁—海、海—铁—公路和海—铁—铁三种运输方式。

(2) 新亚欧大陆桥(欧亚第二条大陆桥),东起中国连云港,西至荷兰鹿特丹,全长10 837千米。1990年9月11日,北疆铁路与土西铁路接轨。1992年9月,新亚欧大陆桥的正式通车,标志着连接欧、亚两洲的第二条大陆桥运输线正式开通。该大陆桥两端辐射范围广,东端的中国从北至南沿海各港口货物都可上桥。美国太平洋口岸、日本、韩国和东南亚各港口的货物运输,如使用新亚欧大陆桥,则运输距离短于西伯利亚大陆桥。新亚欧大陆桥西端触及的范围囊括整个欧洲及中亚各国。

与西伯利亚大陆桥对比,新亚欧大陆桥显示出多方面的优势。首先,新亚欧大陆桥地理位置和气候条件优越,整个陆桥避开了高寒地区,港口无封冻期,自然条件好,吞吐能力大,可以常年作业。其次,运输距离短,新亚欧大陆桥比西伯利亚大陆桥缩短运距1 040千米,时间也有不同程度的缩短。

五、其他运输方式

(一) 公路运输

公路运输(road transportation)是现代化运输的主要方式之一,如同铁路运输和其他运输一样,它在整个运输领域占有重要的地位。公路运输机动灵活、简捷方便,适用于进出口货物在内陆的集疏中转。在国际贸易货物运输中,公路运输既是一种独立的运输方式,又是连接车站、港口和机场,运输外贸货物的重要手段。

在短途货物运送中,公路运输灵活简便,是实现货物"门到门"运输的重要组成部分;在以集装箱为媒介的海运、陆运(铁路和公路运输)与空运的多种方式的联合运输中,为了保证联运货物运送过程能及时衔接,实现门到门的运输目标,公路运输必不可少。公路运输与其他运输方式相比也有缺点,如载重量小,运价高,不适合长途运输。此外,车辆在运行过程中震动较大,易造成货损、货差事故。

公路运输在我国对外贸易中占有重要地位。长期以来,公路运输为发展我国与周边国家和地区的经济贸易联系提供了十分有利的条件,它是我国与周边国家和地区之间重要的运输方式之一。此外,我国内地同我国港、澳地区的部分进出货物,也是通过公路运输的。

(二) 内河运输

内河运输(inland water transportation)是水上运输的重要组成部分,它是连接内陆腹地与沿海地区的纽带,在运输和集散进出口货物中起着重要的作用。

我国拥有四通八达的内河航运网,长江、珠江等主要河流中的一些港口已对外开放,同一些邻国还有国际河流相通，这就为我国进出口货物通过河流运输和集散提供了十分有利的条件。

（三）邮政运输

邮政运输（parcel post transport）是一种较简便的运输方式。各国邮政部门之间订有协定和公约，通过这些协定和公约，各国的邮件包裹可以互相传递，从而形成国际邮包运输网。

国际邮政运输具有国际多式联运和"门到门"运输的性质，托运人只需按邮局章程一次托运、一次付清足额邮资，取得邮政包裹收据（parcel post receipt），交货手续即告完成。邮件在国际间的传递由各国的邮政部门负责办理，邮件到达目的地后，收件人可凭邮局到件通知向邮局提取。

由于国际邮政运输对每件邮件的重量和长度均有限制（每件包裹的重量不得超过20千克，长度不得超过1米），因此，国际邮政运输只适合重量轻、体积小的商品，如精密仪器、金银首饰、药品、目录、单证及样品等。此种运输手续简便，费用也不高，故已成为国际贸易中普遍采用的运输方式之一。

（四）管道运输

管道运输（pipeline transportation）是随着石油的生产而产生和发展起来的，主要适用于运输气体和液体货物。管道是管道运输的运输工具，它是固定不动的。管道既是运输工具，又是运输通道，将运输工具和运输通道合为一体。管道运输具有投资大、建成后运输成本低的特点。

第二节 国际货物运输单据

运输单据（shipping documents）是承运人收到承运货物后签发给托运人的证明文件，它是交接货物、处理索赔与理赔以及向银行结算货物或进行议付的重要单据。在国际货物运输中，运输单据的种类很多，主要包括海运提单、铁路运单、承运货物收据、航空运单、多式联运单据和邮政收据等。

一、海运提单

海运提单（bill of lading，B/L）简称提单，它是由船长或船公司或其代理人签发的证明已收到特定货物，允诺将货物运至特定的目的地，并交付给收货人的凭证。海运提单是收货人在目的港据以向船公司或其代理提取货物的凭证。

（一）提单的性质和作用

▶ 1. 提单是承运人出具的证明其已接管货物或已经将货物装船的收据

提单由承运人签发，证明其已接管货物或已经将货物装船。提单正面所记载的有关货物的名称、重量、尺码、数量、标志、包装及货物外表状况的描述均为承运人收到或接受货物的初步证据。如果提单被转让到善意的第三者手里，则提单上描述的各项内容为最终证据。

▶ 2. 提单是海上货物运输合同的证明

提单在承运人接管货物或已将货物装船后，由承运人或其代理人签发给托运人，证明海上货物运输合同成立。实际上运输合同在货物装船之前早已成立。尽管提单背面的条款是承、托双方解决纠纷的依据,但这些条款是承运人单方面制定的,条款的内容并没有与托运人经过协商,不是双方合意的结果,所以提单是运输合同的证明,而不是运输合同。

▶ 3. 提单是承运人凭以交付货物的物权凭证

提单是承运人凭以交货的单证。在卸货港,承运人或其代理人只能把货物交给持有提单的人。在国际贸易中,收货人不一定就是买卖合同中的买方。当卖方将货物交给承运人,取得提单后,在信用证支付的情况下,持单人可以通过对提单的转让把货物的所有权转让给受让人,此时的受让人通过支付货款取得提单,即代表货物所有权的单证。因此,承运人必须凭提单交货。如果收货人没有提单,即使是真正的收货人,承运人也不能交货,否则,承运人要承担无单放货的责任。

(二) 提单的格式和内容

提单的格式很多,每个船公司都有自己的提单格式,但基本内容大致相同,一般包括提单正面的记载事项和提单背面印就的运输条款。

▶ 1. 提单正面的内容

提单正面的记载事项,分别由托运人和承运人或其代理人填写。它通常包括下列事项:托运人、收货人、被通知人、收货地或装货港、目的地或卸货港、船名及航次、唛头及件号、货名及件数、重量和体积、运费预付或运费到付、正本提单的张数、船公司或其代理人的签章、签发提单的地点及日期。

▶ 2. 提单背面的条款

在班轮提单背面,通常都有印就的运输条款,这些条款是作为确定承运人与托运人之间,以及承运人与收货人和提单持有人之间的权利、义务的主要依据。提单中的运输条款,起初是由船方自行规定的。后来由于船方在提单中加列越来越多的免责条款,使货方的利益失去保障,并降低了提单作为物权凭证的作用。为了缓解船、货双方的矛盾,并照顾到船、货双方的利益,国际上为了统一提单背面条款的内容,曾先后签署了有关提单的国际公约,其中包括1924年签署的《关于统一提单的若干法律规则的国际公约》,简称《海牙规则》;1968年签署的《布鲁塞尔议定书》,简称《维斯比规则》;1978年签署的《联合国海上货物运输公约》,简称《汉堡规则》。由于上述3项公约签署的历史背景不同、内容不一,各国对这些公约的态度也不相同,因此,各国船公司签发的提单背面条款也就互有差异。

正本提单样本如表6-1所示。

表6-1 正本提单样本

INTERNATIONAL BILL OF LADING

SHIPPER/EXPORTER (COMPLETE NAME AND ADDRESS)	BOOKING NO.	BILL OF LADING NO.
	EXPORT REFERENCES	
CONSIGNEE (COMPLETE NAME AND ADDRESS) TO ORDER	FORWARDING AGENT/F M C NO.	
	POINT AND COUNTRY OF ORIGIN	

续表

NOTIFY PARTY (COMPLETE NAME AND ADDRESS)	ALSO NOTIFY-ROUTING & INSTRUCTIONS FINAL DESTINATION (OF THE GOODS NOT THE SHIP)

VESSEL VOY FLAG	PORT OF TRANSHIPMENT	LOADING PIER/TERMINAL	ORIGINAL(S) TO BE RELEASED AT
PORT OF DISCHARGE	PLACE OF DELIVERY BY	TYPE OF MOVE(IF MIXED, USE BLOCK 20 AS APPROPRIATE)	

PERTICULARS FURNISHED BY SHIPPER

MKS. & NOS/ CONT. NOS	NO. OF PKGS.	DESCRIPTION OF PACKAGES AND GOODS	GROSS WEIGHT	MEASURE MENT

DECLARED VALUE	IF SHIPPER ENTERS A VALUE. CARRIERS PACKAGE LIMITATIONS OF LIABILITY DOES NOT APPLY AND THE AD VALOREM RATE WILL BE CHARGED.	FREIGHT PAYABLE AT/BY

FREIGHT CHARGES	RATED AS PER	RATE	PREPAID	COLLECT	CURRENCY	RATE OF EXCHANGE
TOTALS						

THE RECEIPT CUSTODY, CARRIAGE AND DELIVERY OF THE GOODS ARE SUBJECT TO THE TERMS APPEARING ON THE FACE AND BACK HEREOF AND TO CARRIER'S APPLICABLE TARIFF.	* APPLICABLE ONLY WHEN USED FOR MULTI-MODEL OR THROUGH TRANSPORTATION * INDICATE WHETHER ANY OF THE CARGO IS HAZARDOUS MATERIAL UNDER DOT. IMCO OF OTHER REGULATIONS AND INDICATE CORRECT.
In witness where of 3 original bills of lading all the same tenor and date one of which being accomplished the others to stand void, have been issued by Sea—land Service. Inc. or its designated agent on behalf of itself, other participating carriers, the vessel, her master and owners or charters.	
	AT... BY... FOR SEA-LAND SERVICE, INC

(三) 提单的种类

依据划分角度的不同，海运提单主要可分为以下几类。

▶ 1. 根据货物是否装船划分

根据货物是否装船，可分为已装船提单和备运提单。

(1) 已装船提单(On Board B/L；Shipped B/L)，是指承运人已将货物装上指定的船舶后所签发的提单。特点是提单上必须以文字表明货物已经装入某船上，并载有装船日期，同时还应由船长或其代理人签字。在国际贸易中，进口商和银行一般只接受已装船提单。

(2) 备运提单(Received for Shipment B/L)又称收妥待运提单，指承运人已经接管货物，但货物并没有装船，承运人应托运人的要求而签发的提单。因为备运提单只说明承运人已经接管货物，但货物在什么时候装船、装哪一条船概不明确，买方更无法确定货物能否按时装船、按时到港。因此，备运提单对收货人能否按时收货风险较大。所以，买方一般不接受备运提单结汇。

在实际业务中，当托运人取得的是备运提单，一般的做法是，待货物装船后，托运人可凭备运提单换取已装船提单，或由承运人在备运提单上加注船名和装船日期并签字盖章，使之成为已装船提单。

▶ 2. 根据提单上有无对货物外表状况的不良批注划分

根据提单上有无对货物外表状况的不良批注，可分为清洁提单和不清洁提单。

(1) 清洁提单(Clean B/L)，是指货物在装船时外表状况良好，承运人在签发提单时，在提单上未加注带有明确宣称货物及/或货物外包装有缺陷的条款或不良批注。承运人签发清洁提单，表明承运人确认货物在装船时外表状况良好这一事实，承运人必须在目的港将装船时外表状况良好的同样货物交付给收货人。但清洁提单并不能保证货物的内在品质良好，也不能保证货物没有用肉眼无法观察到的内在瑕疵。银行结汇、提单转让一般都要求是清洁提单。

(2) 不清洁提单(Unclean B/L)，是指在提单上标注有对货物或货物外包装的不良批注。例如，"Insufficiently Packed"(包装不牢固)、"Packaging in Damaged Condition"(包装有破损)、"One Case in Damaged Condition"(一箱有破损)。承运人在提单上加以批注，通过这种方式证明货物在装船时外表状况不良的事实。如在目的港交货时发现货物表面残损是归因于提单上批注的范围，承运人可免除自己的赔偿责任。

根据《UCP600》第 27 条 c 款规定，银行只接受清洁单据。

▶ 3. 根据提单收货人栏填写方式的不同划分

根据提单收货人栏填写方式的不同，可分为记名提单、不记名提单和指示提单。

(1) 记名提单(Straight B/L)，是指在提单的收货人栏填写某一特定的人或公司名称，这种提单只能由提单上注明的收货人提货，不能转让。因此，在国际贸易中很少使用这种提单，一般多用于展览品、援外物资和贵重物品的运输。

(2) 不记名提单(Bearer B/L)，是指在提单的收货人一栏内未指明具体收货人，仅填写货交持票人(To bearer)，即承运人将货物交于提单持有人就完成了他的交货义务。这种提单是可以转让的，而转让时不需要办理任何手续，对收货人来说风险较大，在国际贸易中也很少使用这种提单。

(3) 指示提单(Order B/L)又称"空白提单"，是指在提单的收货人栏填有"凭指定"(To

order)或"凭××指定"(To order of ××)。其中,"凭××指定"的提单,指定人可以是托运人、收货人或者是银行。指示提单是一种可转让的单据,提单持有人可以通过背书的方式将提单转让给第三者而无须取得原提单签发人,即承运人的同意。指示提单在国际贸易中使用比较普遍。

指示提单的背书方法有空白背书和记名背书两种。空白背书由背书人(即提单转让人)在提单背面签字或盖章,而不注明被背书人(即提单受让人)的名称。"凭指定"并经空白背书的提单,习惯上被称为"空白抬头、空白背书"提单。记名背书时,背书人不但要自己签字盖章,还要将被背书人的名称签在提单上。

▶ **4. 根据运输方式不同划分**

根据运输方式不同,可分为直达提单、转船提单和联运提单。

(1) 直达提单(Direct B/L),是指轮船中途不经过换船而直接驶往目的港卸货所签发的提单。凡合同和信用证规定不准转船者,必须使用这种直达提单。

(2) 转船提单(Transshipment B/L),是指从装运港装货的轮船,不直接驶往目的港,而需在中途港换装另外船舶所签发的提单。在这种提单上要注明"转船"或"在××港转船"字样。

(3) 联运提单(Through B/L)是指经过海运和其他运输方式联合运输时由第一程承运人所签发的包括全程运输的提单。它如同转船提单一样,货物在中途转换运输工具和进行交接,由第一程承运人或其代理人向下一程承运人办理。应当指出,联运提单虽包括全程运输,但签发联运提单的承运人一般都在提单中规定,只承担其负责运输的一段航程内的货损责任。

▶ **5. 根据船舶营运方式不同划分**

根据船舶营运方式不同,可分为班轮提单和租船提单。

(1) 班轮提单(Liner B/L),是指由班轮公司承运货物后签发给托运人的提单。

(2) 租船提单(Charter Party B/L),是指承运人根据租船合同而签发的提单,在这种提单上注明"一切条件、条款和免责事项按照某年某月某日的租船合同"或批注"根据××租船合同出立"字样。这种提单受租船合同条款的约束,银行或买方在接受这种提单时,通常要求卖方提供租船合同的副本。

▶ **6. 根据提单使用的有效性划分**

根据提单使用的有效性,可分为正本提单和副本提单。

(1) 正本提单(Original B/L),是指提单上有承运人、船长或其代理人签字盖章并注明签发日期的提单。这种提单在法律上和商业上都是公认有效的单证。提单上必须要标明"正本"字样;以示与副本提单有别。

(2) 副本提单(Copy B/L),是指提单上没有承运人、船长或其代理人签字盖章,而仅供工作上参考之用的提单,在副本提单上一般都以"copy"或"non-negotiable"(不做流通转让)字样,以示与正本提单有别。

▶ **7. 其他种类的提单**

(1) 集装箱提单(Container B/L),是指以集装箱装运货物所签发的提单。集装箱提单有两种形式:一种是在普通的海运提单上加注"用集装箱装运"字样;另一种是使用多式联运提单,这种提单的内容增加了集装箱号码和封号。使用多式联运提单,应在信用证上注明多式联运提单可以接受或类似的条款。

(2) 舱面提单(On Deck B/L)又称甲板货提单，是指承运人签发的货物装在甲板上的提单。货物装在甲板上，承运人在签发提单时通常会在提单上注明"货装甲板"(On Deck)字样。因为货物装在甲板上，易受日晒雨淋，还可能因海上风浪过大而被卷入海中。因此，装在甲板上的货物比装在船舱内的货物遭受灭失或损坏的可能性更大。所以，承运人不得随意将货物装载于舱面运输。但是，由于商业惯例或法律规定允许装在甲板上的货物，必须经承、托双方同意才可以装载在甲板上。在集装箱运输中，无论集装箱是否装于舱面，提单上都不记载"货装甲板"字样。按照《海牙规则》规定，"运输契约中载明装于甲板上且已照装的货物"不包括在承运人负责的"货物"范畴之内，承运人对装于甲板上的货物海上运输中发生的任何灭失与损坏不负责任(承运人的故意行为除外)。《UCP600》第26条规定，"运输单据不得表明货物装于或者将装于舱面。声明货物可能被装于舱面的运输单据可以接受"。

(3) 倒签提单(Anti-Dated B/L)，是指货物装船完毕后，承运人应托运人要求而签发的以早于货物实际装船日期为签单日期的提单。提单的签发日期应该为该批货物全部装船结束的日期。但有时由于种种原因，不能在合同或信用证规定的装运期内装运，又来不及修改信用证规定的装运期，为了符合合同或信用证规定的装运期而采用倒签日期的做法。倒签提单掩盖了货物真实的装运时间，构成了承运人和托运人共同对收货人的欺诈，一旦收货人发现事实真相，承运人也应承担一定的责任。

(4) 预借提单(Advanced B/L)，是指在货物尚未全部装船，或货物虽已由承运人接管，但尚未开始装船的情况下签发的已装船提单。此种提单通常是已经超过信用证规定的装运日期和交单日期时，或托运人希望提前得到已装船提单以向银行议付货款时，应托运人的要求而签发的。预借提单同样既违约又违法，构成对第三者的欺诈，承运人也会承担一定的风险。此外，承运人签发预借提单比签发倒签提单的风险更大，因为货物尚未装船或装船完毕，货物能否安全装船、什么时间装船及货物装船时的状况如何均不得而知，而提单已经签出，承运人应履行对善意提单持有人交货的义务。

倒签提单与预借提单都是将提单的签发日期提前，因而使得实际日期与提单记载日期不符，以致构成虚假，所以法律上一般对两者做类似处理。目前普遍的做法是：第一，从保护善意第三者的利益和商业流通性出发，承认提单仍然有效；第二，把承运人的这种不实记载行为视为违法行为，要求承运人对由此产生的损害负责，同时免除承运人享受免责的权利，而且还应对欺诈行为负责。倒签提单与预借提单是一种欺骗提单持有人的行为。提单持有人一旦发现这一现象，有权拒绝收货，并可就造成的损失向承运人索赔。如此可以有效地制止承运人滥签这类提单。这一点对与信用证有关的各方当事人是相当重要的。

(5) 过期提单(Stale B/L)，是指错过规定的交单日期或者晚于货物到达目的港的提单。前者是指卖方超过提单签发日期后21天才交到银行议付的提单。按惯例，如信用证无特殊规定，银行将拒绝接受这种过期提单；后者是在近洋运输时容易出现的情况，故在近洋国家间的贸易合同中，一般都订有"过期提单可以接受"的条款。

【案例】国外开来不可撤销信用证，信用证中规定最迟装运期为2017年12月31日，议付有效期为2018年1月15日。我方按证中规定的装运期完成装运，并取得签发日为2017年12月10日的提单，当我方备齐议付单据于2018年1月4日向银行交单议付时，银行以我方单据已过期为由拒付货款。问：银行的拒付是否有理，为什么？

【分析】银行的拒付是有理的。因为本案例中，我方取得签发日期为2017年12月10

日的提单于 2018 年 1 月 4 日到银行交单议付。尽管我方未超过信用证规定的有效期到银行议付，但我方提交的提单日超过了 21 天，已构成了过期提单。因此，我方提交的过期提单银行是有权拒付的。

拓展阅读

倒签提单——卖方承担什么法律后果

现今，提单已成为贯穿国际贸易各个环节、具有重要法律地位和经济价值的海上货物运输单证。然而，国际海上运输业的迅猛发展却给提单的存在造成了前所未有的冲击。提单存在的一个基本前提是提单的流转速度比船速快，即提单总是能先于船上的货物到达目的地，从而确保提单持有人能及时提货，承运人能及时交货。但是，现代科技的快速发展使航运业发生了很大的变化。特别是 20 世纪 80 年代以来，集装箱运输的快速发展使船舶在港口滞留与等待装卸的时间大大缩短。而造船技术与通信设备的进步，也使船速大大加快，装船效率大幅提高。相比之下，提单的流转速度却未达到与之相适应的水平，估计 50% 的情况是卸货时正本提单仍未到达卸货港导致发生的。短途货物运输中这种情况更加明显。这是无单放货问题产生的主要客观原因。

2018 年 3 月 20 日，某外国公司（卖方）与我国某进出口公司（买方）签订一项货物购销合同，合同规定交货期为 6 月 10 日，付款方式原为信用证，之后卖方擅自变更为托收形式付款。买方于 6 月 8 日收到装船电报通知，注明货物已于 6 月 7 日载往中国大连港，并注明合约号和信用证号。6 月 14 日买方接到提货通知和随船提单一份，提单上的装船日期为 6 月 11 日。为此，买方以外方违约为由拒绝提货并拒绝付款，同时提出合同作废。外方（卖方）不服，双方协调无效，外方依据仲裁条款提起仲裁。那么，中方以卖方违约为由提出的要求受法律保护吗？如果中方以上述理由提出的要求不受法律保护，应以什么事实为由才能使中方的合法权益获得保障？

【分析】根据《联合国国际货物销售合同公约》规定，买方只有在卖方"不履行卖方在合同后本公约中的应尽义务，等于根本违反合同"时，才有权宣告合同无效或解除合同。

本案中卖方交货时间仅仅迟延一天，并不构成"根本违反合同"，所以，买方如果以迟延交货一天为由，则无权要求解除合同、拒收货物，只能要求卖方赔偿损失。既然中方以卖方违约为由提出的拒付与拒收要求不受法律保护，那么应提出何种理由才能保障中方的合法权益？

众所周知，倒签提单是卖方串通船方来欺骗买方的一种违法行为。根据国际惯例，买方一旦有证据证明提单上说明的装船日期是伪造的，就有权拒绝接受货物、支付货款，即使货款已经支付，买方也可以要求卖方退还。根据本案例提供的材料表明，该货轮通常航行于香港—大连航线，该船曾于 6 月 5 日进大连港，10 日出大连港，不可能于 6 月 7 日在香港码头装船并签发提单，随船提单上的装船日期是不真实的。

由此证据可以表明，外方串通船方以倒签提单装船日期的欺骗行为对买方进行欺诈，依据国际惯例，中方有充分理由拒收货物、拒付货款并要求卖方赔偿损失。

二、海运单

海上货运单（sea waybill）简称海运单，是证明海上货物运输合同和货物由承运人接管或装船，以及承运人保证据以将货物交付给单证所载明的收货人的一种不可流通的单证，因此又称"不可转让海运单"。

海运单只是货物收据和运输契约证明，不具有物权凭证的性质，不能凭单交货，也不能流通转让。这与象征性交货中完全代表货物的海运提单不同，也与实际交货中作为货物附属的货运单据不同。严格地讲，海运单是一种介于象征性交货和实际交货之间的适应新形式的交货方式。

由于海运单能方便进口商及时提货、简化手续、节省费用、提高效率，因此越来越多的国家和地区倾向于使用此种海运单。特别是 EDI 技术在国际贸易中被广泛使用的情况下，海运单更适用于电子数据交换信息。

三、铁路运单

铁路运输可分为国际铁路联运和国内铁路运输两种方式，前者使用国际铁路联运运单，后者使用国内铁路运单。通过铁路对港、澳出口的货物，由于国内铁路运单不能作为对外结汇的凭证，故使用承运货物收据这种特定性质和格式的单据。

（一）国际铁路货物联运运单

国际铁路货物联运单据（international through waybill）是指参加《国际货协》各国之间办理铁路联运时使用的运单，也是参加联运的发送国铁路与发货人之间的运输契约。国际铁路货物联运单据与海运提单的主要区别在于它不是物权凭证，不能通过背书而转让。该运单从始发站随同货物附送至终点站并交给收货人，它不仅是铁路承运货物出具的凭证，也是铁路同货主交接货物、核收运杂费用和处理索赔与理赔的依据。由于国际铁路货物联运分为快运和慢运两种，故在运单及运单副本上加有不同的标记。凡需快运的货物，则在运单及运单副本的正反两面的上边与下边加印有红线；慢运货物则使用不加印红线的运单和运单副本。国际铁路联运单副本，在铁路加盖承运日期戳记后发还给发货人，它是卖方凭以向银行结算货款的主要证件之一。

（二）承运货物收据

承运货物收据（cargo receipt），是在特定运输方式下所使用的一种运输单据，它既是承运人出具的货物收据，也是承运人与托运人签订的运输契约。我国内地通过铁路运往我国港、澳地区的出口货物，一般多委托中国对外贸易运输公司承办。当出口货物装车发运后，对外贸易运输公司即签发一份承运货物收据给托运人，以作为对外办理结汇的凭证。

承运货物收据的格式及内容和海运提单基本相同，主要区别是它只有第一联为正本。在该正本的反面印有"承运简章"，载明承运人的责任范围。承运简章第二条规定，由该公司承运的货物，在铁路、轮船、公路、航空及其他运输机构范围内，应根据各机构规章办理。可见，这种"承运货物收据"不仅适用于铁路运输，也适用于其他运输方式。

四、航空运单

航空运单（air waybill，AWB）是在航空运输方式下，由作为承运人的航空公司或航空公司代理人接受托运人委托，以飞机装载货物进行运输而签发的货运单据；货物到达目的地后，承运人向收货人发出到货通知，收货人凭到货通知和身份证明提取货物。所以，航空运单并非物权凭证，不能通过背书进行转让和作为抵押品向银行融通资金。但它是证明发货人业已交运货物的正式凭证，是承运人和托运人之间缔结运输合同的证明，是承运人向托运人出具的货物收据。航空运单还可作为承运人核收运费的依据和海关查验放行的基本单据。

航空运单分为两种：一种是航空公司的运单，又称主运单（master air waybill，MAWB）；另一种是航空货运公司的运单（house air waybill，HAWB），又称分运单。前者是由航空公司签发的，后者是由航空货运代理公司签发的，两者在内容上基本相同，法律效力相当，对于收发货人而言，只是承担货物运输的当事人不同。在航空主运单的"Air waybill No."一栏中，字首为国际空运协会（IATA）统一编列的公司代号，一般为三位阿拉伯数字。如中国国际航空公司为999，999后为不超过8份数字的流水码，为航空公司自编的货号。在航空分运单的"Air waybill No."一栏中，字首为货运承揽人的英文代号，或者是起运的城市或机场代号，英文代号后为该公司自编的流水码。

航空运单正本为一式三份：第一份正本注明"Original-for the consignor/shipper"，应交托运人，作为托运人接收货物的证明；第二份正本注明"Original-for the issuing carrier"，由航空公司留存，作为收取运费的凭据；第三份正本注明"Original-for the consignee"，由航空公司随机交收货人，收货人据此核收货物，其余副本则分别注明"For Airport of Destination""Delivery Receipt""For Second Carrier""Extra Copy"等，由航空公司按规定和需要进行分发。

五、多式联运单据

国际多式联运单据（multimodal transport document，MTD）是证明国际多式联运合同，以及证明多式联运经营人接管货物并负责按照合同条款交付货物的单据。多式联运单据是由承运人或承运人的代理人签发，作用与海运提单相似，既是货物收据，也是运输契约的证明。在单据作成指示抬头或不记名抬头时，可作为物权凭证，经背书可以转让。

虽然多式联运单据表面上和联运提单相仿，但两者存在显著的区别。

（1）使用的范围不同。联运提单限于由海运与其他运输方式所组成的联合运输时使用。多式联运单据使用的范围较广，既可用于海运与其他运输方式的联运，也可用于不包括海运的其他运输方式的联运，但必须是至少两种不同的运输方式的联运。

（2）签发人不同。联运提单由承运人、船长或承运人的代理签发。多式联运单据则由多式联运的承运人或承运人的代理签发。

（3）签发人对运输责任的范围不同。联运提单的签发人仅对第一程运输负责，而多式联运单据的签发人要对全程运输负责。

（4）运费费率不同。联运提单全程采用不同的运费费率，多式联运单据必须是全程单一的运费费率。

六、邮政收据

邮件收据（parcel post receipt）是邮件运输的主要单据，是邮局收到寄件人的邮包后所签发的凭证。当邮包发生损坏或丢失时，它还可以作为索赔和理赔的依据，但邮件收据不是物权凭证。

邮寄证明（certificate of posting）是邮局出具的证明文件，据此证实所寄发的单据或邮包确已寄出并作为邮寄日期的证明。有的信用证规定，出口商寄送有关单据、样品或包裹后，除要出具邮件收据外，还要提供邮寄证明，作为结汇的一种单据。

根据《跟单信用证统一惯例》规定，如信用证要求邮件收据或邮寄证明，银行在接受的邮件收据或邮寄证明表面上有信用证规定的寄发地盖戳并加注日期，该日期即为装运或发运日期。

第三节 装运条款

合同中的装运条款主要包括装运期、装运地和目的地、运输方式、运输线路，以及能否分批装运和转船、转运及滞期、速遣条款等方面的内容。明确、合理地规定装运条款，是保证进出口合同顺利履行的重要条件。

一、装运时间

装运期(time of shipment)又称装期，是指卖方在合同指定地点将货物交付装运的时间期限，是国际贸易合同中的交易要件。卖方推迟或提前装运都属于违约，买方有权撤销合同，并要求相应的损害赔偿。

装运期与交货期(time of delivery)是两个不同的概念。为了避免引起误解，在装运合同中以统一使用"装运期"这一术语更为合适。但是，在到达合同条件下，装运期是仅指卖方在装运港装运货物的时间，而交货期则指卖方在目的港将货交给买方的时间，两者相差一个航程，区别极为明显。

（一）装运时间的规定方法

▶ 1. 明确规定具体装运时间

装运时间一般不确定在某一个日期上，而是确定在一段时间内。这种规定方法期限具体、含义明确，在国际货物买卖合同中采用较为普遍。例如，7月份装运(Shipment in July)，装运期不迟于12月31日(Shipment not later than December 31st)，这种规定方法既可使卖方有时间准备货源和安排运输，也可使买方预先掌握到货的大致时间。

▶ 2. 规定在收到信用证后若干天或若干月装运

这类规定方法主要适用于下列情况。

（1）按买方要求的花色、品种和规格或专为某一地区或某商号生产的商品，或者是一旦买方拒绝履约难以转售的商品，为防止遭受经济上的损失，可采用此种规定方法。

（2）在一些外汇管制较严的国家和地区，或实行进口许可证或进出口配额制的国家，为促成交易，有时也可采用这种方法。

（3）对某些信用较差的客户，为促使客户按时开证，也可酌情采用这一方法。

例如，合同订明收到信用证后30天内装运(Shipment within 30 days after receipt of L/C)。但是，在采用此种装运期的规定时，必须同时规定有关信用证的开到期限或开出日期等。如"买方必须最迟于8月1日将有关信用证开抵卖方""买方如不按合同规定开证，则卖方有权按买方违约提出索赔"。

▶ 3. 笼统规定近期装运

这种规定方法即不规定具体期限，只是用"立即装运""即刻装运""尽速装运"等词语表示，由于各国或各行业对这类词语的解释不尽一致，容易造成分歧，因此，在采用此方法时应当慎重。

(二) 规定装运时间应注意的问题

▶ 1. 应充分考虑货源的供应与需求情况

买卖双方洽商装运期与交货期时，由于彼此考虑问题的角度不同，往往会出现意见不一的现象，这是很正常的。就卖方而言，首先应着重考虑货源的情况，在货源未落实的情况下，不能轻易确定装运期或交货期，以免发生到时无货出运与交货落空的危险；就买方而言，应根据实际需要来确定装运期或交货期，如约定期限过长，势必影响实际需要，如约定期限太短，过早到货，又会增加库存和费用开支。

▶ 2. 装运期与交货期的长短要适度

装运期与交货期的长短，应视不同商品的产销情况和运输的可能性等因素而定。对货源充沛和船舶来往频繁的港口，或者对急需商品和易腐货物，装运期或交货期可适当短一些；对船舶往来很少的偏僻港口，则装运期或交货期应适当长一些。

▶ 3. 应注意装运期或交货期同开证日期之间的衔接

在采用信用证付款方式时，装运期与交货期同开证日期是互相关联的，因此，在约定装运期或交货期的同时，应一并约定开证日期，并考虑装运期或交货期与开证日期的相互衔接。

▶ 4. 应注意装运期或交货期与信用证有效期之间的间隔

为了便于卖方在装运或交货之后有时间缮制有关单据和向银行办理结汇手续，装运期或交货期与信用证有效期之间应留有合理的间隔时间。一般地说，信用证结汇有效期应比装运期或交货期长半个月至一个月。

▶ 5. 某些季节性商品的装运期或交货期可与增减价条款结合使用

某些季节性商品的时间性很强，故对装运期或交货期的要求非常严格。因此，在出口贸易中，将限期到港交货与商品增减价条款结合使用是行之有效的。

二、装运港(地)和目的港(地)

装运地是指开始装运货的地点，目的地是指最终卸货的地点。在国际货物贸易中，装运地一般由卖方提出，经买方同意后确定；目的地一般由买方提出，经卖方同意后确定。由于国际货物运输中可能采用各种不同的运输方式，因此，装运地和目的地可能包括港口、车站、机场等不同的场所。

(一) 规定方法

在买卖合同中，装运港和目的港的规定方法有以下几种。

(1) 在一般情况下，装运港和目的港分别规定各为一个。

(2) 有时按实际业务的需要，也可分别规定两个或两个以上。

(3) 在磋商交易时，如明确规定装运港或目的港有困难，可以采用选择港办法。

规定选择港有两种方式：一种是在两个或两个以上港口中选择一个，如 CIF 伦敦选择汉堡或鹿特丹，或者 CIF 伦敦/汉堡/鹿特丹；另一种是笼统规定某一航区为装运港或目的港，如"地中海主要港口""西欧主要港口"等。

(二) 注意事项

在进出口合同中，规定装运地(港)或目的地(港)条款，通常应从产销情况、装卸条件和运输等因素来考虑，特别是签订 FOB 进口合同和 CIF 或 CFR 出口合同时，对国外装卸港的规定更应考虑周全,审慎从事。在洽商进出口合同中的装运地(港)和目的地(港)条款时,应当注意下列事项。

▶ 1. 要注意装运地(港)与目的地(港)的具体条件

在选择装运地(港)或目的地(港)时,应考虑当地管理制度和办法、社会治安状况、是否堵塞和拥挤、气候变化情况、有无冰封期、有无直达班轮、装卸设施的好坏、装卸效率的高低和运输装卸费用的大小等。注意上述条件,有利于做出正确的抉择和采取相应的对策。

▶ 2. 要注意装卸地(港)与目的地(港)有无重名的问题

在世界范围内,海运港口重名的很多。例如,波特兰(Portland)港,在美国和其他国家有同名港,且在美国东部和西部各有1个波特兰港;澳大利亚和加拿大均有悉尼(Sydney)港;维多利亚(Victoria)港,在世界上有12个之多;在黎巴嫩和利比亚各有1个的黎波里(Tripoli)港。为了防止在交接货物中发生差错,在进出口合同中,除列明港口名称外,还应注明该港口所在国家和地区的名称。

▶ 3. 合理运用选择港的办法

当海运进口货物需要运用选择港的办法时,选择的港口应在同一航区、同一航线上,而且不宜过多,一般以不超过三个为宜。

另外,有些公司对外签订合同时,由于缺乏国际运输地理知识和专业常识,竟将国名或内陆城市的名称定为目的港。

▶ 4. 应按就近的原则选定装运地(港)与目的地(港)

为了加速货运和节省运输费用,一般来说,装运地(港)应尽可能靠近货源地,目的地(港)应尽可能靠近用货部门,以便缩短运输里程、节约运输能力、减少中间环节,从而降低运输成本。

三、分批装运和转船

国际货物买卖合同项下的货物,特别是大宗货物,有时需要分批装运,有的货物则需要中途转换运输工具。为了明确交易双方的责任与义务,需要分别约定分批装运和中途转运条款。

(一) 分批装运

分批装运(partial shipment)是指一笔成交的货物,分若干批装运。根据《跟单信用证统一惯例》规定,同一船只、同一航次中多次装运货物,即使提单表示不同的装船日期及(或)不同装货港口,也不作为分批装运论处。在大宗货物交易中,买卖双方根据交货数量、运输条件和市场销售需要等因素,可在合同中规定分批装运条款。

交易双方如同原分批装运,应在买卖合同中具体列明每批货物装运的时间和数量。同时,应根据需要和可能来规定分批装运,对每批装运的时间要有适当的间隔。一笔交易的货物,不宜规定在短时间内分若干批装运,以免给安排装运带来实际困难,从而影响整个合同的履行。

如合同和信用证中明确规定了分批数量,如"5月至8月分4批每月平均装运",以及类似的限批、限时、限量的条件,则卖方应严格履行约定的分批装运条款,只要其中任何一批没有按时、按量装运,就可作为违反合同论处。按《跟单信用证统一惯例》规定,其中任何一批未按规定装运,则本批及以后各批均告失效。

（二）转船

转船（transshipment）是指一个合同项下的货物从装运地运至目的地的运输过程中，中途需要转换运输工具。例如，卖方出售的货物，如没有直达船驶往目的港或船期不固定或航次间隔时间太长。为了便于装运，卖方往往要求在合同中增加允许转运（Transshipment to be allowed）的条款。

根据国际商会《UCP600》第20条b款的规定，转船系指在信用证规定的装货港到卸货港之间的运输过程中，将货物从一船卸下并再装上另一船的行为。除非信用证禁止转运，只要同一提单包括了海运全过程，银行将接受注明货物转运的提单。

凡目的港无直达船舶或无固定船期，或航次稀少，间隔时间长，或成交量大，而港口拥挤，作业条件差，均应"允许转船"。

四、滞期费和速遣费

在国际货物运输中，当大量货物需要采用程租船运输时，通常在租船合同中约定好装卸时间、装卸率和滞期、速遣费条款，以促使租船人快速装卸。但实际上负责装卸货物的不一定是租船人，而往往是买卖合同的一方当事人。因此，负责安排租船的买方或卖方，为了便于日后签订租船合同，便先在买卖合同中约定装卸时间、装卸率和滞期、速遣费条款。

（一）装卸时间

装卸时间是指承租人在港口完成装卸任务的时间期限，它一般以天数或小时数来表示。一旦超出装卸时间期限，承租人将向船方支付滞期费，用以弥补船方因超期滞留港口所发生的额外开支。

装卸时间的常用规定方法如下。

（1）连续日，指从午夜零点至24点，即日历日数，这种规定对租船人很不利。

（2）工作日，即按照港口习惯，扣除法定假日，属于正常工作日的天数。

（3）晴天工作日，即天气良好可以进行装卸作业的工作日。

（4）连续24小时晴天工作日，即天气晴好，时钟连续走24小时即算一个工作日，在此期间如有几个小时是坏天气不能作业，则予以扣除。这种方法比较公平，船、货双方均愿接受。

由于各国港口习惯和规定不同，在采用此种规定办法时，对星期日和节假日是否计算也应具体订明。如在工作日之后加订"星期日和节假日除外"，或者规定"不用不算，用了要算"或"不用不算，即使用了也不算"。对星期六或节假日前一天怎样算法，也应予以明确。

（二）装卸率

装卸率指每日装卸货物的数量。一般应按照港口习惯的正常装卸速度，本着实事求是的原则来确定装卸率。装卸率的高低关系到完成装卸任务的时间和运费水平，装卸率规定过高或过低都不合适。规定过高，完不成装卸任务，要承担滞期费的损失；反之，规定过低，虽能提前完成装卸任务，可得到船方的速遣费，但船方会因装卸率低，船舶在港时间长而增加运费，致使租船人得不偿失。因此，装卸率的规定应适当。

（三）滞期费和速遣费

如果在约定的允许装卸时间内未能将货物装卸完，致使船舶在港内停泊时间延长，给船方造成经济损失，则延迟期间的损失应按约定每天若干金额补偿给船方，这项补偿金叫滞期费（demurrage）；反之，如按约定的装卸时间和装卸率提前完成装卸任务，使船方节省了船舶在港的费用开支，船方将获取的一部分利益给租船人作为奖励，叫速遣费（dispatch money）。按惯例，速遣费一般为滞期费的一半。滞期费和速遣费通常约定为每天若干金额，不足一天者，按比例计算。

拓展阅读

无单放货问题的几种解决途径及相关的法律问题

解决无单放货的根本方法无非是提高提单流转速度或对运输单据制度本身进行改革与创新。目前，国际贸易实践中出现的对运输单证新的设计与创新主要有三种：电放、海运单和电子提单。

一、"电放"在实践中的应用

"电放"形式是指承运人在得到托运人指示后，在收回承运人已签发的提单的情况下，以电话或传真方式指令承运人在目的港的代理人将货物放给提单中所注明的收货人（记名提单情况下）或托运人指定的收货人（非记名提单的情况下）的形式。这使得收货人可以及时提取货物，而承运人按照托运人的指示可以不凭正本提单放货。

"电放"具有迅捷、简便的特点，同时收货人和承运人承担的风险较小，但托运人的责任与风险则过大。由托运人向承运人提交的"电放"保函上就表明"电放"操作产生的一切责任与后果由托运人承担。这使得"电放"行为完全失去了签发提单情况下提单对贸易双方较均衡的保护作用，是需要特别注意和谨慎处理的问题。

二、实践中出现的以海运单取代提单的做法

海运单是证明海上货物运输合同和货物由承运人接管或装船，以及承运人保证将货物交给指定的收货人的一种不可流通的单证。

海运单的运行模式：第一，承运人在接管货物或将货物装船后，承运人或承运人的代理人或船长应托运人的要求签发海运单，装货港的船公司或船公司的代理人通过电子通信手段将海运单内容传给目的港船代处；第二，目的港船代处向海运单上载明的收货人发出到货通知；第三，收货人凭到货通知到目的港船代处换取提货单；第四，收货人凭提货单办理相关手续后，承运人放货给收货人。

从以上流程中我们可以分析出海运单相对于提单所具有的优点：第一，快速交付货物，海运单下的货物交付时不必出示正本海运单。第二，减少海运有关费用的支出。第三，真正解决了无单放货问题。由于收货人无须出示海运单即可提货，因此就不存在单据比货物后到港的情况，无单放货问题也就迎刃而解了。第四，减少了海事欺诈的危险。由于海运单具有不可流通性，也就避免了流通转让所带来的欺诈风险。

三、提单的电子化成为提单制度发展的方向

电子提单是 EDI 的其中一环，就是通过电子传送的有关货物运输合同的数据，即利用电子数据交换系统对海上运输中货物的所有权进行转让的程序。

1. 电子提单的运行模式

由于各国在贸易发展水平和技术上的差异，电子提单在不同国家的发展很不平衡，形式也多种多样。其中，Bolero(Bills of Lading Electronic Registry Organization)计划是较成功的一个。Bolero所关注的焦点就在于使用电子数据交换的可转让的提单。Bolero系统是一个建立在合同基础上的封闭系统，操作是通过"核心信息平台"和"权利登记处"进行的。运行模式如下：首先，承运人在收到货物后，签发Bolero提单，将提单信息传输给"核心信息平台"，该平台向承运人发出确认收到的信息，同时将此提单发给托运人，此时的托运人为提单持有人；其次，托运人转让提单，也是先通知"核心信息平台"，由平台检查信息真伪，通过"权利登记处"确认，然后将托运人的信息传给托运人指定的人，并在"权利登记处"将提单的持有人改为托运人指定的人；最后，Bolero提单方式下的交货手续是由Bolero提单持有人通过系统发出提货信息，系统确认后，由承运人将货物交付给Bolero提单持有人或提单持有人的代理人。

2. 电子提单的优点

电子提单具有安全、高效、快速的优点。就无单放货问题的解决而言，电子提单的优点表现为：第一，避免错误交货。由于提单的每一次转让都会发送记载转让信息的电讯给电子提单系统中用于存储数据的登记中心，因此，通过登记中心承运人始终都知道谁是电子提单的持有人，这样就从根本上避免了错误交货。第二，解决了提单迟于货物到港的问题。在跟单信用证结算条件下，由于提单的修改不再需要重新制单，减少了单证不符的情况，避免单证不符退单而造成的提单延误。第三，防止提单欺诈。通过电子提单系统用于存储数据的登记中心，承运人可以随时了解和监视提单内容，防止托运人涂改提单。另外，由于电子提单是以电子形式记录在登记中心，因而被伪造的可能性大大降低。

无单放货问题被称为提单制度的"癌症"。解决无单放货问题的关键在于提高提单的流转速度。这样看来，电子提单应成为海上运输单证的发展方向。为适应时代发展的要求，我们应加强应用电子提单，建立完善的电子提单法律制度。唯有如此，提单才不会因不能适应现代化的航运实践而遭到时代遗弃。

资料来源：杨雁．无单放货问题的几种解决途径及其相关的法律问题[J]．合肥工业大学学报（社会科学版），2006．

本章小结

在国际贸易中，货物从卖方国家转到买方国家必须通过运输来实现，在买卖合同中，须明确装运条款，确定货物的运输方式和交货条件。国际货物运输是一门比较复杂的科学，也是国际贸易中必不可少的一个环节。它有线长面广、中间环节多、时间性强、情况复杂、风险大等特点，其中任何一个环节出现疏漏，都有可能对合同的顺利履行产生重大影响。作为从事国际贸易的人员，只有掌握国际货物运输的基本知识，才能在交易磋商及签订合同时充分考虑有关情况，使合同运输条款的订立更加明确、具体、合理，为合同的顺利履行奠定基础。

在国际货物运输中，使用的运输方式很多，包括海洋运输、铁路运输、航空运输、公路运输、邮包运输、管道运输，以及由各种运输方式组合而成的国际多式联运等，这些运输方式在运输能力、运输费用、货物适应性及风险等方面均具有不同的特点。在实际业务中，应根据具体情况，合理审慎地选择运输方式。

第六章 国际货物运输

国际货物运输单据多种多样,其中主要包括海运提单、铁路运单、航空运单、邮件收据和多式联运单据等。上述这些单据,虽然都由承运人签发,但它们的性质与作用却不尽相同。例如,海运提单为物权凭证,它可以通过背书转让,而铁路运单、航交运单和邮件收据都不是物权凭证,因此不能转让。多式联运单据比较特殊,根据发货人的要求,可以作成可转让的,也可作成不可转让的。了解这些单据的性质、作用、内容和具体运用,有着很重要的实践意义。

自测题

一、选择题

1. 装船期等于交货期的说法中,(　　)。
   A. 这是正确的,是两个相同的概念
   B. 这是两个不同的概念,任何时候都是错误的
   C. 按 CIF、CFR、FOB 价格条件成交时,是成立的
   D. 以上均不对

2. 在进出口业务中,经过背书能够转让的单据有(　　)。
   A. 铁路运单　　　　　　　　　　B. 海运提单
   C. 航空运单　　　　　　　　　　D. 邮包收据

3. 国际铁路运输方式下,凭以向银行结算货款的单据是(　　)。
   A. 运单正本　　　　　　　　　　B. 铁路运单副本
   C. 运输合同　　　　　　　　　　D. 到货通知单

4. 滞期费、速遣费的发生,是在下述(　　)情况下才有的。
   A. 班轮运输　　　　　　　　　　B. 期租船
   C. 程租船　　　　　　　　　　　D. 海洋运输

5. 下列关于转运的说法中,正确的有(　　)。
   A. 除非信用证有相反的规定,可允许转运
   B. 只要是国际多式联运或集装箱运输,即使信用证禁止转运,银行也可接受表明
   C. 货物中途转运,会延误时间和增加费用开支
   D. 买方一般不愿转运
   E. 在国际多式联运中,转运是不可避免的

6. 下列关于程租船运输的表述中,正确的有(　　)。
   A. 也称为不定期船
   B. 特点是"四固定"和"一负责"
   C. 船方不负责装卸
   D. 主要针对大宗商品的运输

二、判断题

1. 滞期费与速遣费是在期租船运输方式下发生的。　　　　　　　　　　　(　　)
2. CFS 是集装箱货运站,CY 为集装箱堆放场,前者专为整箱货集散、分拨,后者用于拼箱货集散和分拨装运。　　　　　　　　　　　　　　　　　　　　　　(　　)

3. 空白抬头、空白背书的提单是指既不填写收货人又不要背书的提单。（   ）
4. 按《UCP600》规定，在不同时间将不同港口的货物装在同一航次的同一条船上，即使签发多份提单，也不算作分批装运。（   ）
5. 国际多式联运单据不可以转让，所以不是物权凭证。（   ）
6. 海运提单和不可转让海运单具有物权凭证的作用，而铁路运单和航空运单不具有该作用。（   ）
7. 联运提单的第一承运人对全程负总责。（   ）
8. 信用证未规定禁止分批出运的，可以分批出运；未规定禁止转船的，即视为允许转船。（   ）

三、简答题

1. 什么是班轮运输？班轮运输有哪些特点？
2. 程租船与期租船的不同之处有哪些？
3. 什么是多式联运单据？它同联运提单有什么区别？
4. 买卖合同中目的港和装运港有哪些规定办法？应注意什么问题？
5. 国际货物运输有哪几种方式？应该如何进行选择？
6. 什么是滞期费和速遣费？为什么在买卖合同中要规定滞期条款和速遣条款？

四、计算题

1. 我方出口商品共 100 箱，每箱的体积为 30cm×60cm×50cm，毛重为 40 千克，查运费表得知该货为 9 级，计费标准为 W/M，基本运费为每运费吨 109 美元，另外加收燃油附加费 20%、港口拥挤费 20%、货币贬值附加费 10%，试计算该批货物的运费是多少美元？

2. 某公司出口货物共 200 箱，对外报价为每箱 438 美元 CFR 新加坡，新加坡商人要求将价格改报为 FOB 价，试求每箱货物应付的运费及应改报的 FOB 价为多少？已知该批货物每箱的体积为 45cm×35cm×25cm，毛重为 30 千克，商品计费标准为 W/M，基本运费为每运费吨 100 美元；到新加坡港需加收燃油附加费 20%、货币附加费 10%、港口拥挤费 20%。

五、案例分析

1. 我某外贸公司向美国出口 2 000 公吨化工原料，合同规定 2017 年 4—7 月份交货，即期信用证支付。来证规定：Shipment during April/May/June/July, Each month shipment 500M/T。4、5月份按合同规定装运出口，6月份因船期延误，拖延到 7 月 5 日才装运出口。7月15日我方又装了500M/T，付款行收到单据后，来电表示拒绝支付这两批货的款项。问：我方有何失误？付款行拒付有何依据？

2. 我某外贸公司向国外某商出口一批钨砂，客户在合同规定的开证时间内开来一份不可撤销信用证，证中的装运条款规定："Shipment from Chinese port to New York in June, partial shipment prohibited"。我某外贸公司按证中规定，于 6 月 10 日将 100 公吨钨砂在福州港装上"顺利"号货轮，又由同货轮在厦门港装 200 公吨钨砂，6 月 20 日我公司同时取得了福州港和厦门港签发的两套提单。我公司在信用证有效期内到银行交单议付，却遭到银行以单证不符为由拒付货款。问：银行的拒付是否有理？为什么？

3. 我国某公司向墨西哥某公司出口五金器材一批，价值 50 万美元，付款方式为即期

D/P 托收。因货物经日本转船而由某船公司出具转船联运提单。货到墨西哥后因原进口公司倒闭，全部货物被另一家公司以伪造提单取走。待我方正本提单及其他单据寄达国外后，无人付款赎单，委托国外银行凭提单提货时也提货不着。我方随即以正本提单向船公司索赔，船公司以第一承运人为由拒赔。问：船公司的做法能否成立？我方损失应由谁承担？

第七章 国际货物运输保险

学习要点及目标

通过本章的学习，了解国际货物运输保险的原则；重点掌握海运货物保险承保的风险、损失和费用；重点掌握中国海洋运输货物保险的基本险、附加险和专门险的承保范围、除外责任和责任期间，掌握"仓至仓"条款；熟悉伦敦保险协会的保险条款，明确与中国海洋运输货物保险条款的区别；了解陆运、空运与邮包运输货物保险；掌握合同中保险条款的订立方法。

核心概念

运输保险　中国海洋运输货物保险　伦敦保险协会保险　"仓至仓"条款　除外责任　保险合同

引导案例

CFR 条件下的保险问题

2016 年 3 月，我国香港某有限公司（买方）与湖南某纺织品公司（卖方）签订了一份对口合同，由买方提供布料 6 公吨，金额 CIF 广州 USD 45000；由卖方提供 80 000 条全棉男裤，金额 CFR 荷兰 USD 70 000。装运口岸与目的地为（成品）广州—香港—荷兰。装运期为 2016 年 5 月 31 日前。付款条件为买方于货物发运前 45 天开出以卖方为受益人的保兑的、不可撤销的即期信用证。

5 月 20 日卖方委托的生产厂商将 300 箱货物装上卡车运往广州，由于驾驶员过失，卡车翻入河中，致使货物落水打湿 100 箱，使货物成为次品。该纺织品公司与事故地公安局出具证明，证明上述货损事实。2017 年 1 月，香港买方公司申请广东保险分公司对货物进行检验，并出具检验报告。中丰保险公司于 2017 年 10 月正式向买方公司理赔 22 万港元，从而取得代位求偿权。中丰保险公司数次向纺织品公司索赔未果，于是向法院起诉。本案货损究竟应该由谁负责？

【分析】CFR 术语项下，由买方负责办理保险，买卖双方风险转移以货物在装运港装上船为限。即卖方将货物装上船前，风险由卖方负责，装上船后，风险由买方负责。在该案例中，风险发生在卡车运往广州途中，显然是在风险转移之前。根据保险利益原则，具有承保风险的一方具有保险利益，才能向保险公司索赔，买方没有保险利益，因此无权向保险公司索赔。另外，虽然运输保险责任的起讫遵循"仓至仓"条款，但 CFR 术语下保险责任并不是从货物运离保险单所载明的发货人仓库货储存地开始，而是在装运港装上船后开始，因此保险公司无保险责任。综上所述，买方申请索赔是不合理的，保险公司也没有索赔的义务，不应向买方公司理赔。

在国际贸易运输中，由于运输距离远，时间长，货物可能会遇到各种难以预料的风险而遭受损失。为使遭受损失时能得到经济补偿，买方或卖方需要事先办理运输保险。那么熟悉投保险别的种类、各种险别的承保范围、除外责任与责任区间，以及各种贸易术语下保险责任的划分尤为必要。

第一节 国际货物运输保险概述

一、国际货物运输保险的含义

国际货物运输保险是以对外贸易货物运输过程中的各种货物作为保险标的的保险。进出口商作为投保人或被保险人，通过支付一定的保险费向保险人投保，以取得保险人对被保险货物的风险保障。国际贸易货物的运输途径有海洋运输、铁路运输、公路运输、航空运输及邮政运输等。按照保险标的的运输工具，保险种类相应分为四类：海洋运输货物保险、陆上运输货物保险、航空运输货物保险和邮包保险。

二、国际货物运输保险的原则

(一) 保险利益原则

保险利益又叫可保利益或可保权益，是指被保险人和投保人对保险标的的所有法律上承认的利益。保险利益与保险标的有密切关系，但性质不相同。保险标的是保险标的中载明的投保对象，保险利益体现为投保人和保险标的之间的利益关系。国际货运保险中，反映在保险标上的利益主要是货物本身的价值，但也包括与之相关的费用，如运费、保险费、关税和预期利润等。在国际货运保险实践中，货物所有权并非保险利益的来源，承担货物灭失或损坏风险的一方才具有保险利益。因此，何方具有保险利益，享有索赔权利，取决于风险在于何方或者使用何种贸易术语。

【案例】我国某外贸公司向日、英两国商人分别以 CIF 和 CFR 价格出售水果罐头，这两批货物自起运地仓库运往装运港的途中均遭受损失，这两笔交易中保险公司是否给予赔偿？

【分析】CIF 条件下由卖方负责办理保险，CFR 条件下一般由买方办理保险。根据保险利益原则，保险利益体现为投保人和保险标的之间的利益关系，只有承担风险的一方遭遇保险事故，才可能涉及经济利益的损失。即承担风险的一方才具有保险利益。这两批货物遭受损失的地点均为从起运地仓库运往装运港的途中，货物并未到达装运港，更未装上船，因此风险仍属于卖方，卖方具有保险利益。但在 CFR 条件下由买方办理保险，买方只投保自己具有保险利益的运输区间，即从装运港装船后到保险单载明的目的仓库这段距离。因此如果卖方未投保自卖方仓库到装运港装船的这段运输区间，尽管有保险利益，保险公司也不予索赔。在 CIF 条件下由卖方投保，投保自保险单载明的起运地仓库到目的地仓库，并且在货损的期间卖方具有保险利益，因此保险公司有索赔义务。

（二）最大诚信原则

最大诚信原则是指保险合同双方当事人在订立和履行合同时，必须以最大的诚意履行义务，恪守承诺，互不欺骗，互补隐瞒。最大诚信原则主要涉及三个方面的内容：告知、陈述和保证。告知与陈述的内容很相近，告知义务应当在保险合同成立之前履行，是指投保人在投保时，应把他所知道的有关保险标的的重要事实全部告诉被保险人，而且陈述信息必须真实。英国的《海上保险法》中规定"凡能影响谨慎的保险人确定保险费的事项，或决定是否承保与否以及确定保险条件有影响的事项，均为重要事实，如船舶的船籍、船龄"。保证是指保险人要求投保人或者被保险人对某一项的作为或不作为、履行某项条件，以及某种事态的存在或不存在做出承诺，是保险合同的重要条款之一。

（三）近因原则

近因并不是时间上最接近的原因，而是指导致保险事故发生的最有效、最直接、最主要的，或起决定作用的原因。在运输途中导致货物的损坏或灭失的近因属于承保风险的，保险人应承担损失赔偿责任；近因不属于承保风险的，保险人不负赔偿责任。

【案例】暴风引起电线杆倒塌，电线短路引起火花，火花引燃房屋，从而导致财产损失。在这个过程中，财产损失的近因是什么？

【分析】近因是指导致保险事故发生的最有效、最直接、最主要的，或起决定作用的原因，导致财产损失时间最近的事件是火灾，但起决定作用的原因是暴风，因此近因是暴风。

（四）损失补偿原则

损失补偿原则是指当保险标的遭遇保险事故时，被保险人有权获得按保险合同约定的充分补偿，同时保险金额受到一定限制，不能超过规定限额。损失补偿原则一方面给予被保险人经济保障；另一方面防止被保险人利用保险不当得利，可以有效预防道德风险和欺诈。

（五）代位追偿原则

代位追偿原则指发生在保险责任范围内的、由第三者责任造成的损失，保险人向被保险人履行赔偿义务，享有以被保险人的地位向在该项损失中的第三者责任方索赔的权利。这一原则可防止被保险人由于保险事故的发生而获得超过被保险人实际损失的经济补偿。

第二节 海上运输货物保险承保的范围

海运运输货物保险是以货物和船舶作为保险标的，主要承保海上风险、损失与费用以及各种外来原因引起的风险损失。正确理解海运货物保险承保的各种风险、损失与费用的含义，有助于买卖双方在实际操作中合理地选择投保险别，正确处理保险索赔。

一、风险

风险是造成货物损失和发生费用的原因。根据英国 1906 年颁布的《海上保险法》，海上风险是指因航海所致或航海时发生的风险，例如海难、火灾、战争、海盗、抢劫、盗窃、捕获、禁止，以及君王和人民的扣押、抛弃、船员的故意行为，以及其他类似风险，或在保险合同中注明的其他风险。在海运保险中，海洋运输中的风险一般可分为海上风险和外来风险。

（一）海上风险

海上风险（perils of sea）并非指发生在海上的所有风险，一般指海上偶然发生的自然灾害和意外事故。对于必然发生的事件如一般风浪，以及海运途中因战争引起的损失不含在内。另外，海上风险不仅仅局限于海上航运过程中发生的风险，还包括与海运相连接的内陆、内河、内湖运输过程中的一些自然灾害和意外事故。

▶ 1. 自然灾害

自然灾害（natural calamities）是指由自然界力量所引起的灾害。由于此类灾害不以人类意志为转移，破坏力大，因此是保险人承保的主要风险。例如，恶劣气候、雷电、海啸、洪水、火山爆发、浪击落海及其他人力不可抗拒的力量所造成的灾害。其中洪水、地震、火山爆发等风险可能是发生在内陆或内河或内湖的风险，但这些风险是伴随海上航行而产生的，在长期实践中，逐渐地把它们也列入海运货物保险承保范围之内。

▶ 2. 意外事故

意外事故（fortuitous accidents）是指由于偶然的、难以预料的原因所造成的事故，其他物体碰撞、互撞、失踪、倾覆、失火、爆炸、在危急情况下投弃货物、船长和船员的恶意行为等造成的货物损失。另外，伦敦保险协会 2008 年修订的《协会货物保险条款》规定，路上运输工具的倾覆或出轨也属于意外事故的范畴。在实践中，陆地上行驶的汽车、卡车等运输工具因发生意外而翻倒、倾斜所导致的车祸损失均属于意外事故。

（二）外来风险

外来风险（extraneous risks）是指海上风险以外由于其他各种外来原因所造成的风险，分为一般外来风险和特殊外来风险。

▶ 1. 一般外来风险

一般外来风险（general extraneous risks）是指被保险货物在运输途中，由于一般外来原因所造成的风险。例如，偷窃、提货不着、破碎、发霉、短量、串味、沾污、渗漏、淡水雨淋、受潮受热、钩损和锈损等风险损失。

▶ 2. 特殊外来风险

特殊外来风险（special extraneous risks）是指由于军事、政治、国家政策法令，以及行政措施等特殊外来原因所造成的风险。例如，战争、罢工、因船舶中途被扣而导致交货不到，以及货物被有关当局拒绝进口或没收而导致的损失等。

除上述各种风险损失外，保险货物在运输途中还可能发生其他损失，如运输途中的自然损耗，以及由于货物本身特点和内在缺陷所造成的货损等。这些损失均不属于保险公司承保的范围。

二、海上损失

海上损失又称海损,是指被保险货物在海运中由于发生风险所造成的损坏或灭失。由于海上风险不仅局限于海上航运过程中发生的风险,因此损失也不局限于海上航运过程发生的损失,按照海运保险业务的一般习惯,海上损失还包括与海运相连接的陆上或内河运输中所发生的损失与费用。根据货物的损失程度,海上损失可以分为全部损失和部分损失。

(一) 全部损失

全部损失(total loss)简称全损,是指运输中的整批货物的全部损失或视同全部损失,可分为实际全损和推定全损。

▶ 1. 实际全损

实际全损(actual total loss)也称绝对全损。我国《海商法》245条规定,保险标的发生保险事故后灭失,或者受到严重损坏完全失去原有形体、效用,或者不能再归被保险人所拥有的,为实际全损。具体来讲,构成被保险货物实际全损的情况有下列几种。

(1) 保险标的完全灭失,如船货遭遇飓风或碰撞后沉入海底无法打捞,船货遭遇火灾完全灭失等。

(2) 保险标的丧失属性,如茶叶经水浸泡完全丧失茶叶的饮用功能,失去商业价值。

(3) 保险标的仍然存在,但被保险人已丧失所有权而无法挽回,如船货被海盗劫走或被敌方扣押。

(4) 船舶失踪达到一定时期仍无音讯。我国《海商法》第248条规定,船舶失踪达2个月,可按实际全损处理。

▶ 2. 推定全损

推定全损(constructive total loss)又称商业全损。我国《海商法》246条规定,货物发生事故后,被保险货物的实际损失已不可避免,或为避免实际全损所需的费用与继续运送货物到目的地的费用总和超过保险价值。具体来讲,保险货物的推定全损有以下几种情况。

(1) 保险标的的实际全损不可避免,如船舶触礁地点由于危险或气候恶劣,不能进行救助。

(2) 被保险人丧失对保险标的的实际占有,并且在合理的时间内不可能收回该标的,或者收回标的的费用要大于标的回收后的价值。

(3) 保险货物严重受损,修理、恢复费用和续运费用总和大于货物本身的价值,该批货物就构成了推定全损。

【案例】有一批外销的服装,在海上运输途中,因船体触礁,海水灌入舱内导致服装严重受浸。若将这批服装漂洗后运至原定目的港,则所需花费的费用会超过服装的保险价值,该案例属于何种损失?

【分析】如果保险货物严重受损,修理、恢复费用和续运费用总和大于货物本身的价值,该批货物就构成了推定全损。上述案例中,服装漂洗后运至原定目的港所需花费的费用,将会超过服装的保险价值,符合推定全损的要件,因此该批服装的损失为推定全损。

发生推定全损时,被保险人可以要求保险人按部分损失赔偿,也可要求按全部损失赔偿。如果要求保险人按照全部损失赔偿,必须向保险人及时发出委付(abandonment)通知,将保险标的一切权利和义务转移给保险人,并且不得附加条件。委付一经保险人接受,不得撤回。保险人接受委付后，可以通过对标的物的处理，接受大于赔偿金额的收益。

(二) 部分损失

部分损失(partial loss)是指被保险货物一部分发生损失或毁灭，没有达到全损的程度。部分损失又可分为共同海损和单独海损两种。

▶ 1. 共同海损

我国《海商法》第193条规定，共同海损(general average，GA)是指在同一航海过程中，船舶、货物和其他财产遭遇共同危险，为了共同安全，有意地合理采取措施所直接造成的特殊牺牲、支付的特殊费用。构成共同海损，应具备以下条件：

(1) 必须确实遭遇危难，即危险是真实的、不可避免的，而不是主观臆测的；

(2) 采取的措施是有意识的，而且是合理的；

(3) 必须是为船、货共同安全而采取的措施，仅为单方面的利益造成的损失不能作为共同海损；

(4) 支出的费用是额外的，是为了解除危险采取的措施导致的特殊牺牲，而不是危险直接造成的；

(5) 牺牲和费用的支出必须是有效的。

共同海损的表现形式为共同海损牺牲和共同海损费用。共同海损牺牲是指共同海损行为导致的船舶、货物等本身的损失，如抛弃货物、为扑灭船上火灾而造成的货损船损、割弃残损物造成的损失等；共同海损费用，是指为采取共同海损行为而支付的费用，如救助报酬、避难港费用、驶往和在避难港等地支付给船员的工资及其他开支、修理费用等。凡属共同海损范围内的牺牲和费用，由有关获救受益方(即船方、货方或其他救助方)根据获救价值按比例分摊，这种分摊叫共同海损分摊(general average contribution)。

▶ 2. 单独海损

单独海损(particular average，PA)是指由于承保范围内的风险所直接导致的船舶或货物的部分损失，损失由各受损方单独负担。在现行的2008年修订的伦敦保险协会的《协会货物保险条款》中，已不再使用"单独海损"这个术语，但在实际业务中，它仍被用来表示除共同海损外的部分损失。它与共同海损的主要区别在于：

(1) 造成海损的原因不同。单独海损是承保风险直接导致的船货损失；共同海损是为了解除船货共同危险而有意采取的合理措施所造成的损失。

(2) 损失的承担责任不同。单独海损由受损方自行承担；共同海损则应由各受益方按照受益大小的比例共同分摊。

(3) 损失的内容不同。单独海损指损失本身；共同海损包括损失和由此产生的费用。

【案例】某货轮从青岛驶往日本神户港，途中遭遇雷电致使船舱起火，船长为避免损失扩大采取紧急措施，向船舱灌水灭火。火虽被扑灭，但轮船由于发动机被烧坏而无法行进。于是船长雇用拖轮将轮船拖回新港修理，检修后重新驶往神户港。这次事故造成50箱货物被火烧毁；20箱货物由于灭火时被水浸泡失去原有的性能；发动机被烧坏；产生了额外的修理、拖轮费用。以上损失分别属于什么性质的损失？

【分析】被火烧毁的货物及发动机的损失属于单独海损，是承保风险直接导致的损失；被水浸泡而受损的货物及产生额外的修理、拖轮费属于共同海损，是为了解除船货共同危险而有意采取的合理措施所造成的损失。

三、费用

海上风险会导致货物的损坏或灭失,造成被保险人的经济损失。除此之外,当事人还会采取各种措施避免损失的扩大,因而产生的一些额外的费用。对于这类费用,保险公司也应给予赔偿。海上风险造成的费用主要包括施救费用和救助费用两种。

(一) 施救费用

施救费用(sue and labor charges)是指保险标的遭受保险责任范围内的灾害事故时,由被保险人或他的代理人、雇用人和受让人等,为了防止损失的扩大,采取各种措施抢救保险标的所支付的合理费用。保险人对这种施救费用负责赔偿。

(二) 救助费用

救助费用(salvage charges)是指保险标的遭受了保险责任范围内的灾害事故时,由保险人和被保险人以外的第三者采取救助行动并获成功,由被救助方向救助人支付的劳务报酬。国际惯例一般实行"无效果,不赔付"的原则,即保险人赔付救助费用的前提是救助必须有效。

(三) 其他费用

其他费用是指在运输货物遭遇海上风险后,在中途港、避难港产生的额外费用,如港口停泊费、卸货费、仓储费、保管费等。

第三节 中国海上运输保险的险别

保险险别是指保险人对风险和损失的承保责任范围。目前国际保险市场通用的是英国伦敦保险协会所制定的《协会货物条款》(Institute Cargo Clauses,ICC)。我国参照国际保险市场的习惯做法并结合我国保险实情,制定了各种保险条款,总称为《中国保险条款》(China Insurance Clauses,CIC)。其中包括海洋运输货物保险条款、海洋运输货物战争险条款和其他各种专门条款。

《中国人民保险公司海洋运输货物保险条款》是中国进出口贸易中海运货物保险的重要依据,规定了保险人的责任范围、除外责任、责任起讫、被保险人的义务和索赔期限等内容。其中,责任范围就是中国海运货物保险险别。

在保险实务中,投保人可根据货物特点、航线与港口实际情况自行选择投保适当的险别。按中国保险条款规定,我国海运货物保险的险别包括基本险、附加险和其他专门险三种类型。

一、基本险别

基本险别又称主险,可以单独投保。基本险又分为平安险、水渍险和一切险。

(一) 平安险

平安险(free from particular average,FPA)的字面意思是"单独海损不赔",承保责任范围如下。

(1) 在运输过程中,由于恶劣气候、雷电、地震、洪水、海啸等自然灾害,造成整批货物的实际全损或推定全损。

(2) 由于运输工具遭遇搁浅、触礁、沉没、互撞、与流冰或其他物体碰撞,以及失火、爆炸等意外事故造成被保险货物的全部或部分损失。

(3) 运输工具已经发生搁浅、触礁、沉没、焚毁等意外事故的情况下,货物在意外事故发生前后又遭遇恶劣气候、海啸、雷电等自然灾害造成的被保险货物的部分损失。

(4) 在装卸转船过程中,被保险货物一件或数件落海所造成的全部损失或部分损失。

(5) 被保险人对遭受承保责任内危险的货物采取抢救,防止或减少货损措施支付的合理费用,但以不超过该批被救货物的保险金额为限。

(6) 运输工具遭遇自然灾害或者意外事故,需要在中途的港口或者在避难港口停靠,因而引起的卸货、装货、存仓以及运送货物所产生的特别费用。

(7) 共同海损的牺牲、分摊费和救助费用。

(8) 运输契约订有"船舶互撞责任条款",按该条款规定应由货方偿还船方的损失。

(二) 水渍险

水渍险(with average 或 with particular, WPA 或 WA)的字面意思是"单独海损赔付",承保责任范围如下。

(1) "平安险"的各项责任。

(2) 由于恶劣气候、雷电、海啸、地震、洪水等自然灾害所造成的部分损失。

(三) 一切险

一切险(all risks)承保范围最为广泛,除包括平安险和水渍险的保险责任外,还包含一般外来原因所造成的被保险货物的全损或部分损失。一切险一般承保价值较高、易受损的货物,如瓷器、电器等。虽然一切险承保的范围最广,但并非承保海运途中可能遇到的一切风险、费用和损失,例如由运输延迟、战争和罢工等原因造成的损失,一切险不予承保。

(四) 基本险的除外责任

为使保险人的赔偿责任更加明确,《中国海洋运输货物保险条款》规定保险人的除外责任,即保险公司不负责赔偿的范围,一般来说是非意外的、非偶然的,或比较特殊的风险,具体内容如下。

(1) 被保险人的故意行为或过失所造成的损失。

(2) 属于发货人责任所引起损失。

(3) 在保险责任开始前,被保险货物已存在的品质不良或数量短缺所造成的损失。

(4) 被保险货物的自然损耗、本质缺陷、特性以及由于市价跌落、运输延迟所引起的损失或费用。

(5) 战争险条款、罢工险条款规定的责任范围和除外责任。

(五) 基本险的责任起讫

保险的责任起讫亦称保险期间或保险期限,指保险人承担责任的起讫时限。非在保险期间内发生的保险责任范围内的风险损失,被保险人无权索赔。由于运输的特点,保险业务中对责任起讫不规定具体日期,而是采用"仓至仓"条款,该条款适用于除战争险以外的各种险别,也适用海运外的其他运输方式。"仓至仓"条款已成为国际贸易中规范保险人与被保险人之间责任起讫的国际性条款。

"仓至仓"条款(warehouse to warehouse clause, W/W Clause)是指保险人的承保责任

从被保险货物运离保险单所载明的起运地发货人仓库或储存处开始运输时生效,包括正常运输过程中的海上、陆上、内河和驳船运输在内,直到该项货物到达保险单所载明目的地收货人的最后仓库或储存处所,或被保险人用作分配、分派或非正常运输的其他储存处为止。如未抵达保险单载明的最后仓库或储存所,则以保险货物在卸货港卸离海轮后满60天为止。另外,"仓至仓"条款还对以下几种情况做出规范。

(1) 若货物运抵被保险人作为分配分派的处所,或在非正常运输的情况下运抵其他储存处所,保险责任也告终止。

(2) 若货物在卸离海轮后60天内被运往非保险单载明的目的地,当开始转运时保险责任也告终止。

(3) 若发生被保险人无法控制的延迟、绕航、被迫卸货、重装、转载或承运人终止运输契约等航程变更的情况,使保险货物运到非保险单所载明的目的地时,在被保险人及时通知保险人并在必要时加缴保险费的条件下,如果货物在60天内继续运往原保险单所载目的地,保险责任仍按前述期限终止;如果货物在当地出售,则保险责任至交货时为止,但无论如何均以全部卸离海轮后60天内为止。

运用"仓至仓"条款时,要注意保险责任起讫期限与索赔有效期的区别。保险责任的起讫时间是保险人承担保险责任的有效时间,即保险人仅在有效时间内对保险货物在承保范围内的损失予以赔偿。索赔的有效期是被保险人提出索赔的有效时间,《中国人民保险公司海洋运输货物保险条款》规定自被保险货物运抵目的地卸离海轮之日起计算,有效期为2年。

特别要指出的是,在FOB和CFR条件下,如果在装运港之前货物发生风险,由于风险未转移,所以应由卖方承担损失。但此处的损失不可要求保险人赔付,因为保险的抬头是买方,卖方不是受益人。因此在这两种术语下,保险责任并不是从货物运离保险单所载明的发货人仓库货储存地开始,而是在装运港装上船后开始。

二、附加险别

附加险是对基本险的补充和扩展,承保除自然灾害和意外事故以外的各种外来原因造成的损失。基本险可以单独投保,但附加险不能单独投保,只能在投保了基本险的基础上加保。根据损失的性质,附加险分为一般附加险和特殊附加险。

(一) 一般附加险

一般附加险承保一般外来风险所造成的损失,包括11种,属于一切险的承保范围。可在投保平安险、水渍险的基础上选择加保。

▶ 1. 偷窃、提货不着险

偷窃、提货不着险(theft, pilferage and non-delivery risk, T. P. N. D.)是指保险人负责赔偿对被保险货物因被偷窃,以及被保险货物运抵目的地后整件未交的损失。

▶ 2. 淡水雨淋险

淡水雨淋险(fresh water and rain damage risk, F. W. R. D.)是指保险人负责赔偿承保货物在运输途中遭受雨水、淡水及雪融水浸淋造成的损失,包括船上淡水舱、水管漏水及舱汗所造成的货物损失。

【案例】中国某出口公司按CIF条件出口一批货物,向中国人民保险公司投保水渍险。货物在运输途中遭遇大雨导致货物有明显的雨水浸渍,损失严重。出口公司能否获得保险公司的赔付？

【分析】 淡水雨淋险属于一般附加险，承保货物在运输途中遭受雨水、淡水及雪融水浸淋造成的损失。水渍险承保责任不包含一般附加险的内容，因此出口公司无法获得保险公司的赔付。

▶ 3. 渗漏险

渗漏险（leakage risk）是指保险人负责赔偿在运输途中由于外来原因导致容器损坏，使承保的流质、半流质、油类货物渗漏引起的损失，或因液体渗漏而引起的货物腐烂变质造成的损失。

▶ 4. 短量险

短量险（shortage risk）是指保险人负责赔偿承保的货物除正常运输途中的自然损耗外的，因外来原因导致外包装破损、开口、裂缝引起的货物短缺损失，或散装货物发生数量和重量的短缺损失。

▶ 5. 混杂、沾污险

混杂、沾污险（intermixture and contamination risk）是指保险人负责赔偿承保的货物在运输过程中由于外来原因混进杂质而影响货物的品质，或被沾污或接触有害物质造成的损失。

▶ 6. 碰损、破碎险

碰损、破碎险（clash and breakage risk）是指保险人负责赔偿承保货物（如木制品、金属制品）因外来的震动、颠簸、碰撞、挤压而造成货物的凸瘪、碰损，或造成易碎货物本身的破裂、断碎引起的损失。

▶ 7. 串味险

串味险（taint of odor risk）是指保险人负责赔偿承保的食品、化妆品等货物因接触其他货物的异味而串味，影响货物的原有性能造成的损失。

▶ 8. 受潮受热险

受潮受热险（sweat and heating risk）是指保险人负责赔偿承保的货物因气温突然变化或由于船上通风设备失灵致使船舱内水汽凝结、受潮或受热所造成的损失。

▶ 9. 钩损险

钩损险（hook damage risk）是指保险人负责赔偿承保的货物（袋装、箱装或捆装货物）在吊装过程中，包装或货物被钩损造成的损失及支付的修理和更换包装的包装费用。

▶ 10. 包装破裂险

包装破裂险（breakage of packing risk）是指保险人负责赔偿承保的货物在运输过程中因外来原因导致包装破裂所引起的货物短量、玷污损失及支付的修理和更换包装的包装费用。

▶ 11. 锈损险

锈损险（rust risk）是指保险人负责赔偿承保的货物在运输过程中因外来原因导致生锈而造成的损失。裸装的金属材料及本身已生锈的货物不应投保本险别。

（二）特殊附加险

特殊附加险是指承保由于政治、军事风险等特殊外来原因所引起的风险与损失的险别。特殊附加险不包括在一切险的范围之内，可在平安险、水渍险和一切险的基础上加保，中国人民保险公司承保的特殊附加险包括以下险别。

▶ 1. 战争险

战争险(war risk)是指保险人负责赔偿战争或类似战争行为等引起保险货物的直接损失。由于原子弹、核武器所造成的损失，或战争期间船货被当权者扣押等损失，保险公司不予赔偿。另外，海运战争险中包含"由海盗行为所致的损失"，但陆运、空运和邮包的战争险不包含此条款。

▶ 2. 罢工险

罢工险(strikes risk)是指保险人负责赔偿因罢工者的行为及罢工期间任何人的恶意行为造成保险货物的直接损失。由罢工期间各种行为所引起的共同海损的牺牲、分摊和救助费用也由保险公司赔偿。

无论是战争险还是罢工险负责的损失都是直接损失，对于间接损失不负责任。按国际保险业惯例，已投保战争险后另加保罢工险，仅需在保险单中附上罢工险条款即可，无需另收保险费。如只要求加保罢工险，则按战争险费率收费。

海运战争险责任的起讫与海运货物基本险有所不同，不采取"仓至仓"条款，而是以"水上危险"为限，即从货物装上保险单载明的装运港开始，到卸离保险单所载明的目的港的海轮或驳船为止。但罢工险责任起讫仍采取"仓至仓"条款。海洋运输货物战争险和罢工险以间接损失为除外责任，即在战争、罢工期间由于劳动力短缺或不能及时运输所致的损失，或因无人工作或无法补给燃料使冷藏机停止工作所致冷藏货物的损失都属于除外责任。

【案例】某货轮装有冷冻食品一批以及大豆1 000公吨。货主对这些货物均投保了一切险加战争险和罢工险。货抵目的地后，大豆刚卸码头便遇上当地工人罢工。在工人与政府的武装冲突中，该批大豆有的被撒地面，有的被当作掩体，损失近半。另外，货轮因无法补充燃料，以致冷冻设备停机，造成冷冻食品变质。这些因罢工而引起的损失，保险公司是否应该赔偿？

【分析】造成大豆损失的近因是罢工，属于罢工险责任，故保险公司承担大豆损失赔偿责任；而冷冻食品损失的近因是燃料不足和冷冻设备停机，不属于罢工险的责任范围，故保险公司不承担赔偿责任。

（三）特别附加险

▶ 1. 交货不到险

交货不到险(failure to deliver risk)是指自被保险货物装上船舶后，在6个月内无法运到原定交货地的损失，保险人负责赔偿。任何非承运人原因造成交货不到，在被保险人将全部权益转移给保险人的前提下，保险人都按全部损失予以赔偿。与一般附加险中的"提货不着险"不同，"交货不到险"侧重政治风险，如无法取得进口许可证，被另一国在中途港强迫卸货等。除提货不着险之外，战争险项下所承担的责任，也不在交货不到险的保险责任范围之内。

▶ 2. 进口关税险

进口关税险(import duty risk)是指承保货物受损后，被保险人仍需在目的港按完好货物的金额缴纳进口关税而造成相应货损部分的关税损失，保险人负责赔偿。

▶ 3. 舱面险

舱面险(on deck risk)是指保险人承保装载于舱面（船舶甲板上）的货物遭受保险事故所

致的损失,以及被抛弃或海浪冲击落水所致的损失。该险针对体积较大或有毒性、污染性的货物,或根据航运习惯必须装载于舱面的货物。

▶ 4. 拒收险

拒收险(rejection risk)是指保险人承保货物在具备一切必需有效进口许可证的前提下,被进口国政府或有关当局(如海关、动植物检疫局)拒绝进口或没收造成的损失。

▶ 5. 黄曲霉素险

黄曲霉素险(aflatoxin risk)是指保险人承保由于货物黄曲霉素含量超过进口国规定的限制标准时,被进口国拒绝进口、没收或强制改变用途时造成的损失。黄曲霉素是一种带有毒性的物质,发霉的花生、大米经常含有这种毒素,各国当局都对黄曲霉素含量有严格的限制标准。

▶ 6. 出口货物到香港(包括九龙)或澳门存仓火险责任扩展条款

出口货物到香港(包括九龙)或澳门存仓火险责任扩展条款(Fire Risk Extension Clause for Storage of Cargo of Destination Hongkong, Including Kowloon or Macao)是提保险人承保出口到达我国香港(包括九龙在内)或澳门的货物在卸离运输工具后,直接存放在保险单所载明的过户银行所指定的仓库期间,发生火灾所造成的损失。

第四节 伦敦保险协会海洋运输保险条款

英国在国际海上贸易航运和保险业中占有重要的地位,据统计,全世界约有三分之二的国家和地区均采用英国伦敦保险协会制定的《协会货物险条款》。其旧条款于1963年形成,该条款包括平安险、水渍险和一切险三套条款,《中国人民保险公司海洋运输货物保险条款》正是参照该条款制定的。目前广泛使用的《协会货物险条款》,是于1982年和2008年修订的、2009年1月1日起正式实行的新条款。与1963年《协会货物险条款》相比,新条款主要有以下几方面的变化:第一,新条款取消平安险、水渍险和一切险的名称,采用英文字母A、B、C命名。第二,承保责任采用"列明风险"和"一切风险减除外责任"两种方式;第三,新条款取消"全部损失"与"部分损失"的划分;第四,新条款结构统一,语言精练,体系完整,并且条款中险别的差距扩大,容易划分。

该条款主要包括6种险别,分别为:

(1) 协会货物险条款(A),Institute Cargo Clauses(A),简称ICC(A)。

(2) 协会货物险条款(B),Institute Cargo Clauses(B),简称ICC(B)。

(3) 协会货物险条款(C),Institute Cargo Clauses(C),简称ICC(C)。

(4) 协会战争险条款(货物),Institute War Clauses—Cargo。

(5) 协会罢工险条款(货物),Institute Strikes Clauses—Cargo。

(6) 恶意损害险条款,Malicious Damage Clauses。

一、《协会货物险条款》的主要险别

在上述六种险别条款中,ICC(A)、ICC和(B)和ICC(C)为主要条款,可作为独立的

险别单独投保。ICC(A)责任范围最广,承保范围大致相当于中国的一切险,ICC和(B)和ICC(C)分别相当于水渍险和平安险,可划分为八个部分:承保范围、除外责任、保险期限、索赔、保险利益、减少损失、防止延迟和法律惯例,本书主要介绍前三部分。

(一) ICC(A)

▶ 1. 承保范围

ICC(A)采用"一切风险减除外责任"的方式,即对于未列入除外责任的风险,保险公司均予负责。在 ICC(A)中,海盗风险是承保风险,但在中国海洋货物运输中,海盗风险属于战争险的范围。

▶ 2. 除外责任

(1) 一般除外责任。因被保险人故意违法行为造成的损失或费用;直接因延迟引起的损失或费用;保险标的自然渗漏、重量或容量的自然损耗或自然磨损造成的损失或费用;因船舶所有人、经理人、租船人经营破产或不履行债务造成的损失或费用;因包装或准备不足或不当造成的损失或费用;因使用任何原子武器或热核武器造成的损失或费用;因保险标的内在缺陷或特征造成的损失或费用。

(2) 不适航、不适货除外责任,指船舶、集装箱等运输工具不适航或不适货,且被保险人或运输工具的受雇人在保险标的物装船前就已知晓。

(3) 战争除外责任,指因内战、战争、革命、造反、叛乱或由此引发的敌对行为造成的损失或费用;因拘留、捕获、禁止、扣留、扣押(海盗除外)或任何企图、威胁造成的损失或费用;因被遗弃的鱼雷、漂流水雷、炸弹或其他战争武器造成的损失或费用。

(4) 罢工除外责任,指罢工人员、被迫停工人员或参加工潮、暴动和民变人员造成的损失或费用;因罢工、被迫停工造成的损失或费用;任何恐怖主义者或出于政治动机采取行动的人导致的损失或费用。

▶ 3. 保险期限

(1) 运输条款。保险责任的起讫,以"仓至仓"条款为限,基本与我国的海运货物保险一致。但 ICC(A)规定在被保险人无法控制的情况下导致的航程变更,如绕航、被迫卸载、重装或转运等,本保险仍继续有效且被保险人不必通知保险人。而我国条款规定,如果出现上述情况,被保险人有通知保险人的义务,并在必要的时候加缴保费。

(2) 运输契约终止条款。由于被保险人无法控制的情况导致运输在保险单载明的目的地的港口之外的处所终止,或在规定交货前运输已终止,保险合同同时终止。在被保险人立即通知被保险人并要求续保,同时加缴保费的情况下,本保险继续有效。该条款与我国海运货物保险条款一致。

(3) 变更航程条款。当保险责任生效后,被保险人事后变更目的地,在立即通知保险人及另行商定保险费的条件下本保险仍然有效。

(二) ICC(B)

ICC(B)采用"列明风险"的方式,无论是全损还是部分损失,只要在列举的承保范围内,保险人均给予赔偿。

▶ 1. 承保范围

火灾、爆炸;船舶或驳船触礁、搁浅、沉没或倾覆;陆上运输工具倾覆或出轨;船舶、驳船或运输工具同水以外的外界物体碰撞;在避难港卸货;地震、火山爆发;共同海损牺牲；抛货和浪击落海；海水、湖水或河水进入船舶、驳船等运输工具，以及大型海运箱或储存处所；货物在装卸时落海或摔落造成整件的全损。

2. 除外责任

ICC(B)与ICC(A)的除外责任大体相同，仅有两点区别：一是ICC(A)中对被保险人的故意违法行为造成的损失不负责赔偿，但对被保险人之外的其他人的故意不法行为造成的损失、费用承担赔偿责任。而在ICC(B)中对任何人故意违法行为造成的标的物的损失不负责赔偿；二是在ICC(A)中保险人承保"海盗行为"造成的损失，在ICC(B)中该风险属于除外责任。

3. 保险期限

ICC(B)中关于保险期限的规定在字面上与ICC(A)条款相同。

（三）ICC(C)

与ICC(B)相同，ICC(C)也采用"列明风险"的方式，无论是全损还是部分损失，只要在列举的承保范围内，保险人均给予赔偿。ICC(C)承保风险要小于ICC(A)和ICC(B)，不承保自然灾害及非重大意外事故引发的风险，仅承保重大意外事故引发的风险。

1. 承保范围

爆炸、火灾；在避难港卸货；共同海损牺牲；船舶或驳船搁浅、触礁、沉没或倾覆；陆上运输工具倾覆或出轨；船舶、驳船或运输工具同除水以外的任何外界物体碰撞；抛货。

2. 除外责任

ICC(C)的除外责任与ICC(B)相同。

3. 保险期限

ICC(C)中关于保险期限的规定在字面上与ICC(A)、ICC(B)条款相同。

【案例】中国某公司向新加坡出口一批大米，投保ICC(C)条款。另外，该公司还向美国出口一批木材，由另外一船装运，投保了中国海运货物平安险。第一艘船舶在运送途中遭受风暴的袭击，船只沉没造成大米全部损失。第二艘船舶在遭遇风暴袭击后又不幸搁浅，经抢救脱险，但部分木材受损。上述货物是否该由保险公司承担赔偿责任？

【分析】ICC(C)条款仅承保重大意外事故带来的损失，大米的损失是由自然灾害引起的全部损失，不属于ICC(C)条款承保的范围，保险公司不应给予赔偿。平安险承保"运输工具在已经发生意外事故的情况下，货物在意外事故发生前后又遭遇自然灾害造成的被保险货物的部分损失"。木材的损失属于该类损失，在平安险的承保范围内，保险公司给予赔偿。

二、《协会货物险条款》的其他险别

除主要条款外，《协会货物险条款》还包括协会战争险条款、协会罢工险条款和恶意损害险条款。

（一）协会战争险条款

1. 承保范围

主要承保由于下列原因造成的损失：①内战、战争、革命、造反、叛乱或由此引发的敌对行为造成的损失或费用；②因拘留、捕获、禁止、扣留、扣押或任何企图、威胁造成的损失或费用；③因被遗弃的鱼雷、漂流水雷、炸弹或其他战争武器造成的损失或费用。

协会战争险和中国的战争险相比，承保范围并无实质差别，但要注意以下两点：第一，协会战争条款可以作为独立险别投保，而中国保险条款中的战争险须在基本险的基础上加保；第二，目前 ICC 和 CIC 都承保战争期间由于非敌对行为导致的保险货物的损坏或灭失，如保险货物遭受他国敌对双方的原子武器，但对于敌对行为而使用的原子武器所致的损失不负责赔偿。

▶ 2. 除外责任

协会战争险条款的除外责任与 ICC（A）条款的"一般除外责任"及"不适航、不适货除外责任"基本相同。但在"一般除外责任"上增加了"航程挫折条款"，即由于战争原因使货物未能到达保险单所载明的目的地不得不终止航程所引起的间接损失，保险公司不负责赔偿。

▶ 3. 保险期限

协会战争险的"航程变更条款"内容与 ICC（A）、ICC（B）、ICC（C）保险条款相同，"运输条款"中责任的起讫以"水上危险"为限，而不是严格意义的"仓至仓"条款。

（二）协会罢工险条款

▶ 1. 承保范围

协会罢工险条款可作为独立险别投保，主要承保由于下列原因造成的损失：①罢工人员、被迫停工人员或参加工潮、暴动和民变人员造成的损失或费用；②任何恐怖主义者或出于政治动机采取行动的人导致的损失或费用。

▶ 2. 除外责任

协会罢工险条款的除外责任与 ICC（A）条款的"一般除外责任"及"不适航、不适货除外责任"及战争险条款的除外责任基本相同。协会罢工险只承保由于罢工风险造成的直接损失，而对于间接损失不负责赔偿，如罢工期间由于劳动力短缺引起的损失、航程挫折引起的损失、敌对行为引起的损失。

（三）协会货物恶意损害险条款

协会货物恶意损害险条款属于《协会货物保险条款》的附加条款，没有完整的结构，不能单独投保。该条款承保被保险人以外的其他人故意破坏行为导致的保险货物的损害或灭失，但排除故意破坏行为是出于政治动机。恶意损害险除了在 ICC（A）中被列为承保风险，在 ICC（B）和 ICC（C）中均属于除外风险。如果被保险人需要这种保障，在投保 ICC（B）或 ICC（C）的同时可加保恶意损害险。

第五节　合同中的货物运输保险条款

在国际货物买卖合同中，为了明确交易双方在货运保险方面的责任，通常都订有保险条款，内容主要包括保险投保人、保险公司、保险险别、保险费率和保险金额的约定等事项。

一、各种贸易术语下的保险投保人、保险公司与保险条款

在国际贸易实践中，由于使用的贸易术语不同，投保义务的承担者也不同。由买方投保的贸易术语有 EXW、FCA、CPT、FAS、FOB 和 CFR，可在合同中订明："Insurance to be covered by the buyers"（"保险由买方负责"）。由卖方投保的贸易术语有 CIP、CIF、DAT、DAP 和 DDP。如果买方要求卖方代办保险，则应在合同保险条款中订明："Insurance to be effected by the sellers on behalf of the buyers for 110% of invoice value against WPA, premium to be for the buyers' account and to be overdraw under credit together with invoice value."（"由买方委托卖方按发票金额110%代为投保海运水渍险，保险费用由买方承担并允许在信用证下与货款同时支付"）。

买卖双方约定的险别通常为平安险、水渍险、一切险三种基本险别中的一种，如有需要，同时加保一种或若干种附加险。如果约定采用英国伦敦保险协会货物保险条款，也应在投保一种基本险的同时加保附加险。

按 CIP 和 CIF 条件成交时，货价中已包含保险费。如果双方未约定具体的保险险别，则卖方只需取得最低底线的保险险别，即投保平安险即可。因此买方需要针对货物情况进一步与卖方约定投保的险别，如果买方要求加保战争险等特殊附加险，则费用一般由买方负担。另外，保险公司的资信情况与买方也关系重大，买方一般要求合同中限定保险公司和所采用的保险条款，以便日后保险索赔工作的顺利进行。例如，我国按 CIP 和 CIF 条件出口时，买卖双方在合同中通常都订明："由卖方向中国人民保险公司投保，并按该公司的保险条款办理。"

二、保险金额和保险费率

▶ 1. 保险金额的确定

保险金额是被保险人对保险标的的实际投保金额，即保险人赔偿的最高限额，也是保险人承担保险责任和计收保险费的依据。根据保险市场的习惯做法，保险金额一般都是按 CIF 价或 CIP 价加成计算，即按发票金额再加 10% 的保险加成率。一旦被保险人货物损失时，保险人能够充分补偿被保险人的保险费和运费，以及所支出的开证费、电报费等费用。因此，如果买卖合同中未规定保险金额时，习惯上是按 CIF 价或 CIP 价的 110% 投保。关于投保加成，《跟单信用证统一惯例》（《UCP600》）和《INCOTERMS® 2010》均规定最低保险金额为 CIF 价或 CIP 价的 110%，因此保险金额可能高于 CIF 价或 CIP 价的 110%。在贸易洽谈时，如买方要求保险加成超过 10% 时，卖方也可酌情接受。

中国人民保险公司承保出口货物的保险金额，也按 CIF 或 CIP 加成 10% 计算。如果买方要求保险加成提高到 20%～30% 时，保险差额部分应由买方负担；如果保险加成超过 30% 时，应征求保险公司的同意后方能投保，否则无效。

投保人向保险人支付的保险费，是保险人承担保险赔偿责任的对价，也是保险人经营业务的基本收入和支付保险赔款的来源。保险费率是由保险人根据国际市场行情，综合考虑商品的性质、航程的远近、经营费用的高低等加以规定的。

▶ 2. 保险金额和保险费的计算

（1）已知 CIF 或 CIP 价格和保险加成率，计算保险金额，公式如下：

$$保险金额 = CIF（或 CIP）货价 \times (1 + 投保加成率)$$

(2) 已知 CFR 或 CPT 价格、保险费率和保险加成率，计算保险金额。

需要先把 CFR 或 CPT 价格折算成 CIF 或 CIP 价格，折算公式为：

$$CIF(或CIP)货价 = \frac{CFR(或CPT)货价}{1-保险费率\times(1+投保加成率)}$$

【案例】中国某出口公司出口一批商品到印度某港口，使用 CFR 术语，总金额 20 000 美元，投保水渍险及战争险，水渍险费率为 0.3%，战争险费率为 0.04%，投保加成率为 10%。如果买方要求卖方按照 CIF 价格加成 10% 代办投保，保险金额为多少？

【分析】$CIF = \dfrac{CFR}{1-保险费率\times(1+投保加成率)} = \dfrac{20\,000}{1-(0.3\%+0.04\%)\times(1+10\%)}$
$= 20\,075.08(美元)$

保险金额 $= 20\,075.08\times(1+10\%) = 22\,082.59(美元)$

(3) 计算保险费，公式如下：

$$保险费 = 保险金额 \times 保险费率$$

三、保险单据

在买卖合同中，如果约定由卖方投保，通常还规定卖方应向买方提供保险单。一旦被保险的货物在运输途中发生承保范围内的风险损失，买方即可凭卖方提供的保险单向有关保险公司索赔。在国际贸易业务中，常用的保险单据有保险单（俗称大保单，是保险人和被保险人之间成立保险合同关系的正式凭证）、保险凭证（俗称小保单，是一种简化的保险合同，也具有与保险单同样的法律效力）、预约保险单和批单。

拓展阅读

CFR 和 CIF 条件下可保利益及保险单的转让

在以 CFR 条件签订的买卖合同中，依据国际贸易惯例，应由买方对买卖合同项下的运输货物负责投保。但在这种贸易条件下，由于卖方负责订立货物运输合同，买方担心不能及时收到卖方发送的装运通知，进而可能导致漏保。为此，买方为了能够在货物装船前及时投保，常常委托卖方在出口国投保，然后再由卖方将保险单转让给买方。甚至有些买方为了争取较低的保险费而委托他人与保险公司订立保险合同，再由投保人将保险单转让给买方。在贸易实务中，保险单通常是在货物装运后，由于货物装运后风险甚至所有权已由卖方转移至买方，即卖方或投保人在转让保险单时已不再拥有或已丧失了货物的可保利益，因此依据以上论述，此种情况下的保险单转让无效，进而导致买方无法就该货物的灭失或损害向保险公司索赔。这一点与 CIF 条件下的买卖合同不同。在 CIF 买卖合同中，尽管卖方也是在货物装运后才转让保险单的，此时卖方也已丧失可保利益甚至货物所有权，但在此之前，依据国际贸易惯例，买卖双方之间已默示订立了转让保险单的协议，即卖方在结算货款时须将保险单与其他货运单据同时转让给买方，因此该保险单的转让有效。为防止进口货物在国外装运后，因信息传递不及时而发生漏保或来不及办理投保等情况，在 CFR 条件下，买方对进口货物的保险可以提前与保险公司订立预约保险合同。预约保险合同通常是一种没有总保险金额限制的保险合同，是保险人对被保险人将要装运的、属于约定范围内的一切货物自动承保的总合同。在这种保险合同下，被保险人在每批货物装运前后，须将所装运货物的详细情况，如货物名称、数量、保险金额、载货船名、航程起讫地点、开航日期等向保险人申报,保险人对所申报的货物将予以承保。被保险人的申报如有遗漏或差错,即使货物已经发生损失,只要不是出于恶意的,事后仍可更正,保险人仍按规定负责赔偿。若被保险人在申报时,货物已经安全到达目的地,被保险人仍须缴纳保险费。预约保险合同可以是定期的,也可以是永久性的(即"始终有效")。在定期的预约保险合同下,缔约的一方如欲终止合同,一般应在合同终止前30天向另一方发出注销通知。在永久性的预约保险合同下,缔约的一方如欲终止合同,应按注销条款的规定向对方发出注销的通知。注销条款对注销通知发出日期的规定为:一般险别须在30天前发出;战争险和罢工险须在7天前发出;装往/自美国货物的罢工险须于48小时前发出。在合同注销生效之前,被保险人对所装运的货物仍可继续申报。为了适应被保险人分批装运、分批结汇和转让保险单的需要,保险人在收到被保险人装运货物的申报之后,一般都签发一张保险凭证(Certificate of Insurance)。该保险凭证的效力与保险单相同,可以有效转让。中国保险公司通常与进出口公司签订长期的预约保险合同,并分为出口预约保险合同和进口预约保险合同。按照进口预约保险合同的规定,买方对每批进口货物无须逐笔办理投保,也无须填制投保单,而以国外卖方装船通知副本代替投保单。每批货物的保险金额均以CIF进口价为准,不另加成投保。关于投保险别,根据保险合同附件"海运进口货物保险险别和特约费率表",按买方经营商品分类列明投保险别。例如,纺织品和轻工产品投保一切险和战争险;金属原料投保水渍险和战争险;危险品装于舱面则加保舱面险等。若需加保保险合同规定之外的特殊险别,则需逐笔通知保险公司并加付保险费。另外,买方投保时,由于买卖双方处于不同的国家,距离遥远,如果出现信息传递失误,买方投保的日期可能在货物装船以后或货交承运人以后,甚至可能出现投保时货物已在运输途中发生损失的情形。按照国际货运保险的惯例,如果投保时货物已发生损失,只要买方的投保是善意的,事先并不知情,保险合同仍然有效,保险人仍须按保险合同的规定予以赔偿;反之,如果进口商在投保时已知道货损事件,则该投保行为属于保险欺诈,保险合同无效。如果保险人已知情,则不会接受承保。

资料来源:姚新超.可保利益及保险单的转让在贸易中的应用[J].对外经贸实务,2011(4).

本章小结

国际货物运输保险应遵循保险利益原则、最大诚信原则、近因原则、损失补偿原则和代位追偿原则。国际货物运输保险包括海洋运输货物保险、陆上运输货物保险、航空运输货物保险和邮包保险。

海上运输货物保险承保的范围包含风险、损失与费用。其中,风险分为海上风险(包括自然灾害和意外事故)和外来风险(包括一般外来风险和特殊外来风险);损失分为全部损失(包括实际全损和推定全损)和部分损失(包括共同海损和单独海损);费用分为施救费用、救助费用和其他费用。

中国海洋运输货物保险条款的基本险别有平安险、水渍险和一切险,可以单独投保。附加险别有一般附加险、特殊附加险、特别附加险和专门险,不可单独投保,只能在选择基本险的基础上加保。伦敦保险协会《海洋运输保险》条款中基本险别有ICC (A)条款、ICC(B)条款和ICC(C)条款,另外,协会战争险条款和罢工条款也可以作为独立险别单独投保。协会货物恶意损害险条款属于附加险,可在 ICC(B) 和 ICC(C) 的基础上加保。

除了海洋运输货物保险外,陆上运输货物保险、航空运输货物保险和邮政包裹运输货物保险也是重要的国际货物运输保险。

保险金额是被保险人对保险标的的实际投保金额,即保险人赔偿的最高限额,也是保险人承担保险责任和计收保险费的依据。根据保险市场的习惯做法,保险金额一般都是按 CIF 价或 CIP 价加成计算,即按发票金额再加 10% 的保险加成率。

自测题

一、单项选择题

1. 在保险人所承保的海上风险中,雨淋、渗漏属于( )。
   A. 自然灾害   B. 意外事故
   C. 海上风险   D. 外来风险

2. 战争、罢工风险属于( )。
   A. 自然灾害   B. 意外事故
   C. 一般外来风险   D. 特殊外来风险

3. 在海运过程中,被保险物被海盗劫持造成的损失属于( )。
   A. 实际全损   B. 推定全损   C. 共同海损   D. 单独海损

4. 船舶搁浅时,为使船舶脱险而雇用驳船强行脱险所支出的费用属于( )。
   A. 实际全损   B. 推定全损   C. 共同海损   D. 单独海损

5. 某外贸公司出口茶叶 5 公吨,在海运途中遭受暴风雨,海水涌入舱内,致使一部分茶叶发霉变质,这种损失属于( )。
   A. 实际全损   B. 推定全损   C. 共同海损   D. 单独海损

6. 我公司按 CIF 条件出口棉花 300 包,货物在海运途中因货舱内水管渗漏,致使 50 包棉花遭水渍受损,在投保下列( )险别时,保险公司负责赔偿。
   A. 平安险   B. 水渍险   C. 渗漏险   D. 一切险

7. 根据我国《海洋货物运输保险条款》的规定,承保范围最小的基本险别是( )。
   A. 平安险   B. 水渍险   C. 一切险   D. 罢工险

8. 根据"仓至仓"条款的规定,从货物在目的港卸离海轮时起满( )日,不管货物是否进入保险单载明的收货人仓库,保险公司的保险责任均告终止。
   A. 15   B. 30   C. 10   D. 60

9. "仓至仓"条款是( )。
   A. 承运人负责运输起讫的条款   B. 保险人负责保险责任起讫的条款
   C. 出口人负责缴获责任起讫的条款   D. 进口人负责付款责任起讫的条款

10. 根据现行伦敦保险协会《海洋运输货物保险条款》的规定,下列险别中,不能单独投保的是( )。
    A. ICC(A)   B. 战争险
    C. ICC(C)   D. 恶意损害险

二、多项选择题
1. 在海上保险业务中，构成被保险货物"实际全损"的情况有（　　）。
   A. 保险标的物完全灭失
   B. 保险标的物的实际全损已无法避免
   C. 保险标的物发生变质，失去原有使用价值
   D. 船舶失踪达到一定时期
2. 构成共同海损的条件是（　　）。
   A. 共同海损的危险必须是实际存在的，不是主观臆测的
   B. 消除船、货共同危险而采取的措施必须是合理的
   C. 必须是非正常性质的损失
   D. 采取措施后，船方和货方都做出一定的牺牲
3. 出口茶叶，为防止运输途中串味，办理保险时，应投保（　　）。
   A. 串味险   B. 平安险加串味险
   C. 水渍险加串味险   D. 一切险
4. 根据我国海洋运输保险条款规定，一般附加险包括（　　）。
   A. 短量险   B. 偷窃、提货不着险
   C. 交货不到险   D. 串味险
5. 某国远洋货轮满载货物从某港口启航，途中遇飓风，货轮触礁，导致货物损失惨重。货主向投保的保险公司发出委付通知，在此情况下，该保险公司可以选择的处理方法是（　　）。
   A. 必须接受委付   B. 拒绝接受委付
   C. 先接受委付，然后撤回   D. 接受委付，不得撤回

三、判断题
1. 在国际贸易中，外贸公司向保险公司投保一切险后，在运输途中由于任何外来原因所造成的一切货损，均可向保险公司索赔。（　　）
2. 水渍险的责任范围是除了平安险责任范围以内的全部责任外，还包括由于暴风、巨浪等自然灾害引起的部分损失。（　　）
3. 出口玻璃器皿，因运输途中易出现破碎，故应在投保一切险的基础上加保破碎险。（　　）
4. 按照我国《海洋货物运输保险条款》的规定，三种基本险和战争险均使用"仓至仓"条款。（　　）
5. 共同海损是部分海损中的一种。（　　）

四、计算题
A 公司向英国出口商品报价是每公吨 1 600 美元 CFR 伦敦，英商来电要求改报 CIF 伦敦价，该商品投保加一成，投保一切险和战争险，保险费分别为 0.55％ 和 0.04％，请问 A 公司新报价应是多少？

五、案例分析题
1. 我国某公司按 CFR 条件向南美某国出口花生酥糖，买方投保一切险。由于货轮陈旧，航速太慢且沿线到处揽货，结果航行 4 个月才到达目的港。花生酥糖因受热时间过长而全部软化，难以销售。问：这种货损保险公司是否负责赔偿？为什么？

2. 上海某单位以 FOB 条件从国外进口某货物一批，受买方委托，卖方已代办了一切险。该批货物在上海卸货后，当晚在码头被偷窃。问：买方能否向保险公司要求赔偿？

3. 越南某公司以 CIF 术语出口一批无烟煤，装运前按合同规定投保平安险，货物装妥后顺利开航。船舶启航后不久在海上遭受暴风雨，海水入舱致使部分无烟煤遭到水渍，损失价值达 5 000 美元。问：该损失应由谁承担？为什么？

4. 某货轮在航行途中因电线走火，第三舱内发生火灾，经灌水灭火后统计损失，被火烧毁货物价值 5 000 美元，因灌水救火被水浸坏货物损失 6 000 美元。船方宣布该轮共同海损。问：该轮船长宣布共同海损是否合理？被火烧毁的货物损失 5 000 美元，船方是否应负责赔偿，理由是什么？被水浸的货物损失 6 000 美元属于什么性质的损失？应由谁负责？

第八章
国际货款的结算

学习要点及目标

本章主要介绍国际结算的工具和方式,通过本章的学习,学生应该了解国际结算的基本工具和结算方式,理解汇票的主要行为,掌握汇付和托收的定义和流程,掌握信用证的定义、流程、分类及操作实务。

核心概念

汇票 本票 支票 汇付 托收 信用证

引导案例

我国某公司与国外某进口商签订了一笔出口合同,由外商以 D/D 预付货款。临近装船时,外商来电称资金周转困难,要求先装船发货,随后即付款,以免耽误交货。我方不同意,坚持应先付款。第二天,外商便传真发来汇款凭证(即期银行汇票)。我方于是发货寄单,并电告对方。1个月后,仍未收到货款。问:为什么会出现这种结果?

在国际贸易中,货款的结算非常重要,直接决定贸易双方的资金周转和融通,关系到双方的切实利益,所以贸易双方必须高度重视结算,力争对自己有利的结算方式。

本章内容从结算工具入手,主要介绍汇票、本票和支票;进而介绍各种结算方式,包括以商业信用为基础的汇付和托收,以及以银行信用为基础的信用证,还有国际保理和银行保函等,并具体分析在贸易实务中如何选择贸易结算方式。

第一节 国际结算的票据

国际贸易中，支付工具包括货币和票据，货币由于种种不便难以普遍使用，因此国际贸易结算主要使用票据。票据是各国通用的结算工具和信用工具，主要有汇票、本票和支票，其中汇票的使用最为广泛。

一、汇票

（一）汇票的定义

《中华人民共和国票据法》第19条规定，汇票（bill of exchange）是出票人签发的，委托付款人在见票时或者在指定时期无条件支付确定金额给收款人或持票人的票据。

英国票据法对于汇票做出如下定义：汇票是一人向另一人签发的，要求即期或定期或在将来可以确定的时间，为某人或某人的指定人或执票人支付一定金额的无条件书面支付命令。

（二）汇票的主要当事人

汇票有三个基本当事人，即出票人、付款人和收款人。由于这三个当事人在汇票发行时既已存在，故属于基本当事人，缺一不可。但是随着汇票的背书转让，汇票上设立保证等，被背书人、保证人等也成为汇票上的当事人。

▶ 1. 出票人

出票人即签发汇票并将汇票交给收款人的人，通常是出口商或者银行。一般来说，在汇票承兑之前，出票人是主债务人，承兑后，承兑人变成主债务人。

▶ 2. 付款人

付款人又称为受票人，即接受汇票承担付款责任的人，一般是进口商或者银行。付款人有付款责任，但是这一责任不是绝对的，对于出票人的无故出票，受票人可以拒绝。一旦付款人在远期汇票上承兑，付款人便成为主债务人，汇票到期，汇款人有付款的义务。

▶ 3. 收款人

收款人是指汇票上规定的收取指定金额的人，一般是债权人，收款人未取得款项前，保留对出票人的追索权。

（三）汇票的基本内容

汇票的基本项目又称为汇票的要式项目，我国《票据法》规定汇票必须具有七个项目："汇票"字样；无条件的支付命令；金额；付款人的名称；收款人的名称；汇票的出票时间和地点；出票人签章。这七个项目缺一不可，否则无效。

汇票范本如图8-1所示。

（四）汇票的种类

▶ 1. 商业汇票和银行汇票

汇票按出票人的不同划分，可以分为商业汇票和银行汇票。如果汇票的出票人是工商企业，称为商业汇票。汇票的出票人是银行，则称为银行汇票。

```
BILL OF EXCHANGE
No. 汇票编号_____          Date：出票日期_____
Exchange For：汇票金额
At 付款期限_____ sight of this second of exchange (first of the same tenor and date unpaid)
pay to the order of 收款人_____
the sum of _____
Drawn under 出票条款_____
L/C No. _____ Dated _____
To. 付款人_____

                                                            出票人签章
```

图 8-1 汇票示例

2. 光票和跟单汇票

汇票按流转时是否附有货运单据划分，可分为光票和跟单汇票。如果汇票在流转时不附带任何货运单据，称为光票；反之，如果汇票在流转时附有货运单据，称为跟单汇票。

3. 即期汇票和远期汇票

汇票按付款时间的不同划分，分为即期汇票和远期汇票。凡汇票上规定的付款人见票后立即付款的，称为即期汇票；凡汇票上规定付款人于将来的一定时期付款的，称为远期汇票。

4. 商业承兑汇票和银行承兑汇票

汇票按承兑人的不同划分，可分为商业承兑汇票和银行承兑汇票。商业承兑汇票是以工商企业为付款人的远期汇票，经付款人承兑后，称为商业承兑汇票；银行承兑汇票是以银行为付款人的远期汇票，经付款人承兑后，称为银行承兑汇票。

5. 国际汇票和国内汇票

国内汇票是指出票地点和付款地点均在同一国家的汇票，反之就是国际汇票，国际贸易结算中用到的大多是国际汇票。

(五) 汇票的使用

汇票的使用有出票、背书、提示、承兑和付款等行为，票据行为是围绕汇票发生的，以确立一定权利义务关系为目的的行为。

1. 出票

出票(issue)是指出票人签发汇票并交付给持票人的行为。出票包括两个动作：一是缮制汇票并签字；二是交付给持票人。一旦出票，出票人要保证汇票得到承兑和到期被付款，如果汇票被拒付，还要承担被持票人追索，清偿汇票金额及相关的利息、费用等。出票之后，出票人即成为汇票的主债务人。

在出票时，收款人的名称通常有三种写法。

(1) 限制性抬头。注明仅付给某人，或者注明不得流通转让。一般写成"仅付××公司"(pay to…only)或者"付给××公司，不得转让"(pay to…, not negotiable)。

(2) 指示性抬头。注明凭指定或者凭××指定。例如"付给××或××指定的人"(pay

to…or order)或者"凭××公司指定"(pay to the order of …)。

(3) 持票人或来人抬头。注明付给来人，如"付给持票人"(pay to bearer)，这种抬头不需要背书即可转让。

▶ 2. 背书

背书(endorsement)是指持票人在汇票的背面签名和记载有关事项，并把汇票交付被背书人的行为。经过背书，汇票的权利即由背书人转给被背书人。

背书的动作有两个：写成背书和交付。汇票背书的形式一般有三种。

(1) 空白背书，是指背书人不记载被背书人的名称，仅自己签章的背书。

(2) 记名背书又称为完全背书、正式背书、特别背书，是指记载了背书人和被背书人双方名称的背书，这是最正规的一种转让背书。

(3) 限制性背书又称为不可转让背书，背书人在做成背书时对背书人的指示带有限制条件，如在票据上写明限定转让给某人或禁止新的背书字样等。

▶ 3. 提示

持票人将汇票提交付款人要求承兑或要求付款的行为叫作提示(presentation)。即期汇票只须提示一次，即提示付款；远期付款有两次提示，提示承兑和提示付款。付款人见到汇票称为见票(sight)。

▶ 4. 承兑

承兑(acceptance)是指远期汇票的付款人明确表示同意按出票人的指示，于票据到期日付款给持票人的行为。

承兑也包括两个动作：写成承兑字样并签字，交付给持票人。承兑应记载的事项：一是承兑字样；二是付款人签章；三是付款日期；四是承兑日期。付款人在汇票上承兑之后，付款人取代出票人，称为主债务人。

▶ 5. 付款

付款人在汇票到期日，向提示付款的合法持票人支付足额款项即为付款(payment)。付款是汇票流转过程的终结，付款人付款后，应将汇票收回注销，汇票所代表的债券债务关系随之宣告结束。

▶ 6. 退票

退票(dishonour)又称拒付，承兑提示时遭到拒绝承兑，或付款提示时遭到拒绝付款，都称退票。付款人拒付后，持票人应及时将被拒付的事实通知持票人的前手，前手再向前手通知直至出票人，以便持票人向他们追索。

▶ 7. 追索

追索(recourse)是指汇票遭到拒付，持票人对持票人的前手背书人或出票人有请求他们偿还汇票金额及费用的权利。持票人为了行使追索权，在追索前必须按照规定，做成拒绝证书和向前手发出拒付通知。

二、本票

(一) 本票的含义

本票(promissory note)是一人向另一人发出的，保证于见票时或定期或在可以确定的将来日期，对某人或指定人或持票人支付一定金额的无条件的书面承诺。《中华人民共和国票据法》第73条规定本票的定义是：本票是由出票人签发的，承诺自己在见票时无条件支付确定的金额给收款人或持票人的票据。第 2 款接着规定，本法所指的本票是指银行本票，不包括商业本票，更不包括个人本票。

本票的基本当事人包括出票人和收款人，本票的付款人就是出票人本人。本票的出票人自出票之日起即为主债务人，直到支付款项给收款人为止。持票人提示付款时，出票人必须履行付款的责任。

根据我国《票据法》规定，本票必须具备以下必要项目：①标明"本票"字样；②无条件支付承诺；③出票人签字；④出票日期和地点；⑤确定的金额；⑥收款人或收款人的指定人姓名。

（二）本票的种类

▶ 1. 商业本票和银行本票

根据出票人的不同，本票可以分为商业本票和银行本票。商业本票是由工商企业或个人签发的；银行本票是由银行签发的。在我国，本票一般是指银行本票。

▶ 2. 即期本票和远期本票

按照付款时间的不同，本票分为即期本票和远期本票。商业本票有即期和远期之分，银行本票都是即期的。国际结算中使用的大多数都属于银行本票，不需要承兑。

三、支票

（一）支票的含义

支票（cheque）是出票人签发，委托办理支票存款业务的银行或者其他金融机构在见票时无条件支付确定的金额给收款人或持票人的票据。

一张支票的必要项目包括："支票"字样；无条件支付命令；出票日期；出票人名称及出票人签字；付款银行名称及地址；付款人；付款金额。

（二）支票的种类

▶ 1. 根据收款人是否具名，分为记名支票和不记名支票

记名支票（cheque payable to order）是在支票的收款人一栏写明收款人姓名，如"限付某 A"（Pay A Only）或"指定人 A"（Pay A Order），取款时须由收款人签章，方可支取。

不记名支票（cheque payable to bearer）又称空白支票，支票上不记载收款人姓名，只写"付来人"（pay bearer）。取款时持票人无须在支票背后签章，即可支取。此类支票仅凭交付就可实现转让。

▶ 2. 根据收款人能否支取现金，分为画线支票和未画线支票

画线支票（crossed cheque）是在支票正面画两道平行线的支票。画线支票与一般支票不同，画线支票非由银行不得领取票款，故只能委托银行代收票款入账。使用画线支票的目的是在支票遗失或被人冒领时，还有可能通过银行代收的线索追回票款。

未画线支票是指在支票上未做画线标示的支票，此类支票既可以委托银行转账，也可以提取现金。

▶ 3. 根据用途可以分为现金支票和转账支票

现金支票（cash cheque）是专门制作的用于支取现金的一种支票。当客户需要使用现金时，随时签发现金支票，向开户银行提取现金，银行在见票时无条件支付给收款人确定金额的现金。转账支票只能用于转账，不能提取现金。

▶ 4. 根据支票上是否加注银行的保付字样，分为保付支票和不保付支票

保付支票(certified cheque)是指为了避免出票人开出空头支票，保证支票提示时付款，支票的收款人或持票人可要求银行对支票"保付"。保付是由付款银行在支票上加盖"保付"戳记，以表明在支票提示时一定付款。支票一经保付，付款责任即由银行承担。出票人、背书人都可免于追索。付款银行对支票保付后，即将票款从出票人的账户转入一个专户，以备付款，所以保付支票提示时，不会退票。若支票上没有加注银行的保付，则为不保付支票。

【案例】甲开立100英镑的支票给乙，让乙到丙银行取款，乙拿到支票后拖延很久不去取款，恰在此时，丙银行倒闭，甲在丙银行的账户里的存款分文无着。乙在未获支票款项的情况下，找到甲，让甲负责。甲以支票已过期为由拒绝对乙负责。

【分析】甲可以对乙拒绝负责，但理由并不是因为支票过期。支票不同于即期汇票，即期汇票的持票人如不在合理的时间内向付款人提示付款，出票人和所有背书人均得到解除责任。但支票的持票人如不在合理时间内提示付款，出票人仍必须对支票负责，除非持票人的延迟提示而使出票人受了损失。在本案例中，由于乙的延迟提示致使甲受了损失，那么甲就可不对该支票负责，因为乙如果及时去取款，甲就不会受到损失，所以甲可不对支票责任。如果丙银行倒闭清理时，所有债权人尚能分到一定比例的偿付金，那么，甲作为存户债权人应把所分到的偿付金付还给乙，如甲按30%的比例分到了偿付金，他应按同样的比例付给乙，并可对其余的70%不负责任。

资料来源：商务培训网.

第二节 汇付和托收

一、汇付

(一) 汇付的定义与当事人

▶ 1. 汇付的定义

汇付又称汇款，是付款人或债务人通过银行或者通过其他途径，运用各项结算工具将应付的款项汇交给收款人或债权人的结算方式。

▶ 2. 当事人

汇付业务中，一般涉及四个当事人：
(1) 汇款人，一般是买方，国际贸易中通常是进口商；
(2) 收款人，通常是出口商；
(3) 汇出行，一般是进口方所在地银行；
(4) 汇入行，通常是出口方所在地的银行，一般是汇出行在出口地的代理行。

(二) 汇付的种类

根据汇出行通知汇入行付款的方式，或者支付凭证的传递方式不同，汇付有三种基本方式：电汇、信汇和票汇。

▶ 1. 电汇

电汇(telegraphic transfer，T/T)是指应汇款人的申请，汇出行采用电报、电传或

SEIFT等电讯手段，委托汇入行将一定金额解付给收款人的汇付方式。它具有安全迅速的特点，是目前使用最普遍的汇款方式。

电汇业务的流程如图8-2所示。

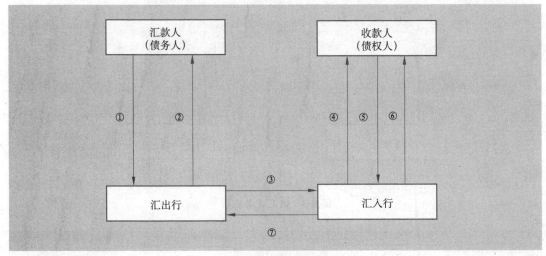

图8-2　电汇业务流程

① 汇款人填写电汇汇款申请书，交款付费给汇出行。
② 汇款人取回电汇回执。
③ 汇出行发出加押电报给汇入行，委托汇入行解付汇款给收款人。
④ 汇入行收到电报，核对密押无误后，缮制电汇通知书，通知收款人收款。
⑤ 收款人收到通知书后，在收款联上盖章，交汇入行。
⑥ 汇入行借记汇出行账户，取出头寸，解付汇款给收款人。
⑦ 汇入行将借记付讫通知书寄给汇出行，通知汇出行汇款解付完毕。

▶ 2. 信汇

信汇（mail transfer，M/T）是指汇出行应汇款人的要求，用航邮信函通知汇入行向收款人付款的方式。凡金额较小或不需急用的，用此种方式比较合适。

信汇业务的流程如图8-3所示。

① 汇款人填写信汇汇款申请书，交款付费给汇出行。
② 汇款人取回电汇回执。
③ 汇出行制作信汇委托书或支付委托书经过两人双签，邮寄汇入行。
④ 汇入行收到信汇委托书或支付委托书，核对签字无误后，将信汇委托书的第二联及第三四联收据正副本一并通知收款人。
⑤ 收款人凭收据取款。
⑥ 汇入行借记汇出行账户，取出头寸，解付汇款给收款人。
⑦ 汇入行将借记付讫通知书寄给汇出行，通知汇出行汇款解付完毕。

▶ 3. 票汇

票汇（demand draft，D/D）是指汇出行应汇款人的要求开立以汇出行在付款地的联行或代理行为付款人的即期汇票交给汇款人，由汇款人自寄或自带到付款地去凭票付款。

票汇业务的流程如图8-4所示。

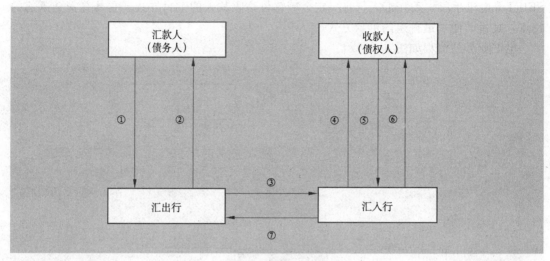

图 8-3 信汇业务流程

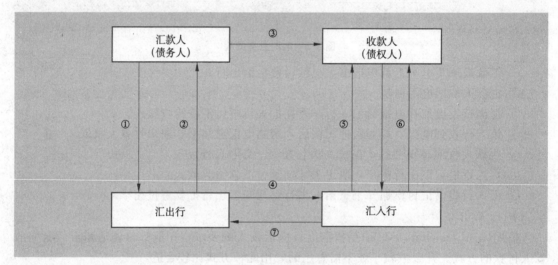

图 8-4 票汇业务流程

① 汇款人填写票汇汇款申请书,交款付费给汇出行。
② 汇出行开立一张以汇入行为付款人的银行即期汇票交给汇款人。
③ 汇款人将汇票寄给收款人。
④ 汇出行将汇票通知书寄汇入行。
⑤ 收款人提示银行即期汇票给汇入行要求付款。
⑥ 汇入行借记汇出行账户,取出头寸,解付汇款给收款人。
⑦ 汇入行将借记付讫通知书寄给汇出行,通知汇出行汇款解付完毕。

(三) 电汇、信汇、票汇三种方式比较

第一,从支付工具来看,电汇方式使用电报、电传或 SWIFT,用密押证实;信汇方式使用信汇委托书或支付委托书,用签字来证实;票汇方式使用银行及银行汇票,用签字证实。

第二,从汇款人的成本费用来看,电汇收费较高。

第三,从安全方面来看,电汇比较安全。

第四,从汇款速度来看,电汇最为快捷。

第五,从使用范围来看,电汇是目前使用最广泛的方式;信汇方式很少使用;票汇介于两者中间。

二、托收

(一)托收的定义

托收是委托收款的简称,是指出口人在货物装运后,开具以进口人为付款人的汇票,随附有关单据,委托当地银行通过当地银行的国外代理行向指定的进口人收取货款的结算方式。根据贸易合同规定,卖方在装货后为了向国外买方收取货款,按发票货值开出汇票,或随发票及其他货运单据,委托当地银行向买方所在地的有关银行要求买方按期按额付款。

(二)托收的当事人

托收的当事人主要有四个,即委托人、托收行、代收行和付款人。

(1)委托人(principal, consignor),是开出汇票委托银行办理托收业务的出口商,也称为出票人。

(2)托收行(pemitting bank),是委托人的代理人,接受出口商委托的银行向国外付款人代为收款的银行,通常是出口商在所在地开立账户的银行,又称寄单行。

(3)代收行(collecting bank),是托收行的代理人,接受托收行委托向进口商收款的银行,通常是进口地银行。

(4)付款人(payer),通常是进口商,是商务合同中的债务人,也称受票人。

(三)托收的种类

托收按照有无附带商业单据可以分为光票托收(clean collection)和跟单托收(documentary collection)。光票托收是指仅使用金融单据而不附带商业单据的托收。光票托收并不一定不附带任何单据,有时也附有一些非货运单据,如发票、垫款清单等,这种情况仍被视为光票托收。光票托收在非贸易结算中使用较多。跟单托收是指附有商业单据的托收。卖方开具托收汇票,连同商业单据(主要指货物装运单据)一起委托给托收行。国际贸易多采用跟单托收方式。跟单托收根据交单条件又可以分为付款交单和承兑交单。

▶ 1. 付款交单

付款交单(documents against payment, D/P)是卖方的交单需以买方的付款为条件的交单,即出口商在将汇票连同运输单据交给银行办理托收时,指示银行只有在进口商付款完毕才能将货运单据交出。如果进口商拒绝交付货款,将拿不到货运单据,也就无法提取货物。根据付款时间的不同,又可以分为即期付款交单和远期付款交单。

(1)即期付款交单(D/P at sight),是指出口商发货后开具即期汇票连同货运单据,通过银行向进口商提示,进口商见票后立即付款。银行在进口人付清货款后,将货运单据交给进口商人。业务流程如图 8-5 所示。

(2)远期付款交单(D/P at…days after sight),是指出口商按照合同规定日期发货后,开具远期汇票连同全套货运单据委托银行办理托收,托收行向进口商提示,进口商审单无误后在汇票上承兑,于汇票到期日付清货款,银行交出货运单据。

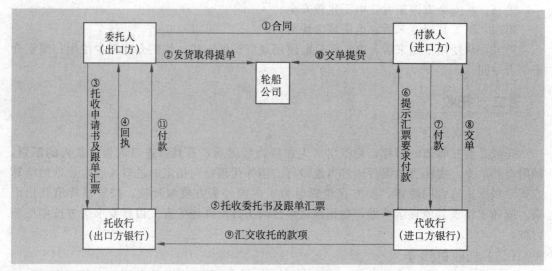

图 8-5 即期付款交单程序

业务流程如图 8-6 所示。

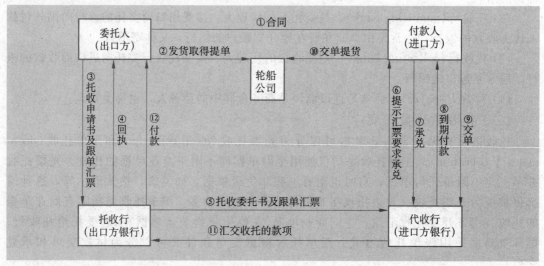

图 8-6 远期付款交单程

▶ 2. 承兑交单

承兑交单（documents against acceptance，D/A）是出口商发货后开立远期汇票连同货运单据交给银行办理托收，银行交单以进口商在远期汇票上承兑为条件，等到汇票到期，进口商再付清货款。

承兑交单业务程序如图 8-7 所示。

▶ 3. 付款交单和承兑交单的风险比较

从信用角度来看，托收是出口商凭进口商的信用收款，属于商业信用。就托收而言，不同种类的托收，风险和损失的程度是不同的。

从跟单托收角度来看，付款交单风险较小。因为付款交单条件下，只要进口商未付款，物权凭证仍掌握在代收行手中，仍属于出口商所有。但是，这并不等于没有风险损

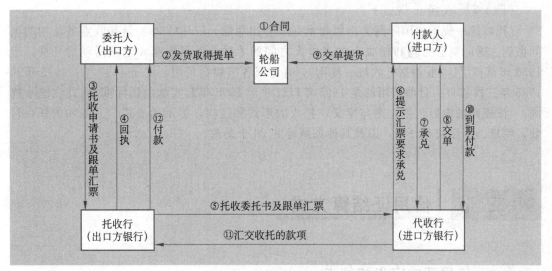

图 8-7　承兑交单程序

失。如果进口商不来付款赎单，则出口商仍要负担以下诸多损失：出口商的卖方贷款利息（如果有）；双程运输费用（如果将货物运回本国处理）；在进口国港口存仓、保险、支付代理人的费用（如果货物寻求当地处理），以及货物临时处理而带来的价格损失、银行费用等。

承兑交单风险最大，因为承兑交单对于出口商来说，在收到货款之前已经失去了对货物所有权的控制，将完全依靠进口商的信用来收取货款了。承兑交单的风险损失有货款的损失、出口商的卖方贷款利息（如果有）、运输费用、办理各种单证的费用、银行费用等。假如托收委托书允许远期付款交单凭信托收据接单，则风险损失如同承兑交单。

【案例】我国 A 公司同南美客商 B 公司签订合同，由 A 公司向 B 公司出口货物一批，双方商定采用跟单托收结算方式了结贸易项下款项的结算。我方的托收行是 A′银行，南美代收行是 B′银行，具体付款方式是 D/P 90 天。但是到了规定的付款日，对方毫无付款的动静。甚至全部单据已由 B 公司承兑汇票后，由当地代收行 B′银行放单给 B 公司。于是 A 公司在 A′银行的配合下，聘请了当地较有声望的律师对代收行 B′银行向法院提出起诉，因 B′银行将 D/P 远期作为 D/A 方式承兑放单的责任。

【分析】从该案例中不难看出，国际商会《托收统一规则》首先不主张使用 D/P 远期付款方式，但是没有把 D/P 远期从《托收统一规则》中绝对排除。倘若使用该方式，根据《托收统一规则》规则，B′银行必须在 B 银行 90 天付款后，才能将全套单据交付给 B 公司。故 B′银行在 B 公司承兑汇票后即行放单的做法是违背《托收统一规则》规则的。但从南美的习惯做法来看，南美客商认为，托收方式既然是一种对进口商有利的结算方式，就应体现托收方式的优越性。D/P 远期本意是出口商给进口商的资金融通。而现在的情况是货到南美后，若按 D/P 远期的做法，进口商既不能提货，又要承担因货压港而产生的滞迟费。若进口商想避免此种情况的发生，则必须提早付款从而提早提货，那么 D/P 远期还有什么意义？故南美的做法是所有的 D/P 远期均视作 D/A 对待。在此情况下，B′银行在 B 公司承兑后放单给 B 公司的做法也就顺理成章了。

资料来源：百度文库．

(四)《托收统一规则》

《托收统一规则》(国际商会出版物第 522 号出版物,《URC522》)是托收业务使用的国际惯例。国际商会为调和托收有关当事人之间的矛盾,以利商业和金融活动的开展,于 1958 年草拟了《商业单据托收统一规则》,并建议各国银行采用,并于 1967 年、1978 年和 1995 年三次修订。目前采用的是 1995 年修订并于 1996 年起实施的国际商会《托收统一规则》。该规则的内容包括总则与定义,托收的形式和结构,提示的形式,义务和责任,付款、利息、手续费和开销,以及其他条款等共 26 个条款。

第三节 信用证结算方式

一、信用证的定义和特点

信用证是目前最重要的国际贸易结算方式,它是在托收的基础上演变而来的,克服了托收的缺陷,由银行作为第三者充当中间人和担保人,通过银行信用弥补商业信用不足,从而更好地提供服务。

(一)信用证的定义

信用证(letter of credit,L/C)是指开证银行应申请人的要求并按申请人的指示向第三方开立的载有一定金额的,在一定的期限内凭符合规定的单据付款的书面保证文件。即信用证是一种带有条件的银行付款书面承诺。

(二)信用证的特点

▶ 1. 信用证是一项独立文件

信用证是银行与信用证受益人之间存在的一项契约,以贸易合同为依据而开立,但是一经开立就不再受到贸易合同的牵制。银行履行信用证付款责任仅以信用证受益人满足了信用证规定的条件为前提,不受到贸易合同争议的影响。

▶ 2. 信用证结算方式仅以单据为处理对象

信用证业务中,银行对于受益人履行契约的审查是仅针对受益人交到银行的单据进行的,单据所代表的实物是否完好并不是银行关心的问题。即便实物的确有问题,进口商对出口商提出索赔要求,只要单据没问题,对于信用证而言,受益人就算满足了信用证规定的条件,银行就可以付款。

▶ 3. 开证行负第一性的付款责任

在信用证中,银行是以自己的信用做出付款保证的,所以,一旦受益人(出口商)满足了信用证的条件,就直接向银行要求付款,而无须向开证申请人(进口商)要求付款。开证银行是主债务人,对受益人负有不可推卸的、独立的付款责任。这就是开证行负第一性付款责任的意思所在。

【案例】我国某外贸公司与外商签订一出口合同,其中包装条款规定以新麻袋包装。之后,买方所在地银行开来了即期不可撤销信用证,我方业务员审证时发现,信用证的包装条款规定:以麻袋包装。经综合考虑后,我方决定以信用证规定为准,准备货物,在包装中使用了新、旧不同的麻袋。货物装船后，我外贸公司以全套合格单据向银行议付了货款。买方收到货物后，以包装不符合合同规定为由向我方提出索赔。问：我方应否赔偿？说明理由。

【分析】我方不能赔偿。本案例是一个较简单的案例，涉及信用证与合同的关系，以及信用证性质。

(1) 从信用证与合同的关系来看，信用证虽然是以合同为依据开立的，但信用证一经开出，就成为独立自主文件不受买卖合同的约束。

(2) 从信用证性质来看，首先，信用证是一种银行信用，开证行承担第一付款人责任；其次，信用证是一种独立自主文件，即使信用证提及该合同，银行也与该合同无关，且不受该合同的约束，开证行和参加信用证业务的其他银行只按信用证的规定办事；最后，信用证是一种单据买卖，开证行只根据表面上符合信用证条款的单据付款，实行所谓"严格符合原则"，不仅做到"单证一致"，即受益人提交的单据在表面上与信用证规定的条款一致，还要做到"单单一致"，即受益人提交的各种单据之间表面上一致。

(3) 从上述两点可以看出，我方要想从开证行(付款行)收到货款，必须严格按照信用证的规定备货和制单。从原则上来看，我方的做法是对的。

(4) 我方在处理上也有不妥之处，就是在发现信用证与合同不符时，应该合理应付，应该与买方合同内容再进行核对，或者要求对方改证，以避免日后出现争议。

资料来源：外销员考试案例.

二、信用证的当事人

信用证的基本当事人包括开证申请人、开证行、通知行和受益人，此外还包括保兑行、承兑行、议付行和付款行等。

(一) 开证申请人

国际贸易中，信用证的开证申请人(applicant)是进口商、买方、付款方。有时开证申请人也称开证人，也是运输单据的收货人。开证申请人一方面与出口商签有贸易合同；另一方面与开证行有信用证申请书合同，所以必须同时受贸易合同和信用证业务代理合同的约束，并享有相应权利。

进口商根据贸易合同的规定到与进口商有业务往来的银行申请开立信用证，提供开证担保并承担相关费用和及时赎单付款。同时，进口商有权取得与信用证相符的单据并得到合同规定的货物。

(二) 开证行

接受开证申请人委托开立信用证的银行即是开证行(issuing bank, opening bank)，有时开证行也被称作授予人。

开证行是以自己的名义对信用证下的义务负责的。根据申请人的指示开立信用证，承担第一性的付款责任，在拒付时适当处理。同时，开证行有权收取押金或取得质押，有权审单，单证不符有权拒付。开证行在验单付款之后无权向受益人或其他前手追索。

虽然开证行同时受到开证申请书和信用证本身两个契约约束，但是开证行依信用证所承担的付款、承兑汇票或议付或履行信用证项下的其他义务的责任，不受开证行与申请人或申请人与受益人之间产生纠纷的约束。

(三) 通知行

通知行(advising bank, notifying bank)是开证行在出口国的代理人，通知行的责任是及时通知或转递信用证,证明信用证的表面真实性并及时澄清疑点。如通知行不能确定信用证的表面真实性,即无法核对信用证的签署或密押,则应毫不延误地告知指示的发出银行,说明通知行不能确定信用证的真实性。如通知行仍决定通知该信用证,则必须告知受益人通告行不能核对信用证的真实性。

(四)受益人

国际贸易中,信用证的受益人(beneficiary)是出口商或卖方。受益人同时还是信用证汇票的出票人、货物运输单据的托运人,也是信用证的收件人。

受益人与开证申请人之间存在一份贸易合同,而与开证行之间存在一份信用证。受益人有权依照信用证条款和条件提交汇票及/或单据要求取得信用证的款项。受益人交单后,如遇开证行倒闭,信用证无法兑现,则受益人有权向进口商提出付款要求,进口商仍应负责付款。这时,受益人应将符合原信用证要求的单据通过银行寄交进口商进行托收索款。如果开证行并未倒闭,却无理拒收,受益人或议付行可以诉讼,也有权向进口商提出付款要求。

(五)保兑行

保兑行(confirming bank)是应开证行的要求在不可撤销信用证上加具保兑的银行。通常由通知行做保兑行,但是保兑行有权做出是否加保的选择。保兑行承担与开证行相同的责任,一旦对该信用证加具了保兑,就对信用证负独立的、确定的付款责任。如遇开证行无法履行付款时,保兑行履行验单付款的责任,保兑行付款后只能向开证行索偿,因为它是为开证行加保兑的。保兑行付款后无权向受益人或其他前手追索票款。

【案例】我国某公司向日本A客商出口一批货物,A客商按时开来不可撤销即期议付信用证,该证由设在我国境内的外资B银行通知并加具保兑。我公司在货物装运后,将全套合格单据交B银行议付,收妥货款。但B银行向开证行索偿时,得知开证行因经营不善已宣布破产。于是,B银行要求我公司将议付款退还,并建议我方直接向买方索款。问:我方应如何处理?为什么?

【分析】我方不能退还已经议付的货款。《跟单信用证统一惯例》规定,信用证支付方式是一种银行信用,开证行承担第一付款人责任。如果信用证中加列了保兑银行,保兑行与开证行对信用证承担同等付款责任。只要出口商交付了全套合格单据,保兑行必须议付货款,然后保兑行再向开证行议付。由于保兑行对开证行的资质和信用审核疏忽,造成开证行难以向保兑行议付货款,这与出口商无任何关系。

资料来源:豆丁网.

(六)付款行

开证行在信用证中指定另一家银行为信用证项下汇票上的付款人,被指定的银行就是付款行(paying bank)。它可以是通知行或其他银行。

付款行是开证行的付款代理人,如果开证行资信不佳,付款行有权拒绝代为付款。但是,付款行一旦付款,即不得向受益人追索,而只能向开证行索偿。

(七)议付行

议付又称为买单或押汇,是指由一家信用证允许的银行买入该信用证项下的汇票和单据,向受益人提供资金融通,买入单据的银行就是议付行(negotiating bank),具体做法是:议付行审单相符后买入单据垫付货款,即按票面金额扣除从议付日到汇票到期之日的利息,将净款付给出口商。

在信用证业务中,议付行是接受开证行在信用证中的邀请并且信任信用证中的付款担保,凭出口商提交的包括有代表货权的提单在内的全套出口单证的抵押,而买下单据的。议付行议付后,向开证行寄单索偿。如果开证行发现单据有不符合信用证要求的情况存在,拒绝偿付,则议付行有向受益人或其他前手进行追索的权利。

（八）承兑行

远期信用证如要求受益人出具远期汇票的,会指定一家银行作为受票行,由指定的银行对远期汇票做出承兑,这就是承兑行(accepting bank)。如果承兑行不是开证行,承兑后又最后不能履行付款,开证行应负最后付款的责任。若单证相符,而承兑行不承兑汇票,开证行可指示受益人另开具以开证行为受票人的远期汇票,由开证行承兑并到期付款。承兑行付款后向开证行要求偿付。

三、信用证的业务流程

信用证的业务流程如图8-8所示。

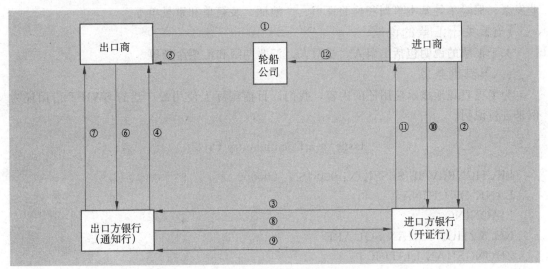

图8-8 信用证的业务流程

① 买卖双方签订贸易合同;
② 进口商申请开立信用证;
③ 开证行接受申请开出信用证;
④ 通知银行向受益人通知信用证;
⑤ 出口商按信用证规定发货;
⑥ 受益人向指定行交单;
⑦ 指定行根据自己的义务付款、承兑或议付;
⑧ 指定行向开证行寄单索汇或向开证行寄单并向偿付行索偿;
⑨ 开证行向交单行或偿付行付款;
⑩ 开证行通知申请人赎单;
⑪ 申请人付款赎单;
⑫ 申请人提货。

四、信用证的内容

一般信用证包括以下几个方面的内容。

（一）信用证本身情况的说明

信用证本身情况的说明包括开证行、通知行、开证申请人、受益人、信用证号码、信用证种类、开证金额、有效期限和地点等。

（二）关于货物的说明

关于货物的说明包括货物名称、数量、单价、包装等。

（三）关于运输的说明

关于运输的说明包括装运地、目的地、装运期限等。

（四）关于单据的说明

关于单据的说明包括单据的种类、份数、内容要求等，常见的单据包括运输单据、商业发票、保险单等基本单据和检验证书、产地证、装箱单和重量单等。

（五）关于汇票的说明

关于汇票的说明包括出票人、受票人、汇票期限和汇票金额等。

（六）其他条款

为了更直观地显示信用证的内容，我们以目前国际上使用最广泛的 SWIFT 信用证为例来进行说明。

Issue of a Documentary Credit

BKCHCNBJA08E SESSION：000 ISN：000000
BANK OF CHINA
LIAONING
NO. 5 ZHONGSHAN SQUARE
ZHONGSHAN DISTRICT
DALIAN
CHINA——开证行
Destination Bank：
KOEXKRSEXXX MESSAGE TYPE：700
KOREA EXCHANGE BANK
SEOUL
178.2 KA，ULCHI RO，CHUNG-KO——通知行
40A：Type of Documentary Credit
IRREVOCABLE——信用证性质为不可撤销
20：Letter of Credit Number
LC84E0081/17——信用证号码，一般做单时都要求注此号
31G：Date of Issue
170916——开证日期
31D：Date and Place of Expiry
171015 KOREA——失效时间地点

51D：Applicant Bank

BANK OF CHINA LIAONING BRANCH——开证行

50：Applicant

DALIAN WEIDA TRADING CO., LTD.——开证申请人

59：Beneficiary

SANGYONG CORPORATION

CPO BOX 110

SEOUL

KOREA——受益人

32B：Currency Code，Amount

USD 1,146,725.04——信用证总额

41D：Available with...by...

ANY BANK BY NEGOTIATION——承兑方式任何银行议付

有的信用证为 ANY BANK BY PAYMENT，这两句有区别，第一个为银行付款后无追索权，第二个则有追索权，就是有权限要回已付给你的钱。

42C：Drafts at

45 DAYS AFTER SIGHT——见证45天内付款

42D：Drawee

BANK OF CHINA LIAONING BRANCH——付款行

43P：Partial Shipments

NOT ALLOWED——分装不允许

43T：Transhipment

NOT ALLOWED——转船不允许

44A：Shipping on Board/Dispatch/Packing in Charge at/ from

RUSSIAN SEA——起运港

44B：Transportation to

DALIAN PORT，P. R. CHINA——目的港

44C：Latest Date of Shipment

170913——最迟装运期

45A：Description of Goods or Services：——货物描述

FROZEN YELLOWFIN SOLE WHOLE ROUND (WITH WHITE BELLY) USD770/MT CFR DALIAN QUANTITY：200MT

ALASKA PLAICE (WITH YELLOW BELLY) USD600/MT CFR DALIAN QUANTITY：300MT

46A：Documents Required——议付单据

1. SIGNED COMMERCIAL INVOICE IN 5 COPIES.——签字的商业发票五份

2. FULL SET OF CLEAN ON BOARD OCEAN BILLS OF LADING MADE OUT TO ORDER AND BLANK ENDORSED, MARKED "FREIGHT PREPAID" NOTIFYING LIAONING OCEAN FISHING CO., LTD. TEL：(86)411-3680288——一整套清洁已装船提单，抬头为 TO ORDER 的空白背书，且注明运费已付，通知人为 LIAONING

OCEAN FISHING CO., LTD. TEL：(86)411-3680288

3. PACKING LIST/WEIGHT MEMO IN 4 COPIES INDICATING QUANTITY/GROSS AND NET WEIGHTS OF EACH PACKAGE AND PACKING CONDITIONSAS CALLED FOR BY THE L/C.——装箱单/重量单四份，显示每个包装产品的数量/毛净重和信用证要求的包装情况

4. CERTIFICATE OF QUALITY IN 3 COPIES ISSUED BY PUBLIC RECOGNIZED SURVEYOR.——由PUBLIC RECOGNIZED SURVEYOR签发的质量证明三份

5. BENEFICIARY'S CERTIFIED COPY OF FAX DISPATCHED TO THE ACCOUNTEE WITH 3 DAYS AFTER SHIPMENT ADVISING NAME OF VESSEL，DATE，QUANTITY，WEIGHT，VALUE OF SHIPMENT，L/C NUMBER AND CONTRACT NUMBER.——受益人证明的传真件，在船开后三天内已将船名航次、日期货物的数量、重量价值、信用证号和合同号通知付款人

6. CERTIFICATE OF ORIGIN IN 3 COPIES ISSUED BY AUTHORIZED INSTITUTION.——当局签发的原产地证明三份

7. CERTIFICATE OF HEALTH IN 3 COPIES ISSUED BY AUTHORIZED INSTITUTION.——当局签发的健康/检疫证明三份

47A：ADDITIONAL INSTRUCTIONS——附加指示

1. CHARTER PARTY B/L AND THIRD PARTY DOCUMENTS ARE ACCEPTABLE.——租船提单和第三方单据可以接受

2. SHIPMENT PRIOR TO L/C ISSUING DATE IS ACCEPTABLE.——装船期在信用证有效期内可接受

五、信用证的种类

（一）按信用证项下汇票是否附带商业单据划分

按照信用证项下汇票是否附带商业单据，分为光票信用证和跟单信用证。

▶ 1. 光票信用证

光票信用证(clean credit)是指信用证项下的汇票不附带商业单据(主要是指运输单据)进行结算。银行凭光票信用证付款，也可要求受益人附交一些非货运单据，如发票、垫款清单等。光票信用证多用于贸易从属费用的结算，使用较少。

▶ 2. 跟单信用证

跟单信用证(documentary credit)是凭跟单汇票或仅凭单据付款的信用证。这里的单据主要是指代表货物所有权的运输单据(如海运提单等)，或证明货物已交运的单据(如铁路运单、航空运单、邮包收据)。目前国际贸易信用证结算中，大部分使用跟单信用证。

（二）按照信用证是否可以撤销划分

按照信用证是否可以撤销，分为可撤销信用证和不可撤销信用证。

▶ 1. 不可撤销信用证

不可撤销信用证(irrevocable L/C)指信用证一经开出，在有效期内，未经受益人及有关当事人的同意，开证行不能单方面修改和撤销，只要受益人提供的单据符合信用证规定，开证行必须履行付款义务。不可撤销信用证条件下，开证行的付款责任是第一位的。

▶ 2. 可撤销信用证

可撤销信用证（revocable L/C）指开证行不必征得受益人或有关当事人同意就可以随时撤销的信用证，应在信用证上注明"可撤销"字样。由于可撤销信用证对受益人的权力不能保障，故现实中较少使用。《UCP600》规定银行不可开立可撤销信用证。

【案例】某出口商收到一份信用证，上面没有明确该信用证属于可撤销信用证还是不可撤销信用证。在出口商备货过程中，忽然收到通知，声明信用证已被撤销。请分析，该做法是否符合《UCP 600》的惯例？

【分析】《UCP 400》规定，信用证如未注明"不可撤销"字样，均视为可撤销信用证。这种规定的缺陷是：如果稍有疏忽，必将导致受益人遭受严重的经济损失。《UCP 500》对此做了根本性的修改：凡信用证未注明可撤销或不可撤销字样的，应视为不可撤销信用证。鉴于可撤销信用证给各方带来诸多不利，《UCP 600》取消了可撤销信用证这一种类，今后所有的信用证均为不可撤销信用证。

资料来源：百度文库.

（三）按照信用证是否加具另一家银行的保兑划分

按照信用证是否加具另一家银行的保兑，分为保兑信用证和不保兑信用证。

▶ 1. 保兑信用证

保兑信用证（confirmed L/C）指开证行开出的信用证，由另一银行保证对符合信用证条款规定的单据履行付款义务。对信用证加以保兑的银行，称为保兑行。信用证加保兑后，由开证行和保兑行两家银行对受益人做出付款承诺，所以对于受益人来说具有双重保障。保兑行对信用证所负担的责任与信用证开证行所负担的责任相当。即当信用证规定的单据提交到保兑行或任何一家指定银行时，在完全符合信用证规定的情况下则构成保兑行在开证行之外的确定承诺。

▶ 2. 不保兑信用证

不保兑信用证（unconfirmed L/C）指开证行开出的信用证没有经另一家银行保兑。即便开证行要求另一家银行加保，如果该银行不愿意在信用证上加具保兑，则被通知的信用证仍然只是一份未加保的不可撤销信用证。不保兑信用证只有开证行一重确定的付款责任。

（四）按照信用证付款期限不同划分

按照信用证付款期限不同，分为即期信用证、远期信用证和假远期信用证。

▶ 1. 即期信用证

即期信用证（sight L/C）是指规定受益人开立即期汇票，或不需即期汇票、仅凭单据即可向指定银行提示请求付款的信用证。这种信用证结算可以迅速回收货款，应用比较多。

▶ 2. 远期信用证

远期信用证（Usance L/C）指开证行或付款行收到信用证的单据时，不立即付款，而是在规定期限内履行付款义务的信用证。此种信用证结算方式下，卖方先交单后收款，为买方提供融资方便。

▶ 3. 假远期信用证

假远期信用证（usance credit payable at sight）指信用证规定受益人开立远期汇票，由付款行负责贴现，并规定一切利息和费用由开证人承担。这种信用证对受益人来讲，看上去属于远期信用证，实际上仍属于即期收款。一般在信用证中有"假远期"（usance L/C payable at sight)条款。

(五) 按照信用证是否可以转让划分

按照信用证是否可以转让,分为可转让信用证和不可转让信用证。

▶ 1. 可转让信用证

可转让信用证(transferable L/C)指信用证的受益人(第一受益人)可以要求信用证中特别授权的转让银行,将该信用证全部或部分转让给一个或数个受益人(第二受益人)使用的信用证。开证行在信用证中要明确注明"可转让"(transferable),且只能转让一次。

▶ 2. 不可转让信用证

不可转让信用证(untransferable L/C)指受益人不能将信用证的权利转让给他人的信用证。凡信用证中未注明"可转让",即不可转让信用证。

【案例】I 银行开立一张不可撤销可转让跟单信用证,以 M 作为受益人,A 行为该证的通知行。在 A 行将该证通知 M 后,M 指示 A 行将此证转让给 X,该转证的到期日比原证早 1 个月。第二受益人 X 受到转证后,对于转证的一些条款与第一受益人 M 产生了分歧。双方经过多次协商,终未达成协议。而此时,该转证已过期。

于是 M 请求 A 行将已过期的未使用的转证恢复到原证。鉴于原证到期日尚有 1 个月,M 要求 A 行能将恢复到原证的金额再度转让给新的第二受益人 Y。A 行认为不能同意 M 的做法。因为将该证转让给 Y 构成了信用证的第二次转让,而这正违反了《UCP600》第 38 条的规定。

【分析】A 行在认识上存有误区。将未使用过的转证再次转让给另一新的第二受益人不能被视为二次转让。《UCP600》第 38 条规定:除非信用证另有规定,可转让信用证只能转让一次,因此,该信用证不能按第二受益人要求转让给随后的第三受益人。根据此条文意,由第一受益人做出的再次转让并不构成二次转让,而视为一次同时转让给多个受益人的情形。所以此等转让并非为《UCP600》所禁止。在此案中,既然第二受益人 X 并未接受转证,第一受益人 M 当然可以自动地将该证转让。当然 A 行也并未义务接受 M 再次转让的指示。《UCP600》第 38 条又规定:除非转让范围和方式已为转让行明确同意,转让行并无办理该转让的义务。

资料来源:智库文档.

(六) 背对背信用证

背对背信用证(back to back L/C)又称转开信用证、对背信用证,指受益人要求原证的通知行或其他银行以原证为基础,另开一张内容相似的新信用证,背对背信用证的开证行只能根据不可撤销信用证来开立。背对背信用证的开立通常是中间商转售他人货物,或两国不能直接办理进出口贸易时,通过第三者以此种办法来沟通贸易。其中的原始信用证又称为主要信用证,而背对背信用证是第二信用证。原信用证的金额(单价)应高于背对背信用证的金额(单价),背对背信用证的装运期应早于原信用证的规定。

(七) 循环信用证

循环信用证(revolving L/C)规定该信用证的使用方法是带有条款和条件的,因此不许修改信用证,只能更新或复活。在进出口买卖双方订立长期合同,分批交货,而且货物比较大宗单一的情况下,进口方为了节省开证手续和费用,即可开立循环信用证。

在按金额循环的信用证条件下,恢复到原金额的具体做法如下。

▶ 1. 自动式循环

每期用完一定金额，不需等待开证行的通知，即可自动恢复到原金额。

▶ 2. 非自动循环

每期用完一定金额后，必须等待开证行通知到达，信用证才能恢复到原金额使用。

▶ 3. 半自动循环

每次用完一定金额后若干天内，开证行未提出停止循环使用的通知，自第×天起即可自动恢复至原金额。

(八) 对开信用证

对开信用证(reciprocal L/C)是以交易双方互为开证申请人和受益人、金额大致相等的信用证。可同时互开，也可先后开立。对开信用证中，第一份信用证的开证申请人就是第二份信用证的受益人；反之，第二份信用证的开证申请人就是第一份信用证的受益人。第二份信用证也被称作回头证。第一份信用证的通知行一般就是第二份信用证的开证行。对开信用证广泛用于易货贸易、来料加工贸易、补偿贸易等。

(九) 预支信用证

预支信用证(anticipatory L/C，prepaid L/C)是在该证列入特别条款授权保兑行或其他指定银行在交单前预先垫款付给受益人的一种信用证。开证行授权代付行(通知行)向受益人预付信用证金额的全部或一部分，由开证行保证偿还并负担利息，即开证行付款在前，受益人交单在后，与远期信用证相反。预支信用证凭出口人的光票付款，也有要求受益人附一份负责补交信用证规定单据的说明书。当货运单据交到后，付款行在付给剩余货款时，将扣除预支货款的利息。

预支信用证也称为红条款信用证，即凭包含一个"红"条款的信用证提供信用贷款。红条款信用证通常包含一个特别条款，授权指定银行在交单前将信用证全部或部分金额预支给出口商。这个特殊条款以前是用红字打成的，故称为红条款信用证。红条款信用证必须是不可撤销的。随着国际贸易的发展，近年来预支条款已经不用红字标示，不过效用相同。

预支信用证主要用于出口商组货且资金紧张的情况，所以这种信用证的预支是凭受益人光票和按时发货交单的保证进行的，有些信用证则规定受益人要提交货物仓单作为抵押。

(十) 软条款信用证

软条款信用证是指不可撤销信用证中规定有信用证附条件生效的条款，或者规定要求信用证受益人提交某些难以取得的单证，使受益人处于不利和被动地位，导致受益人履约和结汇存在风险隐患的条款。含有软条款的信用证，信用证出现软条款的后果是信用证的支付被申请人或开证行单方面所控制，使作为出口方的受益人收取货款的权益无法得到保障。软条款依附在"信用证"这一具有银行信用的结算方式上，加上软条款的形式千变万化，没有固定的模式，可以随意制定，特别是一些软条款的表述十分专业，使这些软条款难以被非资深的专业人员所注意和理解。软条款的隐蔽性很大，一般不易引起受益人的警觉，因此常常被不法商人用作诈骗、违约、拒付的有效法律手段和工具。

在实践中，信用证的软条款林林总总，大致可以将它们分为以下几大类。

▶ 1. 生效条款

规定信用证暂时不生效，开证行另行指示或通知后方能生效的信用证。在此类信用证中，待通知的项目有装船期、船名及装载数量、以买方取得进口许可证为条件等。实践中，一旦市场行情发生不利于买方的变化，开证申请人就可以不通知而使信用证无法生效，或者直至信用证的有效期即将届满方才发出通知。由于时间局促，致使卖方迟延装运或者缮制单据，从而产生不符点，给开证行拒付创造条件。

▶ 2. 改变付款的性质

信用证规定必须在货物抵达目的港经买方检验合格后方才付款。在此种情况下，信用证项下银行的付款保证已无从谈起，实质上将信用证付款方式改成远期承兑交单的托收业务，卖方承受了全部收汇的风险。

▶ 3. 议付设限

信用证规定某些单据必须由指定人签署方能议付。例如，规定由开证申请人或开证申请人指定的人签发商检证书。这种信用证效力全部依赖开证申请人（买方）的签署，如果买方以货物不符为由拒签商检证书，则受益人（卖方）因缺少单据根本无法向银行议付。即使特定人签发了商检证书，但开证行又可能以签名与开证申请人在银行的留底不相符为由而拒绝付款。

▶ 4. 无付款保证

无明确的保证付款条款，或对银行的付款、承兑行为规定了若干前提条件。如明确表示开证行付款以买方承兑卖方开立的汇票为条件。这样，当买方拒绝承兑卖方开立的汇票时，银行就拒绝付款，或者表示货物清关后才支付、收到其他银行的款项才支付等。

▶ 5. 装运条款

有关运输事项如船名、装船日期、装卸港等，须以开证申请人修改后的通知为准。

▶ 6. 设置陷阱

设置不易被察觉的陷阱，使卖方难以取得合格的单据，从而保留拒付的权利，如在海运单据中规定将内陆城市确定为装运港。

▶ 7. 前后矛盾

信用证前后条款互相矛盾，受益人无论如何也做不到单单一致。

六、《跟单信用证统一惯例》（《UCP600》）

《跟单信用证统一惯例》2007年修订本，国际商会第600号出版物，适用于所有在正文中标明按本惯例办理的跟单信用证（包括本惯例适用范围内的备用信用证）。除非信用证中另有规定，本惯例对一切有关当事人均具有约束力。

《UCP500》（国际商会第500号出版物）自1994年1月1日开始实施，在十几年的实施过程中逐步暴露出很多缺陷和不足，在执行过程中引发了诸多争议。从2003年起，国际商会授权国际商会银行委员会对《UCP500》进行修改。由起草小组（起草小组由10位成员组成，其中8位来自欧洲，其余2位分别来自美国和新加坡）、咨询小组（由来自26个国家的银行、运输、保险等40余位专业人士组成）和各国的ICC国家委员会代表共同完成。在三年多的时间里，经过多次修改，《UCP600》终于于2006年10月25日在巴黎的BNP PARIBAS银行会议大厅举行的ICC银行技术与惯例委员会2006年秋季例会上以点名的形式，经71个国家和地区的ICC委员会以105票赞成通过，并定于2007年7月1日正式启用。

《UCP600》由《UCP500》的49条缩减为39条,其中第2条定义和第3条解释及第15条相符交单为新增,删除了原《UCP500》的第30条,将《UCP500》的34、35、36条(保险条款)合并为第28条。将《UCP500》第9条(开证行和保兑行责任)分拆成《UCP600》的第7条(开证行责任)和第8条(保兑行责任)。《UCP600》的其他条款有的保留了《UCP500》的基本内容,仅在《UCP500》的基础上稍做改动,而有的改动较大,或在原《UCP500》的基础上引入了国际商会出版的案例的内容或ISBP的内容。

第四节 其他结算方式

一、银行保函

(一)银行保函的定义

保函(letter of guarantee,L/G)又称保证书,是指银行、保险公司、担保公司或担保人应申请人的请求,向受益人开立的一种书面信用担保凭证,保证在申请人未能按双方协议履行申请人的责任或义务时,由担保人代申请人履行一定金额、一定时限范围内的某种支付或经济赔偿责任。银行保函是指银行应申请人或委托人的要求向受益方开出的书面付款保证承诺。

(二)银行保函的主要内容

银行保函的内容根据交易的不同而有所不同,但通常包括以下内容。

▶1. 基本栏目

基本栏目包括中联银融资担保保函的编号,开立日期,各当事人的名称、地址,有关交易或项目的名称,有关合同或标书的编号和订约或签发日期等。

▶2. 责任条款

责任条款即开立保函的银行或其他金融机构在保函中承诺的责任条款,这是构成银行保函的主体。

▶3. 保证金额

保证金额是开立保函的银行或其他金融机构所承担责任的最高金额,可以是一个具体的金额,也可以是合同有关金额的某个百分率。如果担保人可以按委托人履行合同的程度减免责任,则必须做出具体说明。

▶4. 有效期

有效期即最迟的索赔日期,或称到期日,是受益人索偿要求送达保证人的最后期限。它既可以是一个具体的日期,也可以在某一行为或某一事件发生后的一个时期到期。

▶5. 索赔条件

索赔条件指受益人在何种情况下可向开立保函的银行提出索赔。对此,国际上有两种不同的处理方法:一种是无条件的保函,即见索即付保函;另一种是有条件的保函,或称从属性保函。

(三)银行保函的当事人

银行保函的基本当事人包括申请人、受益人和担保人,除此之外还有通知行、转开行、保兑行、反担保人等其他当事人。

▶ 1. 申请人

申请人是向银行或保险公司申请开立保函的人。申请人的权责如下：

(1) 在担保人按照保函规定向受益人付款后，立即偿还担保人垫付的款项；

(2) 负担保函项下一切费用及利息；

(3) 担保人如果认为有需要，应预支部分或全部押金。

▶ 2. 受益人

受益人是有权按保函的规定出具索款通知或连同其他单据，向担保人索取款项的人。若申请人未按合同履约，受益人可在保函有效期内提交相符的索款声明，或连同有关单据向担保人索款，并取得付款。

▶ 3. 担保人

担保人是保函的开立人。担保人接受委托人申请后，依委托人指示开立保函给受益人。开立保函时，担保人有权决定是否要求申请人预缴押金。保函一经开出，担保人就有责任按照保函承诺条件，合理审慎地审核提交的包括索赔书在内的所有单据，向受益人付款。担保人付款后，有权要求申请人偿还担保人的垫款。若委托人不能立即偿还垫款，担保人有权处置押金、抵押品、担保品。如果处置后仍不足抵偿，则担保行有权向委托人追索不足部分。

(四) 银行保函的分类

银行保函广泛应用于货物买卖、国际工程承包、招标投标，国际借贷等领域，下面介绍一些常见的保函。

▶ 1. 投标保函

投标保函（tender guarantee）是指担保银行应投标人（申请人）的请求开给招标人（受益人）的一种书面担保文件，保证若投标人不履行投标人的投标义务时，保证人将按保函规定负赔偿责任。此类保函主要是担保投标人在开标前不撤销或者修改投标文件，中标后要保证签约和履行合同。投标保函的金额一般为合同金额的2%～5%。

▶ 2. 履约保函

履约保函（performance guarantee）是指担保银行应一方（申请人）的申请开给另一方（受益人）的书面信用担保，承诺申请人不履行合同时，担保人按照约定金额负赔偿责任。履约保函既可以为工程承包商提供担保，也可用于货物进出口。在一般货物进出口交易中，履约保函又可分为进口履约保函和出口履约保函。

(1) 进口履约保函。进口履约保函是指担保人应申请人（进口人）的申请开给受益人（出口人）的保证承诺。保函规定，如出口人按期交货后，进口人未按合同规定付款，则由担保人负责偿还。这种履约保函对出口人来说，是一种简便、及时和确定的保障。

(2) 出口履约保函。出口履约保函是指担保人应申请人（出口人）的申请开给受益人（进口人）的保证承诺。保函规定，如出口人未能按合同规定交货，担保人负责赔偿进口人的损失。这种履约保函对进口人有一定的保障。

▶ 3. 还款保函

还款保函又称预付款保函或定金保函，是指担保人应合同一方当事人的申请，向合同另一方当事人开立的保函。保函规定，如申请人不履行他与受益人订立合同的义务，不将受益人预付或支付的款项退还或还款给受益人，担保人向受益人退还或支付款项。

除上述几种保函外，还可根据保函其他功能和用途的不同，归类为其他种类的保函，如补偿贸易保函、来料加工保函、技术引进保函、维修保函、融资租赁保函、借款保函等。

二、备用信用证

（一）备用信用证的定义和性质

备用信用证(standby letters of credit，SBL/C)又称担保信用证，是指不以清偿商品交易的价款为目的，而以贷款融资或担保债务偿还为目的所开立的信用证。它是集担保、融资、支付及相关服务为一体的多功能金融产品，因用途广泛及运作灵活，在国际贸易中得以普遍应用。

备用信用证是一种特殊形式的信用证，是开证银行对受益人承担一项义务的凭证。开证行保证在开证申请人未能履行应履行的义务时，受益人只要凭备用信用证的规定向开证行开具汇票，并随附开证申请人未履行义务的声明或证明文件，即可得到开证行的偿付。

备用信用证最早流行于美国，因美国法律不允许银行开立保函，故银行采用备用信用证来代替保函，后来备用信用证逐渐发展成为为国际性合同提供履约担保的信用工具，用途十分广泛，如国际承包工程的投标、国际租赁、预付货款、赊销业务及国际融资等业务。国际商会在《跟单信用证统一惯例》1993年文本中明确规定该惯例的条文适用于备用信用证，即将备用信用证列入了信用证的范围。

（二）备用信用证的种类

备用信用证的种类很多，根据在基础交易中备用信用证的不同作用，主要可分为以下8类。

▶ 1. 履约备用信用证

履约备用信用证(performance standby L/C)用于担保履约而非担保付款，支持一项除支付金钱以外的义务的履行，包括对由于申请人在基础交易中违约所致损失的赔偿。在履约备用信用证有效期内若申请人违约，开证人将根据受益人提交的单据代申请人赔偿备用信用证中规定的金额。

▶ 2. 投标备用信用证

投标备用信用证(tender bond standby L/C)用于担保申请人中标后执行合同义务和责任，若投标人未能履行合同，开证人必须按备用信用证的规定向收益人履行赔款义务。投标备用信用证的金额一般为投保报价的1%～5%。

▶ 3. 反担保备用信用证

反担保备用信用证(counter standby L/C)又称对开备用信用证，它支持反担保备用信用证受益人所开立的另外的备用信用证或其他承诺。

▶ 4. 融资保证备用信用证

融资保证备用信用证(financial standby L/C)支持付款义务，包括对借款的偿还义务的任何证明性文件。目前外商投资企业用以抵押人民币贷款的备用信用证就属于融资保证备用信用证。

▶ 5. 预付款保证备用信用证

预付款保证备用信用证(advance payment standby L/C)用于担保申请人对受益人的预付款所应承担的义务和责任。这种备用信用证通常用于国际工程承包项目中业主向承包人支付的合同总价 10%~25%的工程预付款,以及进出口贸易中进口商向出口商支付的预付款。

▶ 6. 直接付款备用信用证

直接付款备用信用证(direct payment standby L/C)用于担保到期付款,尤指到期没有任何违约时支付本金和利息。直接付款备用信用证已经突破了备用信用证备而不用的传统担保性质,主要用于担保企业发行债券或订立债务契约时的到期支付本息义务。

▶ 7. 保险备用信用证

保险备用信用证(insurance standby L/C)支持申请人的保险或再保险义务。

▶ 8. 商业备用信用证

商业备用信用证(commercial standby L/C)是指如不能以其他方式付款,为申请人对货物或服务的付款义务进行保证。

(三) 备用信用证所适用的国际惯例

备用信用证只适用《跟单信用证统一惯例》的部分条款。由于美国的法律不允许使用银行保函,备用证在美国普遍使用,美国的国际银行法律与惯例学会最初起草《国际备用信用证惯例 ISP98》,以后国际商会认识到备用证业务在国际经贸活动中的日益重要性,最后由国际商会的银行技术与惯例委员会于 1998 年 4 月 6 日批准了该惯例,于 1999 年 1 月 1 日生效,并在全世界推广。

(四) 备用信用证与银行保函的异同

▶ 1. 相同点

(1) 都是银行根据申请人的要求向受益人开具的书面担保文件,基本当事人相同。
(2) 两者都是备用性质的。
(3) 使用目的相同,以银行信用弥补商业信用之不足。
(4) 都适用于经济活动中的履约担保。
(5) 在要求提交的单据方面,都要求提交索偿声明。

▶ 2. 不同点

(1) 保函与备用信用证的国际惯例不同。保函的国际惯例有《见索即付保函统一规则》(国际商会 458 号出版物)。备用证的国际惯例是《国际备用证惯例 ISP98》。
(2)《见索即付保函统一规则》(国际商会 458 号出版物)规定保函项下受益人索赔的权利不可转让;而《国际备用证惯例 ISP98》中订有备用证受益人的提款权利转让办法的有关条款,意味备用证是允许转让的。
(3) 保函有反担保作保证。备用证方式下无此项目。
(4) 保函有负第一性付款责任的,也有负第二性付款责任的,而备用信用证总是负第一性付款责任的。

第五节 结算方式的选择

国际贸易中,每一种结算方式可以单独使用,也可以根据具体情况将两种或以上的结算方式结合起来使用,从而安全结汇,加速资金周转。

一、主要结算方式的比较

国际贸易中最常用的三种结算方式是汇款、托收和信用证,表 8-1 所示为资金负担、银行费用、手续繁简等方面的比较。

表 8-1 主要结算方式的比较

结算方式		手续	银行收费	资金负担	买方风险	卖方风险	银行风险
汇款	预付货款	简便	低廉	不平衡	最大	最小	没有
	到货付款				最小	最大	没有
托收	付款交单	较繁	较高	不平衡	较小	较大	没有
	承兑交单				极小	极大	没有
跟单信用证		最繁	最高	较平衡	较小	较小	有

二、选择国际结算方式的考虑因素

选择结算方式时,我们主要从以下几个方面来考虑。

(一)客户信用

交易对手的资信直接决定交易的结果,因此选择资信良好的交易对手非常有必要。对于资信不好的客户,应该选择风险比较小的结算方式,对于资信良好的客户可以选择手续简单、费用比较低的结算方式。值得提醒的是,客户资信不是一成不变的,应随时关注对方的信用变化情况。

【案例】本市某石材进口公司与意大利一公司做了数笔小额的石材进口交易,以信用证结算,业务交往很顺,对贸易伙伴的资信觉得可以信赖,因此签订了一笔数十万美元的石材进口合同。信用证开出后,进口的货物如期运抵国内,信用证项下的单据随后也寄抵开证行,经开证行审核,全套单据相符,进口公司付款赎单,提货后发现进口的石材存在严重的质量问题,要求开证行对外拒付。

【分析】相信老客户,未实时了解交易对手的资信及信誉变化状况。信用证结算方式下,各有关方所处理的是单据,而不是与单据有关的货物、服务或其他履约行为;只要单据完全相符,开证行就必须承担付款责任。本案的货物质量问题只能由进出口双方协商解决或以法律手段解决。

资料来源:豆丁网.

(二)货物销路

作为出口商,应该时刻关注市场行情,并与结算方式结合起来考虑。若货物畅销,出口商主动性较大,可以选择对自己有利的结算方式;若货物滞销,出口商处于被动地位,可能结算方式于自己不是很有利，出口商则应想办法降低收款风险。

（三）贸易术语

交易合同中贸易术语不同，结算方式应该有所不同，一般只有在 CIF、CFR、CPT、CIP 等象征性交货条件下，才会使用信用证或者跟单托收方式。作为进出口商，应该了解国际商会出版的《国际贸易术语解释通则》关于贸易术语的不同规定，选择适当的结算方式。

（四）运输单据

运输方式不同，运输单据效力不同。海上运输方式下，海运提单才是货物所有权凭证，这时才能用信用证和跟单托收方式结算，因为卖方可以通过掌握货物所有权凭证来制约买方付款。不可转让的海运单、空运单、铁路运单和邮包单据等由于单据不具有物权性质，所以不适合采用信用证和跟单托收等方式。

（五）承运人

承运人的实力、信誉、管理水平直接关系到货物的安全性，在实际业务中，无论是进口还是出口，都应该尽量争取由我方安排运输，尤其是出口时，由卖方安排运输可以最大限度地保证货物安全，防止钱货两空。

（六）货币因素

结汇货币的种类选择直接关系到汇率风险的承担问题，一般来说，以出口国货币支付，汇率风险由买方承担；以进口国货币结算，外汇风险由卖方承担。另外币值走势状况也直接影响到收付双方的利益。如果使用软货币，对付款方有利；如果使用硬货币，则对收款方有利。

【案例】2017 年 3 月，A 文化用品公司与美国 C 贸易公司签订一份买卖合同，约定 C 公司向 A 公司购买一批塑料文具。

A 公司委托美国 B 运输公司将这批塑料文具运往纽约，并根据承运人的要求在指定时间将货物运到指定的装运港口。6 月，货物装船，船长签发了一式三份正本记名提单。货到目的港后，C 公司始终未付款，A 公司拟将货物运回。在与美国 B 运输公司的交涉过程中，A 公司于同年 12 月得知货物已被 C 贸易公司凭汇丰银行出具的保函提取。A 公司遂要求美国 B 公司承担无单放货的责任，而美国 B 公司认为，应由买方 C 公司承担责任。双方协商不成，A 公司遂提起诉讼。

【分析】A 文化用品公司是涉案货物买卖合同的卖方和提单上的托运人，将货物交给美国 B 运输公司承运，并取得美国 B 公司签发的记名提单，在收货人 C 贸易公司未付货款的情况下，A 公司仍然是合法的提单持有人，有权主张提单项下的物权。作为物权凭证，提单的主要意义就在于，合法的提单持有人有权控制和支配提单项下的货物，并可以据此担保债的实现。美国 B 公司在未征得托运人同意，又未收回正本提单的情况下将货物交给非提单持有人的行为，显然侵犯了 A 公司在提单项下的物权，造成 A 公司未收回货款而对提单项下的货物失控，所以美国 B 公司依法应当对 A 公司因此遭受的经济损失承担赔偿责任。最后，法院判决美国 B 公司向原告 A 文化用品公司赔偿所有货款及利息损失。

资料来源：豆丁网．

三、不同结算方式的结合使用

(一) 信用证与汇款结合

信用证与汇款结合是指一笔交易的货款,部分用信用证方式支付,预付款或余额采用汇款方式结算。

这种结算方式的结合形式常用于允许交货数量有一定机动幅度的某些初级产品的交易。进出口双方在合同上约定90%的货款以信用证方式支付,其余10%在货物运抵目的港,经检验合格后,按实际到货数量确定余款,以汇款方式支付。使用这种结算形式,必须首先在合同里订明采用的是何种信用证和何种汇款方式,以及金额支付的比例。

【案例】甲国的A公司出口农产品给乙国的B公司,双方商定用信用证方式结算。由于商品的数量不易控制,B公司在申请开证时难以确定金额。请分析在这种情况下,可以怎样结合不同的结算方式,既保证收汇,又有数量和金额变化的灵活性?

【分析】本案可以采用信用证与汇款相结合的方式,即主体货款用信用证方式,余款用汇款方式在货物发运后支付。在货物发运前,先开立信用证,规定凭装运单据支付若干金额,待装运完毕核算装运数量,或货物到达目的地经检验后,将余款用汇款方式支付。

资料来源:百度文库.

(二) 信用证和托收的结合

信用证和托收的结合是指一笔交易的货款,部分用信用证方式支付(通常是合同金额的40%~70%),其余货款以即期或远期付款交单的托收方式结算。

具体做法通常是:必须由信用证的开证行兼任托收项下的代收行,并在信用证中规定出口商开立两张汇票,信用证项下的部分货款凭光票付款,托收方式部分则附带全套货运单据,在进口方付清发票的全额后才可交单。

这种方式,可减少进口商的开证保证金和开证额度的占用,加速资金周转。对出口商来说,因有部分信用证的保证,且信用证规定货运单据跟随托收汇票,开证银行须待全部货款付清后,才能向进口商交单,所以,收汇比较安全。

(三) 跟单托收与汇款相结合

合同中规定的支付方式为买方签订合同后先支付一定金额的预付款或押金。货物装运后,剩余部分通过银行托收。例如,买方已支付20%~30%的定金,一般不会拒付托收项下的货款,否则定金将无法收回。这种方式下,卖方的收汇风险将大大降低,即使买方拒付,卖方仍可以将货物返运回国,定金将用于支付往返运费。

【案例】甲国的A公司出口机电设备给乙国的B公司。A公司为了收汇安全,希望B公司预付货款,而B公司为了保证能收到货物,希望采用托收的结算方式。双方需要寻找一种较为平衡的结算方式,考虑到信用证结算费用较高,他们不打算使用信用证结算方式。请分析在这种情况下,可以怎样结合不同的结算方式?

【分析】本案可以采用托收与汇款相结合的结算方式。A公司为了收汇更有保障,为了加速资金周转,可以要求进口商在货物发运前使用汇款方式,预付一定金额的定金(down payment)作为保证,或预付一定比例的货款。在货物发运后,出口商委托银行办理跟单托收时,在托收全部货款中,可将预付的款项扣除。如托收金额被拒付,出口商可将货物运回,以预收的定金或货款抵偿运费、利息等一切损失。关于定金或预付货款规定多少,可视不同客户的资信和不同商品的具体情况确定。

资料来源:百度文库.

(四) 汇款、托收、信用证的结合

汇款、托收、信用证结合使用的形式常用于大型机械、成套设备和大型交通运输工具(飞机、船舶等)等货款的结算。这类产品交易金额大,生产周期长,检验手段复杂,交货条件严格,以及产品质量保证期限长,往往要求买方以汇款方式预付部分货款或定金,大部分货款以信用证方式结算,尾款部分以托收方式结算。尾款付款期限较长,一般在卖方完成全部交货责任或承担质量保证期满,经检验合格后再予付清。

(五) 汇款与保函的结合使用

无论是预付货款还是货到付款,都可以使用银行保函来防止收款后不交货或收货不付款的情况出现。

预付货款时,进出口双方在合同规定中,进口商以汇款方式预付部分或全部货款,出口商则通过银行开立以进口商为受益人、相当于预付款金额的预付保函为收款条件,保证按期交货。一旦出口商违约,进口商可凭保函向担保银行索回预货款。

货到付款时,进出口双方可在合同中规定进口商通过银行开立以出口商为受益人、相当于货物总金额的付款保函。出口商根据合同规定发货,一旦进口商收到货后不履行付款义务,出口商可凭保函向担保银行索赔。

(六) 信用证和保函的结合使用

在成套设备或工程承包交易中,除了支付货款外,还要有预付定金或保留款的收取。一般货款可用信用证方式支付,保留款的支付及出口商违约时的预付款的归还可以使用保函或备用信用证作为保证。

信用证用银行信用保证出口商收汇安全,而保函则保证了在合约未得到适当履行时,受损一方可以得到赔偿。两种方式的结合,是成套设备或工程承包交易中常见的方式。

(七) 托收和保函的结合使用

在以承兑交单的托收方式作为出口货款的结算时,出口商可要求进口商通过银行开出以出口商为受益人、与托收单据金额相等、期限长于托收付款期限的付款保函。出口商根据合同规定发货并通过托收银行将全套物权单据传递给进口方银行后,进口商即可办理承兑交单,然后凭单提货。

如果进口商在付款到期时不履行付款义务,出口商可向担保银行索取该笔托收项下货款。

拓展阅读

国际贸易结算方式的最佳选择

随着世界经济的全球化和中国加入 WTO,中国经济正日益与世界经济接轨,为了更好地融入国际市场,在国际贸易中获得更佳的经济效益,灵活选择国际贸易结算方式就显得尤其重要。当今国际贸易中常见的结算方式主要有预付货款、托收、信用证、银行保函、赊销及这些结算方式的组合。这五种国际贸易结算方式,在促使或监督对方履约方面的力度不同,交易成本亦不同。国际贸易结算方式的最佳选择应注意:在促成贸易成功的大前提下,有效监督对方履约并尽量降低结算成本。

一、贸易结算财务成本选择

国际贸易中的成本由很多因素构成，如商品制造或购买成本、运输成本、保险成本等，在现代国际金融体系下，结算成本也是其中因素之一。如果只有一种结算方式，因无法比较，可以说不存在结算成本问题。但当有多种结算方式供选择时，在不同结算方式的比较中就会产生贸易结算成本的概念。例如，因支付方式的改变，导致交易中某一方财务费用的增加，或者导致使用第三者（一般是银行）费用的增加等。所谓贸易结算财务成本，就是使用某种支付方式时所必须承担的各项费用，主要包括财务费用、款项转移费用。

1. 财务费用

财务费用是指由于付款日期的不同，交易双方为履约（例如，出口商为组织商品的生产，或者说进口商为付款）所额外付出的融资成本，或者是使用自己流动资金的机会成本。付款日越早，进口商的财务费用越高，出口商的财务费用就越低。反之，付款日越晚，进口商的财务费用越低，出口商的财务费用则越高。在实际工作中，财务费用是根据成交日、装运日、卸货日、使用日四个付款时间来计算。

2. 款项转移费用

款项转移费用可以简称为转移费用，指的是为实现货款从进口商一方转移到出口商一方所需要的费用。现代国际贸易中的转移费用主要是指支付给银行的费用，银行向客户提供款项转移服务所收取的费用当然是具体的数字。但是不同国家的银行即便向客户提供相同的服务，收取的货币币种不同，数额也不同，缺乏可比性，因此只能在常用的几种支付方式中界定它们的相对费用，即哪一种最贵，哪一些介于中间。据有关资料反映，在美国，支付一笔同样数目的货款，如果采用汇款方式，花费大约在几十美元；如果采用托收业务，花费大约在200~300美元；如果是信用证业务，大约在400~500美元。每一种支付方式的发起方所承担的转移费用从低到高依次为：①预付货款和赊销方式下的汇款费用；②托收业务中的托收费用；③信用证业务下的所有费用；④银行保函下的所有费用。

在实际操作中，采用何种结算方式就应分别算出选用结算方式下对应的财务费用、款项转移费用，然后加以比较选择。一般而言，如果说双方都不担心对方违约，或者说在双方违约风险几乎为零的时候，首选的支付方式应该是预付货款或赊销，其次是托收，再次是信用证，最后才是保函。

二、贸易结算风险成本选择

在国际贸易中，国际结算风险成本主要包括对方违约风险和对方退出风险。

1. 对方违约风险

对方违约风险是指在交易双方既定的支付方式下，一方履约后另一方违约的可能性，或者说一方履约后另一方违约空间的大小。另一方违约的原因既可能是商业性的，也可能是非商业性的。例如，在托收方式下，出口商将商品运抵进口商所在国后，进口商拒绝付款、拒绝提货的可能性要大大高于信用证支付方式。因为托收方式下，出口商履约将货物运抵目的地后，如果进口商拒绝付款或拒绝接受货物，他不会遭受损失，也不会直接受到来自第三方的惩罚。

2. 对方退出风险

对方退出风险是指一种支付方式下，由于条件不利，导致商业中的一方退出交易的可能性。在交易中追求自己利益的最大化，这是国际贸易商人的理性行为。进口商的最大利益莫过于不付钱而获得自己想得到的商品，出口商的利益最大化莫过于收到了款项而不提供商品。真正的商人不会做赔本的买卖,健全的市场经济都会有一个良好的退出机制。因此,一种支付方式如果使交易一方遭受风险太大或无利可图时,其中一方退出交易的可能性就是对方遭受的退出风险。例如,全额预付货款的支付方式对出口方有利,但由于进口方承担的风险太大,即便价格和运输条件已谈妥,也有可能导致进口商因支付交易成本太高而退出,那么出口商将遭受很大的对方退出风险。因此,进出口商人选择结算方式时,不仅要考虑结算必须付出的费用,而且还要考虑选择结算方式时所承担的风险成本。在所有结算方式中,汇付货款是出口商满意的方式。选用此方式,出口商所付的财务费用和转移费用较低,遭受对方违约的风险很小,但却面临较大的对方退出风险,所以出口商在选择使用该种支付方式时,必须考虑进口商的接受程度。如果进口商根本没有接受的可能性,为了成交,出口商宁愿采用其他的结算方式。综上所述,当存在违约风险,考虑贸易风险成本时,双方首选的支付方式是信用证。至于预付货款、赊销、托收都是次优选择,如果非要在次优中选择一种结算方式,就取决于哪一方更握有主动权了。

三、业务实践中灵活选择

一笔贸易究竟采用哪一种结算方式,在业务实践中,往往取决于各当事人自身收益衡量与风险偏好基础上的谈判,此外还与贸易货物的特点、贸易地区的交易习惯、相应法规相关。长期以来,信用证一直是国际贸易结算中最常使用的方式,但是随着世界经济一体化的推进,这种局面也在悄悄地发生变化。据有关资料统计,美国企业利用信用证进行国际贸易结算的比例大约在25%。在欧洲,尤其是欧盟内部,信用证业务较少,有"夕阳业务"之称,代之而来的大部分是见货后或者收货后付款(归属于赊销)。

为什么信用证在西方经济发达国家的对外贸易中用得比较少呢?上文已经提出,当交易中存在较大违约风险时,信用证是支付交易成本最低的结算方式;当违约风险较少时,使用信用证结算则会增加交易成本,为理性的交易者所不采用。第一次世界大战和第二次世界大战之间,世界政治局面动荡,经济秩序十分混乱,国际贸易商为了规避结算风险,创造并发明了信用证结算方式。"二战"以后西方国家进入较长时期的相对稳定发展的阶段。欧洲大陆国家普遍比较小,国家与国家之间大部分是陆路相通,彼此之间犹如左邻右舍,可以说是知根知底,随着现代计算机及通信技术的进步,商业欺诈行为因信息不对称条件的改善而大为减少,此外欧洲悠久的法治传统和市场经济下对商业信誉的重视,买卖双方违约事件发生的概率比较低,交易者自然要选择比信用证交易成本更低的支付方式。

在国际贸易实务中,信用证方式不仅增加了贸易的结算成本,而且还有自身的体制缺陷。信用证业务的实际效用偏重于促使进口方履行付款责任,而对出口方提供与信用证要求相符单据的约束力比较小。特别是当代全球剩余经济表现为买方市场的普遍形成,买方在自己握有较多贸易主动权的情况下,必然少选或者不选对他不利的支付方式。当卖方认为买方持币拒付的可能性不是很大时,选择信用证之外的支付方式以降低支付交易成本,也是一种很理性的选择。

10年前,我国对外贸易之所以较多地使用信用证,有比较复杂的原因。

第一,中国的对外开放不过20多年的历史,中国进出口商与外国进出口商之间还没有在大范围内建立起长期的合作伙伴关系和战略合作关系,彼此之间的信用度还有待时间的考验。使用信用证虽然增加了银行费用,却提高了双方履约的积极性。在规避风险和降低银行费用之间,毕竟前者更为重要,只有在履约得到保证的前提下,才能考虑降低银行费用问题。

第二，中国地域辽阔，再加上或多或少的地方保护主义现象，国内进出口商与国外的贸易伙伴之间有一种遥远的距离感，彼此难以真正知晓对方的经营作风和财务状况，或者说，进出口商人之间的信用链非常微弱，只好"租用"银行的信用来完成交易。

第三，信用证业务有助于中国政府进行贸易和外汇方面的管制：出口业务使用信用证，有利于国家掌握出口收汇的真实情况，防止资本外逃；进口业务使用信用证，有利于国家控制进口商品的种类和数额，另外，也能有效避免个别不法公司以进口为由而行骗汇之实。但是我国广泛使用信用证不仅增加了国际贸易成本，而且不利于外贸公司提高自己的信用以减少对银行信用的"租用"。

目前，我国已加入了世界贸易组织，国民经济的许多方面已融入世界经济的潮流，面对日趋激烈的国际市场竞争，除了价格竞争之外，结算方式也成了一种重要的竞争手段。当前，国际市场上几乎所有的商品都成为买方市场，卖方为了扩大出口，为了夺得更多的市场份额，不得不以优惠的付款方式变相地给买方融资。而许多买方乐于做无本生意，或以小本钱做大生意，努力降低融资成本和自有资金占用，也强烈要求卖方付款条件优惠。据江苏省医保进出口（集团）公司统计，10年前，该公司信用证付款方式的业务占60%以上，现在只占20%左右，D/A托收、D/P托收和T/T已占50%以上。从上面的数据可以看出，信用证业务越来越少，当然，货款结算风险也越来越大。为了不让不法商人钻空子，在进出口贸易业务中不吃亏、不上当、不受骗，在业务实践中，必须灵活选择结算方式。

1. 在确定付款方式之前，尽量多做客户资信调查，如客户的企业性质是贸易公司，还是零售商，或是生产厂家，该公司的规模、经营范围、往来银行名称及账号，与中国其他公司有无其他业务关系，公司有无网站。一方面请客户自我介绍，然后从侧面加以证实；另一方面可通过银行、保险部门和驻外机构进行调查，也可委托中国银行对客户进行专门资信调查。

2. 对不同地区的客户，采用不同的做法。如欧、美、日、澳、新地区的客户，一般而言，资信比较好，国家金融运作体系正常，所以D/P远期风险不大。南美、非洲、中东、原苏东地区都是高风险地区，即便是D/P即期或远期付款，也要求投保出口信用险。

3. 视合同金额的大小和新、老客户区别对待，灵活采用结算方式。如果是老客户，以前配合很好，涉及合同金额比较小，可以接受D/A远期或后T/T；如果是新客户，或者合同金额较大，对D/A托收和后T/T业务，要求必须投保出口信用险。

4. 对客户资信实行动态掌握，连续考察，随时注意调整结算方式。例如，江苏医保进出口（集团）公司和一个加拿大客户做生意，最早是D/P即期付款方式，由于有其他公司竞争，后改为D/P60天，在价格上增加了相应的银行利息费用。一年后客户称业务做大了，银行资金周转有困难，而银行授信额度有限，要求做D/A60天，并称其他公司已接受了这种付款条例。江苏该公司与客户经过几轮洽谈，最后决定试做一年。在试做期间，他们抓住客户有时付款不及时，未能履行承诺，有理有节地说服客户，最终恢复到原D/P即期付款方式。

5. 运用灵活的T/T付款方式。与银行本票和商业支票相比，T/T付款既快捷又安全，银行本票和商业汇票要反向托收或到银行贴现，而且商业汇票存在极大风险。在实际业务中，灵活采用T/T付款方式，有时也可和其他付款方式结合起来应用。如江苏医保进出口(集团)公司对南美一个客户的业务，付款方式是客户先 T/T10%(预付)，装船后再 T/T40%，余款50%采用 D/P 即期付款交单。

资料来源：危英.论国际贸易结算方式最佳选择[J].求索，2004(11).

本章小结

本章主要介绍国际结算的工具和方式。

国际结算的工具主要指票据，包括汇票、本票和支票。

汇票是一人向另一人签发的，要求即期或定期或在将来可以确定的时间，为某人或某人的指定来人或执票来人支付一定金额的无条件书面支付命令。

本票是一人向另一人发出的，保证于见票时或定期或在可以确定的将来日期，对某人或某人的指定人或持票人支付一定金额的无条件的书面承诺。

支票是出票人签发，委托办理支票存款业务的银行或者其他金融机构在见票时无条件支付确定的金额给收款人或持票人的票据。

国际结算中最常用的结算方式有汇付、托收和信用证三种，其中汇付和托收属于商业信用，信用证属于银行信用。

汇付是指付款人通过银行或者其他途径主动将款项汇交给收款人的行为。

托收是指卖方在装货后为了向国外买方收取货款，按发票货值开出汇票，或随发票及其他货运单据，委托当地银行向买方所在地的有关银行要求买方按期按额付款。

信用证是银行(开证行)根据买方(申请人)的要求和指示向卖方(受益人)开立的、在一定期限内凭规定的单据符合信用证条款，即期或在一个可以确定的将来日期，兑付一定金额的书面承诺。

信用证根据分类标准不同，可以分为不同的种类。以信用证项下的汇票是否附有货运单据，可划分为跟单信用证和光票信用证；以开证行所负的责任为标准，可以分为不可撤销信用证和可撤销信用证；以有无另一银行加以保证兑付，可以分为保兑信用证和不保兑信用证；根据付款时间不同，可以分为即期信用证、远期信用证和假远期信用证；根据受益人对信用证的权利可否转让，可分为可转让信用证和不可转让信用证；此外，还有循环信用证、对开信用证、对背信用证、预支信用证等不同的种类。

银行保函和备用信用证是作为国际担保的主要形式，在国际贸易中也发挥着重要作用。银行保函是指银行应申请人或委托人的要求向受益方开出的书面付款保证承诺。备用信用证是一种特殊形式的信用证，是开证银行对受益人承担一项义务的凭证。开证行保证在开证申请人未能履行开证申请人应履行的义务时，受益人只要凭备用信用证的规定向开证行开具汇票，并随附开证申请人未履行义务的声明或证明文件，即可得到开证行的偿付。

自测题

一、单项选择题

1. 背书人在汇票背面只有签字，不写被背书人名称，这是(   )。

A. 限定性背书　　　　B. 特别背书　　　　C. 记名背书　　　　D. 空白背书

2. 承兑以后，汇票的主债务人是（　　）。
A. 出票人　　　　　　B. 持票人　　　　　C. 承兑人　　　　　D. 保证人

3. 不可撤销信用证的鲜明特点是（　　）。
A. 给予受益人双重的付款承诺　　　　B. 有开证行确定的付款承诺
C. 给予买方最大的灵活性　　　　　　D. 给予卖方最大的安全性

4. 以下关于承兑信用证的说法中，正确的是（　　）。
A. 在该项下，受益人可自由选择议付的银行
B. 承兑信用证的汇票的期限是远期的
C. 起算日是交单日
D. 对受益人有追索权

5. 经保兑后，保兑行（　　）。
A. 只有在开证行没有能力付款时，才承担保证付款的责任
B. 和开证行一样，承担第一性付款责任
C. 需和开证行商议决定双方各自的责任
D. 只有在买方没有能力付款时，才承担保证付款的责任

6. 出口人开具的汇票如遭付款人拒付时，（　　）。
A. 开证行有权行使追索权
B. 保兑行有权行使追索权
C. 议付行有权行使追索权
D. 通知行有权行使追索权

7. 信用证的第一付款人是（　　）。
A. 进口商　　　　　　B. 开证行　　　　　C. 议付行　　　　　D. 通知行

8. 国外开来的不可撤销信用证规定，汇票的付款人为开证行，货物装船完毕后，闻悉申请人已经破产，则（　　）。
A. 由于付款人破产，货款将落空
B. 可立即通知承运人行使停运权
C. 只要单证相符，受益人仍可从开证行取得货款
D. 申请人破产，开证行不再承担付款责任

二、判断题
1. 信用证的基本当事人包括出口商、进口商、开证行。（　　）
2. 通知行应合理、审慎地鉴别所通知的信用证的表面真实性，即核对电开信用证信开信用证的印鉴是否无误。（　　）
3. 未记载付款日期的汇票是废票。（　　）
4. 支票也有即期和远期的区分。（　　）
5. 票汇是用银行即期汇票作为结算工具的汇款方式。（　　）
6. 托收项下，汇票的出票人是出口商或卖方，付款人是进口商或买方。（　　）

三、简答题
1. 简述汇票、本票和支票的区别。
2. 简述信用证的含义、特点和基本业务流程。

3. 保函和备用信用证的异同点有哪些？

四、案例分析

1. 中方某公司以 CIF 价格向美国出口一批货物，合同的签订日期为 6 月 2 日。6 月 28 日，美国花旗银行开来了不可撤销即期信用证，金额为 35 000 美元，信用证中规定装船期为 7 月，付款行为日本东京银行。我中国银行收证后于 7 月 2 日通知出口公司。7 月 10 日我方获悉国外进口商因资金问题濒临倒闭。问：在此情况下，我方应如何处理才能保证没有损失？为什么？

2. 我国某贸易有限公司向国外某客商出口货物一批，合同规定的装运期为 6 月，D/P 支付方式付款。合同订立后，我方及时装运出口，并收集好一整套结汇单据及开出以买方为付款人的 60 天远期汇票委托银行托收货款。单据寄抵代收行后，付款人办理承兑手续时，货物已到达了目的港，且行情看好，但付款期限未到。为及时提货销售取得资金周转，买方经代收行同意，向代收行出具信托收据借取货运单据提前提货。不巧，在销售的过程中，因保管不善导致货物被焚毁，付款人又遇其他债务关系倒闭，无力付款。问：在这种情况下，责任应由谁承担？为什么？

3. 我国某丝绸进出口公司向中东某国出口丝绸织制品一批，合同规定：出口数量为 2 100 箱，价格为 2 500 美元/CIF 中东某港，5～7 月分三批装运，即期不可撤销信用证付款，买方应在装运月份开始前 30 天将信用证开抵卖方。合同签订后，买方按合同的规定按时将信用证开抵卖方，其中汇票各款载有"汇票付款人为开证行/开证申请人"字样。我方在收到信用证后未留意该条款，即组织生产并装运，待制作好结汇单据到付款行结汇时，付款行以开证申请人不同意付款为由拒绝付款。问：付款行的做法有无道理？为什么？我方的失误在哪里？

第九章 商品的检验、索赔、不可抗力和仲裁

学习要点及目标

通过本章的学习，了解商品检验的含义及重要性，以及检验机构、检验证书、商品检验时间和地点等；了解违约的含义、种类以及不同的法律解释，了解索赔条款和罚金条款的意义与内容；重点掌握不可抗力条款的性质与范围，以及不可抗力的规定；掌握解决国际贸易争端的不同方式，了解仲裁的含义、作用，仲裁协议的形式与作用，以及仲裁的程序与仲裁裁决的执行内容。

核心概念

检验　索赔　不可抗力　仲裁

引导案例

我国某公司向国外出口纯毛纺织品数批，买方收货后未提出任何异议。但数月后买方寄来服装一批，声称是用我方面料制作，服装有严重的色差，难以销售，要求赔偿。问：我方应如何处理？

【分析】按合同中的检验条款关于检验时间、检验地点、检验方法及索赔时间等内容处理，是谁的责任就由谁来承担。一般来说，纺织品的检验是货到目的港或目的地或用户所在地检验，其实买方收货就是等于对货物进行了检验，如果收货时买方没有提出异议，只能说明买方丧失了索赔权，我方可以不予理睬。当然为了今后继续贸易合作，也可以予以补救。

第一节 商品的检验

商品检验是国际货物贸易中不可缺少的重要环节。商品检验是指在国际货物买卖过程中,由具有权威性的专门的进出口商品检验机构依据法律、法规或合同的规定,对商品的质量、数量、重量和包装等方面的检验和鉴定,以确定是否与买卖合同和有关规定相一致,同时出具检验证书的活动。

一、进出口商品检验的意义和作用

(一)进出口商品检验的意义

进出口商品检验的意义是随着国际贸易的发展而产生的,商品检验在国际贸易中具有非常重要的意义。由于贸易双方处在不同的国家和地区,距离较远,很难当面检验货物,而且货物一般需要经过长途运输,难免在运输过程中出现残损或者短缺。为了划定责任,便于善后,因此需要专门的、权威的专业检验检疫机构对货物进行检验,并出具相关证书,从而作为双方交货结算、索赔的依据。

国际贸易中,无论是一个国家的法规还是有关国际公约,都承认和规定买方有权对自己所买的货物进行检验。有些国家法律规定对某些货物进行强制性检验,未经检验的货物不准进出口。

《中华人民共和国商品检验法》第五条规定:列入《种类表》的进出口商品和其他法律、行政法规规定须经商检机构检验的进出口商品,必须经过商检机构或者国家商检部门、商检机构指定的检验机构检验。前款规定的进口商品未经检验的,不准销售、使用;前款规定的出口商品未经检验合格的,不准出口。

《联合国国际货物销售公约》对于买方的检验规定如下:除非合同另有规定,当卖方履行交货义务后,买方有权利对货物进行检验。第38条规定:买方必须在按实际情况可行的最短时间内检验货物或由他人检验货物。如果合同涉及货物运输,检验可推迟到货物到达目的地后进行。

【案例】某年10月,我国某公司与日本商人签订引进二手设备合同。合同规定,出口商设备在拆卸之前均在正常运转,符合正常生产要求。同时规定,如果有卸件损坏,货到我方工厂后14天内出具检验证明,办理更换或退货。设备运抵后,因我方工厂的土建工程尚未完工,三个月后才将设备运进厂房打开检验,结果发现几乎全是报废设备,只是对方刷了油漆,表面难以识别。问:我方是否可以退货或索赔?

【分析】从案情上看,纠纷和损失是由我方索赔条款签订不当引起的。我方仅仅把引进设备看作是签约、交货、收货几个简单环节,完全忽略了检验和索赔条款的重要性,特别是忽略了索赔时效问题,因此丧失了索赔和退货时机,造成了重大损失。

在国际贸易中,成套设备的检验程序是比较复杂的,有些设备的品质本来就存在缺陷,需要运转一段时间才能发现,因此,在合同中应尽量延长索赔有效期以避免或减少损失,一般应规定为一年或二年。

资料来源:百度文库.

（二）进出口商品检验的作用

商品检验在进出口过程中起着非常重要的作用，主要表现在以下方面：

(1)做好商品检验工作，可以确保出口商品的质量，提高出口商品在国际市场上的信誉。

(2)做好商品检验工作，可以保证进口商品的质量，防止低劣商品和有病虫害及其他有害因素的商品进口，维护国家的经济利益，保障人民的身体健康。

(3)做好商品检验工作，可以划清进出口商品争议中的责任归属，签发检验证书作为解决争议和办理索赔的凭证。

二、商品检验的范围和程序

（一）商品检验的范围

商品检验有法定检验和公证鉴定两种形式，法定检验是指商检机构依据国家的法律、行政法规的规定，对指定的进出口商品实施强制性检验。未经检验，出口商品不准出口，进口商品不准销售与使用。公证鉴定是指根据进出口当事人的申请，商检机构以第三者公证人的身份，对进出口商品及运输工具和装运技术条件等进行检验鉴定和分析判断，出具证明，以作为有关各方关系人维护自身利益的有效凭证。商品检验的范围，主要指法定检验的范围。

根据《中华人民共和国商品检验法》的规定，进出口商品检验的内容包括对进出口商品的品质、数量、规格、安全卫生、残损等情况，以及装运技术和装运条件等状况进行检验鉴定。

注意： 根据《商检法》规定，我国进出口商品检验的范围为"列入《种类表》的进口商品和其他法律、行政规定须经商检机构检验的进出口商品"。

《种类表》从1991年1月1日实施，包括进口商品17类303种，出口商品17类589种，共计进出口商品34类892种。其他法律、行政规定由商检机构实施法定检验的，目前主要有《中华人民共和国食品卫生法》《进出境动植物检疫法》和《商检法》中有关条款的规定。

（二）商品检验的程序

我国进出口货物出入境检验检疫主要包括以下四个环节。

▶ 1. 报检

报检是相关当事人向商检机构报请检验，出口商品的发货人、进口商品的收货人在办理报验时统称报验人。一般来说，报验人员需持"报验员证"，才可成为合格的报验人。报检时需要填写报检申请书，出口报检一般在发货前7~10天。如果是新鲜食品或易腐品，应在发运前3~7天报检。

▶ 2. 抽样

商检机构接受报检后，一般不进现场检验、鉴定，检验人员会按照一定百分比例从整批货物中抽取一定的样品来代表整批货物的品质。按百分比法抽样，应注意样本分布的均匀性；按计数抽样法抽样，则应注意随机的原则。

▶ 3. 检验

检验是商检工作的中心环节。商检部门按照合同或技术标准的规定，对代表性样品的有关特性进行检查、试验、测量或计量。我国对进出口货物的检验方式一般为化学分析检验、物理检验、仪器分析检验、感官检验和微生物检验等。

▶ 4. 签证

签证是检验工作的最后环节，是指商检机构对进出口货物进行检验后出具的证明文件。报验人按规定的费率缴纳检验费后，商检机构即可将检验证书交付报验人，作为报关的凭证。

三、商品检验的时间和地点

国际贸易中，货物检验的时间和地点非常重要，关系到买卖双方的利益，因为检验时间和地点的确定也就意味着哪一方行使对货物的检验权。各国的法律和国际公约的规定都体现了一个共同的原则，即除非双方另有约定，买方在接受货物之前应享有检验权。但这个权力并非强制性的，也不是买方接受货物的前提。如果合同规定以卖方检验为准，就排除了买方对货物的检验权。常见的检验方法主要有以下几种。

（一）在出口国检验

在出口国检验涉及两种情况，一种是在出口国产地检验；另一种是在出口国装运港检验。

在出口国产地检验，即由出口国生产工厂检验人员或会同买方验收人员在货物发运前进行检验。卖方承担货物离厂前的责任。如在运输途中出现品质、数量等方面的问题，由买方承担。

在出口国装运港检验，即离岸品质和离岸重量，这是以双方约定的商检机构检验后出具的品质、重量、数量和包装等检验证书，作为最后依据。

（二）在进口国检验

在进口国目的港检验，即到岸品质和到岸重量。在进口国买方营业所或用户所在地检验，并出具检验证明，作为确认交货品质和数量的依据。

（三）出口国装运港检验，进口国目的港复验

此种检验方式下，装运前在出口国检验取得证书，作为卖方收取货款的单据之一；货物到达目的地之后，经过双方认可的检验机构复验作为交货品质依据。若品质不符，且系卖方责任，买方可以索赔甚至拒收货物。该方法兼顾了买卖双方的利益，公平合理，是目前我国进出口业务中最常用的一种方法。

（四）装运港（地）检验重量、目的港（地）检验品质

大宗商品交易中，为了调和交易双方在检验问题上的矛盾，采取了一种折中的办法，以装运港的检验机构检验货物的重量，并出具重量证明作为最后依据，以目的港的检验机构检验货物品质，并出具品质证明作为最后依据，称为"离岸重量和到岸品质"。

【案例】某合同商品检验条款中规定以装船地商检报告为准，但在目的港交付货物时却发现品质与约定规格不符。买方经当地商检机构检验并凭商检机构出具的检验证书向卖

方索赔,卖方却以上述商检条款拒赔。卖方拒赔是否合理?

【分析】卖方拒赔是有理由的。因为合同规定商品检验以装船地商检报告为准,这决定了卖方交货品质的最后依据是装船地商检报告书。在此情况下,买方在目的港收到货物后,虽然可以再进行检验,但原则上无权提出异议。

资料来源:道客巴巴网.

四、检验机构和检验证书

(一) 检验机构

在国际货物买卖中,交易双方除了自行对货物进行必要的检验外,还必须由某个机构进行检验,经检验合格后方可出境或入境。这种根据客户的委托或有关法律的规定对进出境商品进行检验、鉴定和管理的机构就是商品检验机构。常见的检验机构类型有以下几种。

▶ 1. 官方检验机构

由国家或地方政府投资,按国家有关法律、法令对出入境商品实施强制性检验、检疫和监督管理的机构,如美国食品药物管理局(FDA)、日本通商省检验所。

▶ 2. 半官方检验机构

有一定权威、由国家政府授权、代表政府行使某项商品检验或某一方面检验管理工作的民间机构,如美国担保人实验室(UL)。

▶ 3. 非官方检验机构

由私人创办、具有专业检验、鉴定技术能力的公正行或检验公司,如瑞士日内瓦通用鉴定公司(SGS)、英国劳埃氏公证行(Lloyd's Surveyor)。

我国的商品检验机构是1998年成立的中国出入境检验检疫局(CIQ),主管卫生检疫、动植物检疫和商品检验(三检合一),该局的职能已并入2001年成立的中国质量监督检验检疫总局(简称质检总局)。

(二) 检验证书

▶ 1. 检验证书的种类

进出口商品经商检机构进行检验、鉴定后出具的证明文件,称为检验证书。商检证书的主要种类有品质检验证书、重量或数量检验证书、包装检验证书、兽医检验证书、卫生/健康证书、消毒检验证书、熏蒸证书、残损检验证书、价值鉴定证书、船舱检验证书、产地证明书等。

▶ 2. 检验证书的作用

检验证书的作用主要表现在:作为证明卖方所交货物是否符合合同规定的依据;作为买方对货物提出异议、拒收货物、索赔的依据;作为卖方向银行议付货款的一种单据;作为通关验放的有效证件;作为证明货物在装卸、运输途中的实际状况,明确责任归属的依据。

五、买卖合同中检验条款的规定

进出口货物的检验条款是贸易合同中非常重要的条款,涉及双方的商检权、拒收权和索赔权。双方应该公平合理的基础上，使检验条款尽量符合国际惯例规定，保证合同的顺利进行。

(一) 合同中的检验条款

在贸易合同检验条款中，一般采用出口国检验并签发检验证书、进口国复验的方法。

例如，合同中规定："双方同意以装运港……(检验机构名称)签发的品质和数(重)量检验证书作为信用证项下议付单据的一部分。买方有权对货物的品质、数(重)量进行复验。复验费由买方负担。买方对于装运货物的任何索赔，须于货物到达目的港(地)后××天内提出，并须提供经卖方同意的公证机构出具的公证报告。"

(二) 订立进出口商品检验条款的注意事项

▶ 1. 考虑合同中的品质条款

品质条款应定得明确、具体，不能含糊不清，致使检验工作失去确切依据而无法进行；凡以地名、牌名、商标表示品质时，卖方所交合同货物既要符合传统优质的要求，又要有确切的质量指标说明，为检验提供依据。

▶ 2. 考虑商品及包装的特点

进出口商品的包装应与商品的性质、运输方式的要求相适应，并详列包装容器所使用的材料、结构及包装方法等，防止采用诸如合理包装、习惯包装等方法。如果采用这种方法，检验工作将难以进行。

▶ 3. 检验条款应明确具体

出口商品的抽样、检验方法，一般均按中国的有关标准规定和商检部门统一规定的方法办理，如买方要求使用买方的抽样、检验方法时，应在合同中具体定明。

▶ 4. 特殊情况

对于一些规格复杂的商品和机器设备等进口合同，应根据商品的不同特点，在条款中加列一些特殊规定，如详细具体的检验标准、考核及测试方法、产品所使用的材料及其质量标准、样品及技术说明书等，以便货到后对照检验与验收。凡样品成交的进口货，合同中应加订买方复验权条款。

第二节 索　赔

在国际贸易中，市场情况复杂多变，违约情况时有发生，导致索赔和理赔。涉及国际贸易的索赔一般有三种情况，即货物买卖索赔、运输索赔和保险索赔。本节讲述的是货物买卖索赔，涉及的是买卖双方当事人。

一、争议和索赔、理赔的含义

(一) 争议

争议(disputes)是指交易的一方认为对方未能部分或全部履行合同的责任与义务而引

起的纠纷。

争议的内容主要是：是否构成违约；对违约的事实在认识上不一致；对违约的责任和后果有不同看法等。产生争议应首先协商解决，如果不能互相谅解，要在分清责任的基础上由责任方做出补救或将争议提交第三者裁决。

（二）索赔

索赔（claim）是指遭受损害的一方在争议发生后，向违约方提出赔偿的要求，在法律上是指主张权利，在实际业务中，通常是指受害方因对违约方违约而根据合同或法律提出予以补救的主张。

交易中双方引起索赔的原因很多，大致可归纳为以下几种情况。

▶1. 属于卖方责任

属于卖方责任而引起买方索赔的主要有：卖方所交货物的品质、数量、包装和合同不符；卖方未按期交货；卖方其他违反合同或法定义务的行为。

▶2. 属于买方责任

属于买方责任而引起卖方索赔的有：买方未按期付款；未及时办理运输手续；未及时开立信用证；买方其他违反合同或法定义务的行为。

▶3. 买卖双方责任

买卖双方均负有违约责任：如合同条款规定不明确，致使双方理解或解释不统一，造成一方违约，引起纠纷；或在履约中，双方均有违约行为。

（三）理赔

理赔是指违约方对受害方所提出赔偿要求的受理与处理。

二、违约的不同界定

双方签订货物买卖合同后，任何一方不履行合同中的义务或者履行的义务与合同规定不符合时，就构成了违约行为。受损方可以依据法律提出损害赔偿要求，违约方要承担赔偿责任。根据各国法律和国际公约的规定，不同性质的违约承担不同的责任，下面我们分别介绍一下。

（一）《联合国国际货物销售合同公约》的规定

1980年《联合国国际货物销售合同公约》把违约区分为根本性违约和非根本性违约。所谓根本性违约是指一方当事人违反合同的结果，如使另一方当事人蒙受损害，以至实际上剥夺了他根据合同规定有权期待得到的东西，即为根本性违反合同。这种根本性违反合同是由于当事人的主观行为造成的，以至于给另一方当事人造成实质性的损害，如卖方完全不交付货物，或买方无理拒收货物、拒绝付款。如果由于当事人不能预知，而且处于相同情况的另外一个通情达理的人也不能预知会发生这种结果，那么就不构成根本性违约。《公约》规定：如果一方当事人可以宣告合同无效并要求损害赔偿，就是非根本性，则不能解除，只能要求损害赔偿。

（二）英国的法律规定

英国的法律把违约分成违反要件与违反担保两种。违反要件指违反合同的主要条款，受害方有权因此解除合同并要求损害赔偿。违反担保,通常是指违反合同的次要条款,受害方有权要求损害赔偿,但不能解除合同。一般认为与商品有关的品质、数量和交货期等条件属于要件,与商品不直接联系的为担保。需要指出的是,英国《货物买卖法》规定,受害方有权把卖方的违反要件当作违反担保处理,而不把卖方的违反要件作为废弃合同的理由。

(三) 我国《合同法》的规定

我国《合同法》的规定,一方延迟履行合同或者有违约行为致使合同不能履行的,对方有权解除合同;当事人一方延迟履行债务,经过催告不能实现合同目的,对方可以解除合同;另一方违反合同,以致严重影响订立合同所期望的经济利益,当事人一方有权通知另一方解除合同。《合同法》还规定,合同的变更、解除或终止,不影响当事人要求损失赔偿的权利。

三、索赔条款

进出口合同中的索赔条款有两种规定方式,一种是异议和索赔条款,另一种是罚金条款。在一般买卖合同中,多数只订异议和索赔条款,只有在买卖大宗商品和机械设备一类商品的合同中,除订明异议与索赔条款外,再另订罚金条款。

(一) 异议和索赔条款

异议与索赔条款的内容,除规定一方违反合同,另一方有权索赔外,还包括索赔的依据、索赔期限、索赔损失的办法和赔付金额等项目。

▶ 1. 索赔依据

索赔依据主要规定索赔必须的证据和出证机构。索赔依据包括法律依据和事实依据两个方面。前者是指贸易合同和有关的国家法律规定;后者则指违约的事实真相及违约事实真相的书面证明,以证实违约的真实性。

▶ 2. 索赔期限

索赔期限是指索赔方向违约方提赔的有效期限,逾期提赔,违约方可不予受理。因此关于索赔期限的规定必须根据不同种类的商品做出合理安排,对有质量保证期限的商品合同中应加订保证期。保证期可规定一年或一年以上。总之,索赔期限的规定,除一些性能特殊的产品(如机械设备)外,一般不宜过长,以免使卖方承担过重的责任,也不宜规定得太短,以免使买方无法行使索赔权,而要根据商品性质及检验所需时间多少等因素而定。

▶ 3. 索赔金额

除个别情况外,通常在合同中只做笼统规定。因为违约的情况比较复杂,究竟在哪些业务环节上违约和违约的程度如何等,订约时难以预计,因此对于违约的索赔金额也难以预计,所以在合同中不做具体规定。

(二) 罚金条款

罚金条款针对当事人不按时履约而订立,当一方未履行合同时,应向对方支付一定数额的约定金额,以补偿对方的损失。罚金条款一般适用于卖方延期交货,或者买方迟延开信用证或延期接货等场合下。罚金数额的大小以违约时间的长短为转移,并规定最高限额。

违约金的起算日期有两种计算方法：一种是合同规定的交货期或开证期终止后立即起算；另一种是规定优惠期，即在合同规定的有关期限终止后再宽限一段时间，在优惠期内免于罚款，待优惠期届满后起算罚金。卖方支付罚金后并不能解除继续履行合同的义务。

【案例】美国A公司与国外B公司签订合同进口一批冻火鸡，合同规定B公司必须在9月底以前装船，但是B公司由于种种原因直至10月7日才将货物装船。A公司表示将拒收货物，并提出撤销合同和赔偿损失的要求。B公司认为虽然装船迟于合同规定时间，但火鸡的品质完全符合要求，只同意赔偿部分损失，不同意撤销合同，请分析A公司的做法是否合理。

【分析】A公司的做法是否合理，关键要从这批货物的具体用途考虑。如果A公司购买火鸡，只是用于一般日常的商业销售用途，通常不可以撤销合同。如果购买这批火鸡是有特殊用途，对时间有严格要求（如为美国十一月的第四个星期四的感恩节准备），则迟装就会导致货物滞销甚至无法销售。在这种情况下，A公司表示将拒收货物，并提出撤销合同和赔偿损失的要求是合理的。

资料来源：圣才学习网.

第三节　不可抗力

一、不可抗力的含义

不可抗力是指买卖合同签订后，不是由于合同当事人的过失或疏忽，而是由于发生了合同当事人无法预见、无法预防、无法避免和无法控制的事件，以致合同当事人不能履行或不能如期履行合同，发生意外事件的一方可以免除履行合同的责任或者推迟履行合同。不可抗力是一项免责条款。

国际贸易中，不可抗力的叫法并不统一。英美法中有"合同落空"原则，大陆法系中有"情势变迁"或"契约失效"的规定，这些原则与规定的内涵与不可抗力相似。

不可抗力事件按引起事故的原因一般可以分为两种，一种是由于"自然力量"引起的，如水灾、火灾、飓风、大雪、暴风雨、冰雹等；另一种是由于"社会力量"所引起的不可抗力，如发生战争、工人罢工，政府禁令、政变等。前一种情况各国基本都认可，但是后一种情况分歧较大，如美国不可抗力事故单指由于"自然力量"引起的意外事故，而不包括由于"社会力量"所引起的意外事故，所以在美国的合同中往往不使用"不可抗力"一词，而称为"意外事故条款"。还需要注意应该将不可抗力与商业风险区分开来，如价格升降、汇率变动等属于正常的经济现象不能援引不可抗力来免责。

二、不可抗力的法律后果

不可抗力事件发生后所引起的法律后果主要有两种：一种是解除合同；另一种是延迟

履行合同。至于什么情况下可以解除合同，什么情况延迟履行，则要根据事件对合同履行所产生的影响，以及双方是否在交易合同中有所规定来判断。具体分为以下几种情况。

（一）解除合同

一般来说，如果不可抗力事件对合同履行的影响巨大，使合同的履行成为不可能，或者履行合同会给一方或双方当事人带来巨大损失，当事人即可解除合同，即全部不履行合同，并免除该当事人全部不履行的违约责任。

（二）部分不履行

一个不可抗力事件对履行合同的影响不是绝对的，大多数情况下只影响到合同的部分履行。此时，该合同当事人即可部分履行合同，并可免除合同当事人部分不履行的违约责任。

（三）延期履行

作为不可抗力事件影响的结果，可能只是造成一项合同暂不能履行，即不可抗力只是暂时影响了合同的履行。此时，当事人可以延期履行合同，并可免除延期履行的违约责任。

需要指出的是，如果是不可抗力和违约当事人的过错共同造成不能履行合同的，当事人应在自身不可免责的范围内承担与过错相适应的违约责任。但是，当事人迟延履行后发生不可抗力的，不能免除责任。这是因为，当事人对迟延履行义务有过错，当事人对自身的过错行为应当负责。

【案例】我国某公司与澳大利亚商人签订小麦进口合同200万吨，交货期为某年5月，但澳大利亚在交货期年度遇到干旱，不少小麦产区歉收20%。而且当年由于俄罗斯严重缺粮，从美国购买大量小麦，导致世界小麦价格上涨，因此澳商提出推迟到下年度履行合同。问：中方是否可以同意？

【分析】澳方实际是以不可抗力为由在要求推迟履行合同，故关键要看是否构成不可抗力。从本案情况来分析，尚构不成不可抗力，况且小麦为种类货物，澳方如不能供应可从它国购入交货，不能因世界市场价格上涨，而延期履行合同。中方应坚持澳方按合同履约，否则要求澳方损害赔偿。

资料来源：道客巴巴网．

三、发生事故后通知对方的期限和方式

应明确规定发生不可抗力后通知对方的期限和方式，发生不可抗力时，遭受不可抗力的一方应及时通知另一方，使对方及时采取一些相应措施，如查明不可抗力的事实真相、对履行合同的影响程度等。

四、证明文件及出具证明的机构

不可抗力条款是一种免责条款，只有确实发生不可抗力，当事人一方方可免责。因此，发生不可抗力时，一方面当事人一方要查明事实的真相，另一方面遭遇不可抗力的一方要提供有效的证明文件。因为遭受损失的一方自己查明事实真相可能十分困难，所以有关机构的证明就非常重要。在我国，可通过中国国际贸易促进委员会出具相关的证明

文件。

【案例】我公司与国外一家大公司签订一笔进口精密机床合同,该公司在欧盟区内共有3家工厂生产这种机床。临近装运日期时,对方一工厂突然发生火灾,机床被烧毁,该公司以不可抗力为由要求撤销合同。问:可否撤销?说明理由。

【分析】原则上不能撤销合同。此案涉及不可抗力的后果。一般来说,不可抗力的后果有两种,一种是撤销合同;另一种是延期履行合同。什么情况下解除合同,什么情况下履行合同,要根据所发生事故的原因、性质、规模以及履行合同所产生的影响程度来判断。

本案中,火灾虽然是当事人无法预料的,应该属于不可抗力的范围,但由于对方还有两家工厂可以生产合同项下的产品,因此,我方可以要求对方延期履行合同。

资料来源:豆丁网.

第四节 仲 裁

国际贸易中,由于诸多因素的影响,交易过程中难免会出现不履约或履约不完全的情况,从而导致各种争议发生。解决争议的途径很多种,可以通过协商、调解、仲裁或诉讼来处理,国际贸易中最常用到的是仲裁。由于仲裁解决国际贸易争端有很多优点,因此应用越来越广泛,并且被作为合同条款之一写入买卖合同中。

一、仲裁的含义及特点

仲裁(arbitration)又称公断,是指买卖双方在争议发生之前或发生之后签订书面协议,自愿将争议提交双方所同意的第三者予以裁决,以解决争议的一种方式。

仲裁的特点表现在以下几个方面:

(1)仲裁不具有强制管辖权,由于仲裁组织属于民间组织,仲裁员也是双方选定的,因此仲裁决议不具有强制性;

(2)签订仲裁协议,**仲裁必须是双方同意的**,双方须签有仲裁协议,任何一方无权强迫另一方进行仲裁;

(3)程序简单,费用低廉。仲裁的立案时间快,一般在1周之内即可开庭,处理案件时间较短,仲裁的费用较低,一般按争议价值的一定百分比收取费用,且仲裁气氛缓和,当事人双方在感情上有回旋余地;

(4)仲裁具有终局性,仲裁裁决一般是终局裁决,对双方都有约束力。

二、仲裁协议的形式及作用

仲裁协议(arbitration agreement)是双方当事人表示愿意将争端提交给双方同意的仲裁机构进行裁决的一种书面协议,是仲裁机构受理仲裁的依据。

（一）仲裁协议的形式

大多数国家包括我国在内的立法、仲裁规则，以及一些国际公约中均规定仲裁协议须以书面形式订立，书面仲裁协议主要有下面三种。

▶ 1. 仲裁条款

仲裁条款由双方当事人在争议发生之前订立，表示愿意将争端进行仲裁的协议，一般为合同条款的一部分。

▶ 2. 提交仲裁的协议

提交仲裁的协议由双方当事人在争议发生之后订立，是表示愿意将争端进行仲裁的协议。这种协议可以是协议书，也可以通过函件、电传等形式表示。

▶ 3. 援引的仲裁协议

援引的仲裁协议是当事人在争议发生之前或之后通过援引方式签订的仲裁协议。当事人同意按照有关公约、条约或标准合同中的仲裁条款来解决争议。

仲裁协议的形式虽然不同，但是各种形式的仲裁协议的法律作用与效力是相同的。

（二）仲裁协议的作用

仲裁协议的作用表现在三个方面：首先，约束双方当事人不得向法院起诉，只能以仲裁的方式来解决争议；其次，可以排除法院对争议案件的管辖权；最后，使仲裁机构取得对争议案件的管辖权。

以上三个方面是相互联系的，起中心作用的是第二点，即排除法院对争议案件的管辖权。因此，双方当事人不愿将争议提交法院审理时，就应在争议发生前在合同中规定仲裁条款，以免未来发生争议后，由于达不成仲裁协议而不得不诉诸法庭。这反映出买卖合同中订立仲裁条款的重要性。

【案例】中国某公司曾与美国某商人签订一项买卖机械设备零件的合同，合同背面载有仲裁条款。后在履约过程中，双方发生争议，美国商人遂向美国法院起诉中方公司。该法院受理此案后，即向中方公司发出传票，中方公司以合同背面载明的仲裁条款为证，提出抗辩，要求美国法院不予受理。美国法院核实材料后，承认它对本案无管辖权。本争议案仍按双方约定的仲裁条款，通过仲裁途径解决。

【分析】仲裁协议最主要的作用就是排除了法院对本争议案的管辖权，并使约定的仲裁机构取得对本争议案的管辖权。因此，在本案合同约定了仲裁条款的情况下，争议双方均不得就彼此间的争议诉诸法院，法院也无权受理本争议案，本案争议只能由双方约定的仲裁机构来解决。本案合同项下的申请人向美国法院起诉，不仅违反双方协议，而且也有悖国际贸易法律的一般规定，中方及时就此提出抗辩，以维护自身的合法权益，是十分必要的。

资料来源：百度文库．

三、仲裁的程序

按照《中国国际经济贸易仲裁委员会仲裁规则》，仲裁的程序一般包括提出仲裁申请、组织仲裁庭、仲裁审理和仲裁裁决四个环节。

（一）仲裁申请

仲裁申请是仲裁程序开始的首要环节。各国法律对申请书的规定不一致，《中国国际经济贸易仲裁委员会仲裁规则》规定，当事人一方申请仲裁时，应向该委员会提交书面申请书。申请书的内容主要包括：申诉人和被诉人的名称和地址；申诉人所依据的仲裁协议；申诉人的要求及所据的事实和证据。申诉人向仲裁委员提交仲裁申请书时还应附上本人要求所依据的事实的证明文件，指定一名仲裁员，预缴一定数额的仲裁费。

（二）组织仲裁庭

仲裁委员会实行仲裁员名册制度，仲裁委员会设有仲裁员名册，申诉人和被申诉人各自在仲裁委员会仲裁员名册中指定一名仲裁员，并由仲裁委员会主席指定一名仲裁员为首仲裁员，共同组成仲裁庭审理案件；双方当事人亦可在仲裁委员名册共同指定或委托仲裁委员会主席指定一名仲裁员为独任仲裁员，成立仲裁庭，单独审理案件。

（三）仲裁审理

各国仲裁机构的仲裁审理过程基本相似，包括开庭、收集证据和调查事实。仲裁案件的审理一般开庭进行。如果双方当事人不愿开庭审理，仲裁庭也认为不必开庭审理，可在征得双方当事人同意后，只依据书面文件进行审理并做出裁决。仲裁开庭审理的日期由仲裁庭所在的仲裁委员会秘书局决定，并于开庭前30日通知双方当事人。

（四）做出裁决

裁决是仲裁程序的最后一个环节。仲裁庭应当在组庭之日起9个月内做出仲裁裁决书。裁决要说明依据的理由，裁决书应当由仲裁庭全体或者多数仲裁员署名，并写明做出裁决书的日期和地点。裁决做出后，审理案件的程序即告终结，因此这种裁决被称为最终裁决。

四、合同中的仲裁条款

仲裁条款是双方当事人在合同中约定的日后可能发生的争议提交仲裁的条款，通常包括仲裁地点、仲裁机构、仲裁程序、仲裁的效力及仲裁费用的负担等。

（一）仲裁地点

仲裁地点是指仲裁选择的地点，一般是指在哪个国家。地点的选择是仲裁条款的核心，因为它与仲裁所适用的程序法及合同所适用的实体法密切相关。交易双方都愿意在本国仲裁，因为当事人对本国的惯例和法规比较了解，也没有语言障碍，费用也少。

我国进出口业务中常见的规定方法有在我国仲裁、在被诉方所在国仲裁和在第三国仲裁。当事人在签订合同时，首先应力争在我国仲裁，如果争取不到在我国仲裁，则在被诉国仲裁或者在我国比较信任的第三国进行仲裁。

（二）仲裁机构

仲裁机构包括常设的仲裁机构和临时仲裁庭。

国际上常设的仲裁机构主要有国际商会仲裁院、英国伦敦仲裁院、美国仲裁协会、日本国际商事仲裁协会等。我国的涉外仲裁机构是中国国际经济贸易仲裁委员会和海事仲裁委员会。签订买卖合同时，应明确规定选用哪个国家的仲裁机构来审理争议。

临时仲裁机构一般直接由双方当事人指定仲裁员自行组成仲裁庭进行仲裁，案件处理完毕后即自动解散，因此，在拟订仲裁条款时，最好利用国际上常设的仲裁机构所提供的各种便利条件，只有在对方国家没有常设仲裁机构的情况下，才采用指定仲裁员组成临时仲裁机构进行仲裁。

（三）仲裁规则

仲裁规则是指进行仲裁的方法。按照国际惯例的解释，原则上采用合同中规定的仲裁地的仲裁规则。但是某些仲裁机构也允许根据双方当事人的约定，采用仲裁地以外的其他仲裁机构的仲裁规则。

（四）仲裁效力

仲裁效力是指由仲裁庭做出的裁决对双方当事人是否具有约束力，是否为终局性，能否向法院起诉变更裁决。

在我国，由中国国际经济贸易仲裁委员会做出的裁决都是终局性的，对双方当事人都有约束力，任何一方都不允许向法院起诉要求变更。

（五）仲裁费用的负担

一般规定仲裁费用由败诉方承担，也可在合同条款中明确规定双方各自负担的比例或由仲裁庭酌情决定。

【案例】买卖双方按 CIF 鹿特丹、即期信用证付款条件达成交易，在合同和信用证中规定："不准转船"。卖方按合同和信用证规定，及时将出售的货物装上直达鹿特丹的班轮，并凭直达提单等装运单据办理了货款的议付。船方为了装载其他货物，中途擅自将卖方托运的货物换装其他船续运至鹿特丹。因船方中途转船延误了时间，致使货物晚到 1 个月，买方便向卖方索赔，卖方拒赔。后买方提请仲裁，结果被仲裁庭予以驳回。

【分析】本案合同和信用证都规定"不准转船"，卖方按此规定及时将货装上直达约定目的港的班轮，并凭直达提单议付了货款，故卖方没有违约。至于船方中途擅自转船造成货物晚到，应由船方负责，买方可凭直达提单向船方索赔。买方在未分清责任的情况下，误向卖方索赔，卖方当然有权拒赔。买方就此提请仲裁，仲裁庭予以驳回是正确的。

资料来源：百度文库．

拓展阅读

中国国际经济贸易仲裁委员会

一、发展历程

中国国际经济贸易仲裁委员会，是以仲裁的方式，独立、公正地解决契约性或非契约性的经济贸易等争议的常设商事仲裁机构，是中国国际贸易促进委员会根据中央人民政府政务院 1954 年 5 月 6 日的决定，于 1956 年 4 月设立的，当时名称为对外贸易仲裁委员会。中国实行对外开放政策以后，为了适应国际经济贸易关系不断发展的需要，对外贸易仲裁委员会于 1980 年改名为对外经济贸易仲裁委员会，又于 1988 年改名为中国国际经济贸易仲裁委员会，自 2000 年 10 月 1 日起同时启用"中国国际商会仲裁院"名称。

中国国际经济贸易仲裁委员会(China International Economic and Trade Arbitration Commission)简称 CIETAC(贸仲)，总会设在北京(以下简称北京总会)。根据业务发展的需要，仲裁委员会分别于1989年、1990年和2009年在深圳、上海和重庆设立了中国国际经济贸易仲裁委员会深圳分会（以下简称深圳分会）、中国国际经济贸易仲裁委员会上海分会（以下简称上海分会）和中国国际贸易仲裁委员会西南分会（以下简称西南分会）。2004年6月18日，深圳分会更名为中国国际经济贸易仲裁委员会华南分会（以下简称华南分会）。仲裁委员会北京总会、华南分会、上海分会和西南分会是一个统一的整体，是一个仲裁委员会。总会和各分会使用相同的《仲裁规则》和《仲裁员名册》，在整体上享有一个仲裁管辖权。

二、机构设置

仲裁委员会设名誉主任一人、名誉副主任一至三人，顾问若干人，由中国国际贸易促进委员会/中国国际商会邀请有关知名人士担任。

仲裁委员会在组织机构上实行委员会制度，设主任一人，副主任若干人，委员若干人。主任履行仲裁规则赋予的职责，副主任受主任的委托可以履行主任的职责。

仲裁委员会总会和分会设立秘书局与秘书处，各有秘书长一人，副秘书长若干人。总会秘书局和分会秘书处分别在总会秘书长和分会秘书长的领导下负责处理仲裁委员会总会和分会的日常事务。

仲裁委员会还设立三个专门仲裁委员会：专家咨询委员会、案例编辑委员会和仲裁员资格审查考核委员会。

专家咨询委员会，负责仲裁程序和实体上的重大疑难问题的研究和提供咨询意见，对仲裁员的培训和经验交流、对仲裁规则的制定和修订提供意见，对仲裁委员会的工作和发展提出建议等。

案例编辑委员会，负责案例编辑和仲裁委员会的年刊编辑工作。

仲裁员资格审查考核委员会，按照仲裁法和仲裁规则的规定，对仲裁员的行为进行监督考核，对仲裁员的聘任提出建议。

北京总会、华南分会和上海分会根据当事人约定的仲裁条款/仲裁协议受理当事人提起的国际的、涉外的和国内仲裁案件。

仲裁委员会设立域名争议解决中心和亚洲域名争议解决中心，负责解决各种域名争议。域名争议解决中心于2005年7月5日起同时启用"中国国际经济贸易仲裁委员会网上争议解决中心"名称，全面涵盖域名争议解决中心目前业务，并进一步开展电子商务网上调解和网上仲裁等其他网上争议解决业务，为广大当事人提供快捷高效的网上争议解决服务。

仲裁委员会与中国粮食行业协会、贸促会粮食行业分会联合成立了粮食争议仲裁中心，以仲裁的方式解决粮食行业发生的一切争议。

仲裁委员会在各地贸促会内及经济比较发达的城市设立了仲裁办事处，办事处是仲裁委员会仲裁专业联络和宣传机构，从事仲裁宣传和仲裁协议的推广和咨询工作，不能受理仲裁案件。

三、业务职能

根据仲裁委员会章程的规定，仲裁委员会的主要业务职能如下：

1. 受理平等主体的公民、法人和其他组织之间的国际/涉外仲裁案件及国内仲裁案件，包括我国香港特别行政区、澳门特别行政区或台湾地区的仲裁案件；

2. 受理由政府或其他国内外组织授权仲裁委员会处理的争议案件；

3. 提供当事人约定由仲裁委员会处理的其他争议解决服务；

4. 根据当事人的约定和请求，为在境外进行的非机构仲裁指定仲裁员；

5. 宣传推广和研究仲裁及其他非诉讼解决争议的方式、方法；

6. 开展国内外业务交流，参加相关的国内外组织。

资料来源：根据中国国际贸易仲裁委员会网站资料整理.

本章小结

商品检验是指在国际货物买卖过程中，由具有权威性的专门的进出口商品检验机构依据法律、法规或合同的规定，对商品的质量、数量、重量和包装等方面的检验和鉴定，以确定是否与买卖合同和有关规定相一致，同时出具检验证书的活动。进出口商品检验的内容包括对进出口商品的品质、数量、规格、安全卫生、残损等情况，以及装运技术和装运条件等状况进行检验鉴定。进出口货物出入境检验检疫主要包括报检、抽样、检验和签证四个环节。

在国际贸易中，市场情况复杂多变，违约情况时有发生，容易导致索赔和理赔。索赔是指遭受损害的一方在争议发生后，向违约方提出赔偿的要求，在法律上是指主张权利，在实际业务中，通常是指受害方因对违约方违约而根据合同或法律提出予以补救的主张。理赔是指违约方对受害方提出赔偿要求的受理与处理。进出口合同中的索赔条款有两种规定方式，一种是异议和索赔条款；另一种是罚金条款。

不可抗力是指买卖合同签订后，不是由于合同当事人的过失或疏忽，而是由于发生了合同当事人无法预见、无法预防、无法避免和无法控制的事件，以致合同当事人不能履行或不能如期履行合同，发生意外事件的一方可以免除履行合同的责任或者推迟履行合同。不可抗力是一项免责条款。不可抗力事件按引起事故的原因一般可以分为两种，一种是由于"自然力量"引起的，如水灾、火灾、飓风、大雪、暴风雨、冰雹等；另一种是由于"社会力量"所引起的不可抗力，如发生战争、工人罢工、政府禁令、政变等。不可抗力事件发生后所引起的法律后果主要有两种：一种是解除合同；另一种是延迟履行合同。

仲裁是指买卖双方在争议发生之前或发生之后签订书面协议，自愿将争议提交双方都同意的第三者予以裁决，以解决争议的一种方式。双方进行仲裁时需要有仲裁协议，仲裁协议的作用表现在三个方面：首先，约束双方当事人不得向法院起诉，只能以仲裁的方式来解决争议；其次，可以排除法院对争议案件的管辖权；最后，使仲裁机构取得对争议案件的管辖权。仲裁的程序一般包括提出仲裁申请、组织仲裁庭、仲裁审理和仲裁裁决四个环节。仲裁裁决都是终局性的，对双方当事人都有约束力，任何一方都不许向法院起诉要求变更。

第九章 商品的检验、索赔、不可抗力和仲裁

自测题

一、单项选择题

1. 我公司按 CIF 条件出口货物一批，共 1 000 箱，允许卖方有 5% 的溢短装，我公司实际装 1 000 箱，提单也载明 1 000 箱。货到目的港后，买方来电反映仅收到 948 箱，并已取得船公司签发的短量证明，向我方索赔。我方正确答复是（　　）。
   A. 同意补装 52 箱　　　　　　　　　B. 同意退 2 箱货款
   C. 请与船公司或保险公司联系　　　　D. 请与船公司联系

2. 商检证书有多种作用，但下列各项之中，有一项并非商检证书的作用，它是（　　）。
   A. 作为银行议付货款的单据之一　　　B. 作为海关通关验放的单据之一
   C. 作为仲裁机构受理案件的依据之一　D. 作为法院受理案件的依据之一

3. 在国际贸易中，一方当事人违约，并构成根本违反合同，受到损害的一方依法解除合同后（　　）。
   A. 无权再提出损害赔偿要求　　　　　B. 有权再提出损害赔偿要求
   C. 是否有权再提出损害赔偿要求，要视损失的金额大小而定　　D. 以上都可以

4. 在买卖合同的检验条款中，关于检验的时间和地点的规定，在国际贸易中使用最多的是（　　）。
   A. 在出口国检验　　　　　　　　　　B. 在进口国检验
   C. 在出口国检验，在进口国复验　　　D. 在第三国检验

5. 不可抗力条款适用于（　　）。
   A. 买方　　　B. 卖方　　　C. 买卖双方　　　D. 第三方

6. 发生不可抗力的法律后果是（　　）。
   A. 解除合同　　　　　　　　　　　　B. 延迟履行合同
   C. 解除合同或延迟履行合同　　　　　D. 既不解除合同，也不延迟履行合同

7. 解决争端的方式有（　　）。
   A. 调解　　　B. 仲裁　　　C. 诉讼　　　D. 以上都是

8. 下列有关仲裁协议作用的表述中，不正确的是（　　）。
   A. 约束当事人以仲裁方式解决争议，不能向法院起诉
   B. 排除了当事人以协商和调节的方式解决争议的问题
   C. 排除了法院对有关争议的管辖权
   D. 使仲裁机构取得对有关争议案件的管辖权

二、判断题

1. 根据我国《商检法》的规定，属于法定检验的商品即指列入《商检机构实施检验的进出口商品种类表》内的商品。（　　）

2. 某公司的进口设备到货后，发现与合同规定不符，但卖方及时、自费对设备进行了修理，使设备达到了原定标准，在此情况下，买方就不能提出任何损害赔偿要求。（　　）

3. 一方违反合同，没有违约一方所能得到的损害赔偿金额最多不超过违约方在订立合同时所能预见到的损失金额。（　　）

4. 在进出口业务中，进口人收货后发现货物与合同规定不符，任何时候都可向供货方索赔。（   ）

5. 在国际贸易中，如一方违约而使另一方受到损害，以至于实际上使他不能得到根据合同有权得到的东西，即为根本违反合同。（   ）

6. 在国际贸易中，如果交易双方愿将履约中的争议提交仲裁解决，必须在买卖合同中订立仲裁条款，否则仲裁机构不予受理。（   ）

三、简答题

1. 检验证书的作用有哪些？
2. 国际贸易中，产生争议的原因有哪些？
3. 合同中的仲裁条款包括哪些内容？

四、案例分析

1. 我国某公司与新加坡一家公司以 CIF 新加坡的条件出口一批土特产，订约时，我国公司已知道该货物要转销美国。该货物到新加坡后，立即转运美国。其后，新加坡的买主凭美国商检机构签发的在美国检验的证明书，向我国公司提出索赔。问：我国公司应如何对待美国的检验证书？为什么？

2. 2017 年 8 月 12 日，买卖双方按信用证付款条件签订了两份买卖金属硅的合同。合同订立后，金属硅价格上涨，买方依约开出了信用证，但卖方拒不按约交货。买方见信用证已过期，为减少损失，便从别的公司购买了相同品质的替代货物。之后，买方以卖方违约为由，向卖方索赔差价损失。双方经协商未果，买方遂向中国国际经济贸易仲裁委员会上海分会提请仲裁。仲裁庭开庭审理后，对买方采取的补救措施予以支持，裁定卖方应赔偿买方购买合同替代货物所造成的货物差价损失。

3. 我国某公司签订了一份以即期信用证付款的 FOB 合同，进口食品 1 000 箱。接到对方的装运通知后，该公司投保了一切险和战争险。对方公司凭已装船清洁提单及其他有关单据向银行收妥货款。但货到目的港后，经复验发现以下情况：

(1) 200 箱货物内含有大肠杆菌，超过我国标准。

(2) 实收货物 998 箱，短少 2 箱。

(3) 有 15 箱货物外表情况良好，但箱内货物短少 60 千克。

请分析上述情况，进口商应分别向谁索赔，并说明理由。

第十章 进出口合同的履行

学习要点及目标

通过本章学习,掌握进出口合同履行过程中所涉及的各项业务环节;掌握审核信用证的方法和各种单据的制作、审核和修改技巧;熟悉进口单证的缮制和运用,以及进口业务中的索赔和理赔工作。

核心概念

备货 催证 审证 托运 报关 报检 制单结汇 出口核销 审单付汇 索赔

引导案例

某年3月,我国南方一家机械进出口公司(简称A公司)与某国一家重型汽车制造商(简称B厂)签订了一份总值为150万美元的自卸车进口合同,设备将用于一项重要水利工程,交货方式CIF中国口岸,付款方式为不可撤销信用证。货物保修期为到货后一年内,在此期限内如果有质量问题,厂家负责维修或更换部件。订约后,中方于4月通过中国银行开出以B厂为受益人、金额150万美元的即期信用证。9月,外方的30辆自卸车按时到货。中方会同商检局检验,未发现问题。第二年2月,用户在使用过程中,发现一辆车的底盘有异常响声,随即发现底盘车架的焊接处出现了较大的裂缝。于是,中方组织对其他车辆进行全面检查,发现有5台车辆的底盘也出现了不同程度的裂缝。中方便同B厂取得联系,告知情况并希望对方提出解决意见。B厂对货物出现的问题表示遗憾,同时表示一定负责维修到底,并在最短时间内派人员前来检验维修。中方对此提出异议,认为不能简单修理了事,并提出两点处理意见:一是考虑退货;二是退赔部分货款,然后再负责维修。B厂答复称,对质量保修范围内的问题负责免费维修到底,但不能接受赔偿意见,更不能接受退货要求,因为这批货物已经由中方商检局检验证明合格,所出问题与车辆使用、路面条件不好都有一定的关系。双方对此难以取得一致意见,最后将争议提交仲裁。

仲裁机构的仲裁结论是：此案不以退货的方式解决，退货理由不够充分。负责维修并进行一定的补偿较为合理，同时延长质量保修期。对此意见，双方均表示接受。使用过程中发现质量问题及时向B厂提出索赔要求，最后经仲裁由B厂进行负责维修并进行补偿，延长了质保期，维护了中方的合法权益。

资料来源：张晓明，刘文广.国家贸易实务[M].2版.北京：高等教育出版社，2014.

从上述案例可以看出，订立和履行进出口合同是比较复杂的，一方面要坚持订立合同的基本原则；另一方面在不违背我国法律、政策的前提下也可做一些必要的变通，以利于交易的顺利进行。因此，进出口贸易不仅要重视国际惯例，还应重视我国的管理规定，更要重视合同履行的具体情况。鉴于此，本章将主要介绍进出口合同履行的相关内容。

第一节 出口合同的履行

在国际贸易中，买卖双方经过磋商，依法有效地达成合同后，双方当事人就必须按照合同的规定履行合同。履行合同是指合同的当事人按照合同的规定，履行各自义务的行为。《中华人民共和国涉外经济合同法》第十六条规定："合同依法成立，即具有法律约束力。当事人应当履行合同约定的义务，任何一方不得擅自变更或解除合同。"该合同法还规定，如果任何一方当事人不履行合同义务，即构成违约（遇有不可抗力事件或免责范围内的原因除外），就应根据不同情况和后果，承担相应的法律责任。

为顺利履行出口合同，一般要求从事出口的企业要建立起能够反映出口合同履行情况的管理制度，同时做好"四排""三平衡"工作。"四排"即是以买卖合同为对象，对于信用证是否已经开到、货源是否落实等情况进行分析排队，并归纳出有证有货、有证无货、无证有货、无证无货四种情况。通过排队，发现问题及时解决。"三平衡"是指以信用证为对象，根据信用证规定的装运期、有效期，结合货源和运输能力的具体情况，分清轻重缓急，力求做到货、证、船三方面的衔接和平衡，避免"三缺一"的互等现象发生，做到按时装运货物。下面我们以CIF贸易术语条件下，凭信用证方式支付的最常见的出口合同履行程序为例对此进行说明。履行这类出口合同一般包括货（备货、报验）、证（催证、审证和改证）、船（租船订舱）、款（制单结汇）四个环节。

一、备货、报验

（一）备货

备货是指出口商按合同和信用证的要求，向生产加工或物流企业组织货源，核实货物加工、整理、包装和刷制唛头等工作，对应交的货物及时做好验收、清点及处理相关事宜，做到按时、保质保量交货。

出口方在备货工作中应注意以下几个问题。

▶1. 货物的品质、规格

出口公司准备货源应严格地按合同和信用证的规定，对货物的品质、规格及花色、品种等认真审查，高于或低于规定均属于违约，违约就可能遭到拒付。

▶ 2. 货物的数量

交付货物的数量必须符合合同和信用证的规定，如有可能，备货数量应比合同规定略有富裕，以备在运输及装运时发生意外伤损。

▶ 3. 货物的包装与唛头

所交货物的包装，除按合同或信用证规定认真核对包装材料、方式是否相符外，还应注意包装是否牢固、有无破漏，如发现包装不牢固或有松包、破漏等损坏，应及时修整或更换。同时，对于货物的唛头，如合同和信用证已有规定，则唛头的刷制必须符合合同和信用证的规定。

▶ 4. 备货的时间

备货的时间应严格按合同和信用证规定的装运期限掌握，同时要结合船期妥善安排，以利船、货衔接。也可在对方开来信用证之后再备货。

（二）报验

凡属国家规定法检的商品，或合同规定必须经中国进出口商品检验检疫局出证的商品，在货物备齐后，应向商品检验局申请检验。只有取得商检局发出的合格的检验证书，海关才准放行。经检验不合格的货物，一般不得出口。

▶ 1. 报验的相关要求

（1）凡属国家规定或合同规定必须经中国进出口商品检验局检验出证的商品，在货物备齐后，应向商品检验局申请检验。

（2）出口公司向商检局申请检验时，应填制"出口报验申请单"，并随附合同或信用证副本，以供商检局检验和发证时参考。

（3）只有取得商检局发给的合格检验证书，海关才准予放行。

▶ 2. 报验时应注意的问题

（1）申请检验应及时，必要时提前申请，以给商检机构充分的时间。

（2）申请报验后，如出口公司发现"出口报验申请书"填写有误或有修改，应填写"更改申请单"。

（3）经检验合格已发放检验证书的出口商品，应在检验证书的有效期内报运出口。

二、催证、审证和改证

在履行以信用证方式收付货款的合同时，出口方必须在收到信用证，且对信用证的条款完全可以接受的条件下，才能办理货物装运手续。信用证这一环节一般包括催证、审证和改证等内容。

（一）催证

催证是指以某种通信方式催促买方办理开证手续，以便卖方履行交货义务。

及时开证是买方的主要义务，因此在正常情况下不需要催证。但是在实际业务中，有时国外进口方遇到国际市场发生变化或资金短缺情况时，往往拖延开证或不开证。为了保证按时交货，可在适当时候催促对方办理开证手续，也可在必要时请我驻外机构或有关银行协助代为催证。

拓展阅读

催证函示例

Dear Sirs,

We regret to inform you that we have not received your L/C covering the Sales Confirmation No. 12345 up to now. It is clearly stipulated that the relevant L/C should reach us by the end of October.

Although the time limit for the arrival of your L/C has been exceeded, we are still prepared to ship your order in view of the long-term friendly relations between us. Please do your utmost to expedite its establishment, so that we may execute the order within the prescribed time.

In order to avoid subsequent amendments, please see to it that the L/C stipulations are in exact accordance with the terms of the contract.

We look forward to receiving your favorable response at an early date.

Sincerely yours,
(Signature)

（二）审证

在实际业务中，由于工作疏忽、电文传递错误、贸易习惯不同、市场行情的变化或进口商故意等原因，常常会出现信用证条款与合同规定不符的情况。为了确保收汇安全，应对外国银行开来的信用证进行审核。

在实际业务中，银行和出口单位共同承担审证任务。银行着重审核开证行的政治背景、资信能力、付款责任和索汇路线等，出口单位则着重审核信用证与合同是否一致。

▶ 1. 银行审证要点

银行着重审核信用证的真实性、开证行的政治态度、资信情况、付款责任和索汇路线等内容。

（1）从政策上审核。信用证各项内容应该符合我国的政治与经济方针政策，不得有歧视性内容，否则应根据具体的不同情况向有关方交涉。

（2）开证行资信的审核。为了保证安全收汇，对开证行所在国家的政治经济情况、开证行的资信，以及经营作风等必须进行审查。对于资信不佳的银行，应酌情采取适当措施。

（3）信用证真实性的审核。检查国外来证的印鉴或密押是否真实，从而判断信用证的真伪，特别是当国外的开证行直接将信用证寄给出口企业时，要将信用证拿到银行鉴定真伪。

▶ 2. 出口单位审证要点

审核信用证的内容与原订合同是否一致。例如，开证申请人和受益人的名称及地址、信用证金额、币种、付款期限、品名、货号、规格、数量、信用证中的装运条款、信用证交单日、到期日和到期地点、信用证中要求提供的单据种类、份数及填制方法、银行费用条款、其他特殊条款，以及信用证上的软条款等的审核。

(1) 对信用证本身说明的审核。其中包括信用证金额应与合同金额相一致，如合同订有溢短装条款，信用证金额亦应包括溢短装部分的金额。信用证金额中单价与总值要填写正确。来证所采用的货币应与合同规定相一致。

(2) 对信用证有关货物记载的审核。信用证中有关商品货名、规格、数量、包装、单价等项内容必须和合同规定相符，特别要注意有无另外的特殊条件。另外，还应注意装运期、装卸港口、运输方式、可否分批装运转船等内容的审查。

(3) 对单据的审核。单据中主要包括商业发票、提单、保险单等。对于来证中要求提供的单据种类和份数及填制方法等，要进行仔细审核，如发现有不正常规定，例如要求商业发票或产地证明须由国外第三者签证等字样，都应慎重对待。

(4) 对信用证有关时间说明的审核。装运期必须与合同规定一致，如国外来证晚，无法按期装运，应及时电请国外买方延展装运期限。信用证有效期一般应与装运期有一定的合理间隔，以便在装运货物后有足够时间办理制单结汇工作。关于信用证的到期地点，通常要求规定在中国境内到期。

拓展阅读

严格审证，避免信用证欺诈

我国某外贸公司在某年8月通过中国银行某分行收到一份以英国GKM银行伯明翰分行名义开立的跟单信用证，金额为125万美元，通知行为加拿大AC银行。银行和公司在审核时，审证员分别发现几点可疑之处：①信用证的格式很陈旧，信封无寄件人地址，且邮戳模糊不清，无法辨认从何地寄出；②该证没有加押证实，仅在来证上注明"本证将由TBS银行来电证实"；③信用证的签名为印刷体，而非手签，且无法核对；④来证要求受益人发货后，速将一套副本单据随同一份正本提单用DHL快邮寄给申请人；⑤该证有效期在同一天，且离开证日不足五天；⑥信用证申请人在英国，而收货人却在加拿大。我分行和外贸公司经过研究，决定调查。我分行业务人员一方面告诫公司"此证密押不符，请暂缓出运"；另一方面赶紧向总行有关部门查询，回答"查无此行"。稍后，却收到署名"巴西TBS银行"的确认电，但该电文没有加押证实。于是，我分行又设法与TBS银行驻我香港代表处联系，请求协助调查，最后得到答复："该行从未发出确认电，且与开证行无任何往来"。至此，终于证实这是一起盗用第三家银行密押的诈骗案。

资料来源：冷柏军．国际贸易实务[M]．3版．北京：中国人民大学出版社，2017.

（三）改证

对信用证进行认真仔细的审核后，对证中不能接受或不能执行或不能按期执行的条款，应及时要求国外客户通过开证行进行修改或展延。在收到信用证修改通知书后方能办理装运货物。在要求改证时，应将需修改的各项内容一次提出，避免多次提出修改要求。

修改信用证可由开证申请人提出，也可由受益人提出。如由开证申请人提出修改，经开证银行同意后，由开证银行发出修改通知书通过原通知行转告受益人，经各方接受修改书后，修改方为有效；如由受益人提出修改要求，则应首先征得开证申请人同意，再由开证申请人按上述程序办理修改，即修改的一般程序是"受益人→开证人→开证银行→通知银行→受益人"。

【案例】中方某公司与美国商人在2017年10月按CIF条件签订了一份出口合同，支付方式为不可撤销即期信用证。美国商人于11月通过银行开来了一份不可撤销的信用证，经审核与合同相符。我方正在备货期间，美国商人通过银行传递给我方一份信用证修改书，内容为将保险金额由原来发票金额的110%改为发票金额的120%。我方没有理睬，按原证规定投保、发货，并于货物装运后在信用证有效期内，向议付行议付货款。议付行议付货款后将全套单据寄开证行，开证行以保险单与信用证修改书不符为由拒付。问：开证行拒付是否有道理？为什么？

【分析】开证行拒付没有道理。因为根据《UCP600》的规定，不可撤销的信用证未经受益人及有关当事人的同意，开证行不得单方修改和撤销信用证。所以后来美国商人未经我方同意单方面传递的信用证修改书是无效的，因此我方在信用证有效期内提交全套合格的单据后，开证行不能拒付。

三、安排货物装运

进出口公司在出运货物之前，还须做好租船订舱，办理出口报关、投保等工作。

（一）租船订舱

按CIF或CFR条件成交时，卖方应及时办理租船订舱工作。如系大宗货物，需要办理租船手续；如系一般杂货，则需洽订舱位。各外贸公司洽订舱位需要填写托运单（shipping note），船方根据托运单内容，并结合航线、船期和舱位情况，如认为可以承运，即在托运单上签单，留存一份，退回托运人一份。船公司或船公司的代理人在接受托运人的托运申请之后，即发给托运人装货单（shipping order），凭以办理装船手续。货物装船以后，船长或大副则应该签发收货单，即大副收据（mate's receipt），作为货物已装妥的临时收据，托运人凭此收据即可向船公司或船公司的代理人交付运费并换取正式提单。

（二）报关

出口货物在装船运之前，需向海关办理报关手续。出口货物办理报关时，必须填写出口货物报关单，必要时还需要提供出口合同副本、发票、装箱单、重量单、商品检验证书，以及其他有关证件。海关查验有关单据后，即在装货单上盖章放行，凭以装船出口。

（三）投保

按CIF价格成交的出口合同，出口方要在货物装运前，根据合同和信用证向保险公司办理投保手续，填制投保单。出口商品的投保手续一般都是逐笔办理的，投保人在投保时应将货物名称、保额、运输路线、运输工具、开航日期、投保险别等一一列明。保险公司接受投保后，即签发保险单或保险凭证。

【案例】某年，我国某出口公司与南亚某国成交某商品一批，以CFR价成交。国外开来信用证，虽列明CFR，但要求我公司提供保险单且投水渍险。在国内某银行议付时，议付行发现险别不符，但我公司认为一切险的承保责任范围大于水渍险，对买方有利，可不必改正。国外开证行收到单据后，来电表示拒付。经与国内保险公司商量，同意用批单方式将险别改为水渍险和战争险。待更正单据寄出后，我公司虽收到货款，但已延迟收汇一个月，损失利息若干美元。

【分析】按照信用证"严格符合的原则"，银行有权拒收没有严格符合信用证条款的单据。如本案信用证上注明的险别和实际投保的险别不一致，银行可以拒付。此外，本案也反映了我国公司对投保险别在习惯做法上千篇一律的欠缺。投保的险别涉及价格，因不同险别的保险费差别比较大，外商坚持投保水渍险就是为了减少保险费的支出。

资料来源：冷柏军. 国际贸易实务[M]. 3版. 北京：中国人民大学出版社，2017.

四、报检与报关

（一）报检

凡属国家规定报检的商品，或合同规定必须经中国进出口商品检验检疫局出证的商品，在货物备齐后，应向商品检验局申请检验。只有取得商检局颁发的合格的检验证书，海关才准放行。经检验不合格的货物，一般不得出口。

申请报验的手续是，凡需要法定检验出口的货物，应填制"出口报验申请单"，向商检局办理申请报检手续。"出口报验申请单"的内容一般包括品名、规格、数量、包装、重量、产地等项目。如需有外文译文时，应注意中外文内容一致。"申请单"还应附上合同和信用证副本等有关单据，供商检局和发证时参考。

（二）报关

出口报关是指货物出运之前，出口企业如实向海关申报货物情况，交验规定的单据文件，办理接受海关监管事宜。按照我国《海关法》的规定：凡是进出国境的，必须经由设有海关的港口、车站、国际航空站进出，并由货物所有人向海关申报，经过海关放行后，货物才可提取或者装船出口。

出口企业在装船前，须填写"出口货物报关单"，连同其他必要的单证，如装货单、合同副本、信用证副本、发票、装箱单、商检证书等送交海关申报。海关查验货、证、单相符无误，并在装货单上加盖放行章放行后，货物即可凭以装船。

五、制单结汇

结汇是将出口货物销售获得的某种币制的外汇按售汇之日中国银行外汇牌价的买入价卖给银行。出口货物装运之后，出口企业应按信用证的规定，缮制各种单据，并在信用证规定的有效期内，送交银行办理议付结汇手续。这些单据主要是发票、汇票、提单、保险单、装箱单、商品检验证书、产地证明书等。开证行只有在审核单据与信用证规定完全相符时，才承担付款的责任，为此，各种单据的缮制是否正确完备，与安全迅速收汇有着十分重要的关系。

在信用证项下，我国出口结汇的办法有收妥结汇、押汇和定期结汇三种。

（一）收妥结汇

收妥结汇是指议付行收到出口单据后，审查无误，将单据寄交国外付款行索取货款，待收到付款行将货款拨入议付行账户的贷记通知书（credit note）时，即按当日外汇牌价，折成人民币拨给出口单位。

（二）押汇

押汇又称买单结汇，是议付行在审单无误的情况下，按信用证条款买入出口单位的汇票和单据，从票面金额中扣除从议付日至收到票款之日的利息，将余款按议付日外汇牌价折成人民币，拨给出口单位。押汇是真正意义上的议付。

(三) 定期结汇

定期结汇是指议付行根据向国外付款行索偿所需时间，预先确定一个固定的结汇期限，并与出口企业约定该期限到期后，无论是否已经收到国外付款行的货款，都主动将票款金额折成人民币拨交出口企业。

六、出口收汇核销和出口退税

(一) 出口收汇核销

出口收汇核销是指对每笔出口收汇进行跟踪，直到收回外汇为止，防止出口单位高报出口价格骗税的行为。

外汇核销工作由国家外汇管理局、海关和外汇指定银行等部门配合具体实施，通过电子口岸的出口收汇系统和企业管理系统，企业可以在网上向有关管理部门申领核销单，办理核销单交单及挂失等系列操作。

(二) 出口退税

出口退税是指一个国家为了扶持和鼓励本国商品出口，将所征税款退还给出口商的一种制度。使企业及时收回投入经营的流动资金，加速资金周转，降低出口成本，提高企业的经济效益。

出口企业设专职或兼职出口退税人员，按月填报出口货物退(免)税申请书，并提供有关凭证，先报经贸主管部门稽查签章后，再报国税局进出口税收管理分局办理退税。

第二节 进口合同的履行

我国大多数进口货物都按 FOB 条件并采用信用证付款方式成交，按此条件签订的进口合同，履行的一般程序包括开立信用证、办理运输和保险、审单付汇、进口报关、进口索赔等。下文将对此分别加以介绍和说明。

一、开立信用证

在采用信用证支付方式的进口业务中，履行合同的第一个环节就是进口商向银行申请开立信用证。

(一) 开立信用证的手续

▶ 1. 申请开证

进口合同签订后，进口商按照合同规定填写开立信用证申请书，向银行办理开证手续。该开证申请书是开证银行开立信用证的依据。进口商填写好开证申请书，连同进口合同一并交给银行，申请开立信用证。

▶ 2. 审核申请

开证行要审核开证申请人的申请，由开证人向开证行做出声明和保证。例如，开证人承认在自己付清款项前，开证行对开证人的单据及开证人所代表的货物拥有所有权；必要时，开证行可以出售货物，以抵付进口人的欠款。申请人保证在单证表面相符的情况下对外付款或承兑，否则，开证行有权没收开证人所交付的押金和抵押品，以充当开证人应付货款的一部分等。

▶ 3. 对外开证

开证行向申请人开立信用证时，要求申请人向开证行交付一定比率的押金，并按规定向开证银行支付开证手续费后对外开证。

(二) 开立信用证应注意的问题

▶ 1. 信用证的内容必须符合进口合同的规定

货物的名称、品质、数量、价格、装运日期、装运条件、保险险别等内容，均应以合同为依据，在信用证中明确加以记载。

▶ 2. 信用证的开证时间应按合同规定办理

如果买卖合同中规定有开证日期，进口商应在规定的期限内开立信用证；如果合同中只规定了装运期而未规定开证日期，进口商应在合理时间内开证，一般掌握在合同规定的装运期前30~45天申请开证，以便出口方收到信用证后在装运期内安排装运货物。

▶ 3. 单据条款要明确

信用证的特点之一是单据买卖，因此进口商在申请开证时，必须列明需要出口人提供的各项单据的种类、份数及签发机构，并对单据的内容提出具体要求。

▶ 4. 文字力求完整明确

进口商要求银行在信用证上载明的事项必须完整、明确，不能使用含糊不清的文字。尤其是信用证上的金额必须具体明确，文字与阿拉伯数字的表示应一致，应避免使用"约""近似"或类似的词语。这样，一方面可使银行处理信用证时或卖方履行信用证的条款时有所遵循；另一方面可以此保护自己的权益。

(三) 信用证的修改

对方收到信用证后，如提出修改信用证的请求，经我方同意后，即可向银行办理改证手续。一般情况下，受益人发现问题后会直接与开证人联系，开证人如果认为有修改的必要，通常应该用电传或传真等及时通知受益人，然后按照信用证开立的程序，向开证行申请修改信用证。

开证人到原开证行填写一张信用证修改书，由原开证行通过原通知行向受益人转递正式信用证修改书。当受益人接受信用证修改内容以后，修改书即成为原信用证不可分割的组成部分，这时，信用证正式生效，当事人必须坚决执行。

(四) 信用证修改应注意的问题

在信用证修改过程中，要力争一次看彻底、全面，不要反复多次地修改。如果信用证修改书中仍有不能接受之处，可以再次或多次进行修改，直到完全接受为止。但是要注意：多次修改必然有多张修改书，这时要注意修改书的编号，不能出现漏号。

【案例】A公司与B公司订立了一份国际货物销售合同，由A公司向B公司销售计算机显示屏，双方约定以信用证方式付款。合同订立后，B公司依约申请银行开出即期不可撤销信用证。A公司收到信用证后，便开始准备货源、安排装运及制作单据。此时，因国内用户要求B公司提供原产地证明，B公司便向开证行提出修改信用证的申请,要求在信用证的单据栏增加原产地证明书这一单据。银行接受B公司的申请,修改了信用证,并通知A公司信用证修改事宜。A公司接到通知后,未做出接受或拒绝修改的通知,并仍按原信用证的规定向银行提交单据。银行审单后,认为单据相符便向A公司支付了信用证项下的货款。此后,B公司以单据中缺少原产地证明书单证为由,拒绝向银行付款赎单。

【分析】本案涉及信用证的修改问题。A公司在收到有关信用证修改的通知后,并未发出接受或拒绝修改的通知,而且在交单时间向银行提交了符合原信用证规定的单据,受益人以自身的行为做出拒绝信用证修改的表示,原信用证的条款对受益人仍然有效,信用证的修改因未获得受益人的同意而无效。因此,银行接受A公司提交的符合原信用证规定的单据并支付款项的行为是正确的。

资料来源:冷柏军.国际贸易实务[M].3版.北京:中国人民大学出版社,2017.

二、办理运输和保险

(一)订立运输合同

按FOB条件成交,采用海洋运输,由买方负责办理租船订舱手续。如合同规定卖方在交货前一定时间内,应将预计装运日期通知买方。买方在接到上述通知后,应及时向运输公司办理租船订舱手续。在办妥租船订舱手续后,买方应按规定的期限将船名及船期及时通知对方,以便对方备货装船。同时,为了防止船货脱节和出现"船等货"的情况,还要注意催促对方按时装运。对数量大或重要物资的进口,如有必要,亦可请驻外机构就地了解、督促对方履约,或派人员前往出口地点检验监督。

进口公司对租船还是订舱的选择,应视进口货物的性质和数量而定。凡需整船装运的,则需洽租合适的船舶承运;小批量的或零星杂货,则大都采用洽订班轮舱位。

(二)办理保险合同

按FOB或CFR条件成交的进口合同,由买方办理保险手续,支付保险费。进口货物保险一般都是与保险公司签订预约保险合同。根据预约保险合同,保险公司对有关进口货物负自动承保的责任,即货物一经装船,保险就开始生效。买方在收到国外出口方发来的装运通知后,将船名、提单号、开船日期、商品名称、数量、装运港、目的港等项内容通知保险公司,即作为办妥保险手续。

若外贸公司没有与保险公司签订预约保险合同,则需对进口货物逐笔办理投保手续。在买方接到卖方的发货通知后,必须立即向保险公司办理保险手续。如果进口公司没有及时向保险公司投保,则货物在投保之前的运输途中,所发生的一切由于自然灾害和意外事故所造成的损失,保险公司不负赔偿责任。

三、审单付汇

在信用证支付条件下,卖方提交的单据必须与买方开立的信用证条款完全符合。由于开证行或开证行指定付款行的审单是终局性的,也就是经审单付款后即无追索权,因此审单工作必须慎重。审单工作一般由买方和银行共同来做。

开证行收到国外寄来的汇票和单据后,经审单无误对外付款的同时,即通知进口企业向银行付款赎单。进口公司凭银行出具的"付款通知书"到银行结算,在认真审查卖方提供的单据符合信用证要求后,即付款赎单。

如审核国外单据发现证、单不符时，应做出适当处理。处理办法很多，例如，停止对外付款；相符部分付款，不符部分拒付；货到检验合格后再付款；凭卖方或议付行出具担保付款；要求国外改正；在付款的同时，提出保留索赔权等。

【案例】我国北方某化工进出口公司和美国尼克公司以CFR青岛条件订立了进口化肥5 000公吨的合同。根据合同规定，我方公司开出以美国尼克公司为受益人的不可撤销的跟单信用证，总金额为280万美元。双方约定如发生争议，则提交中国国际贸易政策委员会上海分会仲裁。货物装船后，美国尼克公司持包括提单在内的全套单据在银行议付了货款。货到青岛后，我方公司发现化肥有严重质量问题，立即请当地商检机构进行检验，证实该批化肥是没有太大实用价值的饲料。于是，我方公司持商检证明要求银行追回已付款项，否则将拒绝向银行支付货款。根据上述情况，问：银行是否应追回已付货款？我方公司是否有权拒绝向银行付款？我方公司应采取什么补救措施？

【分析】在信用证方式下，实行的是凭单付款的原则。《跟单信用证统一惯例》规定，在信用证业务中，各有关方面处理的是单据，而不是与单据有关的货物、服务及/或其他行业。所以，信用证业务是一种纯粹的单据业务。在本案例中，银行不应追回已付货款。在信用证合同项下，银行的义务是审查受益人提供的单据与信用证规定是否一致，如单证一致，银行即应无条件付款。北方某化工进出口公司无权拒绝银行付款，它必须受开证申请书的约束，在"单单一致""单证一致"的情况下，必须履行付款赎单的义务。北方某化工进出口公司应根据买卖合同要求美国某公司承担违约责任。

资料来源：冷柏军. 国际贸易实务[M]. 3版. 北京：中国人民大学出版社，2017.

四、进口报关

进口货物到货后，由进口公司或委托货运代理公司或报关行根据进口单据填具"进口货物报关单"向海关申报，并随附发票、提单、装箱单、保险单、进口许可证及审批文件、进口合同、产地证和所需的其他证件。如属法定检验的进口商品，还须随附商品检验证书。货、证经海关查验无误，才能放行。

进口货物运达港口卸货时，港务局要进行卸货核对。如发现短缺，应及时填制"短卸报告"交由船方签认，并根据短缺情况向船方提出保留索赔权的书面声明。卸货时如发现残损，货物应存放于海关指定仓库，待保险公司会同商检局检验后做出处理。

在办完上述手续后，进出口公司可自行或由货运代理提取货物并拨交给订货部门，货运代理通知订货部门在目的地办理收货手续，同时，通知进出口公司代理手续已办理完毕。

五、进口索赔

进口货物在运输途中，由于各种原因可能使货物的品质、数量、包装等受到损害，或卖方交付的货物不符合同规定致使买方遭受损失。买方收到货物后要根据货损原因的不同，向有关责任方提出索赔要求。

（一）进口索赔的对象

▶ 1. 向卖方索赔

凡属下列情况者，均可向卖方索赔：原装数量不足；货物的品质、规格与合同规定不符；包装不良致使货物受损；未按期交货或拒不交货等。

▶ 2. 向轮船公司索赔

凡属下列情况者，均可向轮船公司索赔：货物数量少于提单所载数量；提单是清洁提单，而货物有残缺情况，并且属于船方过失所致；货物所受的损失，根据租船约有关条款应由船方负责。

▶ 3. 向保险公司索赔

凡属下列情况者，均可向保险公司索赔：由于自然灾害、意外事故或运输中其他事故的发生致使货物受损，并且属于承保险别范围以内的；凡轮船公司不予赔偿或赔偿金额不足抵补损失的部分，并且属于承保险别范围以内的。

（二）办理索赔时注意的问题

▶ 1. 办理索赔应提供的证据

提出索赔时，应制作"索赔清单"并随附商品检验局的检验证书、发票、装箱单、提单副本等。对不同的索赔对象，所附的证件也有所不同。

▶ 2. 索赔的金额

根据国际贸易惯例，买方向卖方索赔的金额，应与卖方违约所造成的实际损失相等，即根据商品的价值和损失程度计算，还应包括支出的各项费用，如商品检验费、装卸费、银行手续费、仓储费、利息等。向承运人和保险公司索赔的金额，须根据有关规定计算。

▶ 3. 索赔的期限

索赔必须在合同规定的索赔期限内提出。逾期索赔，责任方有权不受理。如果因为商检工作需要较长时间的，可在合同规定的索赔期限内向对方要求延长索赔期限。买方在向责任方提出索赔要求后，仍有责任按情况采取合理措施，保全货物。

拓展阅读

信用证单据不符拒付案

在2017年4月的广交会上，某公司A与科威特一个老客户B签订合同，客人欲购买A公司的玻璃餐具（GLASS WARES），我司报价FOB WENZHOU，温州出运到科威特，海运费到付。合同金额达USD25 064.24，共1×40英尺高柜，支付条件为全额信用证。客人回国后开信用证到A公司，要求6月出运货物。

A公司按照合同与信用证的规定在6月按期出货，并向银行交单议付，但在审核过程发现2个不符点。①发票上：GLASS WARES错写成GLASSWARES，即没有空格；②提单上：提货人一栏，TO THE ORDER OF BURGAN BANK, KUWAIT错写成了TO THE ORDER OF BURGAN BANK，即漏写KUWAIT。A公司认为这两个是极小的不符点，根本不影响提货。我司本着这一点，又认为客户是老客户，就不符点担保出单了。但A公司很快就接到由议付行转来的拒付通知，银行就以上述两个不符点作为拒付理由拒绝付款。A公司立即与客户取得联系，原因是客户认为到付的运费（USD2 275.00）太贵（原来A公司报给客户的是5月的海运费，到付价大约是USD1 950.00，之后海运费价格上涨，但客户并不知晓），所以拒绝到付运费。因此货物滞留在码头，A公司也无法收到货款。

后来A公司人员进行各方面的协调后，与船公司联系要求降低海运费，船公司将运费降到USD2 100.00，客户才勉强接受，到银行付款赎单，A公司被扣了不符点费用。整个纠纷解决过程使得A公司推迟收汇大约20天。

【分析】(1)"不符点"没有大小之分。在本案中，A公司事先知道单据存在"不符点"的情况下还是出单，存在潜在的风险。A公司认为十分微小的"不符点"却恰恰成了银行拒付的正当理由。因此，在已知"不符点"的情况下，最好对不符点进行修改。

(2)FOB的运费上涨与A公司并无关系，因此客户主要是借"不符点"进行讨价还价。

资料来源：圣才学习网.

拓展阅读

软条款——信用证中的遥控炸弹

某年，中国A公司与外国B公司达成协议，以CFR术语向B公司出口儿童服装若干件，合同总金额为200万美元，以不可撤销信用证付款。双方在合同中约定：货物应由B公司指定的检验机构进行检验，货物品质若符合进口国的有关进口标准，则由该检验机构出具合格证书，否则B公司可凭拒绝验收报告向A公司索赔。合同签订后，B公司通过当地银行开出了以A公司为受益人的即期不可撤销信用证。信用证的单据栏将B公司指定的某检验机构出具的合格证书作为A公司向银行申请付款时应提交的单据之一。A公司收到信用证后未提出任何异议，并按时将货物发运。在货物的运输过程中，进口国的相关进口标准发生变动，货抵目的港后，经检验货物品质不符合进口国现行进口标准，检验机构拒绝出具合格证书，买方拒收货物。由于缺少合格证书，A公司遭到开证行拒付，最后只能以120万美元的价格将货物转售给另一家公司，造成各种损失近150万美元。

【分析】A公司之所以损失巨款，是因为A公司接受了将B公司指定的检验机构出具的货物品质符合进口国标准的合格证书作为付款单据之一的信用证，这种软钉子似的条款（即"软条款"）会使卖方承受很大的收汇风险。因在信用证支付方式下，只有卖方向银行提交的单据与信用证的规定相符合，即"单证相符"时银行才会付款。本案中的买卖合同规定，卖方交付的货物的品质必须符合进口国的相关进口标准，并由买方指定的检验机构进行检验。卖方如对该进口标准不熟悉和未能随时把握该标准的变动，则会给卖方获得检验合格证书带来极大困难。没有合格证书，则单证不符，银行必会拒付。这样的信用证对卖方根本起不到保证支付的作用。信用证上列有所谓"软条款"可以有不同的表现形式，除本案中要求信用证下的款项只有在卖方提交货物品质符合进口国相关标准的合格证书时才支付的条款外，还有种信用证条款规定款项只有在货物清关或由主管当局批准进口后才支付，该规定已从根本上背离了国际贸易结算所遵循的"推定交货"（即卖方把货物交给承运人，就推定卖方已向买方交付了货物，卖方凭信用证规定的有关单据则可取得货款）的原则，而变成了"实际交货"后才付款，即只有在买方收到货物后才付款，不可撤销信用证失去了实际意义，使卖方处于被动地位。注意了上述风险，卖方就必须加强审查信用证条款，做到证、同一致。如发现信用证中额外加列"软条款"，就必须向进口商交涉删除。这项工作往往被卖方忽略，盲目接受带有"软条款"的信用证，造成收汇上的困难。

资料来源：郭建军.国际货物贸易实务教程[M].2版.北京：科学出版社，2017.

本章小结

就出口商而言，出口合同的履行一般包括出口许可证的申领、催证、审证和改证，备货、报验，订舱报关、装货、投保、制单、结汇等过程。其中，货（备货）、证（催证、审证和改证）、船（租船订舱）、款（制单结汇）四个环节最为重要。

进口合同的签订与履行十分重要，在开立与修改信用证、安排运输、投保、审单、付款、报关、检验，以及进口索赔等环节上不能有任何疏漏，否则有可能发生不同程度的损失或后果。虽然进出口双方执行的是同一份合同，但却在各自履行义务，因此进口合同的履行有特殊的内容和行为，搞清这一点，才能分辨进出口双方的权利、责任和义务，把进出口合同的要求落到实处。

自测题

一、单项选择题

1. 出口报关的时间应是（   ）。
   A. 备货前　　　　　　　　　　　　B. 装船前
   C. 装船后　　　　　　　　　　　　D. 货到目的港后

2. 新加坡一公司于 8 月 10 日向我方发盘欲购某货物一批，要求 8 月 16 日复到有效，我方 8 月 11 日收到发盘后，未向对方发出接受通知，而是积极备货，于 8 月 13 日将货物运往新加坡。不巧，遇到市场行情变化较大，该货滞销，此时，（   ）。
   A. 因合同未成立，新加坡客商可不付款
   B. 因合同已成立，新加坡客商应付款
   C. 我方应向新加坡客商发出接受通知后才发货
   D. 我方应赔偿该批货物滞销给新加坡客商带来的损失

3. 一份 CIF 合同下，合同与信用证均没有规定投保何种险别，交单时保险单上反映出投保了平安险，该出口商品为易碎品，而其他单据与信用证要求相符。因此，（   ）。
   A. 银行将拒收单据　　　　　　　　B. 买方将拒收单据
   C. 买方应接受单据　　　　　　　　D. 银行应接受单据

4. 审核信用证的依据是（   ）。
   A. 合同及《UCP600》的规定　　　　B. 一整套单据
   C. 开证申请书　　　　　　　　　　D. 商业发票

5. 信用证修改通知书的内容在两项以上者，受益人（   ）。
   A. 要么全部接受，要么全部拒绝　　B. 可选择接受
   C. 必须全部接受　　　　　　　　　D. 只能部分接受

6. 审核信用证和审核单据的依据分别是（   ）。
   A. 开证申请书　　　　　　　　　　B. 合同及《UCP600》的规定
   C. 一整套单据　　　　　　　　　　D. 信用证

7. 在交易过程中，卖方的基本义务是（   ）。
   A. 提交货物　　　　　　　　　　　B. 提交与货物有关的单据

C. 转移货物的所有权　　　　　　　D. 支付货款

8. 在我国的进出口业务中，出口结汇的方法有（　　）。
A. 收妥结汇　　　　　　　　　　　B. 买单结汇
C. 定期结汇　　　　　　　　　　　D. 预付结汇

9. 履行出口合同的程序可概括为（　　）。
A. 货　　　　B. 证　　　　C. 船　　　　D. 款

10. 在实际业务中，凭信用证成交出口的货物，如货物出运后，发现单证不符，而由于时间的限制，无法在信用证有效期内或交单期内做到单证相符，可采取的变通办法是（　　）。
A. 担保议付　　　　　　　　　　　B. "电提"方式征求开证行同意
C. 改为跟证托收　　　　　　　　　D. 直接要求买方付款

二、判断题

1. 在修改信用证明时，受益人可接受同一修改通知中的部分内容，而将另外的内容退回通知行。（　　）

2. 对于议付行来说，不存在可撤销与不可撤销信用证之分，即使是可撤销的信用证，只要议付行付了款，开证行也不能再撤销。（　　）

3. 关于发票的抬头，若信用证无明确规定，则以开证行为抬头人。（　　）

4. 提单的被通知人，若信用证无明确规定，则应填写开证申请人。（　　）

5. 《UCP600》规定，开证行不得要求受益人出具以开证申请人为付款人的汇票，否则将视此汇票为附加单据。（　　）

6. 某信用证金额为 25 775 美元，而卖方向银行结汇时提供的汇票的金额为 25 750 美元，对此，开证行认为单证不符，予以拒付。（　　）

7. 汇票通常开具一式二份，第一份为正本，第二份为副本，只有正本才有法律效力。（　　）

8. 银行不接受出单日期迟于装船或发运或接受监管之日的保险单，即使保险单上表明保险责任最迟于货物装船或发运或受监管之日生效。（　　）

三、简答题

1. 履行出口合同的环节有哪些？其中的主要环节是哪几个？
2. 简述备货工作的主要内容及备货时应注意的问题。
3. 出口单位审证要点有哪些？
4. 简述买方开立信用证应注意的问题。

第十一章 国际贸易方式

学习要点及目标

通过本章的学习，了解不同的国际贸易方式，重点掌握经销、代理、寄售、招投标、拍卖、加工贸易及期货交易的含义，理解经销与代理的区别，了解补偿贸易的特点，掌握各种贸易方式的特点和在交易中的应用。

核心概念

经销　代理　寄售　展卖　招标　投标　拍卖　加工贸易　期货交易

引导案例

20世纪90年代初，联合国决定资助巴基斯坦更换某一路段的电缆，共有几十千米长。资助条件之一就是，巴基斯坦必须对这段电缆工程进行国际工程招标，否则不予资助。巴基斯坦方面表示同意，并在国际专业媒体发布招标公告，开始招标。

我国某集团公司（以下简称W公司）得到消息后，决定参与竞标。但考虑到公司本身对巴基斯坦当地的具体情况并不十分熟悉，为保险起见，W公司就委托巴基斯坦的一家本地公司（以下简称K公司）作为代理商，代替W公司参与这次投标。

随后巴基斯坦的K公司积极参与竞标，由于我国W公司对于这次投标志在必得，因而标底较低，顺利中标，遂开始履行合同，寻找分公司进行生产。但分公司马上发现了问题：巴基斯坦需要的是旧式电缆，而我国的电缆企业早已更新设备，停止生产该种电缆。如果按照巴基斯坦的合同要求生产电缆，就意味着分公司要将现有的生产线全部停工，而将废弃不用的旧式电缆生产设备重新安装、调试，培训员工进行生产。这样，即使生产出旧式电缆，成本也将是W公司中标的标底的数倍，亏损严重，更不要说赚取利润了。

经过一番努力和周折，最后W公司无奈之下只好单方面中止合同，并为此付出巨额的经济代价。

此案是关于投标业务处理不当而导致损失的案例,其中牵涉代理的问题。那么,实际业务中,我们如何正确应用这些贸易方式,以规避风险和损失呢?

资料来源:华律网.

国际贸易方式是指交易双方进行交易的具体形式和做法,国际上通用的国际贸易方式主要有经销、代理、寄售、招投标、拍卖、加工贸易、期货交易等。贸易方式不同,销售渠道、支付方式和双方的权利义务关系会有所区别,本章将对此进行介绍。

第一节 经销与代理

一、经销

(一)经销概述

经销(distribution)是指经销商按照约定向国外供货商销售产品,即供货商与经销商双方订立经销协议或相互约定,由供货商向中间商(经销商)定期、定量供应货物,经销商在规定的期限和区域销售商品的一种贸易方式。经销又叫分销,是相对于直销而言的。

▶ 1. 经销的种类

按经销商具有的经营权限不同,经销可以分为独家经销(包销)和普通经销(定销)两种。独家经销(sole distribution)又称包销,是指经销商在规定的期限和地域内对指定的商品享有独家经营权。包销商对于销售的商品实行自行销售、自负盈亏、自担风险原则。包销方式属于买卖关系。但包销商又不同于一般的单纯的买卖关系,而是一种受专卖权和专买权约束的售定买卖关系,即双方签订包销协议后,出口商获得了专卖权,同时又有义务不再将包销商品向指定地区内的其他商人报盘成交;包销商获得了专买权,同时又有义务不再购买其他商人的同类商品,保证购进包销协议规定的最低数量的该种商品,并只在指定地区销售。

普通经销又称定销,是指出口商通过与定销商签订定销协议,在一定地区和期限内将某种或某类商品交由国外客户销售的方式。出口商对定销人在价格、支付条件和折扣上给予一定的优惠,但不授予货物销售的专营权,即在同一地区和期限内,出口商可以指定几家定销商为出口商销售货物。

▶ 2. 独家经销和普通经销的区别

普通经销与独家经销的区别主要在于:独家经销商享有独家经营的权利,即在独家经销地区和独家经销期限内,只有一个经销商经营出口商供应的商品;而普通经销商不享有专营权,在同一地区内可以有几个经销商同时为一个出口商销售同种或同类商品。普通销售方式下一般规定有一定的最低数量限额,可以避免独家经销方式下可能出现的"包而不销"的问题,普通经销还可以防止出现垄断。但普通经销对调动定销人员的推销积极性一般效果较差,难以发挥集中经营的作用。在普通经销期内,出口商可以对普通经销商的资信情况、商业作风、经营能力进行考察。因此,普通经销常被用作挑选包销人的过渡手段。出口商在采用普通经销方式时,应注意选择经营能力较强、资信较好的国外客户作为经销商,并在协议中规定一定的最低产品销售限额。

（二）经销协议的内容

经销协议是供货商和经销商之间签订的关于双方权利义务关系、确立双方法律关系的契约。内容繁简可以根据商品特点及销售地区的情况具体来确定。经销协议一般包括以下内容：经销商品的范围、经销的区域、经销商品的数量和金额、作价方法、经销期限和终止、经销商的其他义务等。

（三）选择经销方式应注意的事项

▶ 1. 正确选择经销方式

经销方式运用得当，可以促进产品销售，选择不当则会带来风险和损失。发货商是选择独家经销还是普通经销，一是看产品特性，还要看当地市场行情。例如独家经销，虽然独家经销有利于避免同一地区多头经营产生的自相竞争及与其他同类商品生产者的竞争，也有利于有计划地组织生产和供货，但是缺点也很明显，即独家经销商选择不当或资信不佳，可能出现"包而不销"，包销商的垄断地位也会导致出口商不能与普通客户打交道，缺乏机动灵活性。所以，在实际操作中，要仔细比较各种经销形式，正确选择经销形式。

▶ 2. 慎重选择经销商

供货商与经销商之间是长期合作关系，因此，选择资信佳、实力强的经销商会使业务顺利开展，取得双赢的结果。若经销商选择不慎，会使供货商陷于不利地位。因此，在选择经销商时，应该认真调查销售商的经营和资信情况，尤其是选择独家代理商时更要慎重。

▶ 3. 注意签好经销协议

经销协议确定供货商和经销商之间的权利义务关系和法律关系，协议制定的好坏直接影响业务的成败。因此在制定经销协议时，一定要认真制定协议条款，既要考虑经销商的能力，又要保证货物的市场销售情况。同时还应该了解当地的法律法规，避免与当地法律发生冲突。

【案例】我国 A 公司与我国台湾 B 公司签订了独家经销协议，授予该公司 W 产品的独家经销权，但该产品并非 A 公司的自产商品，而是由大陆 C 公司生产、由 A 公司销往我国台湾 B 公司的。C 公司在向 A 公司供货的同时，也自营进出口业务，又向另一家我国台湾 D 公司授予了该产品的独家经销权。这样，在我国台湾就有了同种产品的两个独家经销商，这两家经销商得知该情况后，都向 A 公司和 C 公司提出索赔的要求。请问：这起案件应如何处理？

【分析】此案中，C 公司既然向 D 公司授予了该产品的独家经销权，就有义务保证 C 公司的产品不会经过其他渠道进入其他地区内。因此，C 公司要么授予 D 公司一般经销权，要么保证 A 公司不向该地区出口产品。

资料来源：百度文库.

二、代理

（一）代理的定义

代理（agency）是指出口商或生产商（委托人）在规定的时间和地区将产品交由国外客户（代理商）代为销售的一种贸易方式。

我国《民法通则》规定："代理人在权限内，以被代理人的名义实施民事法律行为。被代理人对代理人的代理行为，承担民事责任。"

(二) 代理的种类

代理方式按委托人对代理人授权的大小,可分为总代理、独家代理和一般代理。

▶ 1. 总代理

总代理(general agency)是委托人在指定地区的全权代表,有权代表委托人从事商务活动或非商务性的事物。总代理的权限很大,选择时要特别谨慎。出口企业一般不委托外商充当我方的总代理。

▶ 2. 独家代理

独家代理(exclusive agency)是指代理人在一定地区和期限内,享有代销指定商品的专营权。委托人在该期限和地区内只能委托该代理人推销委托人的指定商品,不能再委托其他客商推销同类商品。委托人在规定期限/地区内无论是否直接与客户交易,都应向独家代理人支付佣金。

▶ 3. 一般代理

一般代理又称佣金代理(commission agency),普通代理是指委托人在同一代理地区和期限内可同时委托多个代理商代销委托人指定商品。代理人按代理协议规定,根据实际推销商品数额向委托人收取佣金。我国出口贸易中大多采用此种代理方式。

(三) 代理协议

代理协议又称代理合同,是明确出口企业和代理商之间权利和义务的一种法律文件。代理协议一般包括以下内容。

▶ 1. 协议名称及双方的基本关系

签订代理协议时应明确显示是独家代理、总代理还是一般代理。代理协议的双方当事人即出口方与代理商之间的关系是委托代理关系。代理人应在委托人授权范围内行事,并应对委托人诚信忠实。委托人对代理人在上述范围内的代理行为承担民事责任。

▶ 2. 代理的商品、地区和期限

委托人对代理人的授权中,应明确说明代理销售商品的类别和型号,独家代理则必须明确业务的地理范围,并约定代理协议有效期限,或者规定终止条款。

▶ 3. 代理的权限

根据不同性质的代理,此条款的具体内容有所不同。在一般代理协议中,一般规定:保留委托人在代理人的代理地区直接同买主进行谈判和成交的权力。

在独家代理协议中,一般规定独家代理权即独家代理指定商品的专营权,独家代理商的权限仅限于替委托人寻找买主、招揽订单、中介交易等。

▶ 4. 最低成交额

在代理中应规定最低成交数量或金额,防止代理商取得专营权后出现"代而不理"的现象,以保障委托人的利益。

▶ 5. 佣金条款

代理协议中必须规定佣金率、支付佣金的时间和方法。佣金率一般与成交金额或数量相联系。

▶ 6. 商情报告

代理人有义务向委托人定期或不定期提供商情报告,代理商还应在代理区内进行适当的广告宣传和促销。

▶ 7. 协议有效期及终止条款

代理协议如果是定期的，一般规定为1～5年；如果是不定期的，一般在协议中约定若其中一方不履行协议，则另一方有权终止协议。

【案例】韩国A公司与我国B公司签订了一份独家代理协议，指定由B公司为中国的独家代理商。签订协议时，韩国A公司正在试验改进该产品。不久，当新产品试验成功后，A公司又签订我国另一家公司C公司为新产品的经销商。问：A公司的这种做法是否合法？

【分析】A公司的这种做法不合法。在指定我国C公司为新产品的经销商前，A公司应查看一下它与我国B公司签订的代理协议中是否规定有新产品生产后协议的使用问题。若该协议中规定"协议适用新产品"，则A公司无权与我国另一家公司C公司签订新产品独家经销协议。

资料来源：百度文库.

第二节 寄售与展卖

一、寄售

（一）寄售的概念和性质

寄售（consignment）是一种委托代售的贸易方式，是国际贸易中习惯采用的做法之一。在我国进出口业务中，寄售方式的运用并不普遍，比重不大。但在某些商品的交易中，为促进成交、扩大出口的需要，也可灵活、适当地运用寄售方式。

寄售是指出口商（寄售人）与国外客户（代售人）签订寄售协议，出口商先将货物运往国外寄售地，委托代销人按照寄售协议规定的条件，由代销人代替货主进行销售，等到货物出售后，由代销人扣除佣金和费用后，向货主结算货款的一种贸易做法。

就性质而言，寄售人和代收人之间是一种委托和受托的关系，而非买卖关系。在寄售商品售出之前，委托人始终拥有商品的所有权，要负担寄售期间的运费、保险费、仓储费、进口税等一切费用，并承担此间可能发生的风险和损失。代售人只是受托负责照管商品，依据寄售人的指示推销商品并从中取得佣金，代售人有义务尽力推销寄售商品，但对商品能否售出并不负责。寄售期满，代售人有权退回未售出的部分商品，交易盈亏概由寄售人负担。

（二）寄售的特点

与正常的出口贸易方式比较，寄售方式具有下列几个特点。

▶ 1. 寄售人是先出运后卖出的现货交易

寄售人先将货物运至目的地市场（寄售地），然后经代销人在寄售地向当地买主销售。因此，它是典型的凭实物进行买卖的现货交易。

▶ 2. 寄售人与代销人是委托代售关系

寄售人与代销人之间是委托代售关系，而非买卖关系。代销人只根据寄售人的指示处置货物。货物的所有权在寄售地出售之前仍属于寄售人。

▶ 3. 风险费用划分不同于一般出口

寄售货物在售出之前，包括运输途中和到达寄售地后的一切费用和风险，均由寄售人承担。寄售货物装运出口后，在到达寄售地前也可使用路货买卖的办法，先行后销，即当货物尚在运输途中，如有条件即成交出售，出售不成则仍运至原定目的地。

（三）寄售协议

寄售协议是规定寄售人和代销人双方权利和义务，以及寄售业务中的有关问题的法律文件。一般包括协议性质，寄售地区，寄售商品的名称、规格、数量、作价方法，佣金支付和货款收付，以及保险的责任和义务等。

二、展卖

（一）展卖的概念和特点

▶ 1. 展卖的概念

展卖(fairs and sales)是利用展览会和博览会及其他交易会形式，对商品实行展销结合的一种贸易方式。

▶ 2. 展卖的特点

展卖是国际贸易中一种广泛而有效的贸易方式，特点是将出口商品的展览和销售有机地结合起来，边展边销，以销为主。展卖的优越性主要表现在下列几个方面：有利于宣传出口产品，扩大影响，招揽潜在买主，促进交易；有利于建立和发展客户关系，扩大销售地区和范围；有利于开展市场调研，听到消费者的意见，改进商品质量，增强出口竞争力；在进行商品购销的同时，展示各参展商经济成就的全貌和交流经济信息。

（二）展卖的形式

展卖的具体形式可以分为国际博览会、商品交易会，以及各种产品展销会。

▶ 1. 国际博览会

国际博览会又称国际集市或世界博览会，是指在一定地点举办的由一国或多国联合组办、邀请各国商人参加交易的贸易形式。由于国际博览会历史悠久，影响较大，不仅为买卖双方提供了交易方便，而且越来越多地作为产品介绍、广告宣传，以及介绍新工艺、进行技术交流的重要方式。

国际博览会可分为综合性国际博览会和专业性国际博览会两种形式。综合性国际博览会又称"水平型博览会"，即各种商品均可参展并洽谈交易的博览会。这种博览会的规模较大，产品齐全，且会期较长。专业性国际博览会又称"垂直型博览会"，是指仅限于某类专业性产品参加展览和交易的博览会，规模较小，会期较短。

▶ 2. 商品交易会

一般是由外贸公司定期联合举办的、选择合适的场地，集中一定的商品，邀请国外客户参加的一种集展览与交易相结合的商品展销会。如我国的广州商品交易会、深圳商品交易会及各种小型的交易会都属于商品交易会，其中以广州商品交易会影响最大。

拓展阅读

广州商品交易会

广州商品交易会全称是"中国进出口商品交易会"，英文名为 Canton fair。创办于

1957年春季，每年春秋两季在广州举办，迄今已有五十余年历史，是中国目前历史最长、层次最高、规模最大、商品种类最全、到会客商最多、成交效果最好的综合性国际贸易盛会。自2007年4月第101届起，广交会由中国出口商品交易会更名为中国进出口商品交易会，由单一出口平台变为进出口双向交易平台。

中国进出口商品交易会由48个交易团组成，有数千家资信良好、实力雄厚的外贸公司、生产企业、科研院所、外商投资/独资企业、私营企业参展。中国进出口商品交易会贸易方式灵活多样，除传统的看样成交外，还举办网上交易会。中国进出口商品交易会以出口贸易为主，也做进口生意，还可以开展多种形式的经济技术合作与交流，以及商检、保险、运输、广告、咨询等业务活动。在交易会上，来自世界各地的客商云集广州，互通商情，增进友谊。

资料来源：中国会展在线网．

▶ 3. 产品展销会

产品展销会是指出口商自行在国外举办或者委托代理人参与国外的博览活动，展示出口商的商品，促进产品交易。在国外自行举办展卖会时，相关的广告宣传费、展品的运费、保险费、展出场地的租用费，以及其他杂项费用，均应由主办方自行负担。展卖结束后，剩余的展品也由主办方自行处理。我国出口商品参与国外展卖采取的方式主要有两种，一是支持外商在国外举办我国出口商品展卖会；二是与外商联合举办我国出口商品展卖会。

第三节 招标、投标与拍卖

一、招标、投标

(一) 招标、投标的含义

招标(invitation for tender)与投标(submission of tender)是一种贸易方式的两个方面，是指一种有组织的并按一定条件进行交易的贸易方式。

招标是指招标人(买方)发出招标通知，说明采购商品的名称、规格、数量和其他条件，邀请投标人(卖方)在规定的时间、地点按照一定的程序进行投标的行为。

投标是指投标人(卖方)应招标人的邀请，按照招标的要求和条件，在规定的时间内向招标人递价(bid)，争取中标的行为。

(二) 招标、投标的一般程序

招标、投标一般包括招标、投标、开标和议标、签约四个环节。

▶ 1. 招标

招标人发出书面招标公告或邀请，按照公开与否，分为公开招标和不公开招标。公开招标又称无限竞争性竞争招标，是指招标人以招标公告的方式邀请不特定的法人或者其他组织投标。不公开招标又称邀请招标，是指招标人以投标邀请书的方式邀请特定的法人或其他组织投标。

2. 投标

投标是指投标人根据招标文件的要求,编制并提交投标文件,响应招标的活动。投标人参与竞争并进行一次性投标报价是在投标环节完成的,在投标截止时间结束后,不能接受新的投标,也不得更改投标报价及其他实质性内容。因此,投标情况确定了竞争格局,是决定投标人能否中标、招标人能否取得预期效果的关键。

3. 开标、评标

开标即招标人按照招标文件确定的时间和地点,邀请所有投标人到场,当众开启投标人提交的投标文件,宣布投标人的名称、投标报价及投标文件中的其他重要内容。

评标是招标人依法组建评标委员会,依据招标文件的规定和要求,对投标文件进行审查、评审和比较,确定中标候选人。评标是审查确定中标人的必经程序。

4. 签约

确定中标人后,招标人和中标人应当按照招标文件和中标人的投标文件在规定的时间内订立书面合同,中标人按合同约定履行义务,完成中标项目。双方签订合同时,有时需要中标人缴纳履约保证金、银行保函或备用信用证。

二、拍卖

(一) 拍卖的含义

拍卖(auction)是由专营拍卖行接受货主的委托,在一定的地点和时间,按照规定的章程和规则,以公开叫价竞购的方法,拍卖人(auctioneer)把货物给出价最高的买主的一种现货交易方式。

拍卖是国际贸易中较古老的交易方式,属于实物交易。通过拍卖进行交易的商品大都是品质易标准化的,或是难以久存的,或是习惯上采用拍卖方式进行的商品,如茶叶、烟叶、兔毛、皮毛、木材等。某些商品,如水貂皮、澳洲羊毛,大部分的交易是通过国际拍卖方式进行的。

拍卖一般是由从事拍卖业务的专门组织,在一定的拍卖中心市场、在一定的时间内按照当地特有的法律和规章程序进行的。

(二) 拍卖的类型

1. 增价拍卖

增价拍卖也称买方叫价拍卖,是最常用的拍卖方式之一。拍卖时,由拍卖人提出一批货物,宣布预定的最低价格,估价后由竞买者(bidder)相继叫价,竞相加价,有时规定每次加价的金额额度,直到拍卖人认为无人再出更高的价格。

2. 减价拍卖

减价拍卖又称荷兰式拍卖(dutch auction),这种方法先由拍卖人喊出最高价格,然后逐渐减低叫价,直到某一竞买者认为已经低到可经接受的价格,表示买进。

3. 密封递价拍卖

密封递价(sealed bids, closes bids)拍卖又称招标式拍卖。采用这种方法时,先由拍卖人公布每批商品的具体情况和拍卖条件等,然后由买方在规定时间内将自己的出价密封递交拍卖人,以供拍卖人进行审查比较,决定将该货物卖给哪一个竞买者。这种方法不是公开竞买,拍卖人有时要考虑除价格以外的其他因素。有些国家的政府或海关在处理库存物资或没收货物时往往采用这种拍卖方法。

(三）拍卖的程序

拍卖程序不同于一般的出口交易，交易过程大致要经过准备、看货、出价成交和付款交货等四个阶段。

▶ 1. 准备

拍卖行发出拍卖公告，公告包括拍卖主要商品的名称、拍卖时间和拍卖前买方看货地点。

▶ 2. 看货

买方事先到仓库或货物储存地看货，并记下某些被看中货物的编号。

▶ 3. 出价成交

拍卖行在预先规定的时间和地点将货物公开拍卖。

▶ 4. 付款交货

出价最高的购买者获得货物的所有权，当场缴纳款项后便可将拍卖的货物取走。

【案例】某公司在拍卖行经竞买获得精美瓷器一批。在商品拍卖时，拍卖条件中规定："买方对货物的过目与不过目，卖方对货物的品质概不负责。"该公司在将这批瓷器通过公司所属商行销售时，发现有部分瓷器出现网纹，严重影响这部分商品的销售。卖方因此向拍卖行提出索赔，却遭到拍卖行的拒绝。问：拍卖行的拒绝是否有道理？为什么？

【分析】拍卖行的拒绝是无道理的。一般来说，在拍卖业务中，对于用通常的查验手段即可发现的货物缺陷，拍卖行是不负责任的，但对于凭借一般查验手段不能发现的质量问题，拍卖行还是允许买主提出索赔的。本案例中，竞买得主在将竞得商品——精美瓷器通过公司所属商行销售时，发现有部分瓷器有网纹，这些网纹在拍卖时，竞买者是无法用一般查验手段发现的，因此拍卖行的拒绝是无道理的。

资料来源：道客巴巴网．

第四节 加工贸易

一、加工贸易的含义

加工贸易是一国通过各种不同的方式进口原料、材料或零件，利用本国的生产能力和技术，加工成成品后再出口，从而获得以外汇体现的附加价值。

二、加工贸易的类型

加工贸易是一种简单的国际间的劳务合作方式，主要有对外加工装配和进料加工两种。

（一）对外加工装配

▶ 1. 含义

对外加工装配是来料加工、来件装配的统称，是外商提供原材料，我国企业利用自有设备和劳动力按照外商的要求加工，并收取加工费的贸易方式。

▶ 2. 性质

对外加工装配与一般的货物进出口贸易不同，货物进出口贸易属于货物买卖。加工装配虽然涉及原材料、零部件的进口，但是不属于货物买卖，原因在于加工方与外方之间属于委托加工关系，无论是原材料还是制成品，所有权都属于委托方，受托方只负责加工，收取加工费用，属于劳务贸易的范畴。

▶ 3. 对外加工装配的作用

自20世纪90年代起，我国加工贸易有了很大发展，一段时间内在我国对外贸易中占据重要地位。承接对外加工装配业务，对于一国经济发展有很重要的作用，主要表现在以下几个方面：

（1）通过承接来料加工和来件装配，可以充分利用一国的生产力，补充国内原来料不足，增加外汇收入；

（2）在承接对外加工装配业务过程中，可以利用技术外溢效应，提高本国技术水平和管理水平；

（3）有利于利用剩余劳动力，增加就业机会。

(二) 进料加工

▶ 1. 含义

进料加工是指从国际市场购买原材料或零部件，按自己的设计加工装配成成品后，再出口销往国外市场。进口的目的是出口，所以这种做法又称为"以进养出"。

▶ 2. 进料加工与对外加工装配的异同

两者的相同点表现在两头在外，即原材料和制成品都在国外，但是又有本质的不同，表现在以下两个方面。

（1）对外加工装配业务在加工过程中没有发生所有权的转移，即原材料的提供者就是制成品的接收者，属于一笔交易；而进料加工过程中，原材料的进口和制成品的出口属于两笔业务，都发生了所有权的转移，原材料的提供者和制成品的买方也没有必然联系。

（2）对外加工装配只是承接的加工业务，所以加工方不用考虑原料来源和产品销路，不用承担风险，只赚取加工费；而进料加工过程中，加工方需要自担风险，自寻销路，利润来源于产品的附加值。

三、加工贸易的注意事项

（1）考虑解决本地本企业的人员就业问题。承接加工贸易可以充分利用我国劳动力价格较低的优势，提高本地的就业水平。

（2）选择合适的加工装配项目，要求外商提供国内紧缺或不足的原材料，防止与国内同类原料争抢市场，加工项目最好是对投资少、见效快、收益较大、在国际市场上销路稳定的商品进行加工装配，尽量避免接受可能对我国出口贸易造成冲击的业务。

（3）必须考虑通过加工业务提高本企业产品的质量，增强企业实力。应注意加快加工贸易的转型升级，提升加工贸易的水平，尽可能承接高水平的加工项目，从而带动我国技术水平的提高。

（4）不承接对国家和人民造成不良影响或危害的加工业务，对于一些污染环境或者有害身体健康的项目,应坚决拒绝;对于国外委托方提供的商标,注意合法性,尽量明确规定一旦发生关于注册商标、专利等知识产权的纠纷,国外委托人应负全部责任。

(5)以经济效益为重,合理确定加工企业的加工费,避免各加工企业自相竞争。切忌以压低加工费进行恶性竞争,否则任意降低收费标准,只会造成对大家都不利的局面。

第五节 期货交易

一、期货交易的含义

期货交易(futures transaction)又称为期货合同交易或纸合同交易,是众多的买主和卖主在商品交易所内按照一定的规则进行的期货合同买卖。

期货交易一般在期货交易所内进行,期货交易所实行会员制,只有会员才能进入进行期货交易,期货交易所有固定的交易时间和交易地点。1848年成立的芝加哥商品期货交易所被认为是近代最早的期货交易所。目前期货交易所已经遍布世界各地,特别是美国、英国、日本、中国香港、新加坡等地的期货交易所在国际期货市场上占有非常重要的地位。其中交易量比较大的著名交易所有:美国的芝加哥商品交易所、芝加哥商业交易所、纽约商品交易所、纽约商业交易所,英国的伦敦金属交易所,日本的东京工业品交易所、谷物交易所,中国香港的期货交易所,以及新加坡的国际金融交易所等。

期货交易所交易的商品多为初级农产品,如小麦、玉米、大豆、棉花、食糖、咖啡豆、可可豆、石油、铜等。

二、期货交易的特点

期货交易不同于商品中的现货交易。众所周知,在现货交易的情况下,买卖双方可以以任何方式,在任何地点和时间达成实物交易。卖方必须交付实际货物,买方必须支付货款。而期货交易则是在一定时间在特定期货市场上,即在商品交易所内,按照交易所预先制定的"标准期货合同"进行的期货买卖。成交后买卖双方并不移交商品的所有权。期货交易具有下列几个特点:

(1)期货交易以标准合同作为交易标的,期货交易不规定双方提供或者接受实际货物;

(2)交易的结果不是转移实际货物,而是赚取签订合同之日与履行合同之日的价格差额;

(3)交易双方只能签订由交易所制订的标准期货合同,交易的商品种类和标准必须按照交易所的规定进行;

(4)不同商品,交货期不同,期货交易的具体交货期是由交易所规定的;

(5)清算方式特殊,期货合同都必须在每个交易所设立的清算所进行登记及结算。

三、期货交易的种类

期货交易的种类主要有两类,一类是套期保值;另一类是投机交易。

(一) 套期保值

套期保值(hedging)又称对冲交易,也称为"海琴",基本做法是交易者配合在现货市场的买卖,在期货市场买进或卖出与现货市场交易品种、数量相同,但方向相反的期货合同,以期在未来某一时间通过卖出或买进此期货合同来补偿因现货市场价格变动带来的实际价格风险。

套期保值在期货市场上有两种:买期保值和卖期保值。

卖出套期保值是为了防止现货价格在交割时下跌的风险而先在期货市场卖出与现货数量相当的合约所进行的交易方式。

买入套期保值是指交易者先在期货市场买入期货,以便将来在现货市场买进现货时不致因价格上涨而给自己造成经济损失的一种套期保值方式。这种用期货市场的盈利对冲现货市场亏损的做法,可以将远期价格固定在预计的水平上。买入套期保值是需要现货商品而又担心价格上涨的投资者常用的保值方法。

(二) 投机交易

投机交易就是"买空卖空"。"买空"又称"多头",是指投机者估计价格要涨,买进期货,一旦期货涨价,再卖出期货,从中赚取差价;"卖空"又称"空头",是指投机者估计价格要跌,卖出期货,一旦期货跌价,再买进期货,从中赚取差价。

【案例】某食品进出口公司8月以225美元/公吨的价格收购200公吨小麦,并存入仓库随时准备出售。为防止库存小麦在待售期间价格下跌而蒙受损失,该食品进出口公司欲利用套期保值交易来防止价格变动的风险。问:该公司应做卖期套期保值还是买期套期保值?为什么?

【分析】该公司应做卖期套期保值交易。套期保值的基本做法是:期货交易者在购进(出售)现货的同时,在期货市场上出售(购进)同等数量的期货。卖期套期保值是指卖期套期保值者根据现货交易情况,先在期货市场上卖出期货合同,然后再以多头进行平仓的做法。本案中,该食品公司于8月以225美元/公吨的价格收购200公吨小麦,并存入仓库随时准备出售,根据套期保值的基本做法,该公司应做卖期套期保值交易才可以避免商品价格变动的风险。

资料来源:百度文库.

本章小结

本章主要介绍国际贸易方式,国际上通用的国际贸易方式主要有经销、代理、寄售、展卖、招投标、拍卖、加工贸易、期货交易等。

经销是指经销商按照约定为国外供货商销售产品。即供货商与经销商双方订立经销协议或相互约定,由供货商向中间商(经销商)定期、定量供应货物,经销商在规定的期限和区域销售商品的一种贸易方式。

代理是指出口商或生产商在规定的时间和地区将产品交由国外客户代为销售的一种贸易方式。

寄售是指出口商（寄售人）与国外客户（代售人）签订寄售协议，出口商先将货物运往国外寄售地，委托代销人按照寄售协议规定的条件，由代销人代替货主进行销售。寄售是货物出售后，由代销人扣除佣金和费用后，向货主结算货款的一种贸易做法。

展卖是利用展览会和博览会及其他交易会形式，对商品实行展销结合的一种贸易方式。

招标是指招标人（买方）发出招标通知，说明采购商品的名称、规格、数量和其他条件，邀请投标人（卖方）在规定的时间、地点按照一定的程序进行投标的行为。

投标是指投标人（卖方）应招标人的邀请，按照招标的要求和条件，在规定的时间内向招标人递价，争取中标的行为。

拍卖是由专营拍卖行接受货主的委托，在一定的地点和时间，按照规定的章程和规则，以公开叫价竞购的方法，最后拍卖人把货物给出价最高的买主的一种现货交易方式。

加工贸易是指一国从国外进口原材料和零部件，利用本国的生产能力和技术水平加工或装配成成品再出口到国外，从而提高进口原材料的附加值，获得加工外汇收入。

期货交易又称为期货合同交易或纸合同交易，是众多的买主和卖主在商品交易所内按照一定的规则进行的期货合同买卖。

自测题

一、单项选择题

1. 在寄售协议下，货物的所有权在寄售地出售前属于（　　）。
   A. 代理人　　　　　B. 寄售人　　　　　C. 代销人　　　　　D. 包销人
2. 拍卖的特点是（　　）。
   A. 卖主之间的竞争
   B. 买主之间的竞争
   C. 买主与卖主之间的竞争
   D. 拍卖行与拍卖行之间的竞争
3. 有些国家的政府或海关在处理库存物资或没收货物时往往采用（　　）。
   A. 增价拍卖　　　　　　　　　　　　B. 减价拍卖
   C. 密封式递价拍卖　　　　　　　　　D. 一般拍卖
4. 投标人发出的标书是一项（　　）。
   A. 不可撤销的发盘　　　　　　　　　B. 可撤销的发盘
   C. 可随时修改的发盘　　　　　　　　D. 有条件的发盘
5. 来料加工和进料加工（　　）。
   A. 均是一笔交易
   B. 均是两笔交易
   C. 前者是一笔交易，后者是两笔交易

D. 前者是两笔交易，后者是一笔交易

二、判断题
1. 包销协议从本质上说均是买卖合同。　　　　　　　　　　　　　　（　）
2. 期货交易必须在期货交易所内进行。　　　　　　　　　　　　　　（　）
3. 对外加工装配需要从国外进口原材料、零部件等，因此属于货物买卖关系。（　）
4. 增价拍卖的成交价为当日买方出具的最高价。　　　　　　　　　　（　）
5. 展卖可以将出口商品的展览和销售有机地结合起来，边展边销。　　（　）

三、简答题
1. 采用经销形式需要注意哪些事项？
2. 拍卖的基本程序有哪些？
3. 比较来料加工和进料加工的区别。
4. 招标、投标的基本程序有哪些？
5. 期货交易的特点是什么？

附 录

附录 A

2010年国际贸易术语解释通则
（国际商会第715号出版物）
2011年1月1日开始实施

一、EXW EX WORKS(named place of delivery)——工厂交货

EXW贸易术语适用于任何运输方式，是指卖方于其营业处所或其他指定地（即工场、工厂、仓库等）交由买方处置时，即属卖方交货完成。卖方无须将货物装上任何收货的运送工具，亦无须办理货物出口的通关手续。工厂交货贸易术语表示卖方最小责任。

A 卖方的义务

A1 一般义务

卖方必须要提供符合买卖合同约定的货物及商业发票，以及任何契约可能要求的其他任何符合证据。A1~A10中所提及的任何单据，如当事人协商一致或已有惯例，均可为具有同等法律效力的电子记录或程序。

A2 许可证、批准书、安全通过及其他手续

当需要办理通关手续时，应买方请求并由买方负担风险及费用，卖方应协助买方取得货物输出所需要的任何出口许可证或其他官方批准文件，以及提供货物安全通关所需的任何信息。

A3 货物运输与保险

卖方没有为买方订立运输契约和保险契约的义务，然而卖方必须遵循买方的请求，并由买方承担费用和风险（如有），提供买方为获得保险所需的信息。

A4 交货

卖方必须要于指定交货地，在约定地点（如有），将尚未装上任何收货运输工具的货物交由买方处置。如在指定的交货地内未约定特定的交货地点，且如有数处交货地可供选择

时,卖方可以选择最合适的交货地点。卖方必须要在约定的日期或者期间内交付货物。

A5 风险转移

卖方负责货物交付前的一切风险,但 B5 项所述状况货物的灭失或毁损不在此列。

A6 费用的划分

卖方必须承担货物交付前的一切费用,但 B6 中所列情形应由买方支付除外。

A7 通知买方

卖方必须要给予买方任何所需的通知,以便买方能够提取货物。

A8 交货单据

卖方没有该项义务(指发票或汇票以外的交货单据,如提单、通关相关单据等)。

A9 检查、包装和标示

卖方需要支付为依据 A4 项交付货物所需的检查(如检查品质、丈量、过磅和计数)等费用。卖方需要自负费用包装货物(不需要包装除外)。卖方对于货物包装应该适用于货物运输,除非装运前买方通知特别的包装要求,货物包装上应有适当的标示。

A10 信息协助与相关的费用

在适用情况下,应买方要求并由买方承担风险与费用,卖方应以适时的方式为买方提供或给予协助以取得买方为货物出口或进口,及为将货物运送至最终目的地所需的任何单据及信息,包括安全有关的信息。

B 买方的义务

B1 一般义务

买方必须依据买卖合同约定支付货物价款。B1~B10 中所提及的任何单据,如当事人协商一致或已有惯例,均可为具有同等法律效力的电子记录或程序。

B2 许可证、批准书、安全通关及其他手续

在需要办理通关手续时,买方自负风险及费用,以取得任何出口及进口许可证或其他官方批准文件,并办理货物出口的一切通关手续。

B3 运送及保险契约

买方与卖方并没有订立运输契约和保险契约的义务。

B4 接收货物

当 A4 及 A7 项符合时,买方必须要接收货物。

B5 风险转移

买方自货物如 A4 所设想的情形而交付时起,负担货物灭失或毁损的一切风险。如买方未依照 B7 项发出通知,则买方自约定的交货日期或交货期限届满日起,负担货物灭失或毁损的一切风险,但以货物已经清楚地辨认其为该契约的货物为条件。

B6 费用的划分

买方必须要自货物如 A4 项所设想的情形而交付时起,支付有关该货物的一切费用;支付因卖方未接收已交由其处置的货物,或未依照 B7 项发出适当通知而产生的任何额外费用,但以货物已经清楚地辨认其为该契约的货物为条件;补偿卖方如 A2 项所设想的情形因提供协助所产生的一切费用。

B7 通知卖方

买方如有权决定于约定期限内的时间及(或)在指定地方内接收货物的地点,则必须要将其决定给予卖方充分的通知。

B8 交货证明

买方需要向卖方提供已经接收货物的适当证明。

B9 检验货物

买方必须要支付任何装运前强制性检验的费用,包括出口国强制实施检验。

B10 信息的协助及相关费用

买方必须要以适时的方式,通知卖方任何安全信息方面的需求,以便卖方能够履行A10 项的要求。买方必须要补偿卖方 A10 项所设想的情形而由卖方提供或给予协助已取得单据及信息所产生的一切费用。

二、FCA FREE CARRIER(named place of delivery)——货交承运人

FCA 术语适用于任何一种或一种以上的运输方式,是指卖方于其营业处所或其他指定地,将货物交付买方指定的运送人或其他人即为卖方完成交货。当事人最好能够清晰指定交货地点,风险在该地点由卖方转移给买方。

A 卖方的义务

A1 一般义务

卖方必须提交符合买卖合同的货物及商业发票,及合同可能要求的任何其他符合证据。A1~A10 中所提及的任何单据,如当事人协商一致或已有惯例,均可为具有同等法律效力的电子记录或程序。

A2 许可证、批准书、安全通过及其他手续

当需要办理通关手续时,卖方必须要自负费用及风险取得任何出口许可证或其他官方批准文件,并办理货物出口所需的一切通关手续。

A3 运送及保险契约

卖方并无订立运送契约的义务,但如买方请求或有商业惯例,且买方没有在适当时间内做出相反的指示,卖方可以按照通常条件订立运输合同,但是需要买方承担风险和费用。无论何种情形,卖方均有权拒绝订立运输合同,但应及时通知买方。

A4 交货

卖方必须要于指定地或约定地点(如有),于约定日期或在约定期限内,将货物交付买方指定的承运人或其他人。发生下列情形即算完成交货:

a) 如指定地为卖方所在地或营业处所,则货物于装上买方所提供的运输工具时;

b) 在任何其他情形,则将货物置于卖方运输工具上准备卸载交由买方指定的承运人或其他人处置时。

如买方未依照 B7d)款通知指定交货地的特定地点,且有数处地点可供选择时,卖方有权选择最适合的交货地点。除买方另行通知外,卖方需要依照货物的数量及(或)性质可能要求的方式,将货物交付运输。

A5 风险转移

卖方负担货物灭失或毁损的一切风险,直至货物已经依照 A4 项交付时为止,但 B5 项所列明状况中的灭失或者毁损不在此列。

A6 费用的划分

卖方必须要支付:

a) 有关该货物的一切费用,直至货物依照 A4 项交付时为止,但如 B6 项所列应由买

方支付者除外；

b) 当需要办理通关手续时，出口所需的通关手续费用，以及出口应支付的一切关税、税捐及其他费用。

A7 通知买方

由买方负担风险及费用，卖方必须就货物已经依照 A4 项交付一事，或就买方所指定的承运人或其他人因未于约定时间内接管货物一事，给予买方充分的通知。

A8 交货单据

卖方必须要自负费用提供买方所要求按照 A4 项交付货物的通常证明，卖方应该按照买方要求，并由买方承担风险与费用的前提下，给买方提供协助以取得运送单据。

A9 检查、包装与标示

卖方必须支付依照 A4 项交付货物所需的检查（如检查品质、丈量、过磅及计数）费用，以及由出口国强制要求的装运前检验的费用。

卖方必须自付费用包装货物，除非按照惯例货物无需包装。除非订立运输契约前买方已经通知卖方特别的包装要求，卖方得以依照合适货物运送方式包装该货物，包装上应该有适当的标示。

A10 信息的协助及相关费用

在可适应情况下，卖方应该依照买方请求，并由买方承担一切费用和风险，以适时方式，为买方提供或给予以取得买方为货物进口，及（或）未货物运送至最终目的地所需的任何单据及信息，包括与安全有关的信息。

卖必须补偿买方如 B10 项情形而由买方提供或者给予协助以取得单据及信息所产生的一切费用。

B 买方义务

B1 一般义务

买方必须按照合同约定支付货物的价款。B1~B10 中所提及的任何单据，如当事人协商一致或已有惯例，均可为具有同等法律效力的电子记录或程序。

B2 许可证、批准书、安全通过及其他手续

当需要办理通关手续时，买方自负风险和费用，以取得任何进口许可证及其他官方批准文件，并办理货物进口及通过任何国家运送的一切通关手续。

B3 运送及保险契约

除依据 A3a)款规定运送契约由卖方订立外，买方必须自负费用订立自指定交货地起的货物运送契约；买方对于卖方并无订立保险契约的义务。

B4 接收货物

当货物如 A4 项情形而交付时，买方必须接收货物。

B5 风险转移

买方于 A4 项情形而交付时起，负担货物灭失或毁损的一切风险。但如果 a) 如 A4 项情形下，买方未依 B7 项通知承运人或者其他人的指定，或发出通知，或 b) 如 A4 项情形下，买方所指定的承运人或其他人未接管货物，则买方承担货物灭失或毁损的一切风险：①自约定日期起，或者约定日期时；②自卖方于约定的期限内依照 A7 项发出通知起，或如无此通知日时；③自任何约定交货的期间届满日起。但以货物已经清楚地辨认其为该契约的货物为条件。

B6 费用划分

买方必须要支付：

a) 自货物按 A4 规定情形交付时起与货物有关的一切费用，但在清关适用的地方，出口所需的海关手续费以及出口所需支付的一切关税、税捐和其他费用，A6b) 款中提到的除外；

b) 因下列原因所产生的任何额外费用：①买方未能按照 A4 规定指定承运人或其他人，或②买方指定的承运人或其他人未能按 A4 情形接受监管货物，或③买方未能按 B7 规定发出适当的通知，但以货物已经清楚地被确认为本合同的货物为准；

c) 在清关适用的地方，货物进口时所需要支付的海关手续费，一切关税、税捐和其他费用，以及货物通过任何其他国家运输时的费用。

B7 通知卖方

买方必须通知卖方：

a) 按 A4 规定的指定承运人或其他人的名称，该通知应于充分的时间内做出，以使卖方能够按照 A4 款规定交付货物；

b) 必要时，在约定的交货期限内，选定由指定承运人或其他人接受监管货物的时间；

c) 该指定人将使用的运输方式；

d) 在指定地内接受交货的地点。

B8 交货证明

买方必须接受按 A8 规定提供的交货证明。

B9 货物检验

买方需要支付货物任何装运前检验的费用，但该检验系出口国当局强制检验者除外。

B10 信息的协助与相关费用

买方必须要以适当的方式，通知卖方任何与安全有关的信息，以便卖方得以履行 A10 的规定；

买方必须要支付给卖方，如 A10 规定中的由卖方因提供或给予协助以取得单据及信息所产生的一切费用；

在适当情况下，买方必须依照卖方的请求，并由卖方负担一切费用和风险，以适时的方式，为卖方提供或协助卖方取得为货物运输和出口，以及为货物通过任何国家运送所需的任何单据或信息，包括与安全有关的信息。

三、CPT(CARRIAGE PAID TO…named place of destination)——运费付至目的地

该贸易术语适用于任何运输方式中的一种或者多种，是指卖方于一约定地点，将货物交付卖方所指定的承运人或其他人，且卖方必须要订立运输契约并支付将货物运送至目的地所需的运费，货物在交付给承运人时就算完成交货任务，而不是运至目的地时。

A 卖方义务

A1 一般义务

卖方必须提交符合买卖合约的货物及商业发票，以及任何合约可能要求的任何其他符合证据；自 A1～A10 项中所提及的任何单据，如当事人同意或有惯例时，可以为等同的电子记录或者程序。

A2 许可证、批准证书、安全通关及其他手续

当需要办理通关手续时，卖方必须要自负风险与费用，以取得任何出口许可证或其他官方批准文件，并办理货物出口及其在交货前通过任何国家运送时所需的一切通关手续。

A3 运输与保险契约

a) 运输契约。卖方必须订立运输契约，将货物自交付地点约定交货地点(如有)，运送至指定的目的地或经约定，在该地方的任何地点。此项运输契约必须由卖方自负费用按照通常条件订立，且提供经由通常线路及以习惯的方式运输。如特定地点未经约定，或不能根据惯例确定，则卖方可以选择在目的地最合适的交货地点作为交货地点。

b) 保险契约。卖方对买方并无订立保险契约的义务，然而，卖方需要按照买方的请求，并由买方承担风险及费用(如有)，提供买方为取得保险所需的信息。

A4 交货

卖方必须于约定日期或期限内，将货物交给依照 A3 项订立契约的承运人。

A5 风险转移

卖方负担货物灭失或损毁的一切风险，直至货物已依照 A4 项交付时为止，但是 B5 项所列明的灭失或者损毁不在此限。

A6 费用的划分

卖方必须要支付：

a) 有关该货物的一切费用，直至货物已经按照 A4 项交付时为止；但是如 B6 的情形而应由买方支付者除外；

b) 基于 A3a)款所产生的一切运费及一切其他费用，包括货物的装载费用及在目的地，依照运输契约系由卖方负担的任何卸货费用；

c) 当需要办理通关手续时，出口所需的通关手续费用，出口时应付的一切关税、税捐及其他费用，以及货物通过任何其他国家运输时依照运输契约系由卖方承担的费用。

A7 通知买方

卖方必须通知买方已按照 A4 项交付货物；

卖方必须给予买方所需的任何通知，以便买方能够采取通常必要的措施得以提领货物。

A8 交货单据

如已有惯例或应买方要求，卖方必须要自负费用和风险提供卖方依照 A3 项所订立运输契约的通常运输和单据。

此项运输单据必须涵盖契约的货物且载有约定装运期限内的日期。如双方同意或者惯例规定，该单据也必须要使买方在指定目的地向指定承运人提取货物，并且能够使买方将单据转让给下一位买方或通知承运人的方式，将运输途中的货物转售；如运输单据为可转让形式即数份正本签发，则全套正本必须要向买方出示。

A9 检查、包装、标示

卖方必须支付依照 A4 项交付货物所需的检查(如检查品质、丈量、过磅及计数)费用，以及由出口国强制要求的装运前检验的费用。

卖方必须自付费用包装货物，除非按照惯例货物无需包装。除非订立运输契约前买方已经通知卖方特别的包装要求，卖方得以依照合适货物运送方式包装该货物，包装上应该有适当的标示。

A10 信息的协助及相关费用

在可适用情况下,卖方应该依照买方请求,并由买方承担一切费用和风险,以适时方式,为买方提供或给予以取得买方为货物进口,及(或)未货物运送至最终目的地所需的任何单据及信息,包括与安全有关的信息。

卖方必须补偿买方如 B10 项情形而由买方提供或者给予协助以取得单据及信息所产生的一切费用。

B 买方的义务

B1 一般义务

买方必须按照合同约定支付货款。B1~B10 项中所提及的任何单据,如当事人有约定或有惯例时,采用电子记录或程序具有同等的效力。

B2 许可证、批准证书、安全通关及其他手续

当需要办理通关手续时,买方自负风险与费用,以取得任何进口许可证或者其他官方批准证书,并办理货物进口及通过任何国家运输的一切通关手续。

B3 运输与保险契约

a) 运输契约。买方对卖方并无订立运输契约的义务。

b) 保险契约。买方对卖方并无订立保险契约的义务,然而,买方必须按照卖方要求,提供卖方为取得保险所需的信息。

B4 接收货物

当货物如 A4 项情形交付时,买方必须接收货物,并于指定目的地自承运人提领货物。

B5 风险转移

买方自货物如 A4 项情形交付时起,负担货物灭失或损毁的一切风险。如买方未能按照 B7 项发出通知,则必须自约定的交货日期或约定交货的期限届满日起,负担货物灭失或损毁的一切风险,但以货物已经清楚地辨认为合同项下货物为条件。

B6 费用的划分

除 A3 a)款规定者外,买方必须要支付:

a) 自货物如 A4 项情形所交付时起有关该货物的一切费用;但需要办理通关手续时,处理所需的通关手续费用,以及出口时应付的一切关税、税捐及其他费用,如 A6 c)款所列明者,不在此列;

b) 货物运抵目的地前有关该货物运输途中的一切费用,但是依照契约系由卖方负担者除外;

c) 卸货费用,但是依照货物运输契约系由卖方负担者除外;

d) 如买方未能依照 B7 项发出通知,则自约定发货日或约定发货期限届满日起,因而产生的任何额外费用,但以货物已经清楚地辨认其为该合同项下的货物为条件;

e) 当需要办理通关手续时,货物进口时应付的一切关税、税捐与其他费用,及办理通关的手续费用,以及货物通过任何国家运送时的费用,但如该费用已包含于运输契约内者除外。

B7 通知卖方

买方如有权决定发货时间及/或指定目的地或该地方内提领货物的地点,则必须将其决定给予卖方充分的通知。

B8 交货证明

买方必须接受如 A8 项情形而提供的运输单据,但以其符合契约为条件。

B9 检验货物

买方必须支付任何装运前强制性检验的费用,但该检验系出口国官方所强制实施者不在此列。

B10 信息的协助与相关费用

买方必须以适当的方式,通知卖方任何与安全有关的信息,以便卖方得以履行 A10 的规定;

买方必须支付给卖方,如 A10 规定中的由卖方因提供或给予协助以取得单据及信息所产生的一切费用;

在适当情况下,买方必须要依照卖方的请求,并由卖方负担一切费用和风险,以适时的方式,为卖方提供或协助卖方取得为货物运输和出口,以及为货物通过任何国家运送所必需的任何单据或信息,包括与安全有关的信息。

四、CIP CARRIAGE PAID TO(…named place of destination)——运保费付至目的地

本术语适用于任何运输方式中的一种或者一种以上,是指卖方于一约定地点(如双方有约定地点),将货物交付给卖方所指定的承运人或其他人,且卖方必须要订立运输和保险契约,承担将货物运送至目的地所需的运费。如双方没有约定,卖方仅须投保险别最低承保范围内的保险。同时,如双方没有另外约定,货物以交付第一承运人时风险发生转移。

A 卖方的义务

A1 一般义务

卖方必须提供符合买卖合同中的货物及相符的商业发票,以及合同可能要求的任何其他符合证据。A1～A10 项中所提及的任何单据,如当事人有约定或有惯例时,采用电子记录或者程序具有同等的效力。

A2 许可证、批准证书、安全通关及其他手续

当需要办理通关手续时,卖方必须自负风险与费用,以取得任何出口许可证或其他官方批准文件,并办理货物出口及其在交货前通过任何国家运送时所需的一切通关手续。

A3 运输与保险契约

a) 运输契约。卖方必须订立运输契约,将货物自交付地点约定交货地点(如有),运送至指定的目的地或经约定,在该地方的任何地点。此项运输契约必须由卖方自负费用按照通常条件订立,且提供经由通常线路及以习惯的方式运输。如特定地点未经约定,或不能根据惯例确定,则卖方可以选择在目的地最合适的交货地点作为交货地点。

b) 保险契约。卖方必须自负费用取得至少符合协会货物保险条款 ICC(C)条款或者其他任何类似条款所提供最低承保范围的货物保险。该保险应与信誉良好的保险人或保险公司订立,并赋予买方或任何其他享有货物保险利益者,有权直接向保险人索赔。

如买方有所请求,且如有可能,依照卖方的要求而由买方所提供的任何必要信息,卖方应以买方的费用加保任何附加保险,例如由协会保险条款中的(A)或(B)条款或任何类

似条款所提供的保险,及/或符合协会战争险条款及/或罢工险条款或任何类似条款的保险。

最低投保金额为所定价款中加一成(即110%),且应以合同约定货币投保。

该保险承保范围至少应涵盖货物自 A4 及 A5 项中所列明的交货地点起至指定的目的地。

卖方必须提交买方保险单或其他保险承保的证明。

再者,卖方必须按照买方请求并由买方承担风险和费用(如有),提供买方为购买额外保险所需的信息。

A4 交货

卖方必须于约定日期或约定期限内,将货物交付给依照 A3 项订立运输契约的承运人。

A5 风险转移

卖方承担货物灭失或损毁的一切风险,直至货物已依照 A4 项交付时为止,但 B5 项所列状况货物的灭失或损毁不在此列。

A6 费用的划分

卖方必须要支付:

a) 有关该货物的一切费用,直至货物已依照 A4 项支付时为止,但如 B6 项所列情形应由买方支付者除外;

b) 基于 A3 a)款而产生的运费及一切其他费用,包括货物的装载费用,及在目的地依照运输契约由卖方负担的任何卸货费用;

c) 基于 A3 b)款而产生的保险;

d) 当需要办理通关手续时,出口所需的通关手续费用,出口时应付的一切关税、税捐及其他费用,以及货物通过任何国家运输时依据运输契约系由卖方承担的费用。

A7 通知买方

卖方必须通知买方以及依照 A4 项交付货物。

卖方必须基于买方所需的任何通知,以便买方能够采用通常必要的措施以提取货物。

A8 交货单据

如已有惯例或者应买方的要求,卖方必须自负费用提供买方依照 A3 项所订立的运输契约的通常运输单据。

此项运输单据必须涵盖契约的货物且载有约定装运期限内的日期。如双方同意或者惯例规定,该单据也必须使买方在指定目的地向指定承运人提取货物,并且能够使买方将单据转让给下一位买方或通知承运人的方式,将运输途中的货物转售;如运输单据为可转让形式即数份正本签发,则全套正本必须要向买方出示。

A9 检查、包装、标示

卖方必须支付依照 A4 项交付货物所需的检查(如检查品质、丈量、过磅及计数)费用,以及由出口国强制要求的装运前检验的费用。

卖方必须自付费用包装货物,除非按照惯例货物无需包装。除非订立运输契约前买方已经通知卖方特别的包装要求,卖方得以依照合适货物运送方式包装该货物,包装上应该有适当的标示。

A10 信息的协助及相关费用

在可适用情况下,卖方应该依照买方请求,并由买方承担一切费用和风险,以适时方式，为买方提供或给予以取得买方为货物进口，及(或)未货物运送至最终目的地所需的任何单据及信息，包括与安全有关的信息。

卖方必须补偿买方如 B10 项情形而由买方提供或者给予协助以取得单据及信息所产生的一切费用。

B 买方的义务

B1 一般义务

买方必须依照买卖合同约定支付货款。B1~B10 项中提及的任何单据，如当事人达成一致或存在有惯例时，电子记录与程序具有同等的效力。

B2 许可证、批准证书、安全通关及其他手续

当需要办理通关手续时，买方自负风险与费用，以取得任何进口许可证或者其他官方批准证书，并办理货物进口及通过任何国家运输的一切通关手续。

B3 运输与保险契约

a) 运输契约。买方对卖方并无订立运输契约的义务。

b) 保险契约。买方对卖方并无订立保险契约的义务，然而，如 A3 b)款情形，买方必须按照卖方要求，提供卖方为其购买买方所要求的任何附加保险所需的任何信息。

B4 接收货物

当货物如 A4 项情形交付时，买方必须接收货物，并于指定目的地自承运人提领货物。

B5 风险转移

买方自货物如 A4 项情形交付时起，负担货物灭失或损毁的一切风险。如买方未能按照 B7 项发出通知，则其必须自约定的交货日期或约定交货的期限届满日起，负担货物灭失或损毁的一切风险，但以货物已经清楚地辨认为合同项下的货物为条件。

B6 费用的划分

除 A3 a)款规定者外，买方必须要支付：

a) 自货物如 A4 项情形所交付时起有关该货物的一切费用；但于需要办理通关手续时，处理所需的通关手续费用，以及出口时应付的一切关税、税捐及其他费用，如 A6d)款所列明者，不在此列；

b) 货物运抵目的地前有关该货物运输途中的一切费用，但是依照契约系由卖方负担者除外；

c) 卸货费用，但是依照货物运输契约系由卖方负担者除外；

d) 如买方未能依照 B7 项发出通知，则自约定发货日或约定发货期限届满日起，因此产生的任何额外费用，但以货物已经清楚地辨认其为该合同项下的货物为条件；

e) 当需要办理通关手续时，货物进口时应付的一切关税、税捐与其他费用，及办理通关的手续费用，以及货物通过任何国家运送时的费用，但如该费用已包含于运输契约内者除外；

f) 应买方要求，依照 A3 及 B3 项所购买任何附加保险的费用。

B7 通知卖方

买方如有权决定发货时间及/或指定目的地或该地方内提领货物的地点，则必须将其决定给予卖方充分的通知。

B8 交货证明

买方必须接受如 A8 项情形而提供的运输单据，但以其符合契约为条件。

B9 检验货物

买方必须支付任何装运前强制性检验的费用,但该检验系出口国官方所强制实施者不在此列。

B10 信息的协助与相关费用

买方必须以适当的方式,通知卖方任何与安全有关的信息,以便卖方得以履行 A10 的规定;

买方必须支付给卖方,如 A10 规定中的由卖方因提供或给予协助以取得单据及信息所产生的一切费用;

在适当情况下,买方必须依照卖方的请求,并由卖方负担一切费用和风险,以适时的方式,为卖方提供或协助卖方取得为货物运输和出口,以及为货物通过任何国家运送所必需的任何单据或信息,包括与安全有关的信息。

五、DAT DELIVERED AT TERMINAL(…named place of destination)——运输终端交货

本术语适用于任何运输方式中的一种或一种以上,是指卖方于指定目的港或目的地指定运输终端,从到达运输工具上一旦卸下交由买方处置时,卖方交货完成。运输终端包括任何地方,无论是否有遮蔽(即露天如否),例如码头、仓库、集装箱堆场或公路、铁路或航空运输站。卖方负担将货物运至位于指定目的港或目的地的运输终端并在该处将货物卸载的一切风险。

A 卖方的义务

A1 一般义务

卖方必须提供符合买卖合同中的货物及相符的商业发票,以及合同可能要求的任何其他符合证据。A1~A10 项中所提及的任何单据,如当事人有约定或有惯例时,采用电子记录或者程序具有同等的效力。

A2 许可证、批准证书、安全通关及其他手续

当需要办理通关手续时,卖方必须要自负风险与费用,以取得任何出口许可证或其他官方批准文件,并办理货物出口及其在交货前通过任何国家运送时所需的一切通关手续。

A3 运输与保险契约

a) 运输契约。卖方必须自负费用订立运输契约将货物运至位于约定目的港或目的地的运输终端,如特定终点站。未经约定,或不能依照实务做法确定,则卖方有权选择在约定目的港或目的地最适合其本意的运输终点站交货。

b) 保险契约。卖方并无对买方订立保险契约的义务。然而,应买方请求,并由买方负担风险与费用(如有),卖方必须提供买方为取得保险所需的信息。

A4 交货

卖方必须于约定日期或约定期限内,在目的地或目的港于 A3 a)款所提及的指定运输终端,将货物自到达的运输工具卸货,并交由买方处置。

A5 风险转移

卖方负担货物灭失或损毁的一切风险,直至货物已经依照 A4 项交付时为止,但 B5 项所载明状况中的货物灭失或毁损不在此列。

A6 费用的划分

卖方必须要支付：

a) 除依照 A3 a)款而产生的费用外，有关该货物的一切费用，直至货物已依照 A4 项交付时为止，但如 B6 项情形下而应该由买方支付者除外；

b) 需要办理通关手续时，出口所需的通关手续费用，及出口时应付的一切关税、税捐及其他费用，以及依照 A4 项交货前，货物通过任何国家运送时的费用。

A7 通知买方

卖方必须给予买方所需的任何通知，以便买方能够采取通常必要的措施以接收货物。

A8 交货单据

卖方必须自负费用提供买方能够如 A4/B4 项情形而接收货物的单据。

A9 检查、包装、标示

卖方必须支付依照 A4 项交付货物所需的检查（如检查品质、丈量、过磅及计数）费用，以及由出口国强制要求的装运前检验的费用。

卖方必须自付费用包装货物，除非按照惯例货物无须包装。除非订立运输契约前买方已经通知卖方特别的包装要求，卖方得以依照适合货物运送的方式包装该货物，包装上应该有适当的标示。

A10 信息的协助及相关费用

在可适用情况下，依照买方请求，并由买方承担一切费用和风险，卖方应该以适时方式，为买方提供或给予以取得买方为货物进口，及（或）未货物运送至最终目的地所需的任何单据及信息，包括与安全有关的信息。

卖方必须补偿买方如 B10 项情形而由买方提供或者给予协助以取得单据及信息所产生的一切费用。

B 买方的义务

B1 一般义务

买方必须按照合同约定支付货款。B1～B10 项中所提及的任何单据，如当事人事先约定或有惯例时，电子记录或程序具有同等效力。

B2 许可证、批准证书、安全通关及其他手续

当需要办理通关手续时，买方自负风险与费用，以取得任何进口许可证或者其他官方批准证书，并办理货物进口及通过任何国家运输的一切通关手续。

B3 运输与保险契约

a) 运输契约。买方对卖方并无订立运输契约的义务。

b) 保险契约。买方对卖方并无订立保险契约的义务，买方必须要按照卖方要求，提供卖方取得保险所需的信息。

B4 接收货物

当货物如 A4 项情形交付时，买方必须接收货物。

B5 风险转移

买方自货物如 A4 项情形交付时起，负担货物灭失或损毁的一切风险。如果：①如买方未能按照 B2 项履行其义务，则其负担因此产生货物灭失或损毁的一切风险；或②买方未依照 B7 项发出通知，则自约定交货日或期限届满日起，买方负担货物灭失或损毁的一切风险，但以该货物已经清楚地辨认其为该合约的货物为条件。

B6 费用的划分

买方必须支付：

a) 自货物如 A4 项情形所交付时起有关该货物的一切费用；

b) 如买方未能依照 B2 项履行其义务，或未依照 B7 项发出通知而由卖方所产生的任何额外费用，但以货物已经清楚地辨认为该契约的货物为条件；

c) 当需要办理通关手续时，货物进口时应付的一切关税、税捐与其他费用。

B7 通知卖方

买方如有权决定发货时间及/或指定目的地或该地方内提领货物的地点，则必须将其决定给予卖方充分的通知。

B8 交货证明

买方必须接受如 A8 项情形而提供的运输单据，但以其符合契约为条件。

B9 检验货物

买方必须支付任何装运前强制性检验的费用，但该检验系出口国官方所强制实施者不在此列。

B10 信息的协助与相关费用

买方必须以适时的方式，通知卖方任何与安全有关的信息，以便卖方得以履行 A10 的规定；

买方必须支付给卖方，如 A10 规定中的由卖方因提供或给予协助以取得单据及信息所产生的一切费用；

在适当情况下，依照卖方的请求，并由卖方负担一切费用和风险，买方必须以适时的方式，为卖方提供或协助卖方取得为货物运输和出口，以及为货物通过任何国家运送所必需的任何单据或信息，包括与安全有关的信息。

六、DAP DELIVERED AT PLACE (…named place of destination)——目的地交货

本术语适用于任何运输方式中的一种或多种，是指在指定目的地，将到达的运送工具上准备卸载的货物交由买方处置时，即属于卖方交货，卖方负担货物运至指定地的一切风险。当事人最好能清楚地列明约定目的地内的地点，因为至该地点的风险均由卖方承担。

A 卖方的义务

A1 一般义务

卖方必须提供符合买卖合同中的货物及相符的商业发票，以及合同可能要求的任何其他符合证据。A1~A10 项中所提及的任何单据，如当事人有约定或有惯例时，采用电子记录或者程序具有同等的效力。

A2 许可证、批准证书、安全通关及其他手续

当需要办理通关手续时，卖方必须自负风险与费用，以取得任何出口许可证或其他官方批准文件，并办理货物出口及其在交货前通过任何国家运送时所需的一切通关手续。

A3 运输与保险契约

a 运输契约。

卖方必须自负费用订立运输契约将货物运至指定目的地，或位于在指定目的地的约定

地点(如有)，如该特定地点未经约定，或不能依照实务做法确定，则卖方有权选择在约定目的港或目的地最适合其本意的地点交货。

b 保险契约。卖方并无对买方订立保险契约的义务。然而，应买方请求，并由买方负担风险与费用(如有)，卖方必须提供买方为取得保险所需的信息。

A4 交货

卖方必须要于约定日期或约定期限内，在指定目的地(如有)，将货物放置于到达的运输工具上，准备卸货的货物交由买方处置。

A5 风险转移

卖方负担货物灭失或损毁的一切风险，直至货物已经依照 A4 项交付时为止，但 B5 项所载明状况中的货物灭失或毁损不在此列。

A6 费用的划分

卖方必须要支付：

a) 除依照 A3 a)款而产生的费用外，有关该货物的一切费用，直至货物已依照 A4 项交付时为止，但如 B6 项情形下而应该由买方支付者除外；

b) 货物在目的地，依照运输契约系由卖方负担的任何卸货费用；

c) 当需要办理通关手续时，出口所需的通关手续费用，及出口应付一切关税、税捐及其他费用，以及按照 A4 项交货前，货物通过任何国家运送时的费用。

A7 通知买方

卖方必须给予买方所需的任何通知，以便买方能够采取通常必要的措施以接收货物。

A8 交货单据

卖方必须自负费用提供买方能够如 A4/B4 项情形而接收货物的单据。

A9 检查、包装、标示

卖方必须支付依照 A4 项交付货物所需的检查(如检查品质、丈量、过磅及计数)费用，以及由出口国强制要求的装运前检验的费用。

卖方必须自付费用包装货物，除非按照惯例货物无需包装。除非订立运输契约前买方已经通知卖方特别的包装要求，卖方得以依照适合货物运送的方式包装该货物，包装上应该有适当的标示。

A10 信息的协助及相关费用

在可适用情况下，依照买方请求，并由买方承担一切费用和风险，卖方应该以适时方式，为买方提供或给予以取得买方为货物进口，及(或)未货物运送至最终目的地所需的任何单据及信息，包括与安全有关的信息。

卖方必须补偿买方如 B10 项情形而由买方提供或者给予协助以取得单据及信息所产生的一切费用。

B 买方的义务

B1 一般义务

买方必须按照合同约定支付货款。B1～B10 项中所提及的任何单据，如当事人事先约定或有惯例时，电子记录或程序具有同等效力。

B2 许可证、批准证书、安全通关及其他手续

当需要办理通关手续时，买方自负风险与费用，以取得任何进口许可证或者其他官方批准证书，并办理货物进口的一切通关手续。

B3 运输与保险契约

a) 运输契约。买方对卖方并无订立运输契约的义务。

b) 保险契约。买方对卖方并无订立保险契约的义务，买方必须按照卖方要求，提供卖方取得保险所需的信息。

B4 接收货物

当货物如 A4 项情形交付时，买方必须要接收货物。

B5 风险转移

买方自货物如 A4 项情形交付时起，负担货物灭失或损毁的一切风险。如果：①如买方未能按照 B2 项履行其义务，则其负担因此产生货物灭失或损毁的一切风险；或②买方未依照 B7 项发出通知，则自约定交货日或期限届满日起，买方负担货物灭失或损毁的一切风险，但以该货物已经清楚地辨认其为该合约的货物为条件。

B6 费用的划分

买方必须支付：

a) 自货物如 A4 项情形所交付时起有关该货物的一切费用；

b) 于指定目的地自到达的运输工具为接收货物所需的一切卸货费用，但依照运输契约，该费用系由卖方支付者除外。

c) 如买方未能依照 B2 项履行其义务，或未依照 B7 项发出通知而由卖方所产生的任何额外费用，但以货物已经清楚地辨认为该契约的货物为条件；

d) 当需要办理通关手续时，货物进口时应付的一切关税、税捐与其他费用。

B7 通知卖方

买方如有权决定发货时间及/或指定目的地或该地方内提领货物的地点，则必须将其决定给予卖方充分的通知。

B8 交货证明

买方必须接受如 A8 项情形而提供的运输单据，但以其符合契约为条件。

B9 检验货物

买方必须支付任何装运前强制性检验的费用，但该检验系出口国官方所强制实施者不在此列。

B10 信息的协助与相关费用

买方必须以适时的方式，通知卖方任何与安全有关的信息，以便卖方得以履行 A10 的规定；

买方必须支付给卖方，如 A10 规定中的由卖方因提供或给予协助以取得单据及信息所产生的一切费用；

在适当情况下，依照卖方的请求，并由卖方负担一切费用和风险，买方必须以适时的方式，为卖方提供或协助卖方取得为货物运输和出口，以及为货物通过任何国家运送所必需的任何单据或信息，包括与安全有关的信息。

七、DDP DELIVERED DUTY PAID(…named place of destination)——目的地完税价格

本术语适用于任何运输方式中的一种或多种，是指在指定目的地，将已经办妥进口通关手续仍放置在到达的运送工具上准备卸载的货物交由买方处置时，即属于卖方交货，卖

方负担货物运至指定地的一切费用和风险。出口方需要办理进出口通关手续，且承担关税和增值税在内的税捐。同时当事人最好能清楚地列明约定目的地内的地点，因为至该地点的风险均由卖方承担。

A 卖方的义务

A1 一般义务

卖方必须提供符合买卖合同中的货物及相符的商业发票，以及合同可能要求的任何其他符合证据。A1~A10 项中所提及的任何单据，如当事人有约定或有惯例时，采用电子记录或者程序具有同等的效力。

A2 许可证、批准证书、安全通关及其他手续

当需要办理通关手续时，卖方必须自负风险与费用，以取得任何出口和进口许可证或其他官方批准文件，并办理货物出口，通过任何国家运输以及进口所需的一切通关手续。

A3 运输与保险契约

a) 运输契约。卖方必须自负费用订立运输契约将货物运至指定目的地，或位于在指定目的地的约定地点（如有），如该特定地点未经约定，或不能依照实务做法确定，则卖方有权选择在约定目的港或目的地最适合其本意的地点交货。

b) 保险契约。卖方并无对买方订立保险契约的义务。然而，应买方请求，并由买方负担风险与费用（如有），卖方必须提供买方为取得保险所需的信息。

A4 交货

卖方必须于约定日期或约定期限内，在指定目的地（如有），将货物放置于到达的运输工具上，准备卸货的货物交由买方处置。

A5 风险转移

卖方负担货物灭失或损毁的一切风险，直至货物已经依照 A4 项交付时为止，但 B5 项所载明状况中的货物灭失或毁损不在此列。

A6 费用的划分

卖方必须要支付：

a) 除依照 A3 a)款而产生的费用外，有关该货物的一切费用，直至货物已依照 A4 项交付时为止，但如 B6 项情形下而应该由买方支付者除外；

b) 货物在目的地，依照运输契约系由卖方负担的任何卸货费用；

c) 当需要办理通关手续时，出口和进口所需的通关手续费用，及出口和进口应付一切关税、税捐及其他费用，以及按照 A4 项交货前，货物通过任何国家运送时的费用。

A7 通知买方

卖方必须给予买方所需的任何通知，以便买方能够采取通常必要的措施以接收货物。

A8 交货单据

卖方必须自负费用提供买方能够如 A4/B4 项情形而接收货物的单据。

A9 检查、包装、标示

卖方必须支付依照 A4 项交付货物所需的检查（如检查品质、丈量、过磅及计数）费用，以及由出口国强制要求的装运前检验的费用。

卖方必须自付费用包装货物，除非按照惯例货物无需包装。除非订立运输契约前买方已经通知卖方特别的包装要求，卖方得以依照适合货物运送的方式包装该货物，包装上应该有适当的标示。

A10 信息的协助及相关费用

在可适用情况下，依照买方请求，并由买方承担一切费用和风险，卖方应该以适时方式，为买方提供或给予以取得买方为货物进口，及（或）未货物运送至最终目的地所需的任何单据及信息，包括与安全有关的信息。

卖方必须补偿买方如 B10 项情形而由买方提供或者给予协助以取得单据及信息所产生的一切费用。

B 买方的义务

B1 一般义务

买方必须按照合同约定支付货款。B1~B10 项中所提及的任何单据，如当事人事先约定或有惯例时，电子记录或程序具有同等效力。

B2 许可证、批准证书、安全通关及其他手续

当需要办理通关手续时，应卖方请求并由卖方承担费用和风险，买方必须给予卖方协助，以取得货物进口所需的任何进口许可证或其他官方批件。

B3 运输与保险契约

a) 运输契约。买方对卖方并无订立运输契约的义务。

b) 保险契约。买方对卖方并无订立保险契约的义务，买方必须按照卖方要求，提供卖方取得保险所需的信息。

B4 接收货物

当货物如 A4 项情形交付时，买方必须接收货物。

B5 风险转移

买方自货物如 A4 项情形交付时起，负担货物灭失或损毁的一切风险。如果：①如买方未能按照 B2 项履行其义务，则其负担因此产生货物灭失或损毁的一切风险；或②买方未依照 B7 项发出通知，则自约定交货日或期限届满日起，买方负担货物灭失或损毁的一切风险，但以该货物已经清楚地辨认其为该合约的货物为条件。

B6 费用的划分

买方必须支付：

a) 自货物如 A4 项情形所交付时起有关该货物的一切费用；

b) 于指定目的地自到达的运输工具为接收货物所需的一切卸货费用，但依照运输契约，该费用系由卖方支付者除外。

c) 如买方未能依照 B2 项履行其义务，或未依照 B7 项发出通知而由卖方所产生的任何额外费用，但以货物已经清楚地辨认为该契约的货物为条件。

B7 通知卖方

买方如有权决定发货时间及/或指定目的地或该地方内提领货物的地点，则必须将其决定给予卖方充分的通知。

B8 交货证明

买方必须接受如 A8 项情形而提供的交货证明。

B9 检验货物

买方对于卖方并无义务支付由出口国或进口国所强制性实施的任何装运前强制性检验的费用。

B10 信息的协助与相关费用

买方必须以适时的方式，通知卖方任何与安全有关的信息，以便卖方得以履行 A10 的规定；

买方必须支付给卖方，如 A10 规定中的由卖方因提供或给予协助以取得单据及信息所产生的一切费用；

在适当情况下，依照卖方的请求，并由卖方负担一切费用和风险，买方必须以适时的方式，为卖方提供或协助卖方取得为货物运输和出口，以及为货物通过任何国家运送所必需的任何单据或信息，包括与安全有关的信息。

八、FAS FREE ALONGSIDE SHIP (… named port of shipment)——装运港船边交货

该术语适用于海运或者内河运输，是指卖方将货物放置于指定装运港由买方指定的船舶边（如码头或驳船上）时，即为卖方交货，当货物放置于该船边时，货物灭失或损毁的风险即转移，而买方自该点起负担一切费用。双方当事人最好能够明确装运港的装载地点，因为至该地点的费用及风险均由卖方承担，且这些费用及相关的处理费用，可能因为港口作业习惯而不同。

A 卖方的义务

A1 一般义务

卖方必须提供符合买卖合同中的货物及相符的商业发票，以及合同可能要求的任何其他符合证据。A1~A10 项中所提及的任何单据，如当事人有约定或有惯例时，采用电子记录或者程序具有同等的效力。

A2 许可证、批准证书、安全通关及其他手续

当需要办理通关手续时，卖方必须自负风险与费用，以取得任何出口许可证或其他官方批准文件，并办理货物出口及其在交货前通过任何国家运送时所需的一切通关手续。

A3 运输与保险契约

a) 运输契约。卖方对于买方并没有订立运输契约的义务。但若买方有请求或商业习惯，且买方未于适当时间内做出相反的指示，则卖方得以在买方承担风险及费用的前提下，依照通常条件订立运输契约，无论哪一种情形，卖方有权拒绝订立运输契约，但如拒绝，则应迅速通知买方。

b) 保险契约。卖方并无对买方订立保险契约的义务。然而，应买方请求，并由买方负担风险与费用（如有），卖方必须提供买方为取得保险所需的信息。

A4 交货

卖方必须在指定装运港于买方指明的装载地点（如有），将货物放置于买方指定船舶边，或购买已经如此交货的货物即为交货。无论如何，卖方均必须在约定日期或约定期限内，且依照该港口习惯的方式交付货物。

如买方未列明特定的装载地点，则卖方可以选择最合适的交货地点。如当事人已约定在一段期限内交付，则买方有在该段期限内选择日期的权利。

A5 风险转移

卖方负担货物灭失或损毁的一切风险，直至货物已经依照 A4 项交付时为止，但 B5 项所载明状况中的货物灭失或毁损不在此列。

A6 费用的划分

卖方必须要支付：

a) 有关该货物的一切费用，直至货物已依照 A4 项交付时为止，但如 B6 项情形下而应该由买方支付者除外；

b) 当需要办理通关手续时，出口所需的通关手续费用，及出口应付的一切关税、税捐及其他费用。

A7 通知买方

卖方必须给予买方所需的任何通知，以便的买方能够采取通常必要的措施以接收货物。

A8 交货单据

卖方必须自负费用提供买方已经依照 A4 项交货的通常证明。除非此证明系运输单据，否则，应买方请求并由买方承担风险与费用，卖方必须提供买方协助以取得交货单据。

A9 检查、包装、标示

卖方必须支付依照 A4 项交付货物所需的检查（如检查品质、丈量、过磅及计数）费用，以及由出口国强制要求的装运前检验的费用。

卖方必须自付费用包装货物，除非按照惯例货物无需包装。除非订立运输契约前买方已经通知卖方特别的包装要求，卖方得以依照适合货物运送的方式包装该货物，包装上应该有适当的标示。

A10 信息的协助及相关费用

在可适用情况下，依照买方请求，并由买方承担一切费用和风险，卖方应该以适时方式，为买方提供或给予以取得买方为货物进口，及（或）未货物运送至最终目的地所需的任何单据及信息，包括与安全有关的信息。

卖方必须补偿买方如 B10 项情形而由买方提供或者给予协助以取得单据及信息所产生的一切费用。

B 买方的义务

B1 一般义务

买方必须按照合同约定支付货款。B1~B10 项中所提及的任何单据，如当事人事先约定或有惯例时，电子记录或程序具有同等效力。

B2 许可证、批准证书、安全通关及其他手续

当需要办理通关手续时，买方自负风险与费用，以取得任何进口许可证或者其他官方批准证书，并办理货物进口的一切通关手续。

B3 运输与保险契约

a) 运输契约。除依照 A3 a) 款规定运输契约由卖方订立者外，买方必须自负费用订立自指定装运港起的货物运输契约。

b) 保险契约。买方对卖方并无订立保险契约的义务。

B4 接收货物

当货物如 A4 项情形交付时，买方必须接收货物。

B5 风险转移

买方自货物如 A4 项情形交付时起，负担货物灭失或损毁的一切风险。如果：①买方未依照 B7 项发出通知；或②买方所指定的船舶未按时抵达，或未承载货物，或截止装货的时间早于依照 B7 项所通知的时间，则买方自约定日期或约定期限届满日起负担货物灭

失或损毁的一切风险,但以货物已经清楚地辨认其为合同项下的货物为条件。

B6 费用的划分

买方必须要支付:

a) 自货物如 A4 项情形所交付时起有关该货物的一切费用;但是当需要办理通关手续时,出口所需的通关手续费用以及出口时应付的一切关税、税捐及其他费用,如 A6b)款所列明者,不在此限;

b) 因下列原因所产生的额外费用:①买方未依照 B7 项发出适当的通知;或②买方所指定的船舶未按时抵达,或未承运货物,或装货时间早于 B7 所规定的时间,但以货物已经清楚地辨认其为该合同项下的货物为条件;

c) 当需要办理通关手续时,货物进口时应付的一切关税、税捐与其他费用,及办理通关手续的费用,以及货物通过任何国家运送时的费用。

B7 通知卖方

买方必须将船舶名称、装载地点,以及必要时在约定期限内选定交货时间,给予卖方充分的通知。

B8 交货证明

买方必须接受如 A8 项情形而提供的交货证明。

B9 检验货物

买方必须支付任何装运前强制性检验的费用,但该检验系出口国官方所强制实施者不在此列。

B10 信息的协助与相关费用

买方必须以适时的方式,通知卖方任何与安全有关的信息,以便卖方得以履行 A10 的规定;

买方必须支付给卖方,如 A10 规定中的由卖方因提供或给予协助以取得单据及信息所产生的一切费用;

在可适用的情况下,依照卖方的请求,并由卖方负担一切费用和风险,买方必须以适时的方式,为卖方提供或协助卖方取得为货物运输和出口,以及为货物通过任何国家运送所必需的任何单据或信息,包括与安全有关的信息。

九、FOB FREE ON BOARD(…named port of shipment)——装运港船上交货

该术语适用于海运或者内河运输,是指卖方将货物放置于指定装运港由买方指定的船舶上,或购买已如此交付的货物即为交货,当货物放置于该船舶上时,货物灭失或损毁的风险即转移,而买方自该点起负担一切费用。FOB 贸易术语不适合在装上船之前转移风险的情形,例如在集装箱堆场交付,在该情形下,应该采用货交承运人的贸易术语。

A 卖方的义务

A1 一般义务

卖方必须提供符合买卖合同中的货物及相符的商业发票,以及合同可能要求的任何其他符合证明。A1~A10 项中所提及的任何单据,如当事人有约定或有惯例时,采用电子记录或者程序具有同等的效力。

A2 许可证、批准证书、安全通关及其他手续

当需要办理通关手续时，卖方必须自负风险与费用，以取得任何出口许可证或其他官方批准文件，并办理货物出口及其在交货前通过任何国家运送时所需的一切通关手续。

A3 运输与保险契约

a) 运输契约。卖方对于买方并没有订立运输契约的义务。但若买方有请求或商业习惯，且买方未于适当时间内做出相反的指示，则卖方得以在买方承担风险及费用的前提下，依照通常条件订立运输契约，无论哪一种情形，卖方有权拒绝订立运输契约，但如拒绝，则应迅速通知买方。

b) 保险契约。卖方并无对买方订立保险契约的义务。然而，应买方请求，并由买方负担风险与费用(如有)，卖方必须提供买方为取得保险所需的信息。

A4 交货

卖方必须在指定装运港于买方指明的装载地点(如有)，将货物放置于买方指定船舶上，或购买已经如此交货的货物即为交货。无论如何，卖方均必须在约定日期或约定期限内，且依照该港口习惯的方式交付货物。

如买方未列明特定的装载地点，则卖方可以选择装运港内最合适的交货地点。

A5 风险转移

卖方负担货物灭失或损毁的一切风险，直至货物已经依照 A4 项交付时为止，但 B5 项所载明状况中的货物灭失或毁损不在此列。

A6 费用的划分

卖方必须支付：

a) 有关该货物的一切费用，直至货物已依照 A4 项交付时为止，但如 B6 项情形下而应该由买方支付者除外；

b) 当需要办理通关手续时，出口所需的通关手续费用，及出口应付的一切关税、税捐及其他费用。

A7 通知买方

卖方必须由买方自担风险和费用，就已依据 A4 项交付货物一事，或该船舶未在约定时间内承载货物一事，给予买方充分的通知。

A8 交货单据

卖方必须自负费用提供买方已经依照 A4 项交货的通常证明。除非此证明系运输单据，否则，应买方请求并由买方承担风险与费用，卖方必须提供买方协助以取得交货单据。

A9 检查、包装、标示

卖方必须支付依照 A4 项交付货物所需的检查(如检查品质、丈量、过磅及计数)费用，以及由出口国强制要求的装运前检验的费用。

卖方必须自付费用包装货物，除非按照惯例货物无需包装。除非订立运输契约前买方已经通知卖方特别的包装要求，卖方得以依照适合货物运送的方式包装该货物，包装上应该有适当的标示。

A10 信息的协助及相关费用

在可适用情况下，卖方应该依照买方请求，并由买方承担一切费用和风险，以适时方式，为买方提供或给予以取得买方为货物进口，及(或)未货物运送至最终目的地所需的任何单据及信息，包括与安全有关的信息。

卖方必须补偿买方如 B10 项情形而由买方提供或者给予协助以取得单据及信息所产生

的一切费用。

B 买方的义务

B1 一般义务

买方必须按照合同约定支付货款。B1~B10 项中所提及的任何单据，如当事人事先约定或有惯例时，电子记录或程序具有同等效力。

B2 许可证、批准证书、安全通关及其他手续

当需要办理通关手续时，买方自负风险与费用，以取得任何进口许可证或者其他官方批准证书，并办理货物进口的一切通关手续。

B3 运输与保险契约

a）运输契约。除依照 A3 a)款规定运输契约由卖方订立者外，买方必须自负费用订立自指定装运港起的货物运输契约。

b）保险契约。买方对卖方并无订立保险契约的义务。

B4 接收货物

当货物如 A4 项情形交付时，买方必须接收货物。

B5 风险转移

买方自货物如 A4 项情形交付时起，负担货物灭失或损毁的一切风险。如果：①买方未依照 B7 项发出通知；或②买方所指定的船舶未按时抵达以便卖方能够履行 A4 项的要求，或未承载货物，或截止装货的时间早于依照 B7 项所通知的时间，则买方自约定日期或约定期限届满日起负担货物灭失或损毁的一切风险，但以货物已经清楚地辨认其为合同项下的货物为条件。

B6 费用的划分

买方必须支付：

a）自货物如 A4 项情形所交付时起有关该货物的一切费用，但是当需要办理通关手续时，出口所需的通关手续费用以及出口时应付的一切关税、税捐及其他费用，如 A6b)款所列明者，不在此限；

b）因下列原因所产生的额外费用：①买方未依照 B7 项发出适当的通知；或②买方所指定的船舶未按时抵达，或未承运货物，或装货时间早于 B7 所规定的时间，但以货物已经清楚地辨认其为该合同项下的货物为条件；

c）当需要办理通关手续时，货物进口时应付的一切关税、税捐与其他费用，及办理通关手续的费用，以及货物通过任何国家运送时的费用。

B7 通知卖方

买方必须将船舶名称、装载地点，以及必要时在约定期限内选定交货时间，给予卖方充分的通知。

B8 交货证明

买方必须接受如 A8 项情形而提供的交货证明。

B9 检验货物

买方必须支付任何装运前强制性检验的费用，但该检验系出口国官方所强制实施者不在此列。

B10 信息的协助与相关费用

买方必须以适时的方式，通知卖方任何与安全有关的信息，以便卖方得以履行 A10 的规定；

买方必须支付给卖方，如 A10 规定中的由卖方因提供或给予协助以取得单据及信息所产生的一切费用；

在可适用的情况下，买方必须依照卖方的请求，并由卖方负担一切费用和风险，以适时的方式，为卖方提供或协助卖方取得为货物运输和出口，以及为货物通过任何国家运送所必需的任何单据或信息，包括与安全有关的信息。

十、CFR COST AND FREIGT（…named port of destination)——成本加运费

该术语适用于海运或者内河运输，是指卖方交付货物于船舶之上或采购已如此交付的货物，而货物损毁或灭失之风险从货物转移至船舶之上起转移，卖方应当承担并支付必要的成本加运费以使货物运送至目的港。CFR 贸易术语不适合在装上船之前已经交给承运人的情况，例如用集装箱运输的货物通常是在集装箱码头交货，在该情形下，应该采用 CPT 术语。

A 卖方的义务

A1 一般义务

卖方应当提供符合销售合同规定的货物和商业发票，以及其他任何合同可能要求的证明货物符合合同要求的凭证。

如果买卖双方达成一致或者依照惯例，任何 A1~A10 中所要求的单据都可以具有同等作用的电子讯息（记录或手续）出现。

A2 许可证、批准、安全通关及其他手续

若可能的话，卖方应当自担风险和费用，取得任何出口许可证或者其他官方授权，并办妥一切货物出口所必需的海关手续。

A3 运输合同与保险合同

a）运输合同。卖方应当在运输合同中约定一个协商一致的交付地点，若有的话，如在目的地的指定港口或者经双方同意在港口的任意地点。卖方应当自付费用，按照通常条件订立运输合同，经由惯常航线，将货物用通常用于供运输这类货物的船舶加以运输。

b）保险合同。卖方并无义务为买方订立一份保险合同。但是，卖方应当按照买方的要求，在买方承担风险和费用（如果有的话）的前提下为其提供投保所需的信息。

A4 交货

卖方应当通过将货物装至船舶之上或促使货物以此种方式交付进行交付。在任何一种情形下，卖方应当在约定的日期或期间内依惯例（新增部分）交付。

A5 风险转移

除 B5 中描述的毁损灭失的情形之外，在货物按照 A4 的规定交付之前（《2000 年国际贸易术语解释通则》中为越过船舷前），卖方承担一切货物毁损灭失的风险。

A6 费用划分

卖方必须支付以下费用：

a）所有在货物按照 A4 交付完成之前所产生的与之相关的费用，B6 中规定应由买方承担的可支付的部分除外；

b）货物运输费用及由 A3a）之规定（即运输合同）而产生的一切其他费用，包括装载货

物的费用，以及按照运输合同约定由卖方支付的在约定卸货港口卸货产生的费用；

c) 在适当的情况下，因海关手续产生的一切费用，出口货物所需缴纳的一切关税、税赋及其他应缴纳的费用，以及根据运输合同应由卖方承担的因穿过任何国家所产生的过境费用。

A7 通知买方

卖方必须向买方发出所需要的通知，以便买方能够采取通常必要的提货措施。

A8 交货凭证

卖方应当在自负费用的情况下，毫不延迟地向买方提供表明载往约定目的港的通常运输单据。

这一运输单据须载明合同中的货物，其日期应在约定的装运期内，使买方得以在目的港向承运人提取货物，并且除非另有约定，应使买方得以通过转让单据或通过通知承运人，向其后手买方（下家）出售在途货物。

如此运输单据以可转让形式签发并有数份正本时，则应向买方提供全套正本凭证。

A9 检查、包装、标志

卖方应当支付为遵循 A4 条款运输货物所需的进行核对的费用（例如核对货物质量、尺寸、重量、点数），同时还需支付国家出口机关规定的进行装船检查的费用。

卖方必须自付费用提供货物的包装，除非在此行业中这种货物无包装发运、销售是普遍的现象。卖方应当用适于运输的方式包装货物，除非买方在交易合同生效前对卖方提出了特殊的包装要求。包装应当适当标记。

A10 信息帮助和相关费用

卖方必须在可能的情况下及时应买方的要求，在卖方承担风险与费用的前提下，向买方提供帮助，以使买方能够获得任何单据与信息，包括买方进口货物或者为保证货物到达目的地所需的安全信息。

卖方应当偿付所有买方基于 B10 的义务提供单据或信息的帮助所产生的一切费用。

B 买方义务

B1 一般义务

买方应当依销售合同支付商品价款。如果买卖双方达成一致或者依照惯例，任何 B1~B10 中所要求的单据都可以具有同等作用的电子讯息（记录或程序）出现。

B2 许可证、批准、安全通关及其他手续

若可能的话，买方有义务在自担风险与费用的情况下获得任何进口许可或其他的官方授权，并为货物进口以及在国内的运输办妥一切海关报关手续。

B3 运输合同和保险合同

a) 运输合同。买方无义务为卖方订立运输合同。

b) 保险合同。买方无义务为卖方订立保险合同。但是根据卖方请求，买方须提供投保所需要的必要信息。

B4 接收货物

买方必须在卖方按照 A4 规定交货时受领货物，并在指定目的港从承运人处收受货物。

B5 风险转移

买方必须承担货物按照 A4 规定交付后毁损灭失的一切风险。

如果买方未按照 B7 规定给予卖方通知，买方必须从约定的装运日期或装运期限届满之日起，承担货物灭失或损坏的一切风险，假如货物已被清楚地确定为合同中的货物（即特定物）。

B6 费用划分

除 A3 条款第一项的规定费用之外，买方必须支付：

a) 从货物以在 A4 中规定的方式交付起与之有关的一切费用，除了出口所必要的清关费用，以及在 A6 c)款中所涉及的所需的一切关税、赋税及其他各项应付出口费用；

b) 货物在运输途中直至到达目的港为止的一切费用，除非这些费用根据运输合同应由卖方支付；

c) 卸货费用，包括驳船费和码头费，除非该成本和费用在运输合同是由卖方支付的；

d) 任何额外的费用，如果没有在既定日期或运送货物的既定期间的到期日前按照 B7 中的规定发出通知，但货物已被清楚地确定为合同中的货物；

e) 在需要办理海关手续时，货物进口应缴纳的一切关税、税款和其他费用，办理海关手续的费用，以及需要时从他国过境的费用，除非这些费用已包括在运输合同中。

B7 通知卖方

当能够在指定的目的港之内确定装运货物的时间或者接收货物的具体地点时，买方必须充分给予卖方通知。

B8 提货证据

买方必须接受按照 A8 规定提供的运输单据，如果该单据符合合同规定的话。

B9 货物检验

买方必须支付任何装运前检验的费用，但出口国有关当局强制进行的检验除外。

B10 信息帮助和相关费用

买方必须在合适的时候告知卖方任何安全保障要求，以便卖方遵守 A10 的规定。

买方必须支付给卖方按照 A10 向买方提供或协助其取得相符的相关单据和信息所产生的费用和花费。

如适用时，应卖方要求并由其承担风险和费用，买方必须及时向卖方提供或协助其取得货物运输和出口及从他国过境运输所需要的任何单证和信息，包括安全相关信息。

十一、CIF COST INSURANCE AND FREIGT（…named port of destination）——成本、保险费加运费

该术语适用于海运或者内河运输，是指卖方将货物装上船或者（中间销售商）设法获取这样交付的商品。货物灭失或损坏的风险在货物于装运港装船时转移向买方。卖方须自行订立运输合同，支付将货物装运至指定目的港所需的运费和费用。CIF 贸易术语不适合在装上船之前已经交给承运人的情况，例如用集装箱运输的货物通常是在集装箱码头交货，在该情形下，应该采用 CIP 术语。

A 卖方的义务

A1 一般义务

卖方必须提供符合销售合同的货物和商业发票，以及买卖合同可能要求的、证明货物符合合同规定的其他任何凭证。A1~A10 中的任何单据都可能是在双方合意或习惯性用法中的同等作用的电子记录或程序。

A2 许可证、批准、安全通关及其他手续

在适用的时候，卖方须自负风险和费用，取得一切出口许可和其他官方许可，并办理货物出口所需的一切海关手续。

A3 运输合同与保险合同

a) 运输合同。卖家必须自行订立或者参照格式条款订立一个关于运输的合同，将货物从约定交付地（如果有的话）运输到目的地的指定港口（如果有约定）。运输合同需按照通常条件订立，由卖方支付费用，并规定货物由通常可供运输合同所指货物类型的船只、经由惯常航线运输。

b) 保险合同。卖家须自付费用，按照至少符合《协会货物保险条款》(LMA/IUA)C款或其他类似条款中规定的最低保险险别投保。这个保险应与信誉良好的保险人或保险公司订立，并保证买方或其他对货物具有保险利益的人有权直接向保险人索赔。

当买方要求且能够提供卖方所需的信息时，卖方应办理任何附加险别，由买方承担费用，如果能办理，诸如《协会货物保险条款》(LMA/IUA)A款或B款或类似条款的险别，也可同时或单独办理《协会战争保险条款》和/或《协会罢工保险条款》或其他类似条款的险别。

保险最低金额是合同规定价格另加10%（即110%），并采用合同货币。

保险期间应从货物自A4和A5规定的交货点起，至少到指定地点目的地止。

卖方应向买方提供保单或其他保险证据。

此外，应买方要求并由买方承担风险和费用（如有的话），卖方必须向买方提供后者取得附加险所需信息。

A4 交货

卖方必须将货物装上船或者以取得已经这样交付的货物的方式交货。无论哪种情况，卖方都必须在约定日期或者在达成约定的期限内依港口的习惯进行交付。

A5 风险转移

卖方直到货物以A4规定的方式送达之前都要承担货物灭失或者损坏的风险，除非货物是在B5描述的情况下灭失或者损坏。

A6 费用划分

卖方必须支付：

a) 除在B6中规定的应由买方支付的费用外的与货物有关的一切费用，直至按A4规定交货为止；

b) 按照A3 a)款规定的所有其他费用，包括在港口装载货物的费用以及根据运输合同由卖方支付的在约定卸货港的卸货费；

c) A3 b)款规定所发生的保险费用；

d) 要办理海关手续时，货物出口需要办理的海关手续费，出口应缴纳的一切关税、税款和其他费用，以及根据运输合同规定的由卖方支付的货物从他国过境的费用。

A7 通知买方

卖方必须给予买方一切必要的通知，以便买方采取必要的措施来确保领受货物。

A8 交货凭证

卖方必须自付费用，毫不迟延地向买方提供表明载往约定目的港的通常运输单据。此单据必须载明合同货物，其日期应在约定的装运期内，使买方得以在目的港向承运人提取货物，并且，除非另有约定，应使买方得以通过转让单据或通过通知承运人，向其后手买方出售在途货物。

如此运输单据有不同形式且有数份正本，则应向买方提供全套正本。

A9 检查、包装、标志

卖方必须支付为了使运输货物符合 A4 的要求而产生的所有核对费用（例如核对货物品质、丈量、过磅、点数），以及出口国当局强制要求的运前检验。

卖方必须自负费用包装货物，但所运输货物通常无须包装即可销售的除外。卖方应当采用使货物适宜运输的包装方式，除非买方在买卖合同签订前告知卖方以特定方式包装。包装应当适当标记。

A10 信息帮助和相关费用

当适用的时候，应买方要求，并由其承担风险和费用，卖方必须及时地提供或给予协助以帮助买方取得货物进口和/或运输至最终目的地所需要的，包括安全相关信息在内的一切单据和信息。

对于买方由于提供或是协助卖方获取 B10 所规定的所有相关单据和信息而支出的所有的费用，卖方必须予以偿付。

B 买方义务

B1 一般义务

买方必须按照买卖合同规定支付价款。B1~B10 中任何有关的文件都可能是在各部分或习惯性用法中使用的同等的电子记录或程序。

B2 许可证、批准、安全通关及其他手续

在适当的时候，买方需要在自负风险和费用的前提下获得出口执照或其他政府许可并且办理所有出口货物的海关手续。

B3 运输合同和保险合同

a) 运输合同。买方无订立运输合同的义务。

b) 保险合同。买方对卖方无订立保险合同的义务。但是，如果买方想附加同 A3 b)款中所描述的保险，就须根据卖方要求，提供给卖方任何附加该保险所需的信息。

B4 接受货物

买方在货物已经以 A4 规定的方式送达时受领货物，并必须在指定的目的港受领货物。

B5 风险转移

买方自货物按 A4 规定的方式送达后承担所有货物灭失或者损坏的风险。

如果买方未按照 B7 规定给予卖方通知，那买方就要从递送的合意日期或者递送合意期限届满之日起承担货物灭失或者损坏的风险，前提是货物必须被清楚地标明在合同项下。

B6 费用划分

除 A3 a)款规定外，买方必须支付：

a) 自按照 A4 规定交货之时起与货物有关的一切费用，但不包括 A6 d)款中规定的在需要办理海关手续时，货物出口需要办理的海关手续费以及出口应缴纳的一切关税、税款和其他费用；

b) 货物在运输至到达目的地港口过程中与货物有关的一切费用，运输合同中规定由卖方承担的除外；

c) 运费和码头搬运费在内的卸货费用，运输合同中规定由卖方承担的除外；

d) 如买方未按照 B7 规定在约定日期或运送的协议期限到期时,给予卖方相应通知而发生的任何额外费用,但以该项货物已正式划归合同项下为限;

e) 要办理海关手续时,货物进口应缴纳的一切关税、税款和其他费用,货物进口需要办理的海关手续费,以及从他国过境的费用,已包含在运输合同所规定的费用中的除外;

f) 根据 A3 b)款和 B3 b)款,任何因买方要求而产生的附加保险费用。

B7 通知卖方

当买方有权决定装运货物的时间和/或在目的港内接受货物的地点,买方必须给予卖方充分的通知。

B8 提货证据

买方必须接受按照 A8 规定提供的运输单据,如果该单据符合合同规定的话。

B9 货物检验

买方必须支付所有强制性运前检验的费用,但出口国当局强制要求的检验除外。

B10 信息帮助和相关费用

买方必须及时地告知卖方获取相关安全信息的要求,以便卖方能够遵守 A10 中的规定。

卖方由于履行 A10 所述的规定,提供和协助买方获得相关信息所支出的费用,买方必须予以偿付。

应卖方要求,并由其承担风险和费用,买方必须及时地提供或给予协助以使卖方获取其运输和货物出口通过任何国家所需要的,包括安全相关信息在内的一切单据和信息。

附录 B

跟单信用证统一惯例
(国际商会第 600 号出版物)

第一条 UCP 的适用范围

《跟单信用证统一惯例——2007 年修订本》即国际商会第 600 号出版物(简称 UCP),是一套规则,适用于所有的其文本中明确表明受本惯例约束的跟单信用证(以下简称信用证)(在可适用的范围内,包括备用信用证)。除非信用证明确修改或排除,本惯例各条文对信用证所有当事人均具有约束力。

第二条 定义

就本惯例而言:

通知行,指应开证行的要求通知信用证的银行。

申请人,指要求开立信用证的一方。

银行工作日,指银行在其履行受本惯例约束的行为的地点通常开业的一天。

受益人,指接受信用证并享受其利益的一方。

相符交单，指与信用证条款、本惯例的相关适用条款以及国际标准银行实务一致的交单。

保兑，指保兑行在开证行承诺之外做出的承付或议付相符交单的确定承诺。

保兑行，指根据开证行的授权或要求对信用证加具保兑的银行。

信用证，指一项不可撤销的安排，无论其名称或描述如何，该项安排构成开证行对相符交单予以承付的确定承诺。

承付，指：

a) 如果信用证为即期付款信用证，则即期付款。

b) 如果信用证为延期付款信用证，则承诺延期付款并在承诺到期日付款。

c) 如果信用证为承兑信用证，则承兑受益人开出的汇票并在汇票到期日付款。

开证行，指应申请人要求或者代表自己开出信用证的银行。

议付，指指定银行在相符交单下，在其应获偿付的银行工作日当天或之前向受益人预付或者同意预付款项，从而购买汇票（其付款人为指定银行以外的其他银行）及/或单据的行为。

指定银行，指信用证可在其处兑用的银行，如信用证可在任一银行兑用，则任何银行均为指定银行。

交单，指向开证行或指定银行提交信用证项下单据的行为，或指按此方式提交的单据。

交单人，指实施交单行为的受益人、银行或其他人。

第三条 解释

就本惯例而言：

如情形适用，单数词形包含复数含义，复数词形包含单数含义。

信用证是不可撤销的，即使未如此表明。

单据签字可用手签、摹样签字、穿孔签字、印戳、符号或任何其他机械或电子的证实方法为之。

诸如单据须履行法定手续、签证、证明等类似要求，可由单据上任何看似满足该要求的签字、标记、印戳或标签来满足。

一家银行在不同国家的分支机构被视为不同的银行。

用诸如"第一流的""著名的""合格的""独立的""正式的""有资格的"或"本地的"等词语描述单据的出单人时，允许除受益人之外的任何人出具该单据。

除非要求在单据中使用，否则诸如"迅速地""立刻地"或"尽快地"等词语将被不予理会。

"在或大概在(on or about)"或类似用语将被视为规定事件发生在指定日期的前后五个日历日之间，起讫日期计算在内。

"至(to)""直至(until、till)""从……开始(from)"及"在……之间(between)"等词用于确定发运日期时包含提及的日期，使用"在……之前(before)"及"在……之后(after)"时则不包含提及的日期。

"从……开始(from)"及"在……之后(after)"等词用于确定到期日时不包含提及的日期。

"前半月"及"后半月"分别指一个月的第一日到第十五日及第十六日到该月的最后一

日，起讫日期计算在内。

一个月的"开始(beginning)""中间(middle)"及"末尾(end)"分别指第一到第十日、第十一日到第二十日及第二十一日到该月的最后一日，起讫日期计算在内。

第四条　信用证与合同

a) 就其性质而言，信用证与可能作为其开立基础的销售合同或其他合同是相互独立的交易，即使信用证中含有对此类合同的任何援引，银行也与该合同无关，且不受其约束。因此，银行关于承付、议付或履行信用证项下其他义务的承诺，不受申请人基于与开证行或与受益人之间的关系而产生的任何请求或抗辩的影响。

受益人在任何情况下不得利用银行之间或申请人与开证行之间的合同关系。

b) 开证行应劝阻申请人试图将基础合同、形式发票等文件作为信用证组成部分的做法。

第五条　单据与货物、服务或履约行为

银行处理的是单据，而不是单据可能涉及的货物、服务或履约行为。

第六条　有效性、有效期限及提示地点

a) 信用证必须规定可在其处兑用的银行，或是否可在任一银行兑用。规定在指定银行兑用的信用证同时也可以在开证行兑用。

b) 信用证必须规定其是以即期付款、延期付款、承兑还是议付的方式兑用。

c) 信用证不得开成凭以申请人为付款人的汇票兑用。

d) ①信用证必须定一个交单的截止日。规定的承付或议付的截止日将被视为交单的截止日。

②可在其处兑用信用证的银行所在地即为交单地点。可在任一银行兑用的信用证其交单地点为任一银行所在地。除规定的交单地点外，开证行所在地也是交单地点。

e) 除非如第二十九条 a) 款规定的情形，否则受益人或者代表受益人的交单应在截止日当天或之前完成。

第七条　开证行责任

a) 只要规定的单据提交给指定银行或开证行，并且构成相符交单，则开证行必须承付，如果信用证为以下情形之一：

① 信用证规定由开证行即期付款，延期付款或承兑；

② 信用证规定由指定银行即期付款但其未付款；

③ 信用证规定由指定银行延期付款但其未承诺延期付款，或虽已承诺延期付款，但未在到期日付款；

④ 信用证规定由指定银行承兑，但其未承兑以其为付款人的汇票，或虽然承兑了汇票，但未在到期日付款；

⑤ 信用证规定由指定银行议付但其未议付。

b) 开证行自开立信用证之时起即不可撤销地承担承付责任。

c) 指定银行承付或议付相符交单并将单据转给开证行之后，开证行即承担偿付该指定银行的责任。对承兑或延期付款信用证下相符交单金额的偿付应在到期日办理，无论指定银行是否在到期日之前预付或购买了单据。开证行偿付指定银行的责任独立于开证行对受益人的责任。

第八条　保兑行责任

a) 只要规定的单据提交给保兑行，或提交给其他任何指定银行，并且构成相符交单，保兑行必须：

① 承付，如果信用证为以下情形之一：

• 信用证规定由保兑行即期付款、延期付款或承兑；

• 信用证规定由另一指定银行延期付款，但其未付款；

• 信用证规定由另一指定银行延期付款，但其未承诺延期付款，或虽已承诺延期付款但未在到期日付款；

• 信用证规定由另一指定银行承兑，但其未承兑以其为付款人的汇票，或虽已承兑汇票未在到期日付款；

• 信用证规定由另一指定银行议付，但其未议付。

② 无追索权地议付，如果信用证规定由保兑行议付。

b) 保兑行自对信用证加具保兑之时起即不可撤销地承担承付或议付的责任。

c) 其他指定银行承付或议付相符交单并将单据转往保兑行之后，保兑行即承担偿付该指定银行的责任。对承兑或延期付款信用证下相符交单金额的偿付应在到期日办理，无论指定银行是否在到期日之前预付或购买了单据。保兑行偿付指定银行的责任独立于保兑行对受益人的责任。

d) 如果开证行授权或要求一银行对信用证加具保兑，而其并不准备照办，则其必须毫不延误地通知开证行，并可通知此信用证而不加保兑。

第九条　信用证及其修改的通知

a) 信用证及其任何修改可以经由通知行通知给受益人。非保兑行的通知行通知信用及修改时不承担承付或议付的责任。

b) 通知行通知信用证或修改的行为表示其已确信信用证或修改的表面真实性，而且其通知准确地反映了其收到的信用证或修改的条款。

c) 通知行可以通过另一银行（即第二通知行）向受益人通知信用证及修改。第二通知行通知信用证或修改的行为表明其已确信收到的通知的表面真实性，并且其通知准确地反映了收到的信用证或修改的条款。

d) 经由通知行或第二通知行通知信用证的银行必须经由同一银行通知其后的任何修改。

e) 如一银行被要求通知信用证或修改但其决定不予通知，则应毫不延误地告知自其处收到信用证、修改或通知的银行。

f) 如一银行被要求通知信用证或修改但其不能确信信用证、修改或通知的表面真实性，则应毫不延误地通知看似从其处收到指示的银行。如果通知行或第二通知行决定仍然通知信用证或修改，则应告知受益人或第二通知行其不能确信信用证、修改或通知的表面真实性。

第十条　修改

a) 除第三十八条另有规定者外，未经开证行、保兑行（如有的话）及受益人同意，信用证既不得修改，也不得撤销。

b) 开证行自发出修改之时起，即不可撤销地受其约束。保兑行可将保兑扩展至修改，并自通知该修改时，即不可撤销地受其约束。但是，保兑行可以选择将修改通知受益人而不对其加具保兑。若然如此，其必须毫不延误地将此告知开证行，并在给受益人的通知中告知受益人。

c) 在受益人告知通知修改的银行接受该修改之前，原信用证（或含有先前被接受的修改的信用证）的条款对受益人仍然有效。受益人应提供接受或拒绝修改的通知。如果受益人未能给予通知，当交单与信用证以及尚未表示接受的修改的要求一致时，即视为受益人已做出接受修改的通知，并且从此时起，该信用证被修改。

d) 通知修改的银行应将任何接受或拒绝的通知转告发出修改的银行。

e) 对同一修改的内容不允许部分接受，部分接受将被视为拒绝修改的通知。

f) 修改中关于除非受益人在某一时间内拒绝修改否则修改生效的规定应被不予理会。

第十一条　电讯传输和预先通知的信用证和信用证修改

a) 以经证实的电讯方式发出的信用证或信用证修改即被视为有效的信用证或修改文据，任何后续的邮寄确认书应被不予理会。

如电讯声明"详情后告"（或类似用语）或声明以邮寄确认书为有效信用证或修改，则该电讯不被视为有效信用证或修改。开证行必须随即不迟延地开立有效信用证或修改，其条款不得与该电讯矛盾。

b) 开证行只有在准备开立有效信用证或做出有效修改时，才可以发出关于开立或修改信用证的初步通知（预先通知）。开证行做出该预先通知，即不可撤销地保证不迟延地开立或修改信用证，且其条款不能与预先通知相矛盾。

第十二条　指定

a) 除非指定银行为保兑行，对于承付或议付的授权并不赋予指定银行承付或议付的义务，除非该指定银行明确表示同意并且告知受益人。

b) 开证行指定一银行承兑汇票或做出延期付款承诺，即为授权该指定银行预付或购买其已承兑的汇票或已做出的延期付款承诺。

c) 非保兑行的指定银行收到或审核并转递单据的行为并不使其承担承付或议付的责任，也不构成其承付或议付的行为。

第十三条　银行之间的偿付安排

a) 如果信用证规定指定银行（即索偿行）向另一方（即偿付行）获取偿付时，必须同时规定该偿付是否按信用证开立时有效的 ICC 银行间偿付规则进行。

b) 如果信用证没有规定偿付遵守 ICC 银行间偿付规则，则按照以下规定：

① 开证行必须给予偿付行有关偿付的授权，授权应符合信用证关于兑用方式的规定，且不应设定截止日。

② 开证行不应要求索偿行向偿付行提供与信用证条款相符的证明。

③ 如果偿付行未按信用证条款见索即偿，开证行将承担利息损失以及产生的任何其他费用。

④ 偿付行的费用应由开证行承担。然而，如果此项费用由受益人承担，开证行有责任在信用证及偿付授权中注明。如果偿付行的费用由受益人承担，该费用应在偿付时从付给索偿行的金额中扣取。如果偿付未发生，偿付行的费用仍由开证行负担。

c) 如果偿付行未能见索即偿，开证行不能免除偿付责任。

第十四条　单据审核标准

a) 按指定行事的指定银行、保兑行（如果有的话）及开证行须审核交单，并仅基于单据本身确定其是否在表面上构成相符交单。

b) 按指定行事的指定银行、保兑行(如有的话)及开证行各从交单次日起至多 5 个银行工作日用以确定交单是否相符。这一期限不因在交单日当天或之后信用证截止日或最迟交单日届至而受到缩减或影响。

c) 如果单据中包含一份或多份受第十九、二十、二十一、二十二、二十三、二十四或二十五条规制的正本运输单据，则须由受益人或其代表在不迟于本惯例所指的发运日之后的 21 个日历日内交单，但是在任何情况下都不得迟于信用证的截止日。

d) 单据中的数据，在与信用证、单据本身以及国际标准银行实务参照解读时，无须与该单据本身中的数据、其他要求的单据或信用证中的数据等同一致，但不得矛盾。

e) 除商业发票外，其他单据中的货物、服务或履约行为的描述，如果有的话，可使用与信用证中的描述不矛盾的概括性用语。

f) 如果信用证要求提交运输单据、保险单据或者商业发票之外的单据，却未规定出单人或其数据内容，则只要提交的单据内容看似满足所要求单据的功能，且其他方面符合第十四条 d)款，银行将接受该单据。

g) 提交的非信用证所要求的单据将被不予理会，并可被退还给交单人。

h) 如果信用证含有一项条件，但未规定用以表明该条件得到满足的单据，银行将视为未做规定并不予理会。

i) 单据日期可以早于信用证的开立日期，但不得晚于交单日期。

j) 当受益人和申请人的地址出现在任何规定的单据中时，无须与信用证或其他规定单据中所载相同，但必须与信用证中规定的相应地址同在一国。联络细节(传真、电话、电子邮件及类似细节)作为受益人和申请人地址的一部分时将被不予理会。然而，如果申请人的地址和联络细节为第十九、二十、二十一、二十二、二十三、二十四或二十五条规定的运输单据上的收货人或通知方细节的一部分时，应与信用证规定的相同。

k) 在任何单据中注明的托运人或发货人无须为信用证的受益人。

l) 运输单据可以由任何人出具，无须为承运人、船东、船长或租船人，只要其符合第十九、二十、二十一、二十二、二十三或二十四条的要求。

第十五条 相符交单

a) 当开证行确定交单相符时，必须承付。

b) 当保兑行确定交单相符时，必须承付或者议付并将单据转递给开证行。

c) 当指定银行确定交单相符并承付或议付时，必须将单据转递给保兑行或开证行。

第十六条 不符单据、放弃及通知

a) 当按照指定行事的指定银行、保兑行(如有的话)或者开证行确定交单不符时，可以拒绝承付或议付。

b) 当开证行确定交单不符时，可以自行决定联系申请人放弃不符点。然而这并不能延长第十四条 b 款所指的期限。(收到单据次日起 5 个银行工作日)

c) 当按照指定行事的指定银行、保兑行(如有的话)或开证行决定拒绝承付或议付时，必须给予交单人一份单独的拒付通知。该通知必须声明：

① 银行拒绝承付或议付；

② 银行拒绝承付或者议付所依据的每一个不符点；

③ 银行留存单据听候交单人的进一步指示；或者开证行留存单据直到其从申请人处接到放弃不符点的通知并同意接受该放弃，或者其同意接受对不符点的放弃之前从交单人

处收到其进一步指示；或者银行将退回单据；或者银行将按之前从交单人处获得的指示处理。

d) 第十六条 c)款要求的通知必须以电讯方式，如不可能，则以其他快捷方式，在不迟于自交单之翌日起第 5 个银行工作日结束前发出。

e) 按照指定行事的指定银行、保兑行（如有的话）或开证行在按照第十六条 c)款③项中的前两条发出了通知后，可以在任何时候将单据退还交单人。

f) 如果开证行或保兑行未能按照本条行事，则无权宣称交单不符。

g) 当开证行拒绝承付或保兑行拒绝承付或者议付，并且按照本条发出了拒付通知后，有权要求返还已偿付的款项及利息。

第十七条　正本单据及副本

a) 信用证规定的每一种单据须至少提交一份正本。

b) 银行应将任何带有看似出单人的原始签名、标记、印戳或标签的单据视为正本单据，除非单据本身表明其非正本。

c) 除非单据本身另有说明，在以下情况下，银行也将其视为正本单据：

① 单据看似由出单人手写、打字、穿孔或盖章；

② 单据看似使用出单人的原始信纸出具；

③ 单据声明其为正本单据，除非该声明看似不适用于提交的单据。

d) 如果信用证要求提交单据的副本，提交正本或副本均可。

e) 如果信用证使用诸如"一式两份(in duplicate)""两份(in two fold)""两套(in two copies)"等用语要求提交多份单据，则提交至少一份正本，其余使用副本即可满足要求，除非单据本身另有说明。

第十八条　商业发票

a) 商业发票：

① 必须看似由受益人出具（第三十八条规定的情形除外）；

② 必须出具成以申请人为抬头（第三十八条 g 款规定的情形除外）；

③ 必须与信用证的货币相同；

④ 无须签名

b) 按指定行事的指定银行、保兑行（如有的话）或开证行可以接受金额大于信用证允许金额的商业发票，其决定对有关各方均有约束力，只要该银行对超过信用证允许金额的部分未做承付或者议付。

c) 商业发票上的货物、服务或履约行为的描述应该与信用证中的描述一致。

第十九条　涵盖至少两种不同运输方式的运输单据

a) 涵盖至少两种不同运输方式的运输单据（多式或联合运输单据），无论名称如何，必须看似：

① 表明承运人名称并由以下人员签署：承运人或其具名代理人，或船长或其具名代理人。

承运人、船长或代理人的任何签字，必须标明其承运人、船长或代理人的身份。

代理人签字必须表明其系代表承运人还是船长签字。

② 通过以下方式表明货运站物已经在信用证规定的地点发送、接管或已装船：事先印就的文字，或者表明货物已经被发送、接管或装船日期的印戳或批注。

运输单据的出具日期将被视为发送、接管或装船的日期，也即发运的日期。然而如单据以印戳或批注的方式表明了发送、接管或装船日期，该日期将被视为发运日期。

③ 表明信用证规定的发送、接管或发运地点，以及最终目的地，即使该运输单据另外还载明了一个不同的发送、接管或发运地点或最终目的地，或者，该运输单据载有"预期的"或类似的关于船只，装货港或卸货港的限定语。

④ 为唯一的正本运输单据，或者，如果出具为多份正本，则为运输单据中表明的全套单据。

⑤ 载有承运条款和条件，或提示承运条款和条件参见别处（简式/背面空白的运输单据）。银行将不审核承运条款和条件的内容。

⑥ 未表明受租船合同约束。

b) 就本条而言，转运指在从信用证规定的发送、接管或者发运地点最终目的地的运输过程中从某一运输工具上卸下货物并装上另一运输工具的行为（无论其是否为不同的运输方式）。

c) ①运输单据可以表明货物将要或可能被转运，只要全程运输由同一运输单据涵盖。
②即使信用证禁止转运，注明将要或者可能发生转运的运输单据仍可接受。

第二十条　提单

a) 提单，无论名称如何，必须看似：

① 表明承运人名称，并由下列人员签署：承运人或其具名代理人，或者船长或其具名代理人。

承运人，船长或代理人的任何签字必须标明其承运人，船长或代理人的身份。

代理人的任何签字必须标明其系代表承运人还是船长签字。

② 通过以下方式表明货物已在信用证规定的装货港装上具名船只：预先印就的文字，或已装船批注注明货物的装运日期。

提单的出具日期将被视为发运日期，除非提单载有表明发运日期的已装船批注，此时已装船批注中显示的日期将被视为发运日期。

如果提单载有"预期船只"或类似的关于船名的限定语，则需以已装船批注明确发运日期以及实际船名。

③ 表明货物从信用证规定的装货港发运至卸货港。

如果提单没有表明信用证规定的装货港为装货港，或者其载有"预期的"或类似的关于装货港的限定语，则须以已装船批注表明信用证规定的装货港、发运日期以及实际船名。即使提单以事先印就的文字表明了货物已装载或装运于具名船只，本规定仍适用。

④ 为唯一的正本提单，或如果以多份正本出具，为提单中表明的全套正本。

⑤ 载有承运条款和条件，或提示承运条款和条件参见别处（简式/背面空白的提单）。银行将不审核承运条款和条件的内容。

⑥ 未表明受租船合同约束。

b) 就本条而言，转运系指在信用证规定的装货港到卸货港之间的运输过程中，将货物从一船卸下并再装上另一船的行为。

c) ①提单可以表明货物将要或可能被转运，只要全程运输由同一提单涵盖。
②即使信用证禁止转运，注明将要或可能发生转运的提单仍可接受，只要其表明货物由集装箱、拖车或子船运输。

d) 提单中声明承运人保留转运权利的条款将被不予理会。

第二十一条　不可转让的海运单

a) 不可转让的海运单，无论名称如何，必须看似：

① 表明承运人名称并由下列人员签署：承运人或其具名代理人，或者船长或其具名代理人。

承运人、船长或代理人的任何签字必须标明其承运人、船长或代理人的身份。

代理签字必须标明其系代表承运人还是船长签字。

② 通过以下方式表明货物已在信用证规定的装货港装上具名船只：预先印就的文字，或者已装船批注表明货物的装运日期。

不可转让海运单的出具日期将被视为发运日期，除非海运单上带有已装船批注注明发运日期，表明已装船批注注明的日期将被视为发运日期。

如果不可转让海运单载有"预期船只"或类似的关于船名的限定语，则需要以已装船批注表明发运日期和实际船名。

③ 表明货物从信用证规定的装货港发运至卸货港。

如果不可转让海运单未以信用证规定的装货港为装货港，或者如果其载有"预期的"或类似的关于装货港的限定语，则需要以已装船批注表明信用证规定的装货港、发运日期和船只。即使不可转让海运单以预先印就的文字表明货物已由具名船只装载或装运，本规定也适用。

④ 为唯一的正本不可转让海运单，或如果以多份正本出具，为海运单上注明的全套正本。

⑤ 载有承运条款的条件，或提示承运条款和条件参见别处（简式/背面空白的海运单）。银行将不审核承运条款和条件的内容。

⑥ 未注明受租船合同约束。

b) 就本条而言，转运系指在信用证规定的装货港到卸货之间的运输过程中，将货物从一船卸下并装上另一船的行为。

c) ①不可转让海运单可以注明货物将要或可能被转运，只要全程运输由同一海运单涵盖。

②即使信用证禁止转运，注明转运将要或可能发生的不可转让的海运单仍可接受，只要其表明货物装于集装箱、拖船或子船中运输。

d) 不可转让的海运单中声明承运人保留转运权利条款将被不予理会。

第二十二条　租船合同提单

a) 表明其受租船合同约束的提单（租船合同提单），无论名称如何，必须看似：

① 由以下员签署：船长或其具名代理人，或船东或其具有名代理人，或租船人或其具有名代理人。

船长、船东、租船人或代理人的任何签字必须标明其船长、船东、租船人或代理人的身份。

代理人签字必须表明其系代表船长、船东还是租船人签字。

代理人代表船东或租船人签字时必须注明船东或租船人的名称。

② 通过以下方式表明货物已在信用证规定的装货港装上具名船只：预先印就的文字，或者已装船批注注明货物的装运日期。

租船合同提单的出具日期将被视为发运日期,除非租船合同提单载有已装船批注注明发运日期,此时已装船批注上注明的日期将被视为发运日期。

③ 表明货物从信用证规定的装货港发运至卸货港。卸货港也可显示为信用证规定的港口范围或地理区域。

④ 为唯一的正本租船合同提单,或如以多份正本出具,为租船合同提单注明的全套正本。

b) 银行将不审核租船合同,即使信用证要求提交租船合同。

第二十三条　空运单据

a) 空运单据,无论名称如何,必须看似:

① 表明承运人名称,并由以下人员签署:承运人,或承运人的具名代理人。

承运人或其代理人的任何签字必须标明其承运人或代理人的身份。

代理人签字必须表明其系代表承运人签字。

② 表明货物已被收妥待运。

③ 表明出具日期。该日期将被视为发运日期,除非空运单据载有专门批注注明实际发运日期,此时批注中的日期将被视为发运日期。

空运单据中其他与航班号和航班日期相关的信息将不被用来确定发运日期。

④ 表明信用证规定的起飞机场和目的地机场。

⑤ 为开给发货人或托运人的正本,即使信用证规定提交全套正本。

⑥ 载有承运条款和条件,或提示条款和条件参见别处。银行将不审核承运条款和条件的内容。

b) 就本条而言,转运是指在信用证规定的起飞机场到目的地机场的运输过程中,将货物从一飞机卸下再装上另一飞机的行为。

c) ①空运单据可以注明货物将要或可能转运,只要全程运输由同一空运单据涵盖。

②即使信用证禁止转运,注明将要或可能发生转运的空运单据仍可接受。

第二十四条　公路、铁路或内陆水运单据

a) 公路、铁路或内陆水运单据,无论名称如何,必须看似:

① 表明承运人名称,并且由承运人或其具名代理人签署,或者由承运人或其具名代理人以签字、印戳或批注表明货物收讫。

承运人或其具名代理人的收货签字、印戳或批注必须标明其承运人或代理人的身份。

代理人的收货签字、印戳或批注必须标明代理人系代理承运人签字或行事。

如果铁路运输单据没有指明承运人,可以接受铁路运输公司的任何签字或印戳作为承运人签署单据的证据。

② 表明货物的信用规定地点的发运日期,或者收讫待运或待发送的日期。运输单据的出具日期将被视为发运日期,除非运输单据上盖有带日期的收货印戳,或注明了收货日期或发运日期。

③ 表明信用证规定的发运地及目的地。

b) ①公路运输单据必须看似为开给发货人或托运人的正本,或没有任何标记表明单据开给何人。

②注明"第二联"的铁路运输单据将被作为正本接受。

③无论是否注明正本字样,铁路或内陆水运单据都被作为正本接受。

c) 如运输单据上未注明出具的正本数量，提交的份数即视为全套正本。

d) 就本条而言，转运是指在信用证规定的发运、发送或运送的地点到目的地之间的运输过程中，在同一运输方式中从一运输工具卸下再装上另一运输工具的行为。

e) ①只要全程运输由同一运输单据涵盖，公路、铁路或内陆水运单据可以注明货物将要或可能被转运。

②即使信用证禁止转运，注明将要或可能发生转运的公路、铁路或内陆水运单据仍可接受。

第二十五条　快递收据、邮政收据或投邮证明

a) 证明货物收讫待运的快递收据，无论名称如何，必须看似：

① 表明快递机构的名称，并在信用证规定的货物发运地点由该具名快递机构盖章或签字；

② 表明取件或收件的日期或类似词语，该日期将被视为发运日期。

b) 如果要求显示快递费用付讫或预付，快递机构出具的表明快递费由收货人以外的一方支付的运输单据可以满足该项要求。

c) 证明货物收讫待运的邮政收据或投邮证明，无论名称如何，必须看似在信用证规定的货物发运地点盖章或签署并注明日期。该日期将被视为发运日期。

第二十六条　"货装舱面""托运人装载和计数""内容据托运人报称"及运费之外的费用

a) 运输单据不得表明货物装于或者将装于舱面。声明货物可能装于舱面的运输单据条款可以接受。

b) 载有诸如"托运人装载和计数"或"内容据托运人报称"条款的运输单据可以接受。

c) 运输单据上可以以印戳或其他方法提及运费之外的费用。

第二十七条　清洁运输单据

银行只接受清洁运输单据，清洁运输单据指未载有明确宣称货物或包装有缺陷的条款或批注的运输单据。"清洁"一词并不需要在运输单据上出现，即使信用证要求运输单据为"清洁已装船"的。

第二十八条　保险单据及保险范围

a) 保险单据，例如保险单或预约保险项下的保险证明书或者声明书，必须看似由保险公司或承保人或其代理人或代表出具并签署。

b) 如果保险单据表明其以多份正本出具，所有正本均须提交。

c) 暂保单将不被接受。

d) 可以接受保险单代预约保险项下的保险证明书或声明书。

e) 保险单据日期不得晚于发运日期，除非保险单据表明保险责任不迟于发运日生效。

f) ①保险单据必须表明投保金额并以与信用证相同的货币表示。

②信用证对于投保金额为货物价值、发票金额或类似金额的某一比例的要求，将被视为对最低保额的要求。

如果信用证对投保金额未做规定，投保金额须至少为货物的 CIF 或 CIP 价格的 110%。

如果从单据中不能确定 CIF 或者 CIP 价格，投保金额必须基于要求承付或议付的金额，或者基于发票上显示的货物总值来计算，两者之中取金额较高者。

③保险单据须表明承保的风险区间至少涵盖从信用证规定的货物接管地或发运地开始

到卸货地或最终目的地为止。

g) 信用证应规定所需投保的险别及附加险(如有的话)。如果信用证使用诸如"通常风险"或"惯常风险"等含义不确切的用语,则无论是否有漏保之风险,保险单据将被照样接受。

h) 当信用证规定投保"一切险"时,如保险单据载有任何"一切险"批注或条款,无论是否有"一切险"标题,均将被接受,即使其声明任何风险除外。

i) 保险单据可以援引任何除外条款。

j) 保险单据可以注明受免赔率或免赔额(减除额)约束。

第二十九条　截止日或最迟交单日的顺延

a) 如果信用证的截止日或最迟交单日适逢接受交单的银行非因第三十六条所述原因而歇业,则截止日或最迟交单日,视何者适用,将顺延至其重新开业的第一个银行工作日。

b) 如果在顺延后的第一个银行工作日交单,指定银行必须在其致开证行或保兑行的面函中声明交单是在根据第二十九条a)款顺延的期限内提交的。

c) 最迟发运日不因第二十九条a)款规定的原因而顺延。

第三十条　信用证金额、数量与单价的伸缩度

a) "约"或"大约"用于信用证金额或信用证规定的数量或单价时,应解释为允许有关金额或数量或单价有不超过10%的增减幅度。

b) 在信用证未以包装单位件数或货物自身件数的方式规定货物数量时,货物数量允许有5%的增减幅度,只要总支取金额不超过信用证金额。

c) 如果信用证规定了货物数量,而该数量已全部发运,及如果信用证规定了单价,而该单价又未降低,或当第三十条b)款不适用时,则即使不允许部分装运,也允许支取的金额有5%的减幅。若信用证规定有特定的增减幅度或使用第三十条a)款提到的用语限定数量,则该减幅不适用。

第三十一条　部分支款或部分发运

a) 允许部分支款或部分发运。

b) 表明使用同一运输工具并经由同次航程运输的数套运输单据在同一次提交时,只要显示相同目的地,将不视为部分发运,即使运输单据上表明的发运日期不同或装货港、接管地或发运地点不同。如果交单由数套运输单据构成,其中最晚的一个发运日将被视为发运日。

含有一套或数套运输单据的交单,如果表明在同一种运输方式下经由数件运输工具运输,即使运输工具在同一天出发运往同一目的地,仍将被视为部分发运。

c) 含有一份以上快递收据、邮政收据或投邮证明的交单,如果单据看似由同一快递或邮政机构在同一地点和日期加盖印戳或签字并且表明同一目的地,将不视为部分发运。

第三十二条　分期支款或分期发运

如信用证规定在指定的时间段内分期支款或分期发运,任何一期未按信用证规定期限支取或发运时,信用证对该期及以后各期均告失效。

第三十三条　交单时间

银行在其营业时间外无接受交单的义务。

第三十四条　关于单据有效性的免责

银行对任何单据的形式、充分性、准确性、内容真实性、虚假性或法律效力，或对单据中规定或添加的一般或特殊条件，概不负责；银行对任何单据所代表的货物、服务或其他履约行为的描述、数量、重量、品质、状况、包装、交付、价值或其存在与否，或对发货人、承运人、货运代理人、收货人、货物的保险人或其他任何人的诚信与否、作为或不作为、清偿能力、履约或资信状况，也概不负责。

第三十五条　关于信息传递和翻译的免责

当报文、信件或单据按照信用证的要求传输或发送时，或当信用证未做指示，银行自行选择传送服务时，银行对报文传输或信件、单据的递送过程中发生的延误、中途遗失、残缺或其他错误产生的后果，概不负责。

如果指定银行确定交单相符并将单据发往开证行或保兑行，无论指定银行是否已经承付或议付，开证行或保兑行必须承付或议付，或偿付指定银行，即使单据在指定银行送往开证行或保兑行的途中，或保兑行送往开证行的途中丢失。

银行对技术术语的翻译或解释上的错误不负责任，并可不加翻译地传送信用证条款。

第三十六条　不可抗力

银行对由于天灾、暴动、骚乱、叛乱、战争、恐怖主义行为或任何罢工、停工或其无法控制的任何其他原因导致的营业中断的后果，概不负责。

银行恢复营业时，对于在营业中断期间已逾期的信用证，不再进行承付或议付。

第三十七条　关于被指示方行为的免责

a) 为了执行申请人的指示，银行利用其他银行的服务，其费用和风险由申请人承担。

b) 即使银行自行选择了其他银行，如果发出的指示未被执行，开证行或通知行对此亦不负责。

c) 指示另一银行提供服务的银行有责任负担被指示方因执行指示而发生的任何佣金、手续费、成本或开支(即费用)。

如果信用证规定费用由受益人负担，而该费用未能收取或从信用证款项中扣除，开证行依然承担支付此费用的责任。

信用证或其修改不应规定向受益人的通知以通知行或第二通知行收到其费用为条件。

d) 外国法律和惯例加诸于银行的一切义务和责任，申请人应受其约束，并就此对银行负补偿之责。

第三十八条　可转让信用证

a) 银行无办理信用证转让的义务，除非其明确同意。

b) 就本条而言：

可转让信用证系指特别注明"可转让(transferable)"字样的信用证。可转让信用证可应受益人(第一受益人)的要求转为全部或部分由另一受益人(第二受益人)兑用。

转让行系指办理信用证转让的指定银行，或当信用证规定可在任何银行兑用时，指开证行特别如此授权并实际办理转让的银行。开证行也可担任转让行。

已转让信用证指已由转让行转为可由第二受益人兑用的信用证。

c) 除非转让时另有约定，有关转让的所有费用(诸如佣金、手续费、成本或开支)须由第一受益人支付。

d) 只要信用证允许部分支款或部分发运，信用证可以分部分地转让给数名第二受益人。

已转让信用证不得应第二受益人的要求转让给任何其后受益人。第一受益人不视为其后受益人。

e) 任何转让要求须说明是否允许及在何条件下允许将修改通知第二受益人。已转让信用证须明确说明该项条件。

f) 如果信用证转让给数名第二受益人,其中一名或多名第二受益人对信用证修改的拒绝并不影响其他第二受益人接受修改。对接受者而言,该已转让信用证即被相应修改,而对拒绝改的第二受益人而言,该信用证未被修改。

g) 已转让信用证须准确转载原证条款,包括保兑(如果有的话),但下列项目除外:信用证金额、规定的任何单价、截止日、交单期限或最迟发运日或发运期间。以上任何一项或全部均可减少或缩短。

必须投保的保险比例可以增加,以达到原信用证或本惯例规定的保险金额。

可用第一受益人的名称替换原证中的开证申请人名称。

如果原证特别要求开证申请人名称应在除发票以外的任何单据出现时,已转让信用证必须反映该项要求。

h) 第一受益人有权以自己的发票和汇票(如有的话)替换第二受益人的发票的汇票,其金额不得超过原信用证的金额。经过替换后,第一受益人可在原信用证项下支取自己发票与第二受益人发票间的差价(如有的话)。

i) 如果第一受益人应提交自己的发票和汇票(如有的话),但未能在第一次要求的照办,或第一受益人提交的发票导致了第二受益人的交单中本不存在的不符点,而其未能在第一次要求时修正,转让行有权将从第二受益人处收到的单据照交开证行,并不再对第一受益人承担责任。

j) 在要求转让时,第一受益人可以要求在信用证转让后的兑用地点,在原信用证的截止日之前(包括截止日),对第二受益人承付或议付。本规定并不得损害第一受益人在第三十八条 h)款下的权利。

k) 第二受益人或代表第二受益人的交单必须交给转让行。

第三十九条 款项让渡

信用证未注明可转让,并不影响受益人根据所适用的法律规定,将该信用证项下其可能有权或可能将成为有权获得的款项让渡给他人的权利。本条只涉及款项的让渡,而不涉及在信用证项下进行履行行为的权利让渡。

参 考 文 献

[1] 韩玉军. 国际贸易实务[M]. 3版. 北京：中国人民大学出版社，2018.
[2] 刘秀玲. 国际贸易实务与案例[M]. 2版. 北京：清华大学出版社，2014.
[3] 李画画，顾立汉. 国际贸易实务[M]. 北京：清华大学出版社，2014.
[4] 庞红，尹继红，沈瑞年. 国际结算[M]. 北京：中国人民大学出版社，2011.
[5] 许晓冬. 国际贸易实务[M]. 北京：中国纺织出版社，2017.
[6] 仲鑫. 国际贸易实务案例精选[M]. 北京：机械工业出版社，2008.
[7] 邱继洲. 国际贸易理论与实务[M]. 3版. 北京：机械工业出版社，2017.
[8] 黎孝先. 国际贸易实务[M]. 6版. 北京：对外经济贸易大学出版社，2016.
[9] 姚新超. 国际贸易运输[M]. 3版. 北京：对外经济贸易大学出版社，2010.
[10] 姚新超. 国际贸易实务[M]. 3版. 北京：对外经济贸易大学出版社，2016.
[11] 易露霞. 国际贸易实务双语教程[M]. 第4版. 北京：清华大学出版社，2016.
[12] 吴兴光. 国际商法[M]. 北京：清华大学出版社，2014.
[13] 李秀芳. 国际商法[M]. 北京：中国人民大学出版社，2017.
[14] 屈广清. 国际商法[M]. 4版. 大连：东北财经大学出版社，2015.
[15] 仲鑫. 国际贸易实务：交易程序·磋商内容·案例分析[M]. 第2版. 北京：机械工业出版社，2009.
[16] 许明月. 国际货物运输[M]. 2版. 北京：中国人民大学出版社，2011.
[17] 朱春兰. 新编国际贸易实务案例分析[M]. 大连：大连理工大学出版社，2016.
[18] 陈岩. 国际贸易理论与实务[M]. 2版. 北京：机械工业出版社，2016.
[19] 冷柏军. 国际贸易实务[M]. 3版. 北京：中国人民大学出版社，2017.
[20] 张良卫. 国际物流实务[M]. 2版. 大连：东北财经大学出版社，2017.
[21] 张晓明. 国际贸易实务[M]. 2版. 北京：高等教育出版社，2014.
[22] 席庆高. 国际贸易实务[M]. 青岛：中国海洋大学出版社，2011.
[23] 曲建忠. 国际贸易实务[M]. 济南：山东人民出版社，2011.
[24] 庞红. 国际结算[M]. 5版. 北京：中国人民大学出版社，2016.
[25] 韩宝庆. 国际结算[M]. 2版. 北京：清华大学出版社，2016.
[26] 王淑敏. INCOTERMS® 2010：自由穿梭于国际贸易与运输之间的新规则[J]. 中国海商法年刊，2011，3：109-113.
[27] 戴琪. 透过案例分析国际贸易合同风险[J]. 现代物业，2010，5：46-60.
[28] 王跃华. 一起装箱不当的贸易案例及其启示[J]. 黑龙江对外经贸，2005，9：44-45.
[29] 周群. 外贸出口谨防商标侵权[J]. 对外经贸实务，2004，2：28-29.

[30] 杨雁. 无单放货问题的几种解决途径及其相关的法律问题[J]. 合肥工业大学学报(社会科学版), 2006, 10: 139-143.

[31] 姚新超. 可保利益及保险单的转让在贸易中的应用[J]. 对外经贸实务, 2011, 4: 57-60.

[32] 危英. 论国际贸易结算方式最佳选择[J]. 求索, 2004, 11: 55-56.